BULAIDELEI

李乡状 等／编著

布莱德雷

吉林大学出版社

图书在版编目（CIP）数据

布莱德雷 / 李乡状主编. —长春：吉林大学出版社，2011.7（2018年9月重印）
1SBN 978-7-5601-4676-8

Ⅰ.布… Ⅱ.李… Ⅲ.布莱德雷，O.N.（1893~1981）-生平事迹 Ⅳ.K837.125.2

中国版本图书馆 CIP 数据核字（2009）第 149468 号

书　名：布莱德雷
作　者：李乡状　主编

责任编辑、责任校对：王世林
封面设计：红十月设计室
吉林大学出版社出版、发行
永清县晔盛亚胶印有限公司　印刷
开　本：710×1000 毫米　1/16
2011 年 7 月　第 1 版
印　张：25　　字数：300千字
2018 年 9 月　1 版 2 次印刷
ISBN 978-7-5601-4676-8
定价：58.00 元

社　址：长春市明德路 501 号　　邮　编：130021
发行部电话：0431-88499826
网　址：http://www.jlup.com.cn
E-mail：jlup@mail.jlu.edn.cn

目　录

前 言

第二次世界大战的硝烟席卷了全球，血腥，残暴，弥漫在空气中，充斥着整个世界。在这场浩劫性的战争中，先后有六十多个国家和地区，二十几亿人被战争所残害。然而事情总有它的两面性，在这场声势浩大战争中，也孕育和缔造了一批叱咤风云的杰出将领。美国最后一位五星上将奥马尔·纳尔逊·布莱德雷便是在第二次世界大战中诞生的杰出将领。

布莱德雷出生在美国密苏里州中部伦道夫县克拉克村的一个普通农夫家里，从小过着窘迫的生活。生活的穷困潦倒迫使布莱德雷的父亲经常外出打猎，以赚取小额的美元来贴济家用。布莱德雷从小就有一颗坚毅的心，敢作敢为，经常协助奔走在外的父亲四处打猎，这也练就了他一手好枪法，得到“神枪”的美誉。

生活的不尽人意使得布莱德雷高中毕业以后没有就读名牌大学。布莱德雷并没有因此而沮丧，而是振奋精神向着他心中的彼岸一步步前进。1911 年，布莱德雷考入了西点军校。校训“责任、荣誉、国家”刻骨铭心的烙在他心里，这对于一名军人来说是冲锋的枪，防御的盾牌。经过严格的军事训练和系统的文化学习的洗礼，布莱德雷显得越发出色而耀眼。从西点军校毕业，赴美国西北部服役。1920 年 9 月，调任西点军校数学教官，开

始浏览并研究军事历史和军事人物传记，开始了他人生新的里程。同年，布莱德雷被获准进入本宁堡步兵学校深造一年，在此期间他着重学习“运动战”战术和陆军武器的使用。深造结束之后，布莱德雷赴驻夏威夷的第27步兵团任营长，后来调到国民警卫队夏威夷卫戍区任职。1928年9月，布莱德雷奉命进入陆军指挥与参谋学校深造，通过学习和训练，掌握了良好的思维方式，对谋划战争和驾驭战争的能力奠定了坚实的基石，他各方面的才能也得到提高和升华。

1929年9月，布莱德雷被调任本宁堡步兵学校战术系教官。次年，布莱德雷被马歇尔任命为兵器系主任，成为马歇尔实施教学改革的主要助手之一。在步兵学校任教四年之后，布莱德雷考入陆军军事学院，后被分配到西点军校战术系担任教官。1936年7月，晋升为中校。1938年，布莱德雷被调到陆军参谋部任职。1941年2月，布莱德雷奉命出任本宁堡步兵学校校长兼驻地指挥官，由中校越级晋升为准将。为了适应大规模扩军对增加基层军官的要求，组建并训练坦克部队和空降部队，以提高陆军的机动作战能力，布莱德雷设立了预备军官学校，对士兵进行速成培训。

1941年12月，布莱德雷调任正在重组的第八十二步兵师师长，晋升为少将。他邀请著名的约克中士前来师中演讲、阅兵，让士兵了解该师的历史，鼓舞士气，振奋人心；加之实施严格的体育锻炼计划，增强士兵的身体素质。1941年6月，布莱德雷改任第28国民警卫师师长，将该师打造成一支坚不可摧的队伍。

终于在1943年3月，布莱德雷作为“耳目”被派往突尼斯任巴顿的副手，他参加了有生以来的第一次实战。在突尼斯战役的决战中，布莱德雷运用运动战理论，采取步兵和坦克兵协同作战的方式，出色地完成了战斗任务。突尼斯战役的胜利结束，充分的显现出布莱德雷的军事才能，成为此次战争中耀眼的启明

星，同时引起了艾森豪威尔的注意。之后，布莱德雷在西西里岛登陆作战中，又巧妙地避开了蒙哥马利和美军在指挥上产生的矛盾，利用岛上守军厌战情绪，及时调整部署，采取心理战术，瓦解敌军。西西里岛战役使得布莱德雷杰出的军事指挥才能再次发光发亮，并深为艾森豪威尔所欣赏，为他在以后作战中被委以重任奠定了良好的基础。

1949年8月12日，杜鲁门总统将布莱德雷召到白宫，宣布由他担任参谋长联席会议主席。四天后，布莱德雷宣誓就职。同年9月，又晋升为五星上将。其后，布莱德雷又担任北约军事委员会主席，同时担任这个委员会下属的由美、英、法三国代表组成的常务委员会的主席。这样，布莱德雷成为当时世界军事界炙手可热的人物，也达到了他军事生涯的颠峰。

有人这样评论说：在第二次世界大战的欧洲战场上，艾森豪威尔是战争的组织指挥者；巴顿是战场上的英勇斗士；而布莱德雷则是美军的思想机器。在美军璀璨的将星中，布莱德雷堪称为独树一帜的人物。他性格内向，沉稳持重，善于驾驭全局，精于组织策划；并且以对普通士兵的悉心关爱而赢得了“大兵的将军”的美誉。布莱德雷以其儒将的风范影响着一代将领，更以其大智若愚的个性为反法西斯的欧洲战场屡现妙策，屡建奇功。

布莱德雷在其军事生涯中曾经担任过军长、集团军司令和集团军群司令，在战后又历任退伍军人管理局局长、陆军参谋长、参谋长联席会议主席和北大西洋公约组织军事委员会主席，统领过世界历史上规模最大的集团军群，指挥一百三十万大军横扫纳粹德国。并且他享有的显赫地位和持久的声誉，是很多与他同一时代的其他杰出将领难以企及的。

第一章 不幸与万幸

在1893年的2月12日，当大地褪去了他那厚重的白装，迎来了春天的脚步时，在美国密苏里州中部伦道夫县克拉克村的一个普通农夫家里，奥马尔·纳尔逊·布莱德雷诞生了。在84年前，美国著名的伟大领袖林肯也出生在这个日子里，这给布莱德雷的人生披上了一层神秘的色彩，人们对这个出生在不平凡的日子里的平凡人的未来拭目以待。

布莱德雷的祖先早在十八世纪中叶就从不列颠群岛移居美国，最初落脚在肯塔基州的麦迪逊县。到了十九世纪，为了谋生，又迁居到了密苏里州，最后在伦道夫县的克拉克村附近定居，因此，布莱德雷应该是一个英国人的后裔。

布莱德雷的祖先们，几经迁徙，最终移居到了美国，但这也没有改变他们贫困的命运，还是要靠辛勤的耕种来养家糊口。布莱德雷的先辈中，也并非全部以农耕为生。在美国南北内战期间，他的爷爷托马斯·明特·布莱德雷曾当过联邦陆军的一名二等兵。但是他并没有在战斗中留下什么功绩，以至于他的孙子们甚至不知道他们的爷爷曾经当过兵。

托马斯复员回乡后，便和一位贫苦农民的女儿萨拉·伊丽莎白·刘易斯结了婚，并生下了九个孩子，长子也就是布莱德雷的

父亲约翰·史密斯·布莱德雷，他出生在1867年2月15日。

都说穷人家的孩子早当家，或许正是因为贫穷使得约翰懂事很早，而且成为家族中第一个最有出息的人，全家人都对他寄予了厚望。约翰拥有着健壮的体魄和过人的胆识。为了改变贫困的生活，他开始不断地拓荒和打猎，长期的打猎生活使他成了一个出类拔萃的神枪手。在生活稍有好转的时候，十九岁的约翰便到克拉克村附近的农村书院去学习，约翰用他的聪明才智和勤奋刻苦，在两年以后便成功的当上了乡村学校的教师，那时他只有二十一岁，身上具备了拓荒者、农夫和知识分子三种人的气质。

约翰非常热爱读书，只要是他所见过的书，他都要想方设法读上一遍。正是因为他自身对书籍的渴求，并且，他了解读书给人带来的乐趣，于是，在自己家的生活已经很紧张的情况下，约翰还是自己拿钱为学生建了一个小小的图书馆，给那些同他一样热爱读书的孩子们提供了有利条件。

约翰除了在乡村学校教书外，还要租种田地，打工狩猎，而且，他曾经执教十几所乡村学校。在那个蛮荒的时代，多数孩子是很难管教的，但约翰却善于调教，因此在克拉克村附近的希比镇上，他也算是小有名气的教师，并深受农户们的爱戴和尊敬。

在二十五岁那年，约翰爱上了一位名叫萨拉·伊丽莎白·哈伯德的女学生，也就是布莱德雷的母亲。女学生的家住在克拉克村以西五公里的地方，一家人辛勤地耕种着二十五亩贫瘠的土地，拥有三间用粗圆木搭成的房子。生活也是非常拮据。

在一个阳光明媚，鸟儿喳喳叫的好日子里，约翰与小他九岁的女学生萨拉·伊丽莎白·哈伯德结婚了。婚后的第二年，奥马尔·纳尔逊·布莱德雷便来到了人间。由于约翰非常推崇当地的报社编辑奥马尔·格雷和一位叫纳尔逊的医生，也希望布莱德雷长大以后能像他们一样，所以在取名字的时候就起为奥马尔·纳尔逊·布莱德雷，这也是他父亲心愿的寄托。

布莱德雷的母亲是一个勤劳、朴实而且刚强的女人，也是一位贤妻良母。除了缝补衣服、烤面包、整理家里杂乱的小木屋外，她还要去种菜，好供应一家五口人的食用。1896 年也就是布莱德雷三岁半的时候，布莱德雷那不幸的姨妈因患结核病死去了，留下了两个女儿，七岁的大表姐内蒂与六岁的小表姐奥普尔，布莱德雷的母亲萨拉责无旁贷地收留了这两个可怜的小姑娘。从此，萨拉每天不辞辛苦的抚养着三个孩子，为了这个家起早贪黑的忙碌着。

1900 年的 2 月，布莱德雷的母亲又生了一个小弟弟叫做雷蒙德·卡尔弗特·布莱德雷。然而小雷蒙德因为得了猩红热在两岁多的时候就夭折了，从那以后萨拉再没有生过其他孩子，而布莱德雷也就成了家中的独子。他每天和两位表姐在一起玩耍，所以童年的生活并不孤独寂寞。

布莱德雷的父亲在他很小的时候便开始教他书写各种单词了，因此，布莱德雷在同龄的孩子中，显得非常的有知识，因为他总是能够写出那些其他伙伴所不会书写的单词。

布莱德雷六岁的时候，约翰便带他去学校上学。但是约翰的工作并不稳定，常常奔走于各个村落之间，所以布莱德雷也就得跟着父亲到处奔波，这使他曾先后在彭伯顿小学、洛卡斯特格罗夫学校、巴德里奇学校读过书。

由于买不起简单的马车，甚至就是连一匹马都买不起，约翰和布莱德雷不得不步行去学校。有的学校距离远，他们就带着午饭。那时候的学校条件非常简陋，只有一间教室，而约翰是惟一的一位教师，所以上课时，学生在一间教室要分成两组，大体按照年龄和年级分，父亲在中间，教完一组后转头来教另一组。

在父亲的熏陶和教导下，布莱德雷从小就养成了爱读书的好习惯。刚刚能够流畅地阅读时，布莱德雷就像他的父亲一样，贪婪地阅读所能得到的各种书籍。那时，他便对法国、印度革命战

争和美国南北战争的历史书籍非常的着迷，并崇拜那些正直、勇敢的英雄们。

每天晚上，在布莱德雷上床钻进暖被窝之前，父亲总是要给他出几道数学题来做。布莱德雷经常是带着各种数字和疑问进入梦乡。久而久之，他对数学运算产生了浓厚的兴趣。这一点，对布莱德雷一生的发展有着重要的影响，后来他在西点军校还教过数学。更重要的是，对数学的浓厚兴趣和专长，锻炼了布莱德雷的思维，使他在后来指挥大军和敌人作战时，计划得非常严谨有度。

因为家里很贫穷，父母总是为了生计而不停忙碌，所以布莱德雷从来没有享受过娇宠与溺爱，但是他的童年仍然充满了快乐。布莱德雷最喜欢玩的就是战争游戏了，他经常和小伙伴们一起玩，并且用骨牌来建筑城堡，用零点二二英寸口径的空弹壳作为散兵线，“重型火炮”则用空心芦秆或钢管做成，用蚕豆作海军的炮弹轰击骨牌堡垒，而且在指挥“战斗”的时候，布莱德雷总是指挥美国一方在战争游戏中获胜。

约翰善于打猎的这一特长深深地影响了布莱德雷，布莱德雷同他的父亲一样练就了一手的好枪法。六岁的时候，约翰给了布莱德雷一支气枪，然后带着他去打猎。慢慢地，父亲又给他换上了一支单发步枪。每次餐桌上的肉食都是父亲和布莱德雷用猎枪打来的。打猎不仅锻炼了布莱德雷观察目标的灵敏性，还让他的身体更加强健、敏捷。虽然家里并不富裕，但布莱德雷一家的生活却质朴而快乐。

有一次，布莱德雷和表兄一起在草地上玩耍，他对表兄说：“表兄，你把这只鸡蛋抛向空中，我要试试枪法。”可爱的表兄便把鸡蛋垂直地抛向空中，谁知布莱德雷举枪便射。结果鸡蛋在空中绽开成美丽的花朵，掉下来的蛋清与蛋黄都溅到了可怜的表兄头上，看着这样的场景，兄弟两个人不禁哈哈大笑起来。

布莱德雷的父母都是感情丰富，但却从不外露的人。在政治上，约翰既同情贫苦农民，又支持限制强盗式巨商大贾的法案。但他却没有任何政治野心，并且所有讨论有关政治的问题都是在自己家的餐桌上进行的。也许是受到了家庭因素的影响，布莱德雷也是感情丰富但极少外露的人，而且对政治也没有任何兴趣。

在布莱德雷十二岁的时候，他们全家迁居到了克拉克村附近的希比镇。希比是密苏里州中部伦道夫县的一个小镇，素有煤城之称。这一带遍布着崎岖不平的低矮山坡，散乱地坐落着十几个乡村。约翰夫妇在这里花了五百多美元买下了一所小房子，但是他们的积蓄并不够支付这笔钱的，在迫于无奈的情况下他们只好将家产抵押，从而得到了四百五十美元的贷款，才将房子买下。这样一来，他们又欠下了一笔不小的债务，给家庭又增加了一层负担。

布莱德雷一家稳定下来之后，约翰便送布莱德雷去城镇的公立学校读书，他自己却依然在乡村学校教书。而布莱德雷的母亲萨拉则承担了管理一个仅有九十家用户的乡村电话交换台的工作，这个小小的电话交换台就设在他家里，全家人轮流值班，为的就是能多赚点钱，以便早日将债务还清。

同年，聪明又勤奋好学的布莱德雷考上了八年级，成为当时班级里年龄最小却成绩最好的一名学生。对此，学校给了他“一个优秀学生”的评价。

家里虽有了父亲执教和母亲带领全家在电话交换台上辛勤工作的双份收入，但日子还是过得非常清苦。作为一家之主的约翰，为了全家人能过上更好的生活不得不去打猎、采集蜂蜜或是药材，以换取一些额外的收入来维持全家的生计。

在课余时间，布莱德雷或跟随父亲去打猎，或帮助母亲照顾电话交换台。但他毕竟还是个孩子，克服不了爱玩的天性，一有空，他就会和小伙伴们一起去打棒球、游泳。对于布莱德雷来

说，虽然他没有那种衣食无忧的生活，但他却觉得生活充满了快乐和希望。

美好的时光往往是短暂的，布莱德雷还没有成年的时候，家中便发生了不幸。那是 1907 年年末的时候，那一年的冬天分外的寒冷，呼啸的北风和冒烟的大雪，总会一连几天出现。在乡村的埃贝尼泽学校教书的约翰，每日都要在这恶劣的天气中往返。体魄健壮的约翰在这样的情况下也没有躲过病魔的恶手，他患上了感冒，而不久之后又引发了肺炎，从此卧床不起。在那个年代，没有好的医疗条件来进行医治，约翰没有抗争过病魔，很快就带着遗憾和不舍离开了人世，那年他仅仅才四十岁而已。

父亲的突然去世，给布莱德雷带来的打击很大。不满十五岁的布莱德雷无法面对少年丧父的悲痛，也病倒了。慈祥的母亲害怕他病情加重，所以在父亲出殡的那天，没有让他参加葬礼。在乡亲们的帮助下，约翰长眠在山坡上的小树丛里。从此，布莱德雷失去了父爱，家中也失去了顶梁柱，一家人深深感到孤立无援，生活迷茫。而更加艰难的是，父亲为购买房子时遗留下来的债务，都重重地压在了母亲的肩上。布莱德雷后来在回忆中也提到："父亲的死，对我母亲，对我，对诸多亲朋好友，乃至邻里，都是无法形容的沉重打击。"

短短的十五年，虽然布莱德雷还没有享受完父亲的爱，父亲便离他而去了，但布莱德雷受父亲的影响却很大。布莱德雷在回忆父亲时曾说到："父亲虽然没有留下任何遗产，但他对我的熏陶是无价的。比如对户外狩猎和体育的热爱，赞赏正义感，对同胞特别是不太幸运的同胞及其人格的尊重，正直诚实，自制忍让，爱国精神。"也同样是因为父亲，使布莱德雷养成了良好的逻辑思维能力。这对他今后的军旅生涯十分有意义。

为了维持生活，布莱德雷的母亲在父亲去世后不久，便决定全家迁往莫伯利，莫伯利比希比镇稍大，而且镇上有一些铁路工

厂和制鞋公司等，萨拉认为在那里找工作会更容易一些。

到了莫伯利，萨拉就照到了一份职业裁缝的工作，她又将原来抵押的房子租给了别人，每个月可以拿到一些微薄的租金。他们在莫伯利又重新租了房子，并招了两名交费的住宿生。就这样，布莱德雷一家的生活基本可以得到保障了。

1908 年的秋天，布莱德雷如愿考入莫伯利高级中学，为了解决学费问题，布莱德雷便开始一边上高中，一边在课余时间卖《莫伯利民主报》，虽然收入很少，但是也能够给贫苦的家庭生活减轻一点负担。

1909 年 2 月 12 日，布莱德雷十六岁，因为全家都是基督教徒，所以每逢星期日，全家人都要穿上最好的衣服去教堂做礼拜，布莱德雷的母亲在教堂为他举行了十六岁的洗礼仪式。布莱德雷还参加教堂主办的星期日学校的学习。结果，他结识了老师尤多拉·奎尔一家。老师是个寡妇，有两个女儿。比布莱德雷大半岁的大女儿玛丽·伊丽莎白，还有比她姐姐小两岁的小女儿萨拉·简。

年轻漂亮的玛丽深深地吸引了情窦初开的布莱德雷。但是布莱德雷生性非常腼腆，平日里就很少和女孩子说话，要在自己喜欢的姑娘面前表露感情更是羞于开口了，更何况玛丽那时已有了情人，家境清贫的他更是不敢奢望能够得到玛丽的喜欢了。为了不为感情所困，布莱德雷便将注意力放在了学业、体育和家务上，才使他没有因此而意志消沉。

勤奋的努力，终于给布莱德雷带来了好运气。在当年收获的季节里，布莱德雷收到了学校的通知，那就是让他从一年级直接上三年级。说来也巧，布莱德雷上三年级后竟然和玛丽在同一个班，这使布莱德雷既欣喜，又有些伤感，他不知道自己每天应该怎样面对玛丽。

但是，好运眷顾了这个可怜的少年，在同玛丽的不断接触

中，渐渐地布莱德雷身上的那种善良的品质，以及他的才华吸引了玛丽，玛丽对布莱德雷也开始产生了好感。第二年的夏天，天气格外的炎热，如火的太阳炙烤着大地。那一年，布莱德雷以优异的成绩结束了他的高中学习生活。但是，接踵而来的问题也使他十分苦恼，他不得不考虑选择何种职业。

做一名律师一直是布莱德雷的理想，但那并不是一件容易的事情，他需要上大学进行深造。上大学对于勉强可以维持生计的家庭来说，无疑是一种奢侈的想法，更何况他们的贷款还没有偿还清。生活的残酷现实使布莱德雷不得不暂时放弃这个想法，因此，他决定先打一年工，等攒足几百美元后再去读大学。

高中刚刚毕业的布莱德雷，为了他的理想，开始四处奔走以谋求一份工作。功夫不负有心人，布莱德雷终于在一家工厂的锅炉车间，找到了一份修理蒸汽机的工作。在那里，他每天能赚到十几美分的工资，这样，布莱德雷一个月的月薪可以拿到四十几美元，一年下来也就会有近五百美元的储蓄了，布莱德雷想想很高兴，这让他对未来充满了期待。

与布莱德雷相比，玛丽的命运就好多了，她在明尼苏达州圣克劳德师范学校当教师的姑妈的帮助下，在该校读了两年书。如果经济条件允许的话，她将到密苏里上大学再读两年。在高中毕业后的几年中，布莱德雷与玛丽见面的机会就很少了，他们之间的感情也因此而得不到任何好的发展。

就在这一年的夏天，年仅三十五岁的萨拉·伊丽莎白·哈伯德，也就是布莱德雷的母亲，迫于生活上的压力和精神上的孤独，决定和一位名叫约翰·罗伯特·马多克斯的农夫再婚。那一年的圣诞节，正如人们所期望的那样，下起了美丽的雪，使节日的气氛更加浓重了。而令布莱德雷感到高兴的不仅仅是节日的到来，还因为，在那一天，他那辛劳母亲萨拉·伊丽莎白·哈伯德同她的心上人约翰·罗伯特·马多克斯走进了婚姻的殿堂，组建了一个新的家庭。

继父带来的两个小弟弟，七岁的大弟弟戴维·拉塞尔和两岁的小弟弟查尔斯·威廉都十分惹人喜爱，他们都是很听话的孩子。布莱德雷将他们当做自己的亲弟弟一样爱护，当然，他的继父也并没有像那些悲伤的故事里写的那样虐待他，而是对他十分尊重，新的家庭成员之间相处得很融洽。不久，萨拉便卖掉了在希比镇的房子，并用卖房得到的钱还清了债务，生活的重担终于从这位伟大的母亲肩上卸掉了。欢乐的气氛使布莱德雷更加坚定了生活的信念，他相信总有一天一切都会好起来的。

母亲再婚后，有了继父的照顾，这使布莱德雷能够安心地去工作了。他将全部的精力都投入到了工作当中，希望能够早点存够了钱，好去读大学。但是有一天发生了一件事情，使布莱德雷平静的心泛起了涟漪。

那天，全日学校负责人约翰·克拉森对布莱德雷说："你为什么不报考西点军校呢？""西点军校？"布莱德雷疑惑不解，他对此一无所知，他根本没有想过要从军，更加不知道这也是一条生活之路。

布莱德雷低声说道："我交不起西点军校的学费。"克拉森对布莱德雷的天真大笑不止。然后，他对布莱德雷说到："西点军校是不用交学费的，而且每月还发少量零花钱，是很多穷人家的孩子都想去的地方呢。"

克拉森的话使布莱德雷紧皱的眉头舒展开了，他没有想到还有这样的学校。于是忙问到："那我怎样才能报考西点军校呢？"

克拉森耐心地告诉布莱德雷："你首先要得到一名国会议员的提名选派，然后再参加考试。按照规定，每个众议员和参议员每四年可向西点军校选送一名学员。"

正是这次谈话，改变了布莱德雷的人生目标。

接下来的几天里，西点军校这几个字总是在布莱德雷的脑海

中盘旋，他觉得西点军校对于他这样的穷学生来说是最好的选择了。于是，布莱德雷终于鼓足了勇气，给密苏里州的议员威廉·拉克写了一封信，信中表明了自己想考西点军校的愿望。

在忐忑不安的等待了几天之后，布莱德雷终于收到了拉克议员的回信。紧张万分的布莱德雷将拉克议员的信打开来看，却没有得到什么好消息。由于拉克刚刚做了三年议员，所以还没有资格向西点军校选派学生。拉克的回信，如同一盘冷水，无奈的布莱德雷只能将报考西点军校的心收回来，继续为上大学而奋斗。

失落的布莱德雷正在全心全意为报考密苏里大学做准备的时候，国会突然修改了法案，规定众议员和参议员每三年便有资格向西点军校选送一名学员。

一天，布莱德雷正在工厂里做工，突然收到了来自拉克议员的信，布莱德雷很是疑惑，因为此时，他还不知道国会修改法案的事情。拉克在信中告诉布莱德雷，如果他确实想考西点军校，就可以把他列为选送的对象，考试定在了 1911 年的 7 月 5 日，地点是圣路易斯的杰斐逊兵营。

这个突如其来的消息，使布莱德雷既兴奋又矛盾。他在阅读了有关西点军校的资料后，知道考试科目中包括他已很久都没有学习过的地理、几何、代数，还有他最没把握的语言。当他接到拉克议员的信时，离考试仅有八天了，在这么短的时间里，他怎么复习呢？布莱德雷一点儿把握都没有。除此之外，去圣路易斯参加考试的路费很贵，他不想把那些辛苦赚来的钱放在没有把握的事情上。

两天下来，西点军校的影子一直在他的脑海里挥之不去。最终，布莱德雷想到了一个好注意，他决定申请免费车票，如果能申请下来，他就去试一试，要是申请不下来，他就只好继续准备考大学。

在焦急的等待了两天之后，布莱德雷收到了铁路当局的批

准。于是，布莱德雷于7月4日踏上了赴考的征程。考试地点设在杰斐逊兵营，前来应试的学生只有十二人，包括正式生和候补生。

四天的紧张考试过后，布莱德雷对自己并不抱什么希望，因为每一科的考试题都很难，布莱德雷答起来很吃力，因此，他觉得自己一定是没有希望了。于是，他又回到了熟悉的车间继续工作。

但是，布莱德雷忘记了上学的时候自己所付出的多于常人的努力，正是这些努力使他有了良好的知识积累，而且，这些知识在他的脑海里已经形成了深刻的记忆。因此，在西点军校的考试中，尽管布莱德雷自己认为很不理想，但是他还是在十二个考生中脱颖而出。

1911年的7月27日，可能是那个炎热的夏天中最凉爽的一天。就是在这一天，布莱德雷收到了一封电报。通知他已经考取了西点军校，并命令他在8月1日中午以前到校报到。

对于电报上所说的内容，布莱德雷始终不敢相信，直到第二天，他收到了议员拉克的来信。拉克代表官方通知布莱德雷，布莱德雷的所有考试科目都合格，所以他是这场竞争的胜利者。布莱德雷这才相信了那封电报的真实性，欣喜若狂的他赶紧把这一消息告诉了母亲。

萨拉为儿子的成功感到自豪，但是作为母亲，她也不免为了儿子即将要离开自己而感到悲伤。同天下所有的母亲一样，尽管舍不得让自己的孩子离开，但是，她们总是为了孩子的前途着想，宁愿自己承担思念的痛苦，也不愿成为孩子成功路上的绊脚石。萨拉也一样，她只默默地为布莱德雷收拾好了行装。

三天之后，布莱德雷手里提着母亲为她准备的行李，踏上了去西点军校求学的路途。对于命运的转变，布莱德雷心里充满了不安，他不知道等待他的将是怎样的人生。

西点军校是美国一所孕育优秀军人的摇篮。它有着辉煌的校史，这所几乎和美国历史一样悠久的著名军校，自建成以来，一直被称为美国陆军军官的摇篮，在那里已经培育了一代又一代的名将和军事人才。

西点军校是美国第一所军事学校。它在美国人心中，甚至是很多外国人心中都是一个特殊而又神秘的地方。它坐落在纽约市以北八十公里的哈得逊河西岸，正好位于河流的转弯处，三面环水，一面傍山，景致宜人，并且战略位置也十分重要。从该军事学校毕业的学生将获得理学学士，毕业后的军衔是陆军少尉。毕业生必须在军队中至少服役三年和五年的后备役。

西点军校的校训是“责任、荣誉、国家”，该校是美国历史上最悠久的军事学院之一。它曾与英国桑赫斯特皇家军事学院、俄罗斯伏龙芝军事学院以及中国的黄埔军校并称世界“四大军校”。独立战争期间，“大陆军”总司令乔治·华盛顿发现了西点的价值，因为这是一个对于整个美洲都很重要的战略地点。西点镇在哈德逊河“S”弯之中，如果将其占据，可以控制所有河运。于是，华盛顿把西点作为堡垒建筑点，建成一个要塞，以阻扼英军舰队。

西点军校的入学条件非常严格，西点招生对象必须是年龄为17～22岁的未婚高中毕业生或者是具有同等学历的士兵，身高在1.68～1.98米，经政府高官推荐、考试和体检后择优录取。考试范围包括学业能力倾向测验、体育等。西点的学制为四年，课程分为文科、理科、工程、军事科学和体育等，每年暑期都要进行野外军训。随着时间的推提，西点的课程也会发生变化。

对于每一个有着军事梦想的人，西点军校无疑是他们都渴望去的地方。从未想过要从军的布莱德雷却也阴差阳错的来到了这里。从布莱德雷的家族史上看，他的家族并没有从军的传统。虽然爷爷曾在联邦陆军中当过二等兵，但那也只是生活所迫。父亲

把布莱德雷培养成神枪手，也不是为了让儿子成为一名军人，而是希望布莱德雷成为一个医生，或做一个知识分子。就是布莱德雷本人也从未有过从军的念头，他想做的只是一名律师罢了，但是命运就是这样的多变，现在他要在军人的生涯上迈出第一步了。

第二章　梦想与现实

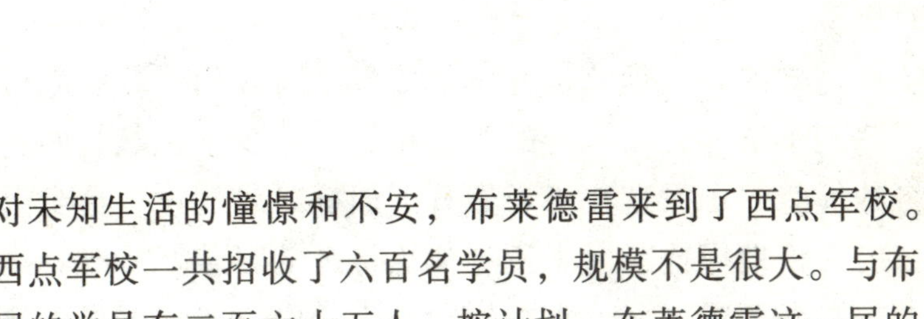

带着对未知生活的憧憬和不安，布莱德雷来到了西点军校。那一年，西点军校一共招收了六百名学员，规模不是很大。与布莱德雷同届的学员有二百六十五人。按计划，布莱德雷这一届的学员在6月14日就应该正式报道了，但因法律的改变，所以，推迟了包括布莱德雷在内的十四名学员的报道时间。

当这十四名学员报道的时候，先来的学员都已经被送往称作“大平原”的地方，开始了为期七周的艰苦训练。学员们把在“大平原”的训练叫做“劳役”，意思就是这样的训练是非常的严格与艰苦的。布莱德雷等十四名迟来的学员，受到了校方的冷眼相待，他们要想在升入高年级前，晋升为军士或者军官，是不大可能的事情了。

布莱德雷到达“大平原”的时候，就立刻编入早已到达的大队人马之中，由于当时学校就六百名学员，所以，按照个头的高低编成了六个连，每个连是一百人。第一年，布莱德雷在一连；第二年则调到了第六连，一直到毕业。

当布莱德雷等十四个人赶到“大平原”的训练基地的时候，先去的学员已经进行了基本训练。“太平原”的训练可以说是近乎野蛮的，从基本的野战训练开始，训练的科目是反反复复的队

列训练，背包行军、站岗放哨，以及布置射击场等等。而这些训练的目的却只有一个，就是向学员们灌输军事生活的准则。

训练布莱德雷这些新生的是学校的教官，也有高年级的学员。他们在训练新学员的时候，态度非常的生硬粗暴，他们所喊出的各种口令，是绝对不允许任何一个人做出迟钝的反应的，并且一定要做到百分百准确。在这里，无论身份高低贵贱，都会受到一视同仁的待遇，那就是都要规规矩矩的，对于命令只允许绝对服从。

这样的艰苦训练，并没有使自小就经历了艰苦生活的布莱德雷感到不适应，与其他的学员相比，他少了在教官的责骂声中暗自的埋怨，也没有在炎炎烈日下训练时晕倒过，他身上的坚韧不拔的性格使得他承受了所有训练带来的艰苦。

布莱德雷在西点军校的学习生活中，我们不得不提到的是他的枪法。因为小时候为了生计，就经常跟随父亲打猎，布莱德雷早已练就了一手好枪法。因此，在西点军校的射击训练中，布莱德雷的成绩总是最优秀的。一些高年级的学员听说了布莱德雷具有“神枪手”之称后，都很不服气，因此，总会有人来找布莱德雷挑战，但他们的结果却都是一样，那就是失败。

除了日常的训练之外，布莱德雷还会在闲暇的时候阅读一些军事题材的书籍。可以说，生活过得还算不错，但也常常会有一些小插曲。那就是一些高年级的同学经常会“教训”那些新来的学员，而新学员被戏弄也都不可以违抗命令，他们只能说的一句——也是惟一的一句话就是——“是，长官!”面对这些“教训”，布莱德雷也和其他人一样，无声的忍受着，因为他清楚的明白，那是一种资历的象征，等到他熬到了那个时候，也会拥有同样的权利，但是后来，等布莱德雷真的拥有了那样的权利之后，他并没有使用它。

高年级对低年级学员的捉弄与处罚，磨砺了每个人的意志，更让每个人在心里牢牢的记住了等级、权势的重要性，同时也教会了每个人无条件地、迅速地执行命令。

西点军校的课程内容极其狭窄，除了侧重的土木工程和军事工程外，只开少量的文科和社会科学，教学内容更是十几年来一成不变，没有半点更改。

学习和训练对于学员们来说是非常枯燥无味的，但是西点军校的业余生活却是十分丰富，并且西点的一大特色就是倡导体育运动。学校经常组织参加院校间的摔跤、拳击、马术、击剑、游泳、足球、篮球和棒球等各种体育比赛，参加比赛的也都是学校里的代表队，因此，那些优秀的运动员就成了大家崇拜的对象，并捧之为“明星”。在体育方面的尖子生自然而然的就可以有不同于其他普通学员的“待遇”了。

布莱德雷从小就非常热爱体育。刚到西点军校的时候，他加入了打棒球爱好者的阵营，由于击球正确，擅打曲线球，臂力好等特点，他很快就成为了一名优秀的棒球选手。1912 年，布莱德雷入选了西点军校的棒球代表队，出色的表现更是得到了高年级学员的认可。和高年级的学员在一起参加训练和比赛的时间一长，布莱德雷就不再像普通学员那样叫高年级学员“长官”了。

自 1898 年，西点军校把“职责——荣誉——国家”正式定为校训以来，学校就特别重视对学员品德的培养。他们反复强调，西点培养出来的人才仅仅具有领导能力是远远不够的，还必须“品德高尚”。为此，学员从进校的第一天起，就被灌输西点的基本价值观，也就是正直、诚实和尊敬他人的尊严。

西点军校的《学员荣誉准则》中明确规定“学员不得撒谎、欺骗和行窃，也不得容忍他人有上述行为”。学员在撰写论文时，如果不在脚注中对一些被引用的观点和文字加以说明的话，一经查出，轻者要被严厉批评，重者则被勒令退学。至于尊敬他人，西点告诫每位学员，如果自己想得到别人的尊敬，就必须以

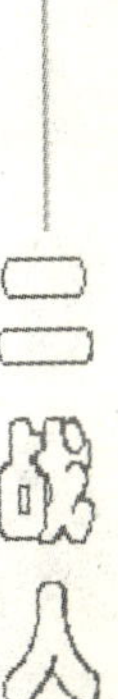

同样的尊敬和尊严对待别人。

严格的军事训练当然缺少不了严格的纪律来维持，在西点军校，强迫学员执行命令的手段是记过或训斥。每个学员一个月只允许记过九次，要是不幸超过了九次，那就只好扛上步枪到指定的地点走上一小时。俗话说："常在河边走，怎能不湿鞋。"作为西点军校的一名学员，布莱德雷当然也少不了受到这种惩罚。但他所犯的错误并不是在军事训练中不合格的原因，往往是因为他的步枪碰到了帽子，或是在就餐时衣领没有整理好之类的小事。

经过了三年的艰苦训练，布莱德雷这一届学员终于可以被批准休假了。离家三年的布莱德雷对家乡亲人的思念不言而喻，他带着兴奋的心情回到了莫伯利与家人团聚，久违的亲人见面自然有说不完的话。母亲萨拉和继父询问了布莱德雷在学校的情况，而布莱德雷将所有经受的艰苦都隐去了，他只说了在学校中发生的有趣的事情，还有那些值得他骄傲的事情，这些使饱经三年对儿子的思念之苦的母亲，得到了些许的安慰。

在与家人一起享受了团聚的快乐之后，布莱德雷每周都要去莫伯利半职业体育代表队参加三次棒球比赛，虽然也很快乐，但是这都是次要的，最主要的是他暗恋的玛丽·伊丽莎白已经读完圣克劳德师范学校两年的课程，在明尼苏达州艾伯特利的一所中学当老师，这时她也正回家来过属于她的暑假生活，这样，布莱德雷和玛丽接触的时间就多了起来。

布莱德雷和玛丽两个人经常和亲友们出去野餐，或是去戏院看戏，或是到基督教堂参加集会，而更多的时候则是选择坐在玛丽家的门廊里聊天。进一步的交往，使两个人对彼此的了解更加深了，爱情的种子已经不知不觉的在他们的心中生根发芽了。

两个半月已经是很长的假期了，但在布莱德雷和玛丽看来似乎一转眼就过去了。美好的时光总是短暂的，纵使他们极不情愿，但是假期还是要结束了，因为，玛丽和妹妹萨拉要前往哥伦比亚去上走读大学。离别对于这对刚刚坠入爱河的情侣来说是多么残酷的事情啊，但是生活就是这样，不会一层不变的使人享受美好。布莱德雷和玛丽两个人相约每个月给彼此写信。

在送走了玛丽之后，布莱德雷的假期很快也要结束了，他又回到了西点学校。时光荏苒，一晃已经到了1915年，这是布莱德雷在西点军校的最后一年。这一年，布莱德雷充分证明努力付出终于得到回报的道理。在报道时，迟来的那十四名候补学员中，布莱德雷第一个被提升为第六连的中士学员，之后又晋升为少尉学员，这不仅使同来的其他十三人羡慕不已。

此时正是第一次世界大战期间，但是战争的爆发并没有对远离尘世、因循守旧的西点军校产生任何影响。西点军校的教学内容还是以南北战争时期的英雄事迹和战例为主。至于战争中新出现的战术、技术几乎传不到校园中来。布莱德雷虽然身在保守的西点军校，但却时刻关注着战争的形式，而得到战争动态信息的渠道却只能是公开出版的报纸和杂志。

1915年6月，布莱德雷从西点军校毕业了。西点军校1915届学员入学时共有二百六十五名学员，第一学年结束时，许多学员都被淘汰，人数减到二百一十二名。到了第四年，毕业学员仅有一百六十四名。布莱德雷能顺利度过四年的严格训练和艰苦的学习，并以全年级第四十四名的优异成绩顺利毕业，就已经是非常不易了。虽然布莱德雷的数学成绩非常出众，但是，最差的一门英语却拖了他的后腿，影响了他的名次。

特别需要指出的是，布莱德雷所在的班级后来成了西点军校历史上最负盛名的“明星辈出的班级”。一百六十四名毕业学员中，有五十九人后来获得准将或准将以上军衔，真可谓是“将星之班”。第二次世界大战的爆发为这些西点毕业生提供了广阔的舞台，让他们“八仙过海各显神通”。

布莱德雷在自述中坦率地评价了他在西点军校的成就，他认为这是他“一生中获益最大的几年”。西点军校把布莱德雷塑造成一个合格的职业军人，使他从一个乡下孩子变成了名副其实的军官，也从此改变了他的命运。

西点军校的磨难、锤炼开阔了布莱德雷的眼界，把他训练成了一名作风严谨、思维敏捷、体格健壮的优秀军人。从更深远的意义上讲，热衷于体育运动的布莱德雷不仅精通于许多运动项目，而且在体育运动中了解了各式各样的人物。在第二次世界大战的征战中，布莱德雷便是依据他在体育运动中所了解的人物个性，恰如其分地使用手下的将领。

若干年后，布莱德雷说：“后来留在陆军的1914 年的西点军校棒球队员，都成了将军。”

1915 年布莱德雷从西点军校毕业的时候，美国陆军部队只有十万人，其中军官也仅有五千人。这样的情况对布莱德雷而言，摆在眼前的首要问题就是选择兵种服役。他的同学有的选择了步兵，有的选择了在骑兵或工程兵中服役。而布莱德雷却因兵种问题失望了。

刚刚毕业的布莱德雷面临着到哪个兵种部队去服役的问题，当时由于美国陆军一直实行的是“分兵种”晋升的制度，因此，所有毕业的学员无不向往着加入工程兵和野战炮兵的行列，因为这两个兵种晋升的速度会比较快。

布莱德雷当然也希望加入工程兵与炮兵部队，但最终因成绩居中，所以便无法实现自己的愿望了，只好到步兵部队去服役。中国有句古话叫“塞翁失马，焉知非福。”就在布莱德雷因为无法实现自己的理想而感到非常失望的时候，陆军部居然废除了“分兵种”晋级的办法，这样以来，在步兵服役的人就有了更多的晋升机会。

按照西点军校的惯例，每个毕业的学员在正式去部队服役前

都可以享受三个月的毕业假。于是，在1915年6月中旬，布莱德雷在经历了四年的紧张学习与艰苦训练后，再次返回家乡莫伯利，开始他毕业假期的生活。

时隔一年，布莱德雷再次回到了久违的家乡。这一次与上一次不同的是，他已经毕业了，人也变得成熟了很多，他不再是以前那个腼腆羞于表达感情的少年了。在这次休假中，布莱德雷终于在他的爱情路上迈出了至关重要的一步。

在布莱德雷休假的时候，玛丽也读完了密苏里大学的三年级，这样他们又有机会见面了。因为他们经常通信，因此，他们的感情已经较为亲密了。虽然经过了四年的时间，布莱德雷已经不再像以前那样腼腆，已经变得开朗了很多。但是开始的时候，他还是会在玛丽面前感到不自在。在几次见面之后，布莱德雷才能够轻松的在玛丽面前谈笑风生。

玛丽美丽的外表、远大的抱负与开朗的性格，无不深深地吸引着布莱德雷。她也是一个坚强无畏，爱憎分明的姑娘，但她在布莱德雷身边却柔情似水，小鸟依人。

这个假期，布莱德雷很少去打棒球了，他将更多的时间用来陪伴玛丽，因为他知道他们的相聚总是短暂的，所以每一分每一秒他都不想浪费。两个人把大部分时间花费在骑马和野餐中。当布莱德雷在马背上像守护神一样紧紧地抱着玛丽，以防她会摔下去的时候，他就会觉得整个世界是那么美好，似乎天空里的云朵都在微笑。

在骑马和野餐中，布莱德雷和玛丽有了更多的时间聊天，他们谈论很多事情，彼此的喜好、世俗观念、乃至理想抱负，这让他们更加欣赏彼此了。像其他的浪漫的爱情故事，就在布莱德雷的假期快要结束的时候，有一天，布莱德雷终于鼓足了勇气，怀着忐忑不安的心情，把一枚镶着一颗宝石的白金戒指送给了玛丽。

当玛丽羞涩的伸出左手，示意布莱德雷为她戴上戒指时，布莱德雷几乎高兴得跳起来。就这样，他和玛丽正式订了婚，并约定在玛丽大学毕业后举行婚礼。饱经艰辛的布莱德雷终于得到了有生以来使他觉得最幸福的一件事，快乐的他每天都会带着微笑，步履也十分的轻盈。

此时已身为一名军人的布莱德雷，不得不服从命令，因为这是一个军人的天职。幸福快乐的日子终于在1915年9月12日被打破了。那一天，布莱德雷接到了上级的命令，命令他到十四步兵团去报道。这对幸福的爱人不得不再一次面对离别。

布莱德雷要去服役的第十四步兵团归威尔逊上校指挥，该团下辖的都是分散驻防，而且有三个营是不满员的。十四步兵团的第一营执行勤务，驻扎在荒无人烟的阿拉斯加边境；第二营驻扎在华盛顿州西雅图附近的劳弗顿堡；而布莱德雷被分配的第三营则驻扎在落基山脉西麓斯波坎郊外的乔治·赖特堡。最后，布莱德雷被营长哈里斯派到下属的第十一连，该连连长是威尔伯·麦克丹尼尔。

布莱德雷到第十一连后，被分配和另外四名少尉住在一起，他们的住的地方是一个三居室的小房间，五个人住起来显得有些拥挤，但是彼此相处得很融洽。在这个连里，有一个名叫而埃德温·福雷斯特·哈丁的少尉，他也同样毕业于西点军校，并且具有渊博的学识和深厚的军事专业知识，此时，他已在陆军服役了六年。这个人后来对布莱德雷产生了一定的影响。

哈丁少尉每周都要组织一次非正式的集会，这样的集会无非就是六名在职少尉集合在一起，讨论一些小分队战术的问题罢了。哈丁在集会中显示出他具有的深厚军事功底，这让布莱德雷感到自愧不如，同时也明显感觉到自己在军事理论方面的欠缺。他心里对哈丁的才华佩服不已。在哈丁的影响下，布莱德雷下定决心要钻研军事专业的知识。

在部队服役期间，没有在西点军校上学的时候那么艰苦。军官们早上七点开始布置各项任务，上午进行队列操练或步枪射击，偶尔进行一些班、排进攻演练。下午和晚上就自由支配了，军官们可以根据兴趣去自由活动。因此，在十一连驻防可以说是一件十分轻松愉快的事。

那些军官们在自由活动的时候，有的去跳舞，有的去看电影。而布莱德雷却买了一支猎枪，在自由活动的时间里开始了他以前的打猎生活。在打猎的过程中，布莱德雷不但锻炼了自己的反应能力，而且大自然的风光也使他陶醉其中，比起那些散步跳舞的单调生活要美好得多。

冬天的乔治·赖特堡异常的寒冷，甚至使全营的野外训练都难以开展了。因此，营长决定在四个连之间组织一些拳击、摔跤、跳高和棒球等项目的体育比赛，来代替室外的活动。这些比赛对于擅长体育的布莱德雷来说，是一个展现自己的好机会。在一次次的比赛中，布莱德雷总是能够获得最终的胜利，他的出色表现得到了连长的充分认可。于是，指定他为十一连的体育教练。这对布莱德雷来说可是不小的荣誉，因为美国陆军十分重视体育比赛，优胜者还能获得很高的荣誉，而且在体育比赛中涌现的拔尖人物，晋升的机会也比一般人要多。

被任命为连队体育教练的布莱德雷很快就意识到，自己的体育特长一定会在自己的晋升中起到关键的作用。从那以后，只要有机会，布莱德雷就积极发挥自己在体育方面的优势。因此，在各种体育比赛中，他结交了许多朋友，并认识了很多大人物。

尽管布莱德雷在十一连的服役生活让他很充实，但是没过多久他便对这平淡的生活感到乏味无趣了。而这时候，墨西哥战争爆发，将他这原本平淡无奇的服役打破了，他不得不随十四兵团去参加战争。

美国对墨西哥出兵，早就埋下了种子，曾在1910年，墨西

哥爆发资产阶级革命的时候，美国就派出十万大军企图实施武装干涉。三年后，美国支持了亲美的胡尔塔政权，推翻了马德罗政府。但是，胡尔塔政权的好景不长，很快，维努斯蒂亚诺·卡兰萨就发动了起义，并迫使美国承认以卡兰萨为首的政权。卡兰萨掌权后，极不得民心，而且总是损害农民的利益，因此，追随他的潘乔·比利亚终于起义反对卡兰萨。

1914 年的冬天，比利亚和萨帕塔率农民起义联军进攻墨西哥城并将其拿下。1916 年 1 月 10 日，比利亚的起义军袭击了墨西哥奇瓦瓦附近的一列火车，十六名美国人被打死。3 月 9 日夜，起义军的一千五百名士兵又袭击了美国新墨西哥州的哥伦布，与小股美军发生激战。激战中，八名美军又被打死，因此，埋下了美军出兵的导火索。

面对墨西哥的紧张态势，美国总统威尔逊和新任陆军部长牛顿·贝克决定出兵镇压墨西哥的农民起义军，对于美国方面的约翰·潘兴准将率领的远军入境，卡兰萨也表示默许了。

长时间的战争，使卡兰萨感到了厌倦，因此，他决定结束战争。可当时在墨西哥的美军却成为了结束战争的障碍。于是，在 1916 年 4 月，卡兰萨向潘兴的部队发动了攻击，要求美军立即撤走，至此，美国政府与卡兰萨政权的冲突开始明朗化。很快，比利亚的起义军又攻击了美国德克萨斯州的格伦斯普林，导致卡兰萨与美国政府间的相互指责、双方矛盾也变得更加激化，卡兰萨甚至宣称要与美国全面开战。

墨西哥的攻击，使美国无法安然稳坐了。于是，美国陆军部决定将德克萨斯、新墨西哥、亚利桑那三个州的国民警卫队全部归入现役部队，并决定由这三个州的国民警卫队和正规陆军的大部分战斗部队去攻打墨西哥。布莱德雷所服役的十四步兵团也接到了立即开赴前线的命令。

五月的天气虽然已经花红柳绿，但这并不能给即将面临战争

的人们带来好心情。11 日那天，布莱德雷所在的十四兵团把所需物资都装在了一列火车上出发了。布莱德雷对战争很反感，况且，他一旦参战了，那么婚期也就不得不推迟举行。所以，在其他人都为能够参加实战而感到兴奋不已的时候，布莱德雷却为此十分的苦恼，但作为一个军人他是没有任何理由不服从命令的。

动乱不安的局势就是复杂多变，本来布莱德雷与玛丽约定一个月后在莫伯利结婚，假期都安排好了，但如今，边关告急，布莱德雷只好写信给玛丽表示要无限期地推迟结婚的日子。这件事情却无意中变成了一件好事，因为玛丽在大学毕业后不久，就因伤寒住进了医院，由于病态严重，玛丽几个月内都下不了床，而且病痛让玛丽的头发也快掉光了，骨瘦如柴的玛丽哪里还适合结婚，因此，布莱德雷与玛丽的婚姻因战争推迟，却也是塞翁失马焉知非福啊。

形势并没有布莱德雷想像的那么悲观，两军对峙的态势没有维持多久，便在外交谈判中缓和下来。调防在边关的部队开始无事可做了，这虽然让所有人都有点失望，但是，布莱德雷却为此而暗自庆幸。因为，战事只要没有发展，他和玛丽就可以早日完婚了。

好事接连不断地垂青布莱德雷。这一年的十月份，原本为当步兵感到无奈的他却在此时因祸得福，由于陆军的扩充和国防法令的颁布，布莱德雷在新法令下，成为了具备晋升条件的人选，于是，他被晋升为中尉，月薪也比原来增加了。

两个月之后，刚刚被晋升的布莱德雷又迎来了美事。此时的玛丽病情已经基本康复。在这一年的 12 月 28 日这一天，布莱德雷和玛丽一起走入了婚姻的殿堂。在中国，有人生四大喜之说，这四大喜便是：久旱逢甘霖；他乡遇故知；洞房花烛夜；金榜题名时。而在短短的两个月中，布莱德雷可以说经历这四大喜事中的两件，真是令人羡慕不已。

婚后，布莱德雷对玛丽更是温柔体贴。两个人一同到他们喜欢的地方去度了蜜月，之后，布莱德雷带着妻子在驻地尤马定居了。尤马是一个荒凉的小镇，漫天的风沙使整个街道常年覆盖着灰尘。在这样的生活环境中，布莱德雷的业余生活，除了和其他军官一起轮流去喝茶或咖啡外，也就没有别的项目了。这样的日子没有持续多久，布莱德雷便感到厌倦。于是，他决定申请去留守在阿拉斯加的第一营。但是申请递交后并不会立即被受理，要到夏天才可以执行，无奈的布莱德雷只能继续忍受着这种无聊的生活，期待着尽快离开尤马。

真是一波未平一波又起。墨西哥的战事刚刚平静下来，第一次世界大战却进入了白热化的阶段。1917 年 4 月 6 日，美国放弃了“中立”的态度，终于宣布对德开战。兵员在当时无疑是战争取胜的有利筹码，因此，为了备战，美国国会于五月中旬颁布了有史以来的第一次兵员动员法令，开始扩充军队，凡年龄在二十一到三十岁之间的男子都要登记和应征；正规陆军扩编到十七万多人，国民警卫队扩编到五十万人。此外，还要征召五十万人的“国民陆军”作预备队。经过三个月的训练后，整个陆军的人数将达到一百万人左右。

1917 年的 5 月，蔚蓝的天空中，浮云快速的流动着。在美国的陆军部，调遣的命令也在频频下发。第十四步兵团的原防区由第三十五步兵团下辖的步兵营接管，而第十四兵团则奉命调往太平洋沿岸华盛顿州的温哥华兵营待命。战争的来临，使布莱德雷调往阿拉斯加第一营的愿望破灭了，他被任命为第十四步兵团的军需连长。无论怎样，能够离开尤马，这对布莱德雷来说就是一件非常开心的事了。

此时的布莱德雷已经成家，对于婚姻他已经没有任何顾忌了，并且在尤马度过的那些无聊的日子，让他也开始对战争充满了兴趣。同其他人一样，布莱德雷认为在实战中才会得到锻炼，

才会增加自己的才干，战争才是考验军人气质的最好时机。作为西点军校的毕业生，布莱德雷此时迫切的希望能在战争中有一番作为，建立战功。因此，任何一丝可以去参战的机会，他都不想放过。

《孟子·告子》中说“天将降大任于斯人也，必先苦其心志……”布莱德雷这一次也经受了这样的苦楚。布莱德雷所在的第十四步兵团，因为较其他的兵团缺少了一个营，因此，整个团都失去了上战场的机会，上级将招募和输送新兵的任务交给了他们，这也就意味着布莱德雷与沙场无缘了。

这一次没能参加战争使布莱德雷感到十分沮丧，导致他长时间为此而苦恼，最后，他决定要离开第十四步兵团，调往一支有机会参战的部队去服役。结果，现实并没有如他所愿。1918 年 1 月中旬，也就是大战结束前，第十四步兵团被调往蒙大拿州，负责警卫该州各地的铜矿和公共事业，布莱德雷也只好跟随而去。铜是重要的战争物资，蒙大拿州盛产铜，但矿上工人经常罢工，生产无法正常进行。第十四步兵团的各分队被分配到该州的各个生产点。布莱德雷被任命为第六连连长，率全连五名军官和八十六名士兵驻防在蒙大拿的比尤特。

在比尤特期间，布莱德雷经受了一生中最悲痛的事情。他的妻子玛丽在十月怀胎之后产下了一名男婴，新生命的诞生原本该是一件好事，但是由于玛丽在怀孕期间受伤寒病的影响，所以，这个可怜的婴儿生下来便夭折了。雪上加霜的是，当时，比尤特的气温降到了零下四十摄氏度，这个原本就荒凉的边远小镇此时显得更加凄凉了，失去了自己的第一个孩子的痛苦无时无刻不在缠绕着布莱德雷和玛丽夫妇二人。

孩子的夭折，使痛苦的往事一幕幕涌上布莱德雷的心头，小弟弟的夭折，壮年的父亲与世长辞，父亲辞世后他同母亲所遭受的艰辛，无一不触动着他的心灵，伤心的布莱德雷再也把持不住

男人的尊严，在玛丽面前失声痛哭起来。伤心的玛丽此时顾不上自己的心情，他轻柔的安慰着丈夫，这才使布莱德雷的情绪渐渐平静了下来。

伤心痛苦的布莱德雷还不得不去执行他的任务，他所率领的第六连，负责阻止工人罢工和暴动，保证铜矿的正常运转。在此期间，为了缓解工作的无聊，布莱德雷对应征来的青年们进行了基本的队列训练，并组织他们开展棒球比赛。他企图用忙碌来冲淡丧子的痛苦，但那似乎只是徒劳。

终于，布莱德雷又交上了好运气。在1918年8月14日，布莱德雷被晋升为临时少校，这次升迁多少减轻了一些他丧子的痛苦，布莱德雷的情绪也慢慢的好了起来。他终于等到了否极泰来的时候，好事一桩接着一桩的找到了他，就在他升为临时少校后不久，第十四步兵团接到了调往衣阿华州德梅园附近的道奇兵营的命令，并且，全团作为主力编入新组建的第十九步兵师，预定开赴法国参战。布莱德雷升任第二营营长，团长则是西点军校1886届的毕业生阿曼德·拉赛因。这样一来，布莱德雷便可以离开这个让他无法忘记丧子痛苦的地方了，而且他也终于有机会参加战争了。

全团抵达道奇兵营后立即投入了紧张的野战训练。可是，紧张的训练刚刚进行了一周，不幸的事情便发生了，兵营在流感的潮流中也没有幸免，所以部队不得不大量减员，正常训练也无法进行了。而这时，使布莱德雷彻底失望的是，从法国传来了德国试图求和的消息，德国的求和就意味着战争即将结束，布莱德雷想要驰骋沙场的愿望便彻底破灭了。

1918年11月11日，德国投降，第一次世界大战结束了。消息传来，人们纷纷涌向街头为战争的胜利而庆祝。虽然布莱德雷为没有赶上战争的末班车而失望，但战争的胜利，人类大屠杀的终止，也使他感到高兴。

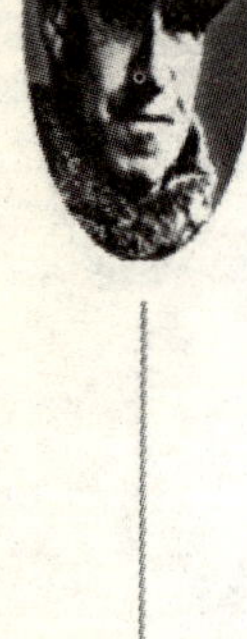

由于在战争结束的时候，美国陆军人数已经达到了三百六十多万，繁重的开资使财政部吃不消，因此，陆军部不得不做出遣散的决定。但是，幸运的是布莱德雷所在的第十四步兵团又被保留了下来，并移防伊利诺斯州罗克福附近的格兰特兵营，负责保卫那里的政府机关和关闭在那里的营房。

新一轮的无聊生活正式开始了，在混乱的格兰特兵营服役的日子也并不比在尤马期间好多少。那里的大多数人都在漫无目的的混日子。面对这种情况，布莱德雷开始考虑自己的出路，这样的日子是他无法长时间忍受的。

想来想去，布莱德雷决定申请到学校去担任教官。于是，他怀着美好的企望将申请递交了上去。终于在这一年的 8 月 25 日，布莱德雷的申请获得了批准。他将去设在布鲁金斯的南达科州立学院担任“军事科学与战术学”课程的助理教授。这样，布莱德雷终于可以摆脱那种空虚和乏味的驻防生活，去追求更高的目标了。

布莱德雷在南达科州立学院任教期间非常的努力。但是，让他没有想到的是，在 1920 年 8 月，正当他准备全身心的投入新学年教学工作时，他突然接到了一封令人吃惊的电报。电报上要求他立即辞去现在布鲁金斯的军事教官一职，并火速赶往西点军校任教官。于是，布莱德雷携着妻子玛丽，在 1920 年 9 月 11 日直奔母校。

第三章 执教生涯

颠簸的路途中，布莱德雷望着车窗外呼啸而过的沿路风景，开始思索他的人生。从小在贫困家庭中长大，早年丧父，同母亲一起为了生活而辗转各地，考上西点军校，到陆军服役，几度与战场擦肩而过。

在这短短的二十年中，自己似乎经历的都是失意的事情。而现如今又要拿起教鞭去执教，作为一名军人，上战场才是他真正的梦想。想到这些他不禁有些黯然，对生活感到深深的无奈。生活有的时候确实会让我们感到无奈，但是，良好的心态会让我们在这无奈中走得更轻松一些，布莱德雷决定以平常的心态去对待他以后的执教生涯。

在第一次世界大战时，西点军校的所有人马都被抽走了，造成军校无人管理，形成了一片混乱的局面。战争结束后，担任陆军参谋长的佩顿·马奇亲自选定麦克阿瑟为校长。麦克阿瑟是个敢想敢干的人，马上大刀阔斧地整顿学校。西点军校经过麦克阿瑟的一番整顿后，变得井然有序，并在1920年的秋天，学校的各项工作全部恢复正常。布莱德雷就是在这个时候被召回母校担任数学系的教官。

早在布莱德雷在西点军校上学的时候，他的数学教官查尔斯

·埃科尔斯上校就对布莱德雷的印象很深，他认为布莱德雷对数学有很高的天赋，因此，在西点军校扩大招生，数学教官急缺的情况下，身为数学系主任的查尔斯便把布莱德雷匆匆地调来了。

在西点军校任教并不十分忙碌，布莱德雷的工作也很轻松。西点军校有着很严格的纪律，但对于作为教官的布莱德雷来说，还是有很大的活动空间的，他可以自由地参加各种社交活动，学校对此并不加以限制。但是，布莱德雷并没有将工作以外的时间，用在消遣和娱乐上，而是参加了由系主任开设的数学进修课，以提高自己的数学水平。布莱德雷认为，钻研数学实际上就是研究逻辑学，这对训练人的思维能力非常有益。因此，在西点军校任教的四年，使布莱德雷的学识得到了很大的提高。这为他以后的征战道路起到了一定的奠基作用。

而此时的西点军校在麦克阿瑟的领导下，对体育活动十分推崇。尤其是麦克阿瑟本人，甚至主张学员要不顾一切地去搞体育运动，导致体育运动的地位和学业的地位颠倒了。虽然布莱德雷对麦克阿瑟过分推崇体育运动感到十分不满，但是，尤为喜欢体育运动的他，也积极参与到其中。

但是，麦克阿瑟对体育运动的推崇程度，最终使布莱德雷十分的反对。当时有一名新生，功课奇差，但是足球和棒球却玩得非常好，麦克阿瑟因此一直不下令将其除名，反而觉得这名学生对学校的体育活动有着举足轻重的作用。虽然，对麦克阿瑟的做法很反对，但是，天生便内向的布莱德雷也只是在心中想想而已，并没有将这些想法说出来。

对于西点军校的纪律问题，布莱德雷则认为应该恢复“大平原”上举行夏令营的活动制度，他认为只有“大平原”上的磨炼，才可以养成军人的气质和打造人的坚强意志，因此，不应轻易废除这种制度。

终于，麦克阿瑟在西点军校实施的不合理措施，使陆军部长

潘兴感到很不满意，因此，在 1922 年的 6 月，麦克阿瑟便被调往了菲律宾，被变相解除了西点军校校长一职。西点军校校长一职则由弗雷德·斯莱登接任，他也是西点军校的毕业生。斯莱登上任以后，重新把西点军校拉回到纪律严明的轨道上来，布莱德雷对此感到十分高兴。

在西点军校任教的日子也是布莱德雷和妻子玛丽过得最闲适、最快乐的日子。此时，布莱德雷的月薪已经有三百多美元了，并且，他们夫妻两人都很勤俭，从不奢侈。因此，这对夫妇终于算是摆脱了贫困的生活状态，每个月甚至可以有一些盈余。

此时的布莱德雷，事业有了，家庭也有了，生活也渐渐地好了起来，可让他们遗憾的是，始终没有孩子。第一个孩子夭折后，在来到西点军校后不久，玛丽再一次怀孕了，然而不幸的是她流产了，这对布莱德雷夫妇的打击很大。他们害怕玛丽从此留下习惯性流产的病症。

终于在 1923 年的阳春三月，玛丽再次怀孕，这个消息使布莱德雷兴奋不已。他悉心的照顾着玛丽，生怕她有任何闪失，玛丽自己更是非常小心，平时包揽家务的她这一次也不再同丈夫抢着做了，而是将所有的事情都交给了布莱德雷，自己安心的养胎。因为对于她来说，假如是不能为自己深爱的丈夫生个孩子，将是她一生中莫大的遗憾。布莱德雷夫妇二人在提心吊胆十个月后，迎来了一个小生命，他们的千金诞生了。夫妻二人开心得不得了，为女儿取名为伊丽莎白。

在高兴了几天之后，布莱德雷才意识到，这个小家伙的花销很大啊，导致他一个月的薪金根本不够开支。面对这样的情况，作为一家之主的布莱德雷必须得担负其养活妻儿的重担。于是，布莱德雷开始利用业余时间去工地上打工，以用每天赚来的十美元钱来缓解家庭开支的困难。作为妻子的玛丽自然很心疼丈夫，但是，因为要照顾孩子，她除了自己勤俭节约之外，什么也做不了，只能眼睁睁地看着布莱德雷受苦。这样的日子一直持续到布莱德雷买的股票获利，他们的生活才又好转，布莱德雷也不用再到工地上去做工了。

这样，布莱德雷又有了更多的空闲时间了，他便利用这些时间去进修了一门新课程，那就是画法几何。由于布莱德雷不断的充实自己，使他的教学越来越吸引人，幽默的教学风格加上丰富的知识底蕴，使他成为了西点军校数学教师中的佼佼者。辛勤的付出终于为他换来了应有的回报，布莱德雷在西点军校执教的第四年，他被任命为了数学系副教授。

布莱德雷是个兴趣广泛的人，在西点军校的日子里，他除了讲授数学和钻研数学外，还广泛阅读和研究了军事人物传记。在诸多的人物传记中，布莱德雷对南北战争时期的威廉·谢尔曼将军的才能和军事思想产生了浓厚的兴趣。因为他认为在未来的战争中，摧毁对方的最佳方式将是运用大部队迅速穿插进入敌方腹部的观点，这和谢尔曼将军的战略思想不谋而合。同时，他断定有“运动战大师”之称的谢尔曼的战术思想是符合未来战争的作战要求的，而在第一次世界大战中，美国陆军中盛行的战壕争夺战术，最终将会被淘汰。

时间过得很快，在不知不觉间，布莱德雷在西点军校的任职将满四年了。在西点军校执教的四年，让布莱德雷的思维空间得到了很大的拓展，学识也有了增长。更重要的是，布莱德雷对纪律有了新的认识，对新的军事战术进行了专门研究，甚至是超前的掌握。这些对布莱德雷日后大展宏图有很大的帮助。而此时，布莱德雷不得不考虑自己的前途问题。毕业后，一直在本土服役的布莱德雷，想到海外去执行任务，去见识一下外面的世界。但是在当时，他只能是波多黎各、巴拿马、夏威夷和菲律宾几个国家，并没有其他国家可以去。

虽然布莱德雷对这几个国家并不感兴趣，但是，为了到其他

军校去任职或进修，他也只能这样选择了。因为，在当时的美国，一个军官是不能从一个军校到另一个军校去任职或进修的，中间必须到部队或海外服役一段时间。这样以来，他就必须要先去服役。然而，好运又一次降临在了布莱德雷的身上。

就在布莱德雷无奈地递交了去波多黎各步兵团的申请之后，他得知马修·李奇微利用他在陆军部的关系使自己获得了去佐治亚州本宁堡步兵学校的命令。

本来也打算去进修的布莱德雷得知了这个消息后，很兴奋，他想既然有人打破了必须先服役而后才能去其他军校进修的规矩，那么，他一定会有希望得到这样的机会的。于是，布莱德雷串通西点军校的几位同事，递交了去本宁堡步兵学校进修的申请。果然，陆军部批准了申请，布莱德雷获得了进修高级军官高等课程的机会。他为自己能找到新的进修之阶而激动不已。

本宁堡步兵学校是在第一次世界大战期间建立的，在建立后短短的六年时间内，便飞速发展壮大起来。最初的时候，这座学校是建在俄克拉荷马州的西尔堡，主要是专门进行步枪训练的地方，但后来因为炮兵学校扩建，所以将步兵学校迁往了佐治亚州的本宁堡。步兵学校迁址后，便渐渐地扩大了步兵学校的教学和训练范围，成为在世界上享有盛名的培养最有素养的步兵军官的“美国步兵之家”，是每个青年军官梦寐以求的地方。

本宁堡所处的地理位置也在1922年被确定为军事要塞，紧接着，本宁堡步兵学校便得到了一笔资金作为建校之用。在1922～1926年间，本宁堡步兵学校建成了一座办公大楼、五十栋军官营房、几所军需仓库和医院、面包房、印刷厂、士兵营房、运动场和戏院等。此外，还开辟了一大片空地用来进行军事演习，如此齐全的设施俨然是一座培养高级军官的步兵学校，怎能不令那些青年军官们向往呢。

同其他人一样，布莱德雷为能够有机会到这样的学校进行深

造而兴奋不已。于是，带着一颗愉悦的心，在1924年的秋天，在那个硕果累累的季节里，布莱德雷来到了本宁堡步兵学校，学习高等军事课程。

入校不久，布莱德雷就开始学习机关枪、迫击炮、自动步枪和三十七毫米普通火炮的知识。这些武器是布莱德雷以前都不曾掌握的。修科上校认为，每位学员在离开本宁堡步兵学校时都要掌握陆军的各种标准武器，以便组织指挥未来的步兵部队作战。

在布莱德雷没有来本宁堡步兵学校之前，他就对谢尔曼将军运动战的战略思想有了浓厚的兴趣。来到本宁堡步兵学校之后，他参加了本宁堡步兵学校开设的“运动战”和野战课程。但是，布莱德雷的做法得到了那些曾赴法参战的同班校友的嘲笑，他们认为布莱德雷不选择学习战壕争夺战的战略思想是种愚蠢的行为。但他们没有想到，他们所学习的战壕争夺战早已成为了陈旧的观念，必将在日后被淘汰。

本宁堡步兵学校所开设的运动战和野战的课程，正处在探索时期，所有思想和理论还不是很完善，但布莱德雷还是很快就接受了。布莱德雷在本宁堡步兵学校期间积累了很多实战演习的经验。当时陆军的第二十九步兵团和第二十四步兵团驻扎在本宁堡步兵学校，这两个团常与本宁堡的教学紧密合作。

学校将学员的野外作业的百分之七十与第二十九步兵团的野战训练安排在一起，包括从排到旅的战术演练。布莱德雷在野外训练中经常被突然召去指挥一个营夺取某个山头，这样，他渐渐地把战术和地形、火力与机械巧妙地运用在一起，熟练地进行组织指挥了。

美国陆军此时正在建立一套比较先进、科学的办学体制，每位军官必须逐级进修才有可能上更高层次的学校深造。布莱德雷因此格外珍惜在本宁堡进修的机遇，他比平常更加勤奋、努力，希望在将来有更好、更多的晋升机会。

“逝者如斯夫，不舍昼夜。”这是孔老夫子感叹时间流逝之快的句子。布莱德雷在本宁堡步兵学校的进修也随着时间的流逝而结束了。那是1925年的5月，布莱德雷以他所进修的高级课程成绩名列七十三名同学中的第二名的优秀表现，在本宁堡步兵学校结业了。

布莱德雷在本宁堡步兵学校结业之后，新的前途的选择问题又一次摆在了他的面前。在当时的美国，按照常理来说，布莱德雷结业后要到部队去任职，他在国内服役了十年，也从未真正跨出过国门，因此，布莱德雷该去海外服役了。面对这样的选择，布莱德雷又会做出怎样的决定呢？

布莱德雷从本宁堡步兵学校结业后，接受了去夏威夷服役的任务。并在去夏威夷服役之前获得了一个小小的假期。布莱德雷利用这个假期回到了莫伯利与家人团聚了一下，之后便携带妻子和女儿一起奔赴了夏威夷。这是布莱德雷第一次来到夏威夷，夏威夷美丽的风光使布莱德雷赞叹不已。

来到夏威夷之后，布莱德雷先是陪同妻子在夏威夷游览了一番，随后便到驻地去报到。布莱德雷来到了第十九兵团，但是在这里没多久，他便被调到了第二十二旅的二十七步兵团担任第一营的营长。在第二十七步兵团的五十七名军官中，许多人都是西点军校毕业的，而且绝大部分都曾参加过第一次世界大战，因此，他们当中的很多人都十分热衷于战术训练。

在这样一个风气良好的部队里，布莱德雷感到很愉快，他不仅能够从其他的军官那里学习到战术知识，并且他也将自己在本宁堡步兵学校学到的新战术展现出来，运用在营里的训练中。这样，他们这些青年军官经常就会在一起讨论战术思想和理论。这样的部队氛围正是布莱德雷向往已久的。在这里的服役时间可以说成为了布莱德雷在长达十几年的服役时间里，惟一没有感到枯燥无趣的一次了。

在夏威夷服役期间，布莱德雷认识了与他后来的生活有着密切联系的一个人，这个人就是乔治·巴顿。在布莱德雷来到夏威夷的第二年，巴顿也被派到了夏威夷军区的一个师任少校情报处长。

巴顿是一个好出风头的人，凡事都要显露一下自己，他的这种性格让布莱德雷十分反感。并且，布莱德雷内向的性格，使他很少愿意同巴顿这样的贵族公子交往，但是，在小小的夏威夷上，他们也会经常碰面，也就免不了要寒暄几句了。时间长了，便也就熟识了。

就在布莱德雷在夏威夷任职期间，美日两国的关系日益紧张起来。此时的日本，军事已经渐渐地强大，这给美国带来了一定的威胁。对此，美国采取了一定的措施。经过美国陆军部和海军部的共同商议，最终制定了“橙色计划”以应付日军对其造成的威胁。

布莱德雷所在的第二十七步兵团团长霍尔斯特德，很善于治军，他赋予了各营营长充分的权利，让他们可以自己安排训练日程以及训练方式、计划等。这使布莱德雷很高兴，他在本宁堡步兵学校所学习的战略理论终于有机会付诸实施了。

于是，布莱德雷吩咐他手下的四个连长，将队列训练的时间缩短，从而节省下大部分的时间进行放区内的野战训练，野战训练由布莱德雷亲自主持。为了更好的使官兵们有亲临战场的感觉，布莱德雷还制作了各种复杂的“沙盘”，使官兵对整个防区进行熟悉，以便在训练中紧密的配合。

由于当时日本对美国存在的潜在威胁，因此，布莱德雷所在的师以及航空队、海岸炮兵部队，大都将日本作为假想的敌人进行军事演习和训练。布莱德雷所在的第二十七步兵团也一样。他们经常在一起研究日本人的作战战术，并针对这些战术制定不同的作战策略，然后进行演习和训练。可以说，在布莱德雷的团

里，军事演习和训练是搞得最有声有色的。

在夏威夷服役的日子，虽然训练的安排很多，但是，经过布莱德雷精心的计划，他还是会有很多空闲的时间来享受自己的私生活。美丽的夏威夷群岛给布莱德雷夫妇带来了大自然的舒适感受，他们经常去海边游泳，或者到怀基海滩欣赏夏威夷音乐。莫阿纳饭店的草裙舞表演同样对他们充满了吸引力。在夏威夷的日子是充实、快乐、清闲的。

这种令布莱德雷十分满意的生活，只持续了五年多的时间。1927 年的 6 月份，布莱德雷接到了调离第二十七团的命令，将其调往夏威夷国民警卫队。在那里布莱德雷主管夏威夷卫戍区的事务，成了美国陆军与夏威夷国民警卫队之间的联络官。

在上任不久后，布莱德雷才发现，他要处理的仅是一些有关训练标准和行政方面的杂务，并没有其他军事方面的事务可以做。这和布莱德雷的喜好相差很多，因此，他很快就感到了无聊。布莱德雷认为这是一个没有前途的职业，他越来越反感，最终，布莱德雷开始申请，要求回国任职。

布莱德雷的申请在递交了将近半年之后，终于获得了批准，他又将前往堪萨斯州利文沃斯堡指挥与参谋学校进修。利文沃斯堡指挥与参谋学校是一所供美国高级军官学习与研究新课程的军事院校。该校开设的课程以指挥师、军部队进行大兵团作战的内容为主。因此，绝大多数人认为，能够进入该校进修，将来很有可能成为一名将军。因此，带着极其期待的心情，布莱德雷离开了夏威夷，前往这所学校。

当他来到利文沃斯堡指挥与参谋学校之后，就加入了师级、军级课程学习的行列。布莱德雷在利文沃斯堡指挥与参谋学校的学习非常紧张，压力也很大。这所学校被看作是晋升将军的台阶，在这个学校毕业后将会拥有更加光明的前途。因此，学员们之间的竞争也十分的激烈。在这样的情况下，布莱德雷觉得自己

的压力非常大。但是，幸运的是他得到了在本宁堡执教时结识的老朋友奇尔顿的劝告，奇尔顿劝告布莱德雷，不要将事情看得太严重，并且告诫他不要熬夜，因为在课堂上保持清醒的头脑，要比熬夜学习的效果更好。

听了奇尔顿的劝告之后，布莱德雷觉得他说得很对，他便开始试验奇尔顿的方法，当然很有效。每天在课堂上他都能保持清醒的头脑，和那些熬夜后打不起精神的学员相比，布莱德雷能更好地理解教官所讲述的理论知识。并且，布莱德雷还在学习中开始探索不同的学习方法，他经常转换思维去看问题，当复杂的军事问题用通常的方法无法解决的时候，不妨去寻找不寻常的办法，反向思维方法往往易出妙招。久而久之，布莱德雷掌握了谋划战争、驾驭战争的必备能力，指挥才能也得到了大幅度地提高。

在利文沃斯堡指挥与参谋学校的学习，不仅使布莱德雷获得了知识，同时还学会了从不同的角度去看待事情，这对他以后的征战道路起到了很大的作用。时光匆匆而过，很快，布莱德雷就从利文沃斯堡指挥与参谋学校毕业了，他又要面临新的选择。

当时，布莱德雷接到了他在夏威夷服役时的师长，也就是此时被调任西点军校当校长的史密斯的邀请，邀请他到西点军校去任司库；而此时，也有人建议他去本宁堡步兵学校担任教官，觉得布莱德雷在本宁堡步兵学校能够得到更好的发展。面对着面前的两条路，布莱德雷有些犹豫不决。但最终，他还是选择了到本宁堡步兵学校任教，因为他觉得本宁堡步兵学校有足够大的训练场，可以让他更好的发挥战术指挥的才能。也正是这个决定，让他幸运地成为了发现他的“伯乐”马歇尔的部下。

布莱德雷带着他想要建功立业的决心，再次来到了他熟悉的本宁堡步兵学校。四年之后再次回到这里的布莱德雷惊奇的发现，本宁堡步兵学校已经换了模样，物质条件得到了大大的提升，并且，此时的本宁堡步兵学校正在马歇尔的带领下进行着改革，种种的有利条件，使布莱德雷为自己当初的选择而感到庆幸。

那么，在这里我们不得不提一下马歇尔了，因为此人在布莱德雷的生命中起到了至关重要的作用，可以说正是因为他，才使得布莱德雷有了在本宁堡步兵学校一展拳脚的机会。

马歇尔，1880 年生于宾夕法尼亚州的尤宁敦，与布莱德雷不同的是，他毕业于弗吉尼亚军事学院，而非西点军校。在 1902 年的时候，马歇尔加入了正规陆军，之后曾在利文沃斯堡指挥与参谋学校当了四年学员。从利文沃斯堡指挥与参谋学校毕业之后，他留校任教官。

1924 年，马歇尔受命前往中国天津任美军第十五步兵团团长。正是这一次驻外工作，使他发现了一个严重的问题，那就是他手下的军官缺乏解决实际带兵问题的能力，于是，他便产生了“要插手本宁堡步兵学校教学的强烈愿望”，想要亲自培养发现一些有才能的青年军官。

马歇尔回国后，在华盛顿的国防大学任教。没过多久，他那一直体弱多病的妻子伊丽莎白 · 科尔斯 · 马歇尔去世了。马歇尔同妻子的感情非常深厚，妻子的去世使他十分悲痛。马歇尔深感孤独和心灰意冷，失去妻子的打击让他无法再坚持上课，他申请离职。

三年以后，心情平复了的马歇尔，决定申请去本宁堡任职，于是他递交了申请书，不久，他的申请报告被批准了，他被派往了本宁堡步兵学校，接替了前任助理校长弗兰克 · 修科的职务，从此，开始了他在本宁堡的改革浪潮。

马歇尔来到本宁堡步兵学校后，为了推动校务部的变革，大胆启用了他认为“最有才华的人”出任系主任。他任命约瑟夫 · 史迪威为战术系主任；莫里森 · 斯特耶中校为后勤系主任；拉

尔夫·金曼中校为兵器系主任；福雷斯特·哈丁任军史和出版系主任。马歇尔之所以选择了这四个人来分别出任四个系的主任，主要是因为在他们的身上有着共同的特点，那就是敏锐的洞察力和善于分析、心地坦率、足智多谋的异于常人的优点。并且和马歇尔一样，他们都具有高度的创造精神和强烈的改革欲望。

本宁堡步兵学校齐全的设施，给这几位具有改革精神的系主任带来了便利的条件。学校此时拥有的坦克部队，还有施放烟幕的飞机，以及宽阔的训练场地，使军事演习更加接近实战，能够更好的锻炼学员们的作战技术。

布莱德雷来到本宁堡步兵学校的时候，正是马歇尔在这里进行大刀阔斧的改革的时候。布莱德雷被分配在史迪威的战术系，讲授高年级军官的“营进攻”课程。布莱德雷的战术课主要是在课堂进行的，他的教学工具就是黑板、讲稿和地形图。

在本宁堡，马歇尔和史迪威都主张，教官应抛开书本讲课，而且内容要简洁明了。这样一来，本宁堡的课堂便成了演讲厅，教官每次讲课都是一次即兴演讲。布莱德雷也一样做到了这一点，他在课堂上总是充满了激情。

当时的美国军界，大部分人的战术思想还停留在第一次世界大战时期的老战术，也就是战壕战。对于新兴的运动战，只有少数有识之士较早的接触和认识到了。对于运动战，布莱德雷是早就了解的了，而且，他深信在未来的战争中，运动战将成为主流，因此，他十分推崇运动战。

令布莱德雷高兴的是，马歇尔和史迪威等人对运动战也十分提倡。并且，马歇尔还将运动战视为训练改革的目标，他认为指挥官在战场上应随机应变、灵活快速，果断地处理问题,。要实现这些，以运动战战术为训练内容是至关重要的。至于作战文书，可以在训练、作战结束后再补写。布莱德雷的战术训练思想，与马歇尔的这些想法不谋而合，这使他在带领学员进行训练

时，总是得心应手，应对自如。这是布莱德雷第一次感觉到做事情如鱼得水一般。

布莱德雷出色的表现，以及他那种勇于创新的思想，得到了马歇尔的关注和认可，于是，在第一学年快结束时，马歇尔便启用布莱德雷代替了拉尔夫·金曼，担任了兵器系的主任，这是布莱德雷第一次被马歇尔提拔，这次提拔使布莱德雷喜出望外。除军衔低一些外，他已经与史迪威、哈丁、斯特勒等人平起平坐了。

在本宁堡步兵学校度过了一段紧张而又充实的工作时间后，布莱德雷迎来了他的第一次休假的机会。1930 年 6 月，伴随着和煦的微风，布莱德雷又回到了他的母校西点军校，来参加 1915 届同学的聚会。

十几年过去了，昔日的同学多少都变了模样，每个人的脸上也都留下了岁月的痕迹。席间，同学们不免闲聊起来，他们的话题从每个人的情况渐渐的转移到国家大事上来。先是关于美国当时遭受的经济危机的讨论，而后，又谈论到了谁将出任陆军参谋长的问题，这个问题成为大家普遍关注的焦点，因为这将影响到每个人的前途。

当时的陆军参谋长查尔斯·萨尔默尔即将退休，道格拉斯·麦克阿瑟成为了竞争这一职务的重要人物之一。对于麦克阿瑟这个人，争议很多，反对他出任陆军参谋长的大有人在，大家都认为麦克阿瑟太年轻，不适合出任这一职务，况且他刚闹出了离婚案。更重要的是，陆军的铁幕人物潘兴将军并不赏识麦克阿瑟。

尽管很多人对与麦克阿瑟出任陆军部参谋长一职都很不看好，但是，当时的胡佛总统还是选中了麦克阿瑟来担任陆军参谋长。麦克阿瑟的上台，无疑要给潘兴将军手下的爱将，包括马歇尔等人在内，带来一段非常艰难的时期，他们的晋升将无端受阻，才能也将难以发挥。

第四章　才华再现

布莱德雷休假期满后，回到了本宁堡步兵学校，并于同年9月，正式担负起兵器系主任的职务。布莱德雷很感激马歇尔的提拔，同时，他也感受到了马歇尔对他所给予的厚望，因此，他时刻提醒自己要干好。不过马歇尔从来不干涉布莱德雷以及其他几个主任的工作，他总是将权利给他们，让他们放手去干。

新学年开始的第一天，按照以往的惯例，各个系应该向学员介绍本系的教官、教学内容以及学员在本学年中可以学到的知识和技能。布莱德雷上任以后，决定采取新的政策。于是，他提出兵器系要打破常规的独树一帜的见解，那就是：兵器系要向全体人员举行一次野外表演。布莱德雷的计划得到了马歇尔的同意和支持，他让布莱德雷组织为时四个小时的野外综合表演。

布莱德雷决心在这次表演中一展自己的才华，他非常珍惜这次机会，这将成为他上任之后打响的第一炮。在演习前，布莱德雷做了精心的计划安排，从各个项目的表演时间、场地到参观人员如何进入项目表演的现场进行观看，布莱德雷都做了精心的策划。并且，在每个项目表演前，他都要亲自讲解武器操作的方法，然后由专业人员进行实弹射击。

表演的当天，马歇尔助理校长和其他教官们坐在大轿车上，

观看了布莱德雷亲自指挥的十四个项目的表演。在场地里，兵器系的十三名军官和几十名士兵熟练地操作着机枪的直接、间接瞄准射击，靶场顿时枪声四起，硝烟弥漫。然后，布莱德雷率领表演人员进行了三十七毫米野炮的活动靶射击、迫击炮射击、勃朗宁自动步枪射击等科目。最后，布莱德雷等人仅用两个半小时就完成了十四个项目的表演，引起全体参观者的一片喝彩声。马歇尔兴奋地跳下轿车，满面笑容地对布莱德雷说：

“布莱德雷，这是我所见过的最好的一次表演。我要求你为本宁堡步兵学校的每一届学员都表演一次。”

这次简洁、有效的表演给全校学员留下了深刻的印象，布莱德雷也因此而名声大振。可能布莱德雷自己不知道，他组织的这次表演给马歇尔留下了极其深刻的印象，尤其是他的组织才能和有条不紊的工作作风得到了马歇尔的高度赞赏。

布莱德雷给马歇尔留下的更深刻的印象，是之后发生的一件事。在表演过后，布莱德雷又组织了一次飞靶射击活动，在活动中他认识了一位名叫沃尔特·比德尔·史密斯的高年级学员。

史密斯出众的才华继而超群的技艺，引起了布莱德雷的注意。于是，布莱德雷在飞靶射击中仔细观察了史密斯的一举一动，他发现史密斯很像才思敏捷，善于分析问题，头脑非常冷静的史迪威上校。布莱德雷认为史密斯将会是一位优秀的教官，于是他决定向行政处提出报告，请求将史密斯留在兵器系任教。使布莱德雷没有想到的是，他的想法竟然又与马歇尔的想法不谋而合了。

马歇尔在本宁堡步兵学校的时候，经常会悄悄地到各教室查课，但事先并不作任何通知。正是他的这种做法，使他发现了史密斯这个人才。正巧有一天，史密斯正聚精会神地在班里做专题发言，此时马歇尔正好来查课。史密斯精彩的演说，清晰的思路使马歇尔将脚步停在了史密斯的班级外。

在回办公室的路上，马歇尔一直在心里想，这么一位优秀的人如果能够留在本宁堡步兵学校任教，将培养出一大批人才。对于这样的一位人才，马歇尔原本以为不会有人发现，更不会有人会推荐他留校任教呢，但是，他没想到布莱德雷早就将报告打好交了上来。马歇尔回到办公室的时候，他对布莱德雷说："有一名学员将成为出色的教官，我敢断定还没有人要求留他。"

"您指的是史密斯？"布莱德雷脱口而出。

马歇尔没有回答他什么，布莱德雷走后，马歇尔便开始工作了。就在他翻阅文件的时候，他突然发现布莱德雷写来的要求留史密斯在兵器系任教的报告。一丝微笑出现在马歇尔的脸上，他为有布莱德雷这样善于发现人才的部下而感到高兴。但是，马歇尔并没有意识到，其实他自己也是这样的一位伯乐，因为，他发现了布莱德雷这个人才。

在本宁堡，布莱德雷的事业、生活都一帆风顺的进展着。他和妻子玛丽也越来越相亲相爱，女儿伊丽莎白已经六岁，非常活泼可爱，家庭非常的和睦温馨。业余时间，布莱德雷经常带着妻子和女儿去参加社交活动。正当布莱德雷尽情的享受着这种生活的美好时，一个不幸的消息传来了。

那是 1931 年 5 月的一天，早晨，布莱德雷起床之后，天便阴沉沉的，布莱德雷觉得心里闷闷的，而且总是感到坐立不安。中午时分，布莱德雷接到了继父从莫伯利发来的信，信上说他的母亲得了中风，而且病情严重。得知这个消息后，心急如焚的布莱德雷立即向本宁堡步兵学校请了假，匆匆忙忙地赶回莫伯利。

被病魔缠身的五十六岁的萨拉，见到自己的儿子后十分激动，她感到无比欣慰。萨拉清楚地知道自己将不久于人世，可她不想让这个从小就吃尽苦头的儿子为她担心，因此，她并没有将要离开她恋恋不舍的人世的那种惧怕表现出来，而是十分镇定自若。布莱德雷看到被中风折磨着的母亲，心里十分难过，他曾与

母亲一起经受的种种困苦，一幕幕涌上心头。母亲的一生并没有享受过什么，全部的时间和精力都用在哺育子女上。此时，布莱德雷只能尽心尽力地照顾母亲，希望在她的有生之年，能够给她带来些许安慰。

很快，布莱德雷的假期在他十分不情愿的情况下结束了，他不得不强忍悲痛离开病重的母亲，返回学校。在布莱德雷返回学校后的第二十一天，他的母亲去世了。由于当时的工作很忙，布莱德雷没能返家奔丧。他从继父的信中获知母亲和父亲以及早年夭折的小弟弟葬在了一起。布莱德雷在母亲去世后曾多次给继父写信，但是都没有得到继父的回信。后来得知继父从莫伯利搬走了，但不知去向。从此，布莱德雷也就再也没有见过这个善良的男人。

时光匆匆而过，1931 年的夏天到来了，马歇尔在本宁堡的任职已满，按照惯例，他要离开学校到部队去服役。而布莱德雷还需要在本宁堡继续留任。

在本宁堡共事期间，马歇尔和布莱德雷两个人之间的思想相近，作风相承，共同对本宁堡的改革做出了巨大的贡献。更重要的是，马歇尔对布莱德雷有了非常深刻的了解，他欣赏布莱德雷的才华，并认定布莱德雷将来可以成为栋梁之材。不过，天下没有不散的筵席，他们暂时要分离。

马歇尔为本宁堡步兵学校的进步奠定了根基，有人戏称他在本宁堡的任职是“为第二次世界大战的将军们办的幼儿园”。此时的马歇尔运气不佳，因为他正赶上美国经济大萧条，可以说此时是他人生发展的最低谷。在离开本宁堡步兵学校之后，马歇尔被发落到南卡罗来纳州查尔斯顿附近的莫尔特里堡。在那里，虽然他的军衔仍然是中校，但他并没有担任师长，甚至连团长也没有当上，他只是十七个劳动营两万多名青年人的行政长官。

对于自己在莫尔特里堡的窘境，才华横溢、足智多谋的马歇尔并没有因此而消沉，相反，他在那里做出了斐然的成绩，充分显示了他所具备的足以领导一支大军的指挥才能。就在马歇尔与提升无缘的境况下，美国陆军的各级军官，也都在经济大萧条中苦苦挣扎着。而马歇尔并却没有因为自己的不得志而碌碌无为，1933 年底，马歇尔在莫尔特里堡又显示了他的才能。但是马歇尔出色的表现，仍没有使麦克阿瑟提升他。

在麦克阿瑟看来，在大萧条以及中西部局势紧张的情况下，十分需要一位坚强的人物去领导并训练一支有素质的军队，而这个强有力的人物，他认为非马歇尔莫属。于是，麦克阿瑟将马歇尔派往了伊利诺斯州国民警卫队当师长。麦克阿瑟对马歇尔的这一调动，意味着马歇尔再也不会有晋升的机会了，离开美国正规陆军令他十分绝望。

对于麦克阿瑟的命令，马歇尔无法接受。于是，他不顾后果，给麦克阿瑟写了一封信，要求收回成命。同时，当了十六年中校的马歇尔还请老上司潘兴将军出面说情。潘兴也认为这一调动对马歇尔不公平，亲自给麦克阿瑟打电话，要求提升马歇尔为准将。

然而事与愿违，麦克阿瑟因此而想到马歇尔是“铁锤”潘兴的老部下，是他历来憎恨的肖蒙集团的成员之一，在法国让他吃尽了苦头。前嫌重提，使麦克阿瑟坚定了调动马歇尔去国民警卫队的信心，坚决拒绝了马歇尔的请求，对于潘兴也没有给一点面子。

无奈的马歇尔，除了感叹自己时运不济之外，也没有别的办法，只好服从命令，去了芝加哥，整顿那里的国民警卫队。

从到本宁堡步兵学校当教官开始，一直到第二次世界大战前，布莱德雷基本上处在其人生发展的安逸时期。在这段时间内，布莱德雷虽然已经崭露头角，但还没能在众多的青年军官中脱颖而出，显露才华。同时，在他的身上也没有发生过不幸与万

幸的事情，生活过得有些平淡无奇。

但是，对于马歇尔的提拔，布莱德雷却始终铭记在心里。在自传中他也承认，结识马歇尔是他一生中最重大的事情，并对马歇尔敬佩之至，称赞马歇尔是他所认识的人中“最令人注目的、世界上空前的、最有才智的军人之一”。

马歇尔离开后不久，布莱德雷在本宁堡步兵学校的任职很快也期满了。布莱德雷又一次站在了人生的十字路口。而在当时，很多像布莱德雷这样情况的人，都选择了去陆军国防大学进行深造。布莱德雷也将去陆军国防大学深造放在了自己的第一首选位置。因为从他的资历来看，本宁堡和利文沃斯堡两个学校的学历，可以为他赢得上陆军国防大学深造的资格。

在当时的美国，国防大学是陆军的最高学府，是专门为陆军参谋部服务的。如果有战争爆发，那么，从陆军国防大学毕业的学员将被分配在统帅机关或担任野战部队的高级参谋军官，但是这些人一般不在前线指挥作战或担任部队的指挥官。它的设立主要目的是为统帅机关拟订各种作战计划和提供各种研究成果，因此，国防大学毕业生很少担任主官。

对于布莱德雷的选择，史迪威感到很疑惑，他想不透，为什么那么多人都愿意去那个出来以后并不能担任主官的陆军国防大学深造，对此，他觉得去部队更好一些。于是，他建议布莱德雷说：

“布莱德雷，为什么你要选择去学校进修，而不选择到部队去等待上战场的机会呢?”

布莱德雷听了史迪威的话后，也觉得有道理。他想到马歇尔在第一次世界大战中，只能屈尊当参谋，不能在前线直接指挥部队作战，部分原因就是因为他在利文沃斯堡受的参谋教育时间过长，结果被认为只擅长参谋一职，而不擅长指挥战争。

史迪威的劝告使布莱德雷犹豫不决，他不知道该如何选择是

好，最终使他拿定主意的是福雷斯特·哈丁。哈丁同布莱德雷、史迪威、斯特勒一起，被看做是马歇尔在本宁堡步兵学校所倚重的“四大金刚”，很受马歇尔赏识。

哈丁认为上国防大学深造，选择统帅机关并非坏事，因此，他极力劝说布莱德雷选择去陆军国防大学深造，他本人也在申请去国防大学深造。布莱德雷在经过反复的思量后，认为选择去国防大学深造将是一个良好的开端和光荣的经历，如果战争爆发，再申请到部队任职也不迟。在下定了决心之后，布莱德雷便递交了入学申请，没过多久，布莱德雷的申请便得到了威克斯助理校长的批准。布莱德雷将在国防大学深造一年。

时值美国新任总统富兰克林·罗斯福刚刚上任，这位总统制定了一个安排就业和复苏经济的计划，而此时的布莱德雷刚刚离开本宁堡，本来可以有一个短暂的假期，但由于总统罗斯福的计划，所以假期就不得不取消了。根据计划，陆军要具体负责组织民防团去从事植树造林的工作。布莱德雷要参加动员、组织和管理三十万人的民防军工作。开始的时候，陆军对此也大为不满，工作中军官们也不卖力气，能拖的就拖。

在松散的民防兵中，布莱德雷很快发现，他所负责的六个全部由黑人组成的连队，却有着严明的纪律，连队的成员都听从调遣，并且工作成效也十分显著。全国的民防团共组成一千三百多个连，其中由三十万黑人组成的民防团主要以本宁堡为大本营。经过长时间的磨炼，民防团变成了全国第一流的组织。布莱德雷虽然没有享受到假期的惬意和闲适，但他并不后悔，因为在这次经历中，他感受到了美国陆军和民防团强大的力量，同时也感到自己肩上有着重大的责任。

在结束了短暂的假期之后，布莱德雷正式离开了本宁堡步兵学校，迈进了陆军国防大学的校门。坐落在华盛顿波托马克河畔的汉弗莱斯堡的国防大学是美国陆军的最高学府，和其他军事院

校大不相同，它是高级的研究生院和军事智囊机构。

布莱德雷带着妻子玛丽和女儿伊丽莎白，一起来到了陆军国防大学。在那里，由于学校没有固定的住房，所以学员们都要自己租房居住。布莱德雷在华盛顿西北的一所公寓居住，这样，就不得不每天乘坐有轨电车去上学了。

因为没有战争，此时的国防大学已经不再向陆军参谋部提供真正的作战计划了，同时，也不允许学员真正接触参谋部拟订的实际作战计划。学员们所制作的作战计划，也只能是建立在想像、虚构的背景和理论上。但是，这种研究型的探讨大大开阔了学员们的眼界。

布莱德雷这一届的学员共有八十四名，这八十四名学员分成了六个人一组的十几个小组。各个小组的成员在一起研究内容广泛的若干个专题。各组成员必须为了本组所研究的专题，多方搜寻资料，拜访政府及工业、学术界的文职专家，并根据这些活动得来的资料写成专题论文，然后在全班宣讲。

当时，在这十几个小组中，有一个小组分析了当时已攫取政权的希特勒，认为希特勒这个人物缺乏坚定的意志，不能长期统治德国和发动世界大战；另外一个小组则研究在菲律宾部署五十万野战军，并在那里举行模拟的作战演习。布莱德雷所在的小组则探讨经济危机对美国军事动员的影响，寻求一种应急的动员方案。这几个小组的成员在无意中探讨了第二次世界大战的战略和军队指挥问题，为美国在大战中指挥大军对敌作战进行了思想上的准备。

国防大学的教学体制不同于其他军事学校。在国防大学里，考试不计成绩，也不列名次，学员和教官之间也没有多少差别，大家总是在一起平等地发表意见，探讨有关问题。习惯了本宁堡教学方式的布莱德雷，开始时对这种轻松的气氛不太习惯，有时候还认为这会浪费有限的时间，但是后来，他才逐渐地适应了这

种方式，并开始慢慢喜欢上了。

国防大学和布莱德雷曾经上过的西点军校不同，国防大学没有西点军校那样重视体育活动，而是只允许学员在中午休息的时间参加体育运动。这是让爱好体育运动的布莱德雷最为遗憾的一件事。尽管如此，布莱德雷还是参加了垒球队，因此，经常会将中午休息的时间用在打球上。

在国防大学的学习生活是很轻松的。闲暇的时候，布莱德雷便去国会大厦、华盛顿纪念碑、阿灵顿国家公墓参观，每一次参观都会深深地触动他的爱国情绪。他的妻子玛丽则经常与其他军官的妻子打桥牌，借以消磨时光；十岁的女儿伊丽莎白则在国防大学附近的公立学校读书，伊丽莎白是一个聪明的小姑娘，上学期间由于学业优秀，还跳了半年级，这使布莱德雷夫妇两人很是高兴。

在国防大学学习期间，有一次，布莱德雷应邀参加了在白宫举行的盛大的军官招待会。在这次招待会上，布莱德雷第一次见到了美国总统富兰克林·罗斯福和他的夫人。这件事情使布莱德雷兴奋了好几天。作为一名军人，布莱德雷不喜欢过问政治，但他非常支持罗斯福总统正在发动的新政——经济复苏运动的大部分措施。

布莱德雷在陆军国防大学的进修学习，很快就要结束了。1934 年的春天，他和玛丽不得不再次考虑新的去向。布莱德雷为此感到很苦恼，他的前半生不知道经历了多少次这样的抉择，这几乎使他感到了厌烦。

但这一次，布莱德雷并没有在这件事上费多少脑筋。因为当时，布莱德雷在西点军校的老同事西蒙·巴克纳上校，此时正担任西点军校学员团团长，他得知布莱德雷即将要完成在国防大学的进修时，便盛情地邀请布莱德雷去西点军校保密的战术系任高级教官。对于这件事情，最高兴的不是布莱德雷，而是他的妻子

玛丽，因为她非常喜欢西点军校的生活，听到这个消息后，她欣喜若狂，极力劝说丈夫接受邀请。

此时，布莱德雷也认为西点军校能够发挥自己的才能，用自己的思想去影响学员。并且，按照资历，像布莱德雷这样干了十几年的老少校，去西点军校任教还可以分到一套漂亮的住房。经考虑，布莱德雷决定再去母校任职，这让玛丽十分高兴，她快乐的收拾好了行李，与丈夫一起来到了西点军校。

时光荏苒，一晃十来年过去了。当布莱德雷再一次踏上母校的土地，他才发现，这里已经变了模样。学校的规模和建设大有发展，麦克阿瑟任命威廉·康纳少将为校长，学校的气氛也相对开放，不再像以前那样保守了。当然，相对于整个社会而言，西点军校保守的烙印仍不能完全消失，教学内容仍以工程技术为主，只是与社会密切相关的课程多了一些。

此时，担任陆军参谋长的麦克阿瑟仍然深深地影响着西点军校，他以陆军部的名义规定：西点军校一年级的新生推迟夏令营的活动和残酷的训练，将这些内容移到二年级时再进行；新生在第一年夏季用大量的时间去参观各种军事设施、观看军事演习和进行实弹射击训练。这样可以使他们及时掌握军事专业的背景知识，开阔眼界。根据这些规定，新生一般要专门参观门罗堡的海岸炮和防空兵器研究与发展中心，然后在陆军基地进行二周的军事航空技术训练。

布莱德雷来到西点军校以后，就到战术系任教了。西点军校的战术系要求对外严格保密，其任务是培养“军人的素质、士兵的勇气”，以“严明的纪律、高雅的举止”养成军人的气质，把学员训练成体格健壮、思维敏捷的战场指挥官。每一位学员，都要掌握各种战术的原则和理论，调动士兵的总体实力，掌握作战的主动权，这些都是每一个西点军校战术系毕业的学员应该掌握的本领。

战术系要传授的主要内容有武器常识、小分队机动演习等基础课程，这些课一般都在课堂、训练场和练习场上进行。布莱德雷负责的就是介绍机枪、迫击炮、火炮等武器的相关知识，他以丰富的经验、娴熟的技艺帮助学员了解这些武器的性能以及掌握它们的用法。为了使学员们能够更好的熟悉地形，并将地形与战术有机地结合在一起，布莱德雷还制作了很多沙盘，利用这些沙盘进行教学，收到了良好的效果。

布莱德雷以其极度负责的教学态度和具有创新精神的教学方法，从1934年到1938年，在西点军校培养了大量的人才。同时，布莱德雷的影响也越来越大，他受到学员们的尊敬。但是，在西点军校期间，布莱德雷也遭受到了政治上的一些事件，并卷入其中。

在布莱德雷来到西点军校任教的第二年，西蒙·巴克纳学员团团长的职务由邓尼斯·麦康尼夫接任。同年7月，布莱德雷在当了十二年少校后晋升为中校。他在麦康尼夫的直接领导下负责战术系学员的训练工作。

在接手战术系的训练工作后，布莱德雷大胆地对学员们的训练进行了改革，他废除了那些近乎荒谬的照本宣科的做法，并取消了让学员难以忍受的严密监督，同时，增加了学员和教官之间的沟通。为发挥学员的积极性和主观能动性，布莱德雷像马歇尔当年在本宁堡那样放手让学员自己去解决实际问题。

布莱德雷来到西点军校的第四年，麦康尼夫任职四年已满。按照常规，布莱德雷可以升任学员团团长。但是不幸的是，当时这一职位的政治色彩颇浓，前任校长康纳已经退休，新任校长伊·本尼迪克特准将，选择了他的亲信，也就是布莱德雷当年的同班同学多克·赖德出任学员团团长，并晋升多克为中校。

布莱德雷没有得到这次晋升的机会，使他的追随者们感到很气愤，都纷纷为他鸣不平。布莱德雷为了安抚大家的情绪，以使

他们不至于出来闹事，在私下对他们说，多克是个精力充沛的年轻人，并且，他曾在法国作战时身负伤痛而坚持作战，至今背上仍留着弹片，由他来出任学员团团长是理所应当的事情。这才平复了其追随者们的情绪。从这件事中，布莱德雷显露出他那宽厚仁慈、处事公允、善于忍让的性格特点。

1938 年，布莱德雷在西点学校的任职已满四年，此时，他已在军队中服役了二十三年，其中从事教职十三年。十几年的执教生涯，使他成为了一名军中学者。他学识渊博、思维敏捷、头脑冷静而且温文尔雅，受到了很多人的尊敬。

布莱德雷在西点军校的再度任职期满的时候，正值马歇尔晋升为准将的时候。马歇尔的提升是否能够给布莱德雷带来好运气，我们拭目以待。

第五章　从“秘”生涯

在西点军校任职满了以后，布莱德雷被分配到陆军参谋部的人事部工作，结束了他的执教生涯。在过去十几年的时间里，无论是深造、进修，还是当教官，布莱德雷都从不参与政治，但是，在陆军人事部的工作，是他第一次涉足政治。

布莱德雷对此充满了不安，他怀着忐忑的心情，带着妻子和女儿来到了华盛顿。在那里，他们租了一栋砖木结构的二层楼房，开始了全新的生活。

在统帅机关任职，布莱德雷觉得很轻松，但是工作的枯燥乏味也使他感到厌烦。在这样的工作环境下，布莱德雷时常会考虑自己的前途问题，对于轻松没有挑战的工作，布莱德雷并不是十分喜欢。那么，他的未来又将如何呢，在这里我们就不得不再一次提到一个人，那就是马歇尔，正是因为有了马歇尔，布莱德雷的人生又一次发生了转变。

布莱德雷刚到参谋部工作时，陆军部的参谋部简直是一个尔虞我诈，勾心斗角的游戏场。当时，陆军部长哈里·伍德林和助理部长路易斯·约翰逊原本就不好的关系正在又进一步恶化。伍德林曾任堪萨斯州州长，是位鸽派孤立主义者；约翰逊则出身律师，脾气粗暴，野心勃勃，而且有强大的后台，是一位鹰派分

子。

两个人矛盾的激化，使即将退休的克雷格参谋长，在二人当中十分为难，他只能勉强维持着陆军部的正常运转。此时，面对着克雷格退休以后，由谁来接任陆军部参谋长一职，成为了最紧迫、最敏感的政治话题。

此时，刚出任作战计划部部长的马歇尔准将也被列为五名候选人之一。在克雷格刚刚出任陆军部参谋长一职的时候，便听说了很多关于马歇尔的评论，经过严格的审查和考验，他也认为马歇尔是少有的人才。于是，在1936年的9月份，克雷格提升马歇尔为准将，并派他前往范库弗兵营担任旅长。就这样，马歇尔终于摆脱了麦克阿瑟带给他的毫无前途的工作。

关于提升谁为陆军部新的参谋长，伍德林、约翰逊这一对冤家也都同意马歇尔是最合适的人选。可是这两个钩心斗角的人物，又担心马歇尔被提升过快而对其不利，因此，对于马歇尔出任参谋长一事又开始犹豫不决起来。1938年夏，助理部长约翰逊趁伍德林外出的机会，立即命令克雷格免去思比克的职务，提升马歇尔为副参谋长。这样，马歇尔便一跃成为了陆军部参谋部的第四号人物。

在马歇尔成为陆军部副参谋长的前一年，罗斯福再次被选为总统。当时，美国陆军的总人数增加到十七万八千多人。1938年春，希特勒吞并奥地利并威逼捷克斯洛伐克时，美国陆军人数增至十八万五千多人。同年6月，布莱德雷到总参谋部报到时，加塞将军，也就是布莱德雷在陆军参谋部的上司，他正在修订计划，准备将陆军总人数再扩充五万。

1938年9月份，希特勒与墨索里尼结盟，策划接管讲德语的捷克苏台德区。同年，在慕尼黑会议上，英国首相张伯伦、法国总理达拉第执行绥靖政策，出卖了捷克的利益。面对这样的形势，布莱德雷感到，与希特勒在欧洲一战是在所难免。

《慕尼黑协定》签订后，罗斯福总统频频与高级军事顾问磋商，准备采取主战态势。罗斯福总统非常担心希特勒的空中力量发展过于迅速，决定生产两万四千架飞机，用来抵消纳粹德国的空中优势。对此，马歇尔表示反对。

罗斯福提出的关于增加军工生产数量的议案总是在国会受阻，有些还被否决，更有些被无限期的延长。正当希特勒摩拳擦掌之时，在美国，孤立主义却十分盛行，孤立主义者猛烈抨击罗斯福的主战观点。最后，罗斯福意识到，一旦欧洲战争爆发，只好由欧洲人自己去和希特勒作战了。目前最明智的做法，就是暗中向欧洲的英国、法国提供援助，美国则在公开场合宣布保持“中立”。

此时，经历了十几年执教生涯的布莱德雷，也在私下里对美国所面对的形势做了分析。他认为，美国要避免被动，就必须要加强陆军、海军的力量，因此，美国此时需要刻不容缓地进行军事动员。

当时，由于罗斯福总统是海军出身，因此，他不免对海军有些偏袒，对陆军的发展也就不够重视。对此，克雷格参谋长和马歇尔副参谋长感到十分不满，他们从国家的利益出发，开始了实际的行动。

此时，人事部的文书堆积如山，人手显得异常紧张。加塞将军有条不紊地处理着有关兵员动员计划、部队实力和预算等一系列问题。作为一名参谋人员，布莱德雷自始至终都参加了这项工作，并从中学到了许多整理和处理文件的方法和技巧，同时也成为了加塞将军的得力助手。然而，对于这位人才，加塞将军还没来得及重用他的时候，他便被别人要去了。那个人就是马歇尔。

1939 年 4 月的一个不寻常的日子，在陆军参谋长克雷格任职期满之后，罗斯福总统最终选中了马歇尔出任陆军参谋长一职。尽管在此之前，马歇尔极力反对过总统片面发展飞机生产的

做法，但是罗斯福从国家的大局出发，还是选择了由马歇尔出任陆军部参谋长一职。就这样，马歇尔在当年的七月初执掌了美国陆军参谋部的大权。

接手陆军参谋长的工作后，马歇尔虽感到步履艰难，但他还是竭尽全力地推动着参谋部的快速运转。首先，他精简了部一级的编制，代之以严谨、有效的参谋班子，这个班子也称作“秘书处”；其次，剔除无能之辈，提拔加塞为副参谋长，处理四分之三的例行公务。马歇尔本人则集中精力处理动员兵力和有关重新装备部队等迫在眉睫的问题。

马歇尔一向爱惜人才，当他出任陆军参谋长后，便迫不及待地想将布莱德雷调到自己的手下来工作。之前，在本宁堡步兵学校，布莱德雷给马歇尔留下的深刻印象，使他至今难以忘记。对于布莱德雷的能力，他更是给予了充分的肯定。于是，马歇尔对加塞将军说：“将军，请原谅，在您那里有一个我想要的人”。

对于马歇尔所说的那个他想要的人，加塞自信地说道：“我想您指的是布莱德雷吧?”。马歇尔斩钉截铁地回答到：“正是。”其实加塞早就料到有人会启用布莱德雷的，只是没有想到会这么早。没有办法，纵使他也十分欣赏布莱德雷的才能，但是，陆军部参谋长的面子还得给。

幸运的布莱德雷，怀着紧张而又兴奋的心情搬到了马歇尔参谋长办公室的外间，开始了秘书的工作。对布莱德雷来说，这是一个非常好的机会，他感谢马歇尔的提拔，布莱德雷觉得自己必须努力工作，拿出好的成绩来回报马歇尔。

参谋部秘书处的高级人物是奥兰多·沃德上校。沃德是西点军校 1914 届的毕业生，早年就和布莱德雷相识，他曾经跟随潘兴将军赴法参战，是一位坦克专家。沃德手下有一位叫斯坦利·米克尔森的高炮专家。米克尔森曾在指挥与参谋学校、国防大学深造，也是一位统计能手。沃德的另一位助手就是布莱德雷本

人。

在秘书处，沃德的正式职务是参谋部秘书，布莱德雷和米克尔森是助理秘书。工作上，他们没有明确的分工，彼此之间可以相互替换。秘书处的主要工作就是接收流水般的文件、研究报告，经过处理后再决定呈给马歇尔还是加塞批阅。有许多文件，经过处理提炼后需要打印在一张纸上呈送给马歇尔，对每天的决策和行动还要作口头汇报，以便使参谋长了解全局。

马歇尔是一个非常严肃的人，他不苟言笑，表情也总是很冷峻，给人很难接近的感觉。在布莱德雷的眼中，马歇尔是有些令人敬畏的。马歇尔言语不多，是一个很认真的人，他常常会因为手下的失误而生气，甚至是独自走开。当马歇尔发脾气的时候，布莱德雷等都不敢和他反驳。马歇尔虽然很严肃，但他是一个能够听进去别人意见的人。在布莱德雷到了秘书处一周之后，马歇尔将三位助手召到了办公室，很严肃地对他们说：“我对你们三个人都很失望。”

马歇尔的话使三人大吃一惊，他们自从来到秘书处以后，每天都是兢兢业业的工作，并且谁也没有在此期间出现过什么大的差错，马歇尔为何会对他们不满意呢？沃德酝酿了半天，才结结巴巴地问道：“为什么，先生？”

“因为，你们对我一周来所做的事情，居然毫无异议！”

布莱德雷明白了马歇尔的意思，站出来为大家辩护：

“这一周我们确实没有什么不同看法，但是，请相信，如果有，我们一定不会缄口不提的。”

布莱德雷的一番话使马歇尔脸上的阴云散开了，他会心地看着这个曾给他留下过深刻印象的手下，在他身上给予了厚望。马歇尔是个喜欢自己的助手能放手地工作，提出独到的见解，哪怕是反对意见的上司。

“我希望你们能够对我的工作提出意见，要是你们对我将要

采取的行动不提赞成或反对意见，我就难以验证我做得是否正确。假若我听到了全部意见或者争论，仍感到我的决定是可取的，我会不顾一切地去实施”。马歇尔说完，对布莱德雷报以一种少见的赞赏的微笑。

布莱德雷等三人常常被堆积如山的文件压得喘不过气来，因此，他们根本没有时间去讨论给马歇尔送的材料，常常是独自处理。

有一次，米克尔森向马歇尔汇报情况，他所汇报的内容是布莱德雷不太了解的。马歇尔听完汇报后，沉思了一会，突然转身问布莱德雷：

“布莱德雷，对此，你有什么看法”？

布莱德雷毫不犹豫地说“对不起，先生，我不喜欢这样的事情。”

布莱德雷的直截了当，使房间里的空气变得很凝重，三个人鸦雀无声地等待着马歇尔的反应。令他们吃惊的是，马歇尔也说道：

“我也不喜欢。”

听到这样的话，三个人才松了一口气。布莱德雷的良好判断力又一次得到了马歇尔的赞赏。

在秘书处，布莱德雷等三位秘书要经常起草文电，然后交由马歇尔签发。在三个人之中，沃德和米克尔森的文字水平不相上下，但是，这两个人的水平还都赶不上布莱德雷，尽管布莱德雷在文字方面也欠佳，因此，秘书处送去的电文，经常会令马歇尔感到不满意。通常，马歇尔要对文电进行重新改动后再发出。

布莱德雷对自己的写作能力羞愧无比，这时，他想起了在本宁堡任教时发现的那位人才，他就是文思敏捷、思维缜密的史密斯。于是，布莱德雷决定向马歇尔推荐史密斯，他认为史密斯对这些起草文电的工作会比他和沃德等三个人都要做得好。当布莱德雷小心翼翼地向马歇尔提出调遣史密斯时，马歇尔竟然忘记了这个当年使他十分赏识的学员。

这并不能怪马歇尔贵人多忘事，只是长时间的忙碌，使得他记不得这些琐碎的小事了。布莱德雷一一叙述了史密斯的特长及当年在本宁堡的旧事，这才勾起了马歇尔的记忆。马歇尔同布莱德雷一样，认为史密斯确实很适合做这项工作。于是便调遣史密斯来到了参谋部，负责联络白宫和财政部等事务。

尽管布莱德雷对于舞文弄墨的工作做得不是很好，并且他自己对此也没有信心。但是作为马歇尔秘书处的助理秘书，布莱德雷越来越显示出了惊人的才干，他在秘书处的地位变得越来越重要。

马歇尔对布莱德雷的才干和人品都十分相中，他经常委派布莱德雷解决一些难以处理的棘手问题。一次，马歇尔交给布莱德雷一大堆文件，但是并没有告诉布莱德雷如何处理，只是简单地说了一句："拿去办理。"

布莱德雷抱着一大堆文件回到了办公室，他快速浏览了每份文件的提要。从中了解到，所有的文件都是关于橡胶这种战略物资严重匮乏的问题，而解决这一问题的办法是把东南亚的橡胶种子运到巴西种植，但不幸的是运输船只在巴拿马运河被卡住了。对此，马歇尔有一句批示："用 B－17 轰炸机把种子运到巴西。"

对于马歇尔的批示，布莱德雷很快意识到，要解决这个问题，去找一找新任负责空运的副参谋长阿诺德少将或许会有些帮助。阿诺德是布莱德雷在利文沃斯堡时的同学。想到这里，布莱德雷急忙赶往了阿诺德的办公室。

阿诺德的办公室门口挤满了急于办事、等待接见的人。布莱德雷见状，干脆从后门走了进去。此时，阿诺德正和泛美航空公司的创始人和执行主席胡安·特里普进行会晤。特里普是在南美进行商业性运输飞行的先驱，他知道巴西机场能起降 B－17 轰

炸机。同时看到这两个人，布莱德雷十分高兴，他预感到这一次事情会很顺利的解决。于是，他礼貌地打断阿诺德和特里普的谈话，将事情的原委对他们讲了一下，并提出了请求他们的帮助的想法。结果当然是非常顺利，阿诺德当即下令调用 B－17 飞机运种子。

布莱德雷将事情办妥之后，回去向马歇尔汇报。马歇尔看到大约半个小时前抱着一大堆文件的布莱德雷又来到了自己的办公室。起初，他还以为布莱德雷找不到好办法来解决这件事情，而向他请示来了。但是，让他没有想到的是，布莱德雷已经将这件事解决完了，而且，仅仅用了不到半小时的时间。对于布莱德雷的能力，马歇尔又有了新的认识。

这件事情以后，马歇尔对布莱德雷越来越信任了，开始让布莱德雷独自承担很多事情。在这些事情中，有大事也有小事，大事往往容易解决，布莱德雷总是会得心应手很快便解决完了。相反，有一些复杂的小事，有时却将布莱德雷难倒。

在一个雷雨交加的傍晚，布莱德雷就要下班了。这时，马歇尔交给他一份某位少校的履历表，这是一位曾得到马歇尔赏识的少校。马歇尔这次想提携他，于是，他对布莱德雷说："要是不违反陆军的规定，我想让这个人上国防大学。但要研究一下他的履历，这件事由你来做决定"。

布莱德雷回到家后，仔细的研究了这位少校的履历，但是，他认为这位少校根本不适合去国防大学深造。然而，面对马歇尔"内定"并签过字的人，自己不好反驳。布莱德雷为此小事而苦恼不堪，甚至在雷电交加的夜晚还做了噩梦。

第二天一早起来后，布莱德雷仍在为此事犯难，他要么违背良心让那位少校去国防大学深造，要么冒着得罪马歇尔的危险加以阻止。经过挣扎之后，布莱德雷来到了马歇尔的办公室，他对马歇尔汇报说："先生，我已研究过此人的履历，我建议不要派

他去国防大学进修”。

马歇尔听完，脸色立刻沉了下来，他用灰蓝色的眼睛盯住布莱德雷说：“谁让你到这里来提建议的?”

听到马歇尔的斥责，布莱德雷脑子嗡地一下，随即脸也涨得通红。还没等他做出任何反应过来，马歇尔又开口说道：“难道我没有说过由你来决定吗?”

布莱德雷这才明白马歇尔的怒气并不是因为他所提出的反对意见，所以才如释重负，迟疑片刻，大声地对马歇尔说：“是，先生。他不能去。”

布莱德雷每处理一件事情，都会对马歇尔有新的了解，同时，他每处理一件事情，也都会使马歇尔对他多一份新任。因为布莱德雷总是站在真理的一边去办事，从不会为了阿谀奉承马歇尔，而违背了原则。

布莱德雷在马歇尔的秘书处任职不到两个月的时间，在 1939 年 8 月 23 日，希特勒与斯大林签订了苏德互不侵犯条约。9 月 1 日，希特勒便派兵侵入波兰，苏联武力从东边也开进波兰。英法被迫对德宣战。

美国陆军有许多人相信法国能顶住德国的进攻，马奇诺防线坚不可摧。马奇诺防线是法国陆军部长马奇诺在任期间，在法国东部边境修筑的一条防御阵地的体系。该防线内堡垒林立，地下筑有坚固工事，还有地下铁道、隧道公路和各种生活设施。马奇诺防线被法国人视为安全的保证，是“万无一失”的坚固屏障。此时，面对着德国的进攻，英国匆忙派出一支远征军参战，就这样，欧洲战争终于爆发了。

纳粹德国的铁蹄很快踏遍了波兰的土地。1939 年 9 月 8 日，罗斯福闪烁其词地宣布美国进入“有限的”紧急状态，但对外仍宣称严守中立，并表示陆军不会参战。因而，正规陆军只发展到二十二万七千多人；国民警卫队增加到二十三万五千多人，就

停止了陆军的扩充。

1939年秋天，欧洲战场硝烟弥漫，而美国的陆军部此时正在开始确定下一年的预算计划。这个计划不能不受到欧洲战争的影响，并且，这对于美国陆军来说，是一个绝好的扩展机会。而此时孤立主义的势力似乎十分强大，国会讨论中困难重重。罗斯福对陆军的兴趣仍然不大，他只是支持海军和陆军航空队的发展，而对步兵的发展情况表现得很冷淡。

在陆军部，助理部长约翰逊与部长伍德林的矛盾达到了白热化的程度。约翰逊忙于攻击伍德林，美化自己。因此，对于陆军部的工作几乎很少过问。在夹缝中的参谋长马歇尔，小心谨慎地推行着陆军的预算计划。布莱德雷等人也比平时忙起来，他们不停地处理多方文件，并整理和分析材料，以便给马歇尔提供可行的报告。

经过几个月的计划，以及国会的商讨，终于在1939年的冬天，总统罗斯福和国会批准了马歇尔提出的陆军部的预算。但是总统和国会批准的预算数字，却远远不能满足马歇尔真正需要的数字，这使马歇尔感到十分头疼，然而，却没有任何办法去改变既定的事实。

春天本该是山花烂漫，草长莺飞的季节，但是，在1940年，欧洲的春天却是硝烟弥漫，战火频频。这一年的四月，纳粹德国的铁蹄迈上了丹麦、挪威的土地，并在一个月后，扫平了荷兰和卢森堡。

法国人自认为坚不可摧的马奇诺防线也并没有给他们带来安全，聪明的希特勒没有以卵击石，对于马奇诺防线，他没有去强攻，而是绕过了它，轻而易举的便将侵略的魔手挥向了法国。顽强抵抗的荷兰军队在五天内也以惨败告终，致使荷兰陷落，比利时也只坚持了十几天。到了五月末，严重受挫的英国远征军只好进行敦刻尔克大撤退。意大利军队在六月中旬进入法国，巴黎落

入纳粹之手。几天之后，法国和德国签订了停战协定。仅仅两个半月功夫，欧洲全部被希特勒所控制，此时，英国也岌岌可危。

在欧洲战争中，纳粹德国所采用的战术取得了令人瞠目结舌的成功。曾经研究过运动战的布莱德雷，也对德国空军与地面坦克、摩托化部队的配合所产生的巨大威力深感震惊。他认为，美国如果参战，将会在德国的摩托化部队面前不堪一击。

面对这紧张的世界形势，1940 年 5 月，美国人也开始行动了。陆军组建了三团制的师，并举行了第一次军级规模的步兵演习。在演习期间，布莱德雷曾奉马歇尔之命陪两位参议员去路易斯安那州参观演习。这次演习使他十分失望，他看到的是将军们近乎无能的组织指挥能力。在演习中，航空队战斗机应地面指挥官三十几次要求进行“近距离空中支援”，但航空队战斗机仅仅成功地执行了两次。

布莱德雷从这次失败的演习中意识到：步兵师目前所拥有的坦克、反坦克武器、装甲车、远远不够，步兵师还需要更多的威力和机动性能更大的火炮等装备。然而，总统罗斯福似乎还没有意识到这一点。

纳粹的铁蹄在法国的土地上站稳之后，便将侵略的魔手伸向了英国。此时的英国首相已经不是张伯伦，而是新上任的丘吉尔。丘吉尔出身于贵族家庭，他的祖先马尔勃罗公爵是取得过辉煌战功的著名军事统帅，他的父亲伦道夫勋爵是 19 世纪末英国政坛上的明星。在这样环境的熏陶之下，使丘吉尔从小就与众不同，年纪轻轻便名动英伦，与祖辈相比，毫不逊色。

丘吉尔一生都没有上过大学，他的渊博知识和多方面才能，一是源于天分，二是依靠自学。通过长时间的阅读，麦考利、叔本华、柏拉图、莱基、达尔文等著名思想家、哲学家、历史学家成为了他的“老师”，这使他的思想更加深刻，人生信念更加坚定，也使他获得了“经邦治国的政治家”、“战争中的传奇英雄”

等称号。当然，这都是后话。

面对国家正在遭受的战争之苦，丘吉尔开始激励英国人行动起来，保卫国家、击退纳粹的进攻。在国人面前，丘吉尔显得信心十足，但是背后他深感力量的不足，于是他便把求助的手伸向了罗斯福。

1940 年 6 月初，布莱德雷回母校出席西点军校 1915 届毕业生的二十五周年聚会。聚会上，他们谈论起丘吉尔向罗斯福求助的事情，许多人断言，罗斯福很快将同意出兵，而他们这些中校军官，很快将会被提拔，并有机会率部队参战。并且，布莱德雷还得知，他的同班同学艾森豪威尔，此时已担任了第三师第十五步兵团的副团长兼第一营的营长，这个消息使他很兴奋。

随着时间的推移，英国所面临的形势越来越紧张。1940 年夏末的时候，德军开始用飞机和潜艇频频攻击英国，企图用这些方法迫使英国投降。而美国公众此时的情绪也来了一个一百八十度大转变，鉴于欧洲战争的局面，他们开始热情地支持发展陆军，马歇尔盼望的时刻终于到来了。

此时的陆军部一改平时很少有人问津的状态，每天，都会有像雪片一样的拨款单被送到陆军部，更多的飞机、坦克、车辆也开进了陆军部的大门，枪炮和弹药也装进了陆军部的仓库。此时的陆军部已经到了扩充人员的最佳时机，马歇尔开始委托他手下的人去征召国民警卫队，建立选征兵役制。而他本人则着手于解决武器装备不足和训练薄弱的问题。

作为总统的罗斯福，也越来越重视起陆军部来。他先是明智地对陆军部文职官员开了刀，温和地免去了伍德林的部长职务，当然，一直和伍德林不和的约翰逊也没有幸免。解决了陆军部的内部硝烟之后，罗斯福任命亨利·斯廷森为陆军部长，斯廷森已经七十二岁，但他却精神抖擞，并且仍旧才思敏捷，斗志昂扬。斯庭森上任之后任命贾奇·帕特森为助理部长，约翰逊被免职后

帕特森又升任副部长。律师兼情报专家约翰·麦克洛伊和银行家罗伯特·洛维特出任了助理部长。

陆军部新的领导班子使参谋长马歇尔及其手下的秘书们十分满意，当然，布莱德雷也不例外。马歇尔的信任，使布莱德雷接触到了马歇尔办公桌上许多绝密的材料。其中，有一些机密文件是航空通信队每天派人专门送来的，反映日本军事及外交方面的密码通信。三十年代开始，美国陆、海军就合作破译了日本人的密码。

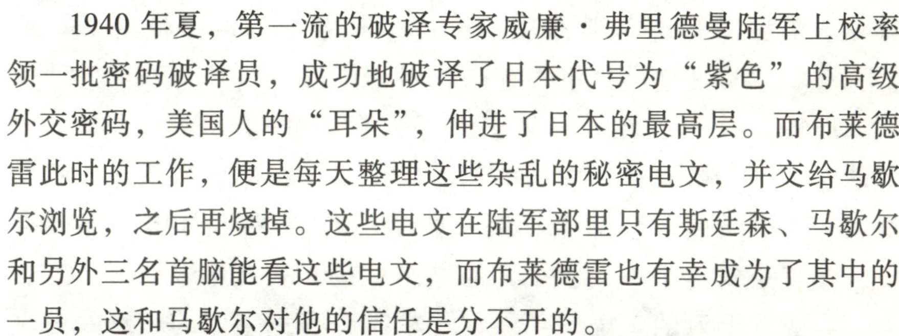

1940 年夏，第一流的破译专家威廉·弗里德曼陆军上校率领一批密码破译员，成功地破译了日本代号为“紫色”的高级外交密码，美国人的“耳朵”，伸进了日本的最高层。而布莱德雷此时的工作，便是每天整理这些杂乱的秘密电文，并交给马歇尔浏览，之后再烧掉。这些电文在陆军部里只有斯廷森、马歇尔和另外三名首脑能看这些电文，而布莱德雷也有幸成为了其中的一员，这和马歇尔对他的信任是分不开的。

通过对这些破译电文的整理，布莱德雷充分的意识到，“情报”工作将在未来的战争中起到重要的作用，因为这些电文中有很多对于美国的军事部署起到了指挥的作用，并且很有利用价值。但是，珍珠港事件时，破译的电文没有被充分利用。

1940 年的秋天，欧洲战火正处在炽热阶段，德、意、日轴心国缔结三边条约。在美国，为了迎接随时都有可能发生的战争，扩军备战也在火热的进行着。但作为陆军部参谋长的马歇尔，却不像陆军部长斯庭森那样热衷于征兵，并且，他担心国会会削减陆军的预算。

当时，美国四年一度的总统选举也正在如火如荼地进行着，罗斯福当然也参加到其中，为连任总统而奔波着，因此无暇插手陆军部的事情。出乎马歇尔预料的是，到 9 月份的时候，国会竟在民众情绪的感染下颁布了《征集国民警卫队和陆军预备队》

法案。

这样一来，陆军的人员越来越多，这些新兵的训练工作便成为了亟待解决的问题。训练工作搞得陆军部的领导人晕头转向。新兵人员众多，而营地缺乏，装备不良，负责训练的军官素质太差，种种不利的条件，使陆军部长和参谋长都很头疼。在这一时期，美国陆军的人员调动发生了变化，形势也有所改变。

在这之前，布莱德雷曾经产生过一些古怪的念头。他希望把一百万之众的四个野战集团军训练好以后由马歇尔亲自指挥，像潘兴当年那样开赴欧洲作战。于是，他将这一想法说给了马歇尔，马歇尔听了之后，沉思起来。

1940 年 7 月下旬，布莱德雷等人真的在已经关闭的国防大学设立了一个潘兴式的总司令部。布莱德雷在那里当参谋，归马歇尔指挥。马歇尔任命莱斯利·麦克奈尔准将为总司令部参谋长，麦克奈尔是个炮兵专家，他思想敏锐，受人尊敬。

当成千上万的美国青年参加陆军时，麦克奈尔的原班人马改编为负责训练美国士兵的总司令部。第二次世界大战中，麦克奈尔承担着训练地面部队的重大任务，弥补了美国陆军部队长期缺乏训练的不足。而在美国陆军急速扩充的时期，这个司令部也解决了新兵训练困难的问题。

与此同时，马歇尔于 1940 年 7 月下令在本宁堡组建一支两个师的装甲部队，任命阿德纳·查菲将军为美国装甲部队司令兼陆军第一装甲军军长，下辖两个师。第一师在诺克斯堡，师长为马格鲁德；第二师在本宁堡，师长为斯科特。

巴顿在装甲部队组建不久被调到第二师第二旅担任旅长。九月份，第二师师长斯科特接替生病的查菲出任军长，巴顿代理第二师师长，晋升为陆军准将。此后，巴顿曾邀请艾森豪威尔出来任职，但是由于艾森豪威尔担心军衔太低，所以，并没有接受巴顿的邀请。但是，好运还是降临在他的身上。不久，陆军作战部部长便邀请他去参谋部任职，马歇尔对于艾森豪威尔的能力和人品都十分肯定，因此，他便同意了杰罗的申请。

看着自己昔日的同窗又得到了提升，布莱德雷也开始考虑自己的下一步工作。他已经在陆军参谋部任职两年多的时间了，是否要继续任职下去成为他考虑的重点。那么，布莱德雷会何去何从呢。

第六章　初握政权

第二次世界大战的战火正在整个世界逐渐的蔓延着，面对此种形势，在 1941 年年初的时候，美国还没有被卷进这场杀戮，但已经开始扩军备战。

这时正在考虑自己前途的布莱德雷，禁不住对组建、训练部队产生了兴趣，他不想在参谋部坐不住了，他越来越渴望参加到战争中去，而只有在军队里，他才会拥有这样的机会，因此，他打算离开马歇尔，离开参谋部，到军队里去寻找他的理想。布莱德雷本是步兵出身，统帅部队训练、作战是他的本行。

虽然布莱德雷已经有了很好的打算，但是，他并没有合适的机会可以使他成功的进入军队中去。说来也巧，正在这时，马歇尔任命的西点学校校长罗伯特·艾克尔伯格准将来拜访马歇尔。艾克尔伯格在等待马歇尔接见的时候，和布莱德雷闲聊起来，艾克尔伯格是个知识分子型的步兵专家，和布莱德雷聊得很投机，布莱德雷的军事见解也深深地吸引了艾克尔伯格。突然，艾克尔伯格问布莱德雷："你想当学员团团长吗?"

艾克尔伯格突然的发问，使布莱德雷有些措手不及。在他的脑海里迅速的对这个问题进行了思考。在他看来学院团团长一职似乎应是一个中校该担任的职位，这样，他若是当上了学员团团

长，那么，很有可能被人认为是降职。但是，他又换个角度想，这个职位是有机会影响那些将任初级军官的人的，也许这些人当中会有一些在日后成为将军的，这也是具有深远意义的事情，并且这个工作可以让他从参谋部脱身出来。考虑到这，布莱德雷诚恳地回答道：“是的，先生，我也很希望自己能担任这个职务。”布莱德雷的回答使艾克尔伯格很高兴，他意识到西点军校将迎来一位很有才干的学员团团长。

艾克尔伯格走后，布莱德雷立即向马歇尔报告了此事。马歇尔对此并不感到吃惊，他知道以布莱德雷的才华，在参谋部工作似乎是有点屈才了。但是，他还是不免为此而感到惋惜，在他看来，布莱德雷应该有更加美好的前途。

从马歇尔那里回来之后，布莱德雷便开始整理他的工作资料，准备交接给前来接任他的人。几天之后，马歇尔将布莱德雷叫到了自己的办公室，说是有事要和他谈。布莱德雷以为马歇尔要改变主意，不准备放他走了。但是令他没有想到的是，马歇尔为他谋求了更好的职位。

在马歇尔的办公室里，两个人沉默了几十秒钟，似乎彼此的心里都想着某种事情，却都不知该如何开口一样。最终，还是马歇尔打破了这个尴尬的局面，他问布莱德雷：“布莱德雷，你真的想去西点军校吗？”

“是的，先生。这样我可以离部队更近一点，您知道我更适合那样的工作。”布莱德雷鼓足勇气，终于说出了自己的真正想法。

听了布莱德雷的话，马歇尔沉默了一会儿，似乎若有所思的将目光望向了窗外。而后，看着布莱德雷认真地说：“那么，去接替霍奇斯你觉得怎么样？”

马歇尔的话使布莱德雷的心都快跳出来了，去接替霍奇斯意味着自己将升任本宁堡步兵学校的准将校长，也就是说他将从中

校跃升准将。这样的好事，他怎么会不愿意呢。但是，他对马歇尔的话还是有些怀疑，要不是因为了解马歇尔的为人，他简直不敢相信这是真的。但布莱德雷知道马歇尔是不会轻易说出没有谱的话的。于是，布莱德雷感激地说："先生，我当然愿意。"

"好，去把布赖登找来，我们将此事敲定！"布赖登是接替加塞将军而担任了副参谋长的人。布莱德雷找来威廉·布赖登少将。马歇尔对布赖登指示道："让现任步兵司令乔治·林奇任期满后就休假，晋升考特尼·霍奇斯为少将步兵司令，布莱德雷担任本宁堡步兵学校的校长。"

使布莱德雷一直挂在心上的是，两位参谋长在谈论升任布莱德雷为本宁堡步兵学校校长的时候，并没有提到有关布莱德雷军衔的问题。这给布莱德雷心中的兴奋多少蒙上了一层失望的色彩。

没过几天，又发生了一件事情，使布莱德雷更加担心自己工作调动的问题了，那就是他因为感到耳朵疼痛，便到医院去检查，结果被医生诊断为患上了乳突炎，并且需要马上做手术。布莱德雷听后心急如焚，"马歇尔怎么会任命一个病号去当校长呢。"于是，布莱德雷准备暂时不做手术，用药来控制病情的恶化。但不巧的是，布莱德雷对所用的药物过敏，因而又导致荨麻疹突发，脸部肿胀得像个气球，没有办法，他不得不住进了医院。

病痛的折磨对于布莱德雷来说是可以忍受的，但是因此而耽误了他的前途，这是他无法接受的。所以，在医院苦苦的熬了将近半个月之后，布莱德雷就再也忍耐不住了，他决定出院。尽管家人和医生对此都持发对意见，但是，布莱德雷还是出院了。

出院以后，布莱德雷又回到了参谋部继续工作。几天以后，马歇尔签发的命令便下达了，任命布莱德雷为本宁堡步兵学校校长兼驻地指挥官。布拉德雷接到命令以后，立刻交接了工作，带着妻子玛丽赶往本宁堡步兵学校，此时，他们的女儿伊丽莎白已经自己去瓦萨上大学了，因此，没有跟随他们一起去。

在路上颠簸了两天后，布莱德雷和妻子玛丽抵达了本宁堡。就在布莱德雷夫妇两人到达本宁堡的当天，布莱德雷收到了一份电报，是陆军部发来的通知，通知上写道：参议院已批准布莱德雷升任临时准将。这个随之而来的好消息使布莱德雷和玛丽高兴万分。在仅仅当了五年中校以后，布莱德雷便一跃成为准将，这样看来，他将成为同届同学中第一位升为将军的人。

本宁堡步兵学校的老校长霍奇斯，曾在第一次世界大战中担任第五十一师的一个临时中校营长，并且转战各营，最后率领一支侦察部队首先跨过默兹河，直插德军主防线，和德国军队周旋了四十多个小时，成为美国大规模进攻默兹河的先头部队。后来获得铜十字英勇勋章和银星勋章、青铜勋章。

对于这为曾经在战争中立下了功劳的老校长，布莱德雷十分尊敬。因此，在接替霍奇斯的职位时，布莱德雷也表现得十分的谦虚。而霍奇斯对这位本宁堡的老同事、国防大学的同班同学也是谦让有加。并且为布莱德雷晋升准将授衔就职安排了隆重的宣誓仪式，之后，霍奇斯进行了交接仪式，和布莱德雷一起检阅了部队。仪式结束，霍奇斯赴华盛顿就任步兵司令，布莱德雷则开始主持本宁堡的“朝政”。

布莱德雷接任本宁堡步兵学校校长的时候正值 1941 年的阳春三月。就在此时，美国国会通过了《租借法案》。法案规定，美国可以向盟国借贷或出租一切战争物资，但是物资的费用可以延迟到战后再算，并在三月中旬开始生效。此法案一出，英国首相丘吉尔就从罗斯福总统那里获得了大量的战争物资。

这项法案的制定对反法西斯国家提供援助是非常重要的。自从德国纳粹挑起第二次世界大战以来，他们不断以武力侵略扩张，使全球许多国家都被笼罩在了白色的恐怖当中。当德国的魔

爪深入西欧之后，美国总统罗斯福为了美国自身的安全和防御，不断扩大美国的经济势力范围，确立战后世界中美国的领导地位，这就决定了需要加强对在战争期间面临险境、财政、物资都处于拮据状态的英国进行援助。

罗斯福总统发表讲话，他提出美国可以向英国借出军火，为此，罗斯福还用了一个比喻，如果你的邻居家突然失火，那我可以把浇花的水龙带借给他去灭火，而并不是让他事先付钱买这条水龙带，等邻居家的火熄灭后再把东西物归原主就可以了。

反对派认为这项法案在很大程度上增加了美国卷入战争的危险系数；另一个就是这项法案所赋予总统的权利太大了。同时认为进一步的帮助英国不但不利于我们自己，而且一旦英国战败，德国胜利，那么我们既失去了同盟国又使自身的军需产生危机。

但是马歇尔却认为“租借法案”是一个具有时效性的法案，对于美国和英国都是有帮助的，所以马歇尔决定站在罗斯福总统这边。最后，参、众两院通过了《租借法案》，经罗斯福签署后正式生效。法案授权总统可以以出售、交换、转让和租借的形式向对其防御可以保障美国安全的国家提供武器、军用物资、粮食等任何军需物品。这项法案的通过表明了中立法的废除，这是由美国孤立主义走向参战的决定性重要步骤。

马歇尔虽然在是否实施该法案的国会讨论上，同意总统罗斯福的看法。但后来，他便对罗斯福对英国人有求必应的做法极为不满，他看到美国自己本身的军队装备就很薄弱，陆军航空队只有四十几架 B－17 型飞机，而罗斯福还是同意将美国新研制的一批重型飞机提供给英国，马歇尔对罗斯福的这种做法十分不满。

罗斯福总统也是一位很有手腕的人，马歇尔可以指挥千军万马，可以运筹帷幄，可以把邋遢的军区变得整洁干净，却没办法应付眼前的这位罗斯福总统。

罗斯福将希望马歇尔可以把美国最新研制的一批重型飞机提供给英国的想法表达出来以后，遭到了马歇尔的拒绝。马歇尔说："英国以前不是定了一批，然后又不要了吗？最新的这批飞机我已经分给了陆军航空队了。"可罗斯福坚持要马歇尔把这批飞机给英国。马歇尔硬硬的对罗斯福说："对不起，总统，那办不到。"

马歇尔走出罗斯福的办公室，在回去的路上，陆军航空队司令阿诺德对马歇尔拒绝罗斯福的这一举动深深感动，紧紧地握着马歇尔的手说，这是救了航空兵的命啊。在马歇尔的眼里，罗斯福对于英国的物资真是可以用有求必应来形容，马歇尔觉得这样太骄纵英国了，不是长期办法。

然而这件事情也并不是就这样结束了。罗斯福为了达到目的，他又一次找来了马歇尔。罗斯福满脸笑容的对马歇尔建议说，新型飞机应该在一定程度上进行实际演习或者通过作战来检验飞机的战斗力，所以马歇尔可以派一些航空兵去英国完成这项任务。

马歇尔心里明白，现在的局势确实是除了英国以外再也找不到更适合的地方了，马歇尔很清楚罗斯福意见背后的真正用意，他也不想因为飞机而让空军部队去冒险，他也明白，如果罗斯福达不到自己的目的，那么以后不知道他还会想出什么样的稀奇古怪的"意见"来。马歇尔思量很久，最后还是说："总统，我觉得我们还是把飞机转让给英国人吧！"

就这样，在第二次世界大战的前期，美国虽然没有加入到站争中去，但是，一直为反法西斯国家提供着物资和武器上的援助。第二次世界大战的战火在 1941 年的 6 月蔓延到了苏联的土地上。半个月之后，德国集结了前所未有的巨大兵力，突袭苏联，发动了代号为"巴巴罗萨"的军事行动，苏德战争正式爆发。

此时的美国随时都有可能被卷进战争的火焰当中，因此，马歇尔仍然主张扩充陆军。但是，美国的孤立主义者再次猖狂，他们反对美国卷入战争，因此，马歇尔扩充陆军的计划中途受挫。

经过激烈的讨论，最后，国会仅以一票的优势通过了延长征兵法案，法案通过的同时，马歇尔也终于松了一口气。但是，美国扩军的法案却让英国人和俄国人感到惶惶不安，因为此举会让他们得到的武器装备大大减少。

扩充法案的实施，使美国陆军，包括正规陆军、国民警卫队和招募来的新兵，在 1941 年 3 月已经增加到五十万人。随着军队人员的增多，训练各级军官便成了当务之急。在陆军部里，一些人认为，到 6 月末的时候，美国陆军的人数将扩充到一百四十万。而此时，已拥有的军校以及大小规模的军事演习，可以培养出足够使用的十万名各级军官。

对于此事，马歇尔则认为基层军官远远不够，因此，他主张陆军建立速成训练学校。这种专门学校叫做预备军官学校，它主要训练的是现役军官，还有经过六个月基本训练的应征入伍者。

马歇尔认为，对这些新应征来到士兵进行训练，并在其中提拔一些优秀的人才，能够促使这些新兵严格要求自己，从而使军队形成良好的势气。但是，他的建议遭到了陆军参谋部人事部和步兵司令乔治·林奇的阻挠。他们认为马歇尔关于军官将奇缺的优虑完全是多余的，因此，以种种理由反对建立预备军官学校。

早在霍奇斯担任本宁堡步兵学校校长的时候，便已经建立了预备军官学校的雏形，那就是由优秀的应征入伍者和志愿兵组成的班级。但是，在这些所谓的优秀应征者当中，大多是名门望族和富豪之家的子弟，还有一些是东部大学毕业的学生，并没有什么真才实学。面对这样的形势，霍奇斯感到很难发展下去了，于是，便对此事渐渐冷淡下来。

布莱德雷接任本宁堡步兵学校的校长之后，重新拾起了霍奇

斯抛弃的事业。他到任几周后，就制定了一个综合计划，要将本宁堡预备军官学校扩大二十四倍。于是，他带着计划去找步兵司令霍奇斯和参谋部人事部，尽管霍奇斯也曾有过这样的想法，但是，他对预备学校的情况非常了解，认为没有发展下去的必要，因此，布莱德雷的计划没有得到认可，一些官员甚至还嘲笑预备学校的毕业生是“九十天神童”，这使布莱德雷很懊恼。

布莱德雷相信这个计划一定会得到马歇尔的支持，于是，在多方求助没有得到任何效果的情况下，他绕过所有的人，将计划直接送到了马歇尔面前。就像布莱德雷所预想的那样，马歇尔看过布莱德雷的计划后，感到非常开心，为计划开了绿灯，并嘱咐布莱德雷放手去干。

扩大预备学校的规模是布莱德雷在本宁堡办的第一件大事，正是这件大事，使本宁堡预备军官学校在布莱德雷的一手操持下，成为了美国预备军官学校的样板。并且，布莱德雷改变了原来招收学员的制度，使原本的那些名门望族的子弟逐渐被那些真正有才干的人所替代。经过一番努力，布莱德雷的本宁堡预备军官学校造就了一大批优秀的军官。这些军官源源不断地输送到欧洲和太平洋战场。在美国兵力动员上，布莱德雷可以说是立下了一大功。

有道是“无巧不成书”，就在布莱德雷来到本宁堡步兵学校任校长的时候，他在夏威夷军区服役的时候，曾结识的巴顿，也在本宁堡。而且，巴顿将本宁堡的装甲部队搞得热火朝天，他所训练的装甲部队可以说是当时超一流的战斗部队。巴顿的辉煌成绩使布莱德雷对他有了新的认识，作为本宁堡的驻地指挥官，布莱德雷和巴顿之间真正获得了相互间的信任和了解。

布莱德雷来到本宁堡步兵学校三个月后，陆军部在田纳西州举行了大规模的实战军事演习。在此次演习中，巴顿所率领的装甲二师，仅仅用了九个小时便完成了计划两天才能完成的行动。

在这次演习中，巴顿率领的坦克军大显神威，夺回了美军在北非英国坦克部队遭到隆美尔铁骑的重创时所失掉的颜面。

两个月之后，在德克萨斯州又举行了有四十万人参加的军事演习。在这次演习中，巴顿表现的非常勇猛，轻而易举地成功俘虏了“蓝军”司令。这次演习之后，巴顿的名气更大了，简直成为了耀眼的明星。布莱德雷也参与了此次演习，他在演习中细心地观察了巴顿的指挥才能，他发现巴顿非常的英勇善战，他身上的勇气似乎是无法预测的。但是，巴顿对于那些细枝末节的琐事却不太关心，对于后勤保障问题做得不是那么严密。

在本宁堡步兵学校担任校长的一段时间里，布莱德雷和巴顿相处得很融洽，并且形成了亲密的关系。布莱德雷也真正的了解了巴顿，改变了巴顿在夏威夷军区时给他留下的印象。在布莱德雷看来，巴顿虽然出身贵族，但却是他认识的“最有抱负、事业心最强的人”。巴顿天生就是一个好追求荣誉，喜欢引人注目的人。布莱德雷认为，巴顿的缺点也正是他的优点所在，对他来说，恰当发挥他的英雄本色也是非常重要的。

好景不长，布莱德雷和巴顿在本宁堡的默契很快被拆撒了。巴顿因为突出的指挥能力和协调能力，被马歇尔任命为第一装甲军军长，取代了斯科特，成为美国陆军最高的坦克指挥官，并在两个月之后，被马歇尔调到一个叫里弗宾德的荒漠，创建沙漠训练基地去了。对此，马歇尔是有着良苦用心的，他准备让巴顿去对付具有“沙漠之狐”之称的隆美尔。

在本宁堡步兵学校的日子，不仅布莱德雷一个人深有感触，一向高傲的巴顿也很怀念和布莱德雷一起共事的日子。巴顿在离开本宁堡后，便给布莱德雷写了一封信，在信中，他表达了对布莱德雷不能同他一道去的那种遗憾的心情。同时，巴顿还无比真诚地回忆了他们一同共事的感受，他说：“亲爱的奥马尔，在我们一起共事期间，我们能够彼此推心置腹、宽宏大度地携手工

作，是我从未遇到过的，和你携手工作，是我有生以来最开心的事情。”

孔子曾说：“三人行必有我师。”在和巴顿一起工作的日子里，布莱德雷从他那里学到了许多关于机械化部队作战的知识，他也同样感到和巴顿一起工作十分愉快，但是，人生本就聚散无常，何况是处在随时有可能加入战争的情况下呢。

当巴顿的地面坦克部队如火如荼的发展时，美国空军事业的发展却受到了阻碍。第一次世界大战后的美国，尽管出现了像米切尔那样的先驱理论家，但其空军发展却一直赶不上欧洲国家。纳粹德国能够在很短的时间内横扫欧洲大陆，就是因为他们运用了闪击战的理论，利用飞机和坦克有机的配合，成功的夺取了战略目标。

布莱德雷称德国人的闪击战为“垂直包围”，也就是用空头伞兵和滑翔机空降部队实施突然袭击。对于最新的军事战术的发展动态，布莱德雷总是能够很好的捕捉到。在他曾担任马歇尔的秘书时，他就曾支持过空降试验。

这一天，布莱德雷正在办公室里工作，突然，他在西点军校时的同事，也是现在西点军校战术系的少校威廉·米利找到了他。布莱德雷看到他沮丧的神情，便知道一定是遇到什么难事了。不出布莱德雷所料，米利此时正在进行空降试验，但是却得不到军需部的支持，装备和补给品根本不够，米利为此愁眉不展。这一次，他当然是来向布莱德雷求助的。

对这位昔日的同事，布莱德雷怎么会不伸出援助之手呢？更何况他所从事的事业也是布莱德雷很支持的事业。布莱德雷此时想到了马歇尔，他想马歇尔对试验一向很感兴趣，那么他一定会支持米利的空降试验。于是，他便答应帮米利想想办法。

布莱德雷同米利一起去见了军需部管事的人，最后经过一番讨论，米利最后满载而归。这一次，布莱德雷为米利帮了大忙，

同时，也为美国空降事业的发展做出了自己的贡献。

布莱德雷在本宁堡步兵学校担任校长期间，做出了很多卓越的功绩。身为陆军部参谋长的马歇尔，也经常到本宁堡步兵学校去度假，但所谓的度假，其实是对布莱德雷工作的检验。令他满意的是，他每次去本宁堡的时候，都会对布莱德雷的能力进一步的肯定，总是会在心中暗自赞叹布莱德雷的才干。

布莱德雷出色的业绩，马歇尔看在眼里记在心里，他不说出口，但是在他看来布莱德雷应该去干更大的事业，只有那样才会将他的全部才能施展出来，他应该像只雄鹰那样，在广阔的天空中展翅翱翔。

不久之后的一天，马歇尔和布莱德雷谈论工作的事情。之后，马歇尔突然问布莱德雷：“布莱德雷，当你离开本宁堡去指挥一个师的时候，你能选好你的接班人吗?”

马歇尔突如其来的问题，使布莱德雷完全震惊了。马歇尔的言外之意是告诉布莱德雷，只要布莱德雷能够找到合适的接班人，那么他自己便可以去指挥一个师了。对此，布莱德雷当然能够领会到。

如果是那样，就又能率领部队了，而且将来还有机会参战，另外，师级干部都属于高级军官，也就是说，布莱德雷在干了短短六个月的准将之后，就要被晋升为少将了，以他现在的年龄和资历对于晋升为少将来说，简直是可望而不可即的啊。

布莱德雷极力抑制心中的喜悦，对于自己的接班人选，布莱德雷心里其实早有了，那就是利文·艾伦，在此之前，布莱德雷曾经向陆军部推荐利文做自己的助手，但是被陆军部拒绝了。现在，马歇尔问起了接班人的事情，布莱德雷第一个想到的便是利文。于是，他对马歇尔说：“利文·艾伦是个难得的人才。”

如同多年前他们都看中了史密斯这个人才一样，他们又不约而同的看中了利文。马歇尔听了布莱德雷的话不由得会心的笑

了，但他什么都没有说，只是在心里越来越欣赏布莱德雷了。

马歇尔的话始终在布莱德雷的脑海中徘徊，但是，还没等马歇尔签署正式的任命书，美国便突然被战争的火焰殃及到了。当时，美国的军队还处于对战争的设想性演习的过程中，战争的突然来到，令他们有些猝不及防。

第七章　珍珠港事件

美国一向都希望可以和各国有着和平的经济交流和友好的贸易关系，但是因为德国希特勒的野心，一向和平的世界全都被搅乱了，昨天还很开心的玩耍，今天却扛起枪杆出去打仗，一个昼夜之间国际就被拉入到战争的深渊当中。

美国自从第一次世界大战以后，和日本的矛盾就不断加深，日本对于侵华的战争同时也给英、美两国带来了不可置疑的影响，无论是在经济上还是在政治上，这都影响到了他们的利益，对于眼前的利益被人侵犯没有人会无动于衷，罗斯福通过在珍珠港的实战演习并且驻守珍珠港来威慑日本，还对日本实施全面禁运石油，日本原本就是一个资源贫乏的国家，这些决定对于日本来说无疑是一种致命的打击。

日本从 1941 年开始就进行着让人感觉不安的快速发展，十年来，其他国家对于日本的发展主要形式是以递交外交抗议书为主，但在 1941 年 7 月，美国、英国和荷兰殖民政府对日本掠夺经济的行径忍无可忍，宣布禁止向日本运输战略物资，尤其是钢和石油。禁止这两样物资的目的是一箭双雕，一方面遏制日本的经济，一方面防止日本的军事威胁，他们的目的是限制日本在东南亚的活动。

珍珠港距离日本较美国西岸来说要近得多，罗斯福认为将军队驻扎在这里不但能对日本构成威胁，还可以以这里为美国的防守线，当美国受到亚洲方向的进攻可以提前获知消息做好防范措施，于是罗斯福借军事演习之际下令让舰队驻守在珍珠港。

美国的安全和经济都是美国总统首要考虑的事情，以至于当理查逊上将对驻守珍珠港这个决定提出抗议时，罗斯福总统毫不迟疑的将理查逊解雇。

但是美国和其他国家的所做的这一切却弄巧成拙。日本的石油产量本来就非常小，提炼出的石油和储藏量就更少，所以禁运这项政策不但不能遏制日本，相反使日本更加坚定了侵略的计划。日本政府首先决定的就是占据亚洲这块超级肥肉，同时日本也将会用自己的行动来对美国、英国等国家的禁运政策做出最暴力的回答。

天气慢慢的变冷了，空中时而漂浮着浓厚的烟雾，一切事物的发展都在这片浓雾之下开始逐渐的发生了变化。

夏威夷群岛位于太平洋的北部，是太平洋上的交通要塞，檀香山地处太平洋中心，是太平洋海、空交通的枢纽和重要港口，在首府檀香山西郊大约十公里处，美军太平洋舰队司令部就驻扎在这里，这里是美国海、空军的主要基地之一，被喻作“太平洋的十字路口”。珍珠港地处瓦胡岛南岸的科劳山脉和怀阿奈山脉之间平原的最低处，是夏威夷群岛中的一族，也是夏威夷州府所在地，也是惟一和深水港檀香山港相邻的地方，这里的景色非常宜人。珍珠港原来是一个王国，后来在 1898 年的时候美国从西班牙手中将其夺了过来，之后就在这里修建了舰艇修理厂、干船坞、燃料供应站、码头和必要的海军设施。这里是美国海军的重要基地也是美国海军的造船基地，美军用了许多的人力物力来不断完善这里，使这里成为了北太平洋岛屿中最大、最好的安全停泊港口之一。

美军在珍珠港设置了层层关卡，一般的民用船只和外国舰船等如果没有美国海军部的特殊允许是不可以进入的。

珍珠港是湾及东南湾，样子呈鸟足的形状展向内陆。它是在西湾和中湾之间的怀皮奥半岛的南端，那里有一座呈八角形的乳白色水塔，在塔的顶部同时还设置有一个红灯，那是一个非常显著的进港导航标志，并且在港口东侧的岸上还设有一座金鹰信号塔，此塔可以起到助航的作用。其后，又在那里设立了潜艇基地和航空站。

1922 年，罗斯福在华盛顿海军会议中还决定，太平洋地区的基地规模基本可以保持原状，但是夏威夷地区的规模一定要扩大。追溯珍珠港真正被罗斯福引起重视，得以全面扩大、完善和利用，是在 1933 年以后，因为当时的日本已经退出了国际联盟，并且有预兆将会在 1934 年宣布废除华盛顿条约。就是在这样的基础下，美国为了对付快速崛起的日本海军力量，控制日本在太平洋上有可能发生的武装行动，就必须提早着手扩充自身力量。

罗斯福还把常驻本土西海岸的舰队调往夏威夷，进驻珍珠港，目的是用这支舰队威胁日本，使他们不敢进攻西方在亚洲的殖民地。该港的常驻兵力迅速猛增到水面舰艇 100 多艘，其中包括航母、战列舰、巡洋舰、驱逐舰和潜艇等。从此处可以看出，珍珠港占有十分重要的战略地位。

而美国西临太平洋，对海洋控制的责任也是美国海军的任务之一，同时也是美国本土安全和海外作战的前提条件。太平洋对于美国来说不单单是普通的海洋，它还是美国的前沿防御，也是战争时期的主要海洋战场之一。

1941 年 12 月 7 日，这一天是美国最耻辱的日子，这是继 19 世纪中叶墨西哥战争后又一个国家对美国的领土进行如此大规模的攻击，这就是日本“偷袭珍珠港事件”。

12 月初的时候，马歇尔因为有军事演习要暂时离开华盛顿，

在临走前便和斯达克将军交换过意见，他们认为未来的日子里日本一定会有大的动作，为了做好完全的准备，这些人共同草拟了一份电报，遇到日本稍有宣战倾向，就立即把这份电报同时传到所有太平洋各地的指挥官处，这样就起到了防微杜渐的作用，以免让日本打个措手不及。

就在此时的美国，马歇尔刚离开以后，华盛顿就截获了日本的电报，电报主要内容就是说日、美两国的谈判即将破裂。这意外的消息预示着一场战争将不可避免。陆军部部长史汀生第一时间想联系马歇尔，却突然想起来他们并不知道马歇尔去哪里看军事演习了，根本就联系不上他，史汀生就赶快找到了斯达克，两人一商量这可是一件大事，宁可“狼来了”也不能“事后诸葛亮”，于是他们就把马歇尔留下的那份电报全部发了出去，尤其要向麦克阿瑟警告：战争已经一触即发。

而此时的菲律宾，军事力量已经迅速增强。之前，美国总统下令将编制表上的十二个菲律宾步兵团和美驻菲守备部队合并，并召麦克阿瑟，将其晋升为中将，统管远东全部的陆军和空军，但不包括海军。陆军参谋长马歇尔答应派更多的部队。另外，还保证大大加强菲律宾的空军力量，三百多架崭新的 B－17 和 B－24 轰炸机，一百三十几架 P－40 战斗机。这些大大地刺激了麦克阿瑟将军，以至于他认为一旦发生战事，就会要他执行退守巴丹半岛计划了，他认为日本人到第二年的四月份才能发起进攻，到时，他的地面部队可以达到二十万人。

当马歇尔给布莱德雷发来电报的时候，布莱德雷声称他的部队已经做好在滩头击退任何入侵者的准备，不必撤到巴丹半岛。根据这个想法，他还全盘修改了那个早已发霉的“橙色计划”，并易名为“霓虹－5”。麦克阿瑟命令部队进入全时战备。这时，麦克阿瑟手下只有十几万人的部队，而且菲律宾部队多数装备低劣，大炮寥寥无几。

接到电报的所有驻军都进入了一级战备，但是珍珠港的驻军司令却没有进入一级战备，海军和许多的华盛顿官员甚至包括马歇尔在内，都不认为日军会攻击珍珠港。别的不说，就是从日本到夏威夷的距离就可以看出，整个航行的距离，是日本岛长度的好几倍，更别说大老远的过来打仗了。珍珠港距离美国的各个驻军都很近，日军一旦过来美国就可以迅速做出反应，而日军不可能有后继支援。所以在这样的情况下，驻军的总司令肖特将军根本就没把日本放在眼里，而且珍珠港是出了名的防御力强，无论选哪里攻击肯定不是首选项。

不但如此，不知道是谁在马歇尔的电报后面又多加了两句话，使肖特将军误以为电报要求让他加强防范戒备，以避免有日本潜伏特务或者日本居民进行破坏，而马歇尔所要求的是警戒一级战备，肖特将军就以这样的行动回复美国已经采取了“一级戒备”。

1941 年 12 月 6 日，日、美双方的谈判逐渐从相持阶段进入了破裂状态，东京致电驻华盛顿使馆，通知将会有一份分成十四份的电报将会发出，收到后将由大使馆指定时间交给美国国务卿赫尔，并提醒日本驻华盛顿使馆做好接受和交付任务。

夕阳西下，一切都显得这样的平静，只有美国译报人员正在紧张的拦截日本电报，当十三份电报都截获之后，电报就突然停止了，并说第十四部分将会在凌晨一点，和递交美国政府电报的时间同时告诉他们。

其实从前十三份的部分，就已经能够看出来日本想要中断谈判，准备发起战争。但是他们不敢贸然行动，立即把电文呈上。就在傍晚六点左右的时候，日本的舰队就已经在距离夏威夷五百海里之外了。

肖特将军从情报官处听到了令人感觉有趣的消息。联邦调查局监听到从东京打来的一通电话，是一对日本人的谈话，他们的

谈话内容都是关于一些天气、飞机、探照灯甚至还说到了花卉。其中有个日本人说，现在的季节是花开最少的季节，只有木槿花和圣诞花现在正在盛开。

这是一个多么奇怪的对话啊？一个跨越太平洋的电话只是问问什么花开？什么花不开？还是这两个人话里有话？那这木槿花和圣诞花是什么意思？其他的又是什么意思？如果是秘密接头电话，那又怎么可能这么容易就让我们接听？这一系列的问题突如其来的都冲到肖特将军的脑袋里，他一时也不能都想出答案，惟一的办法就是算了，明天再说吧，没准这就是一通寒暄的电话呢！

华盛顿时间八点多的时候，十三个部分内容的电文已经匆匆送到陆军部，马歇尔的秘书告诉他们马歇尔将军已经回家了，那么，面前只有两个选择，一是立即送到马歇尔将军的家里；二是暂时锁起来，明天再给马歇尔将军看。他们认为这份电文并不完整，而且又是周六，于是就选择后者，打算明天再给马歇尔将军看。

总统罗斯福正和霍普金斯在白宫共进午餐，并一同闲谈着，呈现出一派清闲的景象。罗斯福总统这时也接到了这十三个部分的电文，当他看过之后觉得日本是准备宣战了，于是拿起电话给斯达克上将，在得知他并没有在家的情况下就决定第二天再告诉他。罗斯福知道马歇尔不喜欢周六的时候被别人打扰，所以干脆就没有联系马歇尔。

就是在罗斯福不想打扰马歇尔的同时，东京却充满了焦躁和不安，日本法西斯东条英机几天都没有睡过一个好觉，他和手下的众多军政要员一起通过电波指挥着远在万里的军队，向南亚和夏威夷群岛逼近。

战争的阴霾正逐渐地向沐浴着阳光的美国不断前行，东京大本营未经宣战，就向日本联合舰队下达了准备进攻美国太平洋舰

队基地——珍珠港的命令。太平洋战争由此揭开序幕。

12月7日，华盛顿时间，凌晨，截获到第十四部分的电文，上面的主要内容是说介于美国的态度，日本方面不打算通过谈判获得更好的进展，所以，日本方面决定宣战。文中还要求，此电文要在下午一点的时候送到美国大使馆。

华盛顿时间，凌晨3点多，美国的一艘扫雷舰发现港外有一架潜望镜，于是，扫雷舰就向正在巡逻的"华德"号驱逐舰发出了警号，"华德"号立即开始展开搜索，但是一无所获，"华德"号便认为是扫雷舰看错了，事情也就这么算了。

凌晨6点左右，航空母舰"企业号"从三百多海里的航空母舰派出将近二十架侦察机飞向珍珠港。半个小时以后，南云中将得到攻击的命令，下令第一波起飞。日本舰队此时第一波的近两百架轰炸机和战斗机飞向珍珠港。一个小时之后，联合舰队距离珍珠港的位置还有不到两百海里了。巡逻的"华德"号突然发现了潜艇的观察塔，并将其击沉。

事后大家并没有看到什么机器残骸，"华德"号的人都为一晚看见两次"怪事"而纳闷。而实际上，美军所击沉的正是日本的一艘微型潜艇。当时日本一共出动了五艘微型潜艇，原来的打算是在空袭开始的时候对美国船只施放鱼雷，但是后来五艘潜艇都被击沉，其中只有四艘后来被找到。一个名叫酒卷和男的水手被俘，他是美国在向日本宣战中的第一个俘虏。

到了将近七点的时候，日本的飞机距离珍珠港上空还有不到一百五十英里，雷达站的士兵觉得不太对劲，屏幕上怎么会有这么多的飞机？这是一支由飞机配合的巨大舰队正不断的冲向夏威夷岛。士兵第一时间把电话打到了情报中心，而当时只有一位刚来不久的年轻尉官，他知道有一批飞机要从美国内陆送到夏威夷，以为是那些飞机，于是就告诉他们：没关系，那是我们自己的飞机。

与此同时，“华德”号击沉潜艇的事情也被报告给了美军司令部。将近一百七十架的第二波日本飞机起飞，向珍珠港进发。美军空防司令认为不明飞机是从大陆来的 B－17 轰炸机，他下令雷达站关闭。第一波飞机到达瓦胡岛北岸。

陆军情报员在获得情报说，华盛顿下午一点正好是夏威夷的早晨七点，菲律宾此时正是刚刚天亮。他们得知这个情报的时候已经是华盛顿时间上午九点多了，于是，他立刻通报了马歇尔。马歇尔在骑完马之后得知陆军部着急找他回去的时候，他就感觉到战争要来了。

当马歇尔来到办公室，他看见所有的情报都放在了桌子上，当他看到情报说下午一点中断谈判的时候，他马上意识到那个时候正好是夏威夷的日出时间，此时墙上的指针已经指到十一点三十分了。马歇尔马上决定，再发一份电报给太平洋的所有指挥部，备战！

而斯达克觉得在这之前已经发出很多警报了，还至于这样吗？虽然怀疑，但是他还是照做了。可是没想到的是，当电报由一位日籍通讯员送往珍珠港肖特将军的司令部时，这位士兵在途中被盘问了很久，以至于电报没有及时被送到。

沉寂漆黑的天空终于露出了鱼肚白，大海被初升的太阳映得泛着耀眼的闪光，日本的飞机攻击队在渊田总指挥的带领下，掠过旗舰“赤诚”号，机翼划过喷薄而出的太阳，径直朝着瓦胡岛飞去，消失在云海四周耀眼的金光中。

宁静的珍珠港原来是这样的美丽，微风轻拂，海浪迭起，海面上笼罩着层层淡薄的海雾，从空中还可以看到一块块绿油油的蔗田，然而随着一颗蓝色信号弹的发射，日本战斗机的攻击打乱了这一片美好的祥和。

此时的瓦胡岛可以说是根本没有戒备，整个基地的陆军飞机都整整齐齐、机翼对机翼地紧紧排列在希卡姆、贝洛兹、埃瓦和

惠勒机场上，天空中只有几架美国民航机在慢悠悠的飞行，军用飞机也只有几架在数英里外巡逻，就连空防系统也完全没有警戒。不仅如此，珍珠港内舰艇上的近千挺高射机枪只有不到二百挺淅沥的处于值守状态，陆军的高射炮也只是象征性的摆放在那里，因为肖特将军根本没有命令让把炮弹拿过来。

1941 年 12 月 7 日，日本在还没有和美国正式宣战的情况下，就已经开始了对珍珠港进行一系列的武装进攻。进行此次策划的是日本帝国的海军军官，第 26 和 27 任日本联合舰队司令长官——山本五十六。

山本五十六生在日本的长冈市，他的父亲是日本的武士世家高野家，他是高野家的第六个儿子。因为他出生这一年正好是高野贞吉 56 岁，所以给儿子取名为“高野五十六”。他 17 岁那年考入江田岛海军学校，毕业后担任“日进”号装甲巡洋舰上的少尉见习枪炮官，在日俄战争的时候他身负重伤，手指被炸飞两根，留下终身残疾，由于他只剩下了八个手指，同僚们给他起了个“八毛钱”的绰号。后来，山本五十六进入海军炮术学校学习，以上尉军衔进入海军大学深造，并在次年晋升为少佐。他毕业以后，继嗣山本家，所以改姓“山本”，由“高野五十六”改名为“山本五十六”。

山本五十六是一个美国通，他曾经就读于哈佛大学，担任过日本驻美使馆的海军武官，并广泛考察过美国工业。他明白，美国有丰厚的军事潜力，生产一旦扭上战争轨道，很快就能成为谁也打不倒的军事“巨人”。因此，只有在它还懒洋洋地打盹时，突然发动攻击，它才会缓不过劲来。

大海像一幅铅灰色的大桌布，凝然不动地铺展在周围，海面上浓雾弥漫，遮没了桅杆的顶端。雾霭使人目光昏眩，精神疲惫。在这雾气里，太阳像个暗红的晕圈似的高悬着。夏威夷最高指挥官肖特将军向整个太平洋舰队和华盛顿报告：“与日本的战

斗由一次向珍珠港的袭击开始。”

当日军以武力攻击珍珠港的时候，美国才如梦初醒，所有部队紧急集合，美国海军向所有船只发出警告：“珍珠港受空袭，这不是演习！”

日本人成功的偷袭了珍珠港，此事不但震惊了美国，也震惊了全世界。那天下午，布莱德雷夫妇正在修剪花园。后勤科教官哈罗德·布尔和他的妻子贝蒂正好路过家门口，便问布莱德雷有没有听说珍珠港被炸的消息。

刚开始，布莱德雷是震惊得不知所措，几秒钟之后，他才意识到事态的严重性。于是，布莱德雷立刻穿上制服，直奔驻地司令部。事先，本宁堡已经指定了“应急计划白皮书”，布莱德雷下令次日凌晨四点做好一切准备，部队严守佐治亚州的要害部门，包括发电厂、桥梁以及水坝等。事实上，日本人已经没有破坏这些设施的可能了。

日本偷袭了珍珠港，最高兴的要属英国首相丘吉尔了。他在得知日本偷袭珍珠港的消息之后，第一句话就是“好了！我们总算赢了。”事情完全出乎他的意料，他想不到日本人帮了他大忙。曾经，为了把美国拖进战争，他费了九牛二虎之力，也只搞到一个《租借法》，而日本人的行动却使美国人不得不痛下决心投入一场全球战争。当天，英国宣布同日本处于战争状态。

而德国首领希特勒却对此却大为恼怒，他在得知日本偷袭珍珠港的消息之后，暴跳如雷，在场的人都被吓得目瞪口呆。希特勒始终没有忘记美国干涉对第一次世界大战结局所起的决定性作用。他认为德国征服欧洲，摧毁苏联、最后制服英国的目标是可以实现的，但必须有一个条件：美国不介入。因此，他尽量不给美国以参战的借口。在 1939 年 9 月，希特勒曾向德国海军将领下达了严格的命令：“任何德国潜艇不准在大西洋攻击美国船队”。但珍珠港事件使美国人终于找到了参战的借口，希特勒的

世界性战略也要功亏一篑了。

日本偷袭珍珠港事件是一场海上、水下、空中闪电式的立体袭击战，在短短的的一个多小时里，日军共投掷鱼雷四十多枚，各型炸弹五百多枚，击沉、击伤美军各型舰船总计四十余艘，其中包括战列舰、重巡洋舰、轻巡洋舰、驱逐舰等。重创战列舰、巡洋舰和驱逐舰大约七艘；击伤重巡洋舰、轻巡洋舰、驱逐舰和辅助船十余艘；击毁飞机二百多架。美军此次伤亡惨重，总计两千四百多人阵亡，一千七百多人受伤。而日军只有不到三十架飞机被击毁，七十架被击伤，五十多名飞行员死亡，五艘袖珍潜艇被击毁，一艘袖珍潜艇被俘。日本联合舰队司令官山本五十六赢得了这场赌博，这是他最为冒险、收益最大的一次赌博，这一赌使他名震世界海战史。

珍珠港上空的滚滚硝烟和美国士兵的鲜血使美国国内的孤立主义一夜之间销声匿迹。12 月 8 日中午，因行动不便而一向深居简出的罗斯福总统，做出了异乎寻常的举动，亲自前往美国国会，而且没有坐轮椅，而由他的长子扶着走进大厅，向美国参议院和众议院发表了为时六分钟的讲演。

罗斯福开门见山地说："昨天，也就是 1941 年 12 月 7 日，美国遭到了蓄意的猛烈攻击，这个日子将永远是我们的国耻日！就在这一天，美利坚合众国受到了日本帝国海空部队的蓄意进攻……"最后他说："我要求国会宣布，自 1941 年 12 月 7 日，星期日，日本无端地发动进攻开始，合众国和日本帝国之间就已经存在着战争状态。"不出一小时，参、众两院一致通过了罗斯福的宣战要求。当天下午，美国政府对日宣战。

战争的开始，美国陆军中的一些渴望参加战争的青年军官们斗志昂扬。此时，布莱德雷的机会也终于来了。马歇尔说过让他率领一个师的任命也终于下发了。没过多久，当布莱德雷正在本宁堡步兵学校工作的时候，突然有人向他报告说，利文·艾伦来本宁堡报到。布莱德雷立即接见了利文·艾伦，从利文那里布莱德雷得知自己将就任新职，而利文将接任自己现在的职位。

就在布莱德雷和利文交谈的时候，陆军部人事部的波普上校打来电话，他是布莱德雷在西点军校任数学教官时的老同事，当时在战术系工作，他对布莱德雷说："布莱德雷先生，陆军部决定组建三个师，任命你为第八十二师师长。第七十七师师长由西点军校的罗伯特·艾克尔伯格担任；第八十五师师长是1912届毕业生韦德·海斯利普。请你马上准备，争取于本月末就职。"

就这样，战争的打响使布莱德雷的肩上又多了一颗星，同时，他也终于有了驰骋沙场的机会。对此，布莱德雷既兴奋，又感到肩上担负着重大的使命。

第八章 “大兵”师长

1942 年的春天，在美国陆军的新驻地，也就是亚历山大郊外的克莱博兵营里，布莱德雷正在整顿他所率领的八十二师。

八十二师始建于 1917 年 8 月 25 日，功勋卓著。在第一次世界大战中，该师参加了洛林战役、圣米耶尔战役和默兹——阿尔贡战役。该师的阿尔文·约克中士曾经单枪匹马地击退德军一个营的兵力，成为当时一个传奇的神话。但可惜的是这个师在一战后被遣散了，布莱德雷接手的就是重新组建这个师。

重新组建的第八十二师的部分人员都是经过正规军或国民警卫师训练出来的。其中有经验的军官和士兵占总数的百分之十，并且大都来自第九师，还有一万六千余名新兵是刚从接待站接来的。因此，迅速膨胀起来的第八十二师，在各个方面都面临着许多问题。

在这三个师的师长中，布莱德雷的资历最浅，为了辅助布莱德雷率领八十二师作战，波普从总参谋部的人事部来到了八十二师，担任参谋长。在这里，他帮助布莱德雷建立了领导班子，主管拉丁美洲事务的专家马修·李奇微从作战计划部前来担任助理师长。布莱德雷早在本宁堡任教时就和他相识，布莱德雷认为李奇微是“超群出众、年轻有为的卓越步兵专家之一”。有了波普

和李奇微两个助手，布莱德雷简直是如虎添翼。

对于师级的领导班子，布莱德雷还启用了他在西点军校时的同学，也就是铁面无私的纪律检查官约瑟夫·斯温任炮兵主任；副官和人事处长由李奇微的密友拉尔夫·伊顿担任；情报处长则由新退休的步兵司令的儿子乔治·林奇充当；作战与训练处长、民事处长则由威利斯·马修斯和塔比·索尔森担当，两人是布莱德雷在本宁堡的亲密同事，前者曾任布莱德雷的副官。布莱德雷还大胆启用了本宁堡预备军官学校的优秀学生。

布莱德雷在接管八十二师之后，便进行了大刀阔斧的改革，将八十二师整顿得井然有序，使八十二师成为后来被称为“全美第一师”的第八十二空降师的前身。布莱德雷治理军队的方式和其他人不同，他没有采用那种极其严厉的训教方式，而是让士兵感觉部队像一个家一样。

为了使士兵对部队产生新奇的感觉，布莱德雷安排了隆重的欢迎仪式，这个方法很奏效，隆重的仪式，使士兵感到很兴奋。布莱德雷还为新兵准备了帐篷和床上用品，以及简易的洗衣房，让一路上风尘仆仆的新兵们清洗衣物。

布莱德雷的这个方法很有效，因为他所率领的第八十二师，大部分的士兵都是新兵，这些新兵离开家乡，来到生疏的兵营，难免会因为思念家乡而无法进入最好的训练状态，这样就会造成士兵意志消沉，影响军队的士气。布莱德雷在管理新兵上，既严格又人道，这样就使士兵很快从思乡的情绪中摆脱出来而进入状态。

凡事都有利有弊，布莱德雷的管理方法虽然使士兵消除了思乡的情绪，但是，这些士兵生长在安宁舒适的环境下，因此上他们的体质都很弱。在训练中，有的新兵背着背包跑一英里就累得趴下了，还有一部分人的身体虚胖，只有极少数人能应付最基本的训练。

面对这样的情况，布莱德雷虽然很头疼，但是，他还是想出了对策。因为新兵们以前没有经受过严格的军事训练，如果是对他们进行像在西点军校实行的那样严格的军事训练，势必会使这些新兵吃不消，很有可能会在他们还没有上战场的时候就先累倒了。布莱德雷想起了西点军校的体育活动，如果从体育活动开始训练，先加强新兵们的体质，然后再逐渐加强军事训练，或许会收到良好的效果。于是，布莱德雷便将西点军校的体育气氛带到了师里。

布莱德雷制定了严格的体育锻炼计划，士兵们每天要做柔软体操和进行各项运动。除了这些以外，布莱德雷还组织士兵进行翻高墙、越堑壕、跨高栏、过水道、荡秋千等锻炼项目。全师的所有官兵，包括布莱德雷自己，都必须参加障碍锻炼。布莱德雷事必躬亲，坚持与士兵同甘苦共患难。

在这些训练中，布莱德雷在士兵们的心中留下了良好的印象。一次，也就是在他过完四十九岁生日不久之后的一天，布莱德雷在荡秋千的时候滑了下来，摔进污水沟里，狼狈极了。但是布莱德雷心里却很清楚，这次发生的“意外”绝对是一大幸事，因为在这次“意外”中，他感到了官兵在大笑之后，对他产生的由衷地敬佩和拥戴之情。

为了鼓舞军队的士气，布莱德雷还邀请了第八十二师的英雄约克中士来部队检阅。布莱德雷铺好红地毯，为约克中士举行了隆重的检阅全师的仪式。新兵们从约克中士身上看到了英雄的气概和第八十二师的光辉历史。约克谦逊而富有鼓动性的言词，给新闻界及全师官兵一种无穷的诱惑力。电视节目向全国直播了约克的来访，也把布莱德雷推向了前台。

约克的作战经历，使布莱德雷了解到，在法国作战时，有效射击距离只有二十五至三十码。此事启发了布莱德雷，于是，他让手下开设了森林中的近距离射击课，射击训练的目标则用部分

隐蔽的铁桶。这种与标准距离不同的射击训练方法，深得布莱德雷的上级，也就是第四军军长奥斯卡·格里斯沃尔德的赞许。

在观摩了第八十二师的射击训练之后，格里斯沃尔德兴奋地问布莱德雷的手下："这个训练方式是谁想出来的?""报告将军，是我们的师长布莱德雷师先生的主意。"

"我早该知道这种方法。"格里斯沃尔德自言自语道。格里斯沃尔德与布莱德雷曾一起在西点军校共事，这一次，格里斯沃尔德在赞叹布莱德雷所设计的训练方式的同时，也感到非常的遗憾，因为布莱德雷又抢在他的前面了。

布莱德雷独特的训练方式还引起了麦克奈尔的注意，麦克奈尔是负责指挥全美部队训练任务的将军，他经常到第八十二师检查训练工作。使他没有想到的是，此时，布莱德雷率领的师进行的军事训练，已经超过了他所制订的十七周训练计划的目标。布莱德雷的能力使麦克奈尔十分欣赏，从第八十二师检查训练回来之后，他便向马歇尔写了报告，在报告中对布莱德雷大加赞赏。

上级的赞赏使布莱德雷感到很高兴，他所付出的努力总算没有白费，更重要的还在于他的能力能够为他争取上战场的机会。渐渐地，布莱德雷所带领的第八十二师已经训练有素，足可以开赴前线去作战了。但是，就在布莱德雷正做着率部奔赴欧洲或太平洋参战的美梦时，一个不幸的消息传来了。

国民警卫队第二十八师的师长职位紧缺，那里需要援助，马歇尔决定派布莱德雷去担任。布莱德雷得知这一消息后深感扫兴，因为此次调动将意味着他的参战梦又要破灭了。麦克奈尔安慰布莱德雷，让他不必为此事而耿耿于怀，因为他的才能早晚会让他如愿以偿的，甚至是在至关重要的时候才会得到发挥。麦克奈尔的安慰使布莱德雷的内心平衡了很多，他也只有耐心的等待着时机的到来了。

布莱德雷把第八十二师交给了李奇微，自己前往国民警卫师

去担任那里的师长。在布莱德雷离开第八十二师不久后，第八十二师便被改为美国陆军的第一个空降师，前往布雷格堡进行特种训练。后来，第八十二空降师又抽部分军官去组建美国陆军的第二个空降师——第一零一师。再后来，第八十二师和第一零一空降师在欧洲战场上屡立殊功，美名远扬。它们在战争中常作尖刀插向对方，显示出王牌师的威力。

布莱德雷在没有来到国民警卫师以前，便听说过国民警卫师被称为一块“硬骨头”。之所以称它为一块“硬骨头”，是因为国民警卫师自从1940年秋组建以来，一直具有浓厚的政治色彩。国民警卫师里的高级军官大多很有政治背景，他们大多是先在师里担任高官，之后才开始投机政治的。

种种原因导致国民警卫师纪律松散，至于军事训练就更不必提了。对于国民警卫师混乱不堪的纪律，马歇尔极为不满，对此，他还曾直截了当的批评过国民警卫师的训练工作。鉴于上级的压力，主管所有国民警卫师训练工作的麦克奈尔，不得不解除该师从上校到少将一级的所有军官的职务，这些人当中很多人的年龄都已经到了该退伍的阶段，还有一些人健康状况非常不好，对于部队的训练和组织指挥方面已经不会再有任何贡献了。

当布莱德雷抵达路易斯安那州的利文斯顿接任第二十八师的时候，该师已经换过两任师长了。第一任师长是宾夕法尼亚州的政客爱德华·马丁，马丁退役以后，由詹姆斯·奥德担任，但是，奥德的能力令人质疑，在经过了长达十八个月的训练之后，全师竟然没有达到四分之一的训练要求。这样的成绩使马歇尔十分不快，同时，他又得知奥德在巴西只干过挂名职务，对于实际的军事训练根本没有经验。

在这样糟糕的情况下，马歇尔决定让布莱德雷来接任奥德，一方面是他对布莱德雷的信任，另一方面也是因为他看中了布莱德雷的才能。在马歇尔看来只有布莱德雷这样的人才能够收拾国

民警卫师的残局。

同时，为了辅助布莱德雷治理第二十八师，马歇尔将国民警卫队的优秀军官肯尼思·布坎南提拔为助理师长，还同意布莱德雷将第八十二师的波普参谋长、作战与训练处长马修斯、民事处长索尔森以及两名副官、一名司机等六人，一同到国民警卫师赴任。为了防止阻塞国民警卫队优秀士兵的晋升道路，马歇尔还规定，正规陆军军官赴任时随员要作严格限制，避免了滥竽充数现象的发生。

布莱德雷来到第二十八师不久，便发现这个师的问题简直是层出不穷。不但全师的人事制度非常混乱，而且参谋军官的管理也不完善。一千六百名军士已经去预备军官学校进修，之后将派往其他的师。一个炮兵连居然仅有一名军官，军官的手下只有一名下士，而且还是充当助手。原来的十二名下士去了预备军官学校，第十三位下士成了“头号人物”。

面对混乱的人事制度，布莱德雷首先治理的就是人员外流的问题。他请求军长格里斯沃尔德从下一届预备军官学校中派出一些新军官来。接着，布莱德雷消除了该师的“家乡”观念，阻止军官乃至士兵们拉帮结伙。布莱德雷还宣布二十四小时内全体军官和士官都去新步兵连和野战炮兵连，用来整治那些排斥他乡人的军官和士兵，结果，没有人敢抗命。布莱德雷大刀阔斧的改革行动得到了很多基层官兵和有志之士的支持，他们认为这是这个师所采取的最好的措施。

除了纪律松散以外，该师官兵的身体素质也很差，长时间的缺乏锻炼和运动，导致他们几乎丧失了斗志。为了改变全师官兵的身体状况，布莱德雷又仿照第八十二师的模式对他们进行各种体育训练活动。

布莱德雷还下令进行二十五英里负重徒步行军的考核。考核循序渐进的进行，开始的时候是走八英里，然后是十二英里和十

六英里。在二十五英里的徒步行军任务中，布莱德雷不顾自己的高年龄，拒绝副官的“保护”，身先士卒带头完成了任务。关于这样的事情还有很多，布莱德雷在要求他的手下们必须做到某些事情的时候，都是自己首先做到。曾经在一次考核中，布莱德雷和机关的人员一同出发，在行军的过程中，有一个士兵对布莱德雷说：“是谁下了这该死的命令的。”当时他并不知道他说话的对象就是下达这个命令的布莱德雷。

布莱德雷没有因此而生气，他只是笑着说：“我也不知道，不过这个混蛋应该被绞死对吧。”那个士兵竟然认同的点了点头。

在这次行动中，很多士兵在行军开始不到一个小时的时候，就将身上所带的水全部喝光了，结果很快就支持不住了。而布莱德雷在路上一共只喝了一杯水，便轻松的到达了终点，而且，他还替其他的士兵背了几个背包和一支步枪。

布莱德雷凡事都带头做的精神，极大的鼓舞了官兵们的士气，也带动了官兵们进行训练的劲头，挽救了第二十八师的训练。和在第八十二师的时候不同，布莱德雷这次采用了大刀阔斧、快刀斩乱麻的治军方法，仅用了两个月，便将二十八师的训练搞得有声有色，军队的纪律也整治一新。

将部队整治得井然有序后，布莱德雷便请军长来观看了全师的阅兵，这一次阅兵给军长们留下了深刻的印象，这样的成绩是他们没有料到的。在阅兵取得了卓著成绩之后的不长时间，布莱德雷领导的野战演习也圆满完成了。马歇尔没有看错人，这支乱麻之师在布莱德雷的领导下俨然成为了一支训练有素的部队。

布莱德雷的成功引来了新闻界对他的关注，各个报社的新闻记者们纷纷来采访他。但是，令新闻记者们失望的是布莱德雷并不是一个爱出风头的人，他所拥有的只是脚踏实地的工作作风。对此，那些新闻记者们根本无法进行大肆渲染，因此，也就得不

到什么有价值的报道了。

布莱德雷对第二十八师进行的大刀阔斧的改革取得了显而易见的成效，这支队伍终于要开赴战场了。在开拔之前，布莱德雷将全师人马带到了佛罗里达州卡拉佩尔的戈登·约翰逊兵营，在那里进行了最后一次军事演习——模拟两栖进攻。这次演习同样很成功，使二十八师在美国陆军部名声大振。

得到陆军部充分认可的第二十八师被确定将要开往海外作战，布莱德雷听到这一消息之后，早已开始摩拳擦掌，跃跃欲试。然而，让他始料未及的是，这一次，他又与征战沙场失之交臂了。

就在第二十八师即将要开往前线进行作战的时候，布莱德雷收到了来自马歇尔的一封信。在信中，马歇尔表示他为不能派布莱德雷去指挥一个军，也不能派他去海外作战而感到很抱歉。他希望布莱德雷能够留在国民警卫队继续担任师长，因为就国民警卫队长期以来的状况来说，必须有人让它形成一个完整的体系，所以就不能够频频更换领导人。

马歇尔还答应布莱德雷，会在适当的时候调他去担任更有意义的职务。虽然布莱德雷知道，马歇尔是舍不得他这个人才去战场作战，但是，一直盼望着驰骋疆场的他不免有些失落。这种情绪很快就被随之而来的紧张工作所代替了。

不久，布莱德雷便随着全师调往了神秘的戈登·约翰逊兵营，进行两栖作战的训练。荒凉的海滩上，条件很艰苦，在这里有三个团，而这三个团的驻地又不在同一个地方，彼此相隔都有数英里之远，因此，士兵们在这样的环境下不免觉得有些寂寞。这里的训练也很残酷，全师官兵分成若干队，对假设的“敌人”盘踞的岸边小岛进攻，每次他们乘坐登陆艇进行训练的时候，都会冻得全身麻木。但是，在布莱德雷的鼓舞下，全师的官兵们依然坚持着训练。

时间如流水般匆匆而过，很快，布莱德雷已到了知天命的年纪。1943 年 2 月 12 日，也就是布莱德雷五十岁生日的那一天，他收到了来自马歇尔的最好的礼物，那份礼物是一份电报，电报上写着：

“亲爱的布拉德雷先生，我不得不感谢你在第二十八师所立下的卓著功绩。在你五十岁生日的特别日子里，我要告诉你一个消息：前几天，你已经被晋升为军长。我想在这样一个特别的日子里告诉这样一个消息是再适合不过了。同时，也表达我的庆贺之情和最良好的祝愿。”

可怜的布莱德雷正在为自己的升迁高兴的时候，命运又一次同他开了个玩笑。就在他过完五十岁生日的第四天，正在处理工作的布莱德雷突然接到了麦克奈尔的人事助理参谋长亚历山大·博林打来的电话。博林在电话中告知布莱德雷，他将被派往海外进行长期的服役，并且是他自己一个人去，而非他和他所带领的国民警卫师。

对于这突如其来的改变，布莱德雷几乎不太相信自己的耳朵，他忍不住问博林：“但是，博林先生，前几天我刚刚接到了新的命令，要我前往德克萨斯州坦普尔，现在我还没有执行那个命令，为什么又有了新的改变呢？”

“布莱德雷先生，那已经是过去的事情了，您只要执行这个新的命令就行了。”

博林的话使布莱德雷一头雾水，他对自己将被派往何处还不清楚，博林似乎也感觉到了布莱德雷的疑惑，但是，他们所通的是不加密的电话，对于这种军事调动的具体事宜是不能提及的。因此，博林只能暗示布莱德雷说：“记得你的同窗吗，你将同他一起工作。”博林又提醒布莱德雷，要先到华盛顿听取命令，然后再动身。博林的暗示，使布莱德雷马上想到了艾森豪威尔。那么，此时的艾森豪威尔又在什么地方呢？这要从珍珠港事件的时

候说起了。

珍珠港事件后的第五天，也就是1941年的12月12日，艾森豪威尔正在为第三集团军冗杂的事务而焦头烂额的时候，他接到了马歇尔的秘书史密斯上校打来的电话，在电话里，史密斯告诉艾森豪威尔立即到陆军作战计划部来，并要艾森豪威尔告诉其上司，正式的命令马上就会下达。

原来，在珍珠港事件之后，面临着美国将要参加的世界性战争，马歇尔让那些自认为在第一次世界大战中取得了功劳，并且固守一战作战经验的那些高级军官退役回家颐养天年去了。而此时，启用精力充沛并富有才华的比较年轻的军官便迫在眉睫。

相传马歇尔有一个黑色的小本子，在这个小本子里记载着他所赏识的人，并且，在每个人的名字后面他还加了一些备注，来说明他们的特长和缺点，人们戏称马歇尔这个小黑本是黑名单。这次，马歇尔又要启用新的人才了，于是，他又翻看了他的“黑名单”，最终他将目光锁定了艾森豪威尔和巴顿。

艾森豪威尔和巴顿的名字是在最近的几次演习中，被马歇尔匆忙的记录在“黑名单”上的，当时艾森豪威尔任第三集团军参谋长，巴顿任第二装甲师师长。对于这两个人的才能，马歇尔十分认可。对于他们的优缺点，马歇尔也十分了解，在他的黑名单上，巴顿的名字下面曾有这样的标注：乔治能带领部队赴汤蹈火，但是要用一根绳子紧紧的套住他的脖子，他才能听从命令。

和巴顿不同，艾森豪威尔则是个细心的参谋长，不仅很有谋略，而且为人和善，又具有很高的威望。在这样的时候，艾森豪威尔无疑成为了最佳人选。对此，马歇尔让他的助手马克·克拉克准将推荐一个人到作战计划部来，与马歇尔不约而同，克拉克也推荐了艾森豪威尔。因此，就有了艾森豪接到了马歇尔秘书史密斯电话的一幕。

此时的艾森豪威尔显然没有意识到自己即将调到作战计划部

工作的情况，他以为只是马歇尔想了解菲律宾的情况，叫他去汇报而已。因此，他只收拾了简单的行装便赶往了华盛顿。

就这样，艾森豪威尔在没有任何精神准备的情况下，便被马歇尔调往了华盛顿。在此后的半年中，艾森豪威尔一直在马歇尔手下负责远东问题的事务，并协助麦克阿瑟处理菲律宾问题。由于艾森豪威尔出色的工作和令人敬佩的人品，他曾被升任作战计划部的部长。

艾森豪威尔和布莱德雷不同，布莱德雷对于军事训练很有一套，但是在处理交际关系的时候却显得有些笨手笨脚。而艾森豪威尔则最擅长交际协调，是处理公共关系的一把好手，从而受到新闻界的极大欢迎。1942 年的下半年，艾森豪威尔奉命到英国担任驻英美军的司令，在此期间他建立了和英国首相丘吉尔以及英军将领的密切关系，并参与了许多重大作战计划的制定工作。

在第二次世界大战期间，美英两国对于如何开辟第二战场的问题，一直争论不休。美英两国在原则上通过的 1942 年春进攻北非的“体育家”计划，因为英军在离毕业的失利而搁浅。艾森豪威尔担任作战计划部部长之后，主持兵制定了，以英国为基地进攻西欧的直接进攻计划，此计划的代号被明明为“围歼”，计划中将登陆的时间确定在 1943 年的春天。

为了激励苏联继续与纳粹国在东线作战，美国制定了“大锤”计划，确定在 1942 年的八、九月间，用几个师的兵力在法国北部实施登陆作战。但是对于此计划，英国人十分反对，首先，这个计划的所有兵员是英国提供，这就使英国军队方面感到十分不满。

除此而外，英国首相丘吉尔认为这个计划并不是很好，他主张应先打击敌人的薄弱环节，抓住敌人的软肋。丘吉尔的意思是说应该让苏联军队在东线消耗德军的兵力，而英美则重点打击德国的核潜艇以及轰炸德国后方基地。战场应在中东、巴尔干及地

中海沿岸展开，逐步分割并包围轴心国的部署。

经过几番磋商，美英两国首脑最终于1942年的秋天，达成了进攻北非的计划，并规定在这一年的10月末之前进攻北非，此次计划的代号被命名为“火炬”。原本准备用在“围歼”计划中的美国军队，这时成为了“火炬”计划的主力。

艾森豪威尔任“火炬”计划行动的远征军总司令，马克·克拉克出任副司令，比德尔·史密斯任艾森豪威尔的参谋长。而在制定“火炬”计划细节时表现积极且又最富于乐观精神的巴顿，在此次作战计划中，也担任了西线特遣部队的指挥官，他率领着西线特遣部队从美国本土出发，横渡大西洋，在摩洛哥的卡萨布兰卡地区登陆。除了西线以外，还有中线特遣部队，该部队由劳埃德·弗雷登道尔少将指挥的美军第二军组成，进攻奥兰；东线主力由第三十四师师长查尔斯·赖德少将指挥，攻击阿尔及尔。

在北非登陆战中，英国军队连连失利。首先是在法属北非和德意军队展开的一系列战役中，英国军队虽然在开始时彻底击溃了意大利军，迫使希特勒派隆美尔率领非洲军支援利比亚。但是由于丘吉尔轻率地调沙漠部队帮助希腊人驱逐意大利军队，他本以为这样可以建立打击希特勒薄弱环节的巴尔干陆军，令人没有想到的是，希特勒早已先进攻希腊，而后入侵了克里特岛，使英国军队在希腊和北非都遭遇失败。

就在北非的英军因为攻势的失败而一筹莫展的时候，隆美尔则又一次大胆攻击北非沙漠的英军，并将其赶回埃及。1941年，在埃及和利比亚之间的沙漠地带，英军和隆美尔率领的部队进行拉锯战。在英军第八集团军以压倒优势于1941年底将隆美尔赶回利比亚后不久，隆美尔又进行了反扑，发动了使英军摸不着头尾的攻势，迷糊的英国第八集团军军队还没有弄清楚是怎么回事，便被赶回了埃及。隆美尔又率部对其紧追不舍，最终将英军

赶到了阿拉曼。

由于第八集团军的连连失败，中东总司令哈罗德·亚历山大爵士，撤掉了第八集团军的司令克劳德·奥金莱克，而让伯纳德·蒙哥马利取而代之。蒙哥马利上任以后，英国破译人员便破译了德军的“超级机密”，蒙哥马利抓住了这次机会，发动了新的攻势。

很快，蒙哥马利胜利的消息便在英国的大地上传开了。所有的新闻界都在为没有可以使英国人民兴奋的新闻而头疼的时候，蒙哥马利的胜利为他们解决了大问题。一时间，所有的报纸杂志都争先恐后地对蒙哥马利的胜利进行大肆的宣扬，甚至不惜夸大其词。面对新闻界过分的吹捧，蒙哥马利并没有感到过分，他没有出来纠正报纸上那些夸大的语言，而是欣然地接受了。

蒙哥马利生性傲慢，他和艾森豪威尔十分不和。以前，为了能够和英国方面更好的协作作战，马歇尔将其手下的两名军官派往英国，对美军的接待安排以及后勤供应等问题与英国方面进行协商。这两名军官中就有艾森豪威尔一个，另一个是克拉克。

在英国期间，艾森豪威尔与克拉克被安排访问驻扎在英格兰南部的蒙哥马利的司令部。在这之前，蒙哥马利和艾森豪威尔并没有见过面，因此，艾森豪威尔十分想目睹一下这位被新闻界吹捧得神乎其神的英国军官的风采。于是在约定的时间，艾森豪威尔与克拉克准时的到达了。然而，他们却没有看到蒙哥马利的身影。蒙哥马利的迟到，是对艾森豪威尔的一种极大的不尊重，这使艾森豪威尔很生气，但他并没有将情绪带到工作中去，他还是耐心的等待着蒙哥马利的出现。

终于，过了大概半小时之久，蒙哥马利才姗姗而来。一见面，还没等陪同艾森豪威尔和卡拉克一起来的英国官员为他们介绍，蒙哥马利便不耐烦地说他很忙，但是出于对上司命令的执行，因此才不得不抽出时间来，为艾森豪威尔以及克拉克介绍一下情况。这样的做法，明白的人都知道，是因为并没有把对方放在眼里，是一种对艾森豪威尔蔑视的姿态。

蒙哥马利在为艾森豪威尔和克拉克介绍情况的时候，手拿着指挥棒，在地图上指指点点，十分骄傲地将他所担任的战区的防御部属情况，轻描淡写地做了介绍。

在蒙哥马利做介绍的时候，艾森豪威尔点燃了一支烟，这时，蒙哥马利突然停了下来，故意问道，“是谁在吸烟?”当时在场的只有五个人，除了蒙哥马利自己以外也就只有四个人了，谁吸烟当然是可以一目了然的，蒙哥马利这样做，无非是想要给艾森豪威尔好看。

艾森豪威尔并没有因此而生气，他只是镇定地说：“是我，将军。”蒙哥马利当然希望艾森豪威尔承认了。“请将烟熄灭，我不允许吸烟。”蒙哥马利本以为这样的话会激怒艾森豪威尔，但是，他的想法是错误的，艾森豪威尔并没有发火，而是将烟熄灭了。

蒙哥马利不免有些失望，当他做完情况的介绍后，便招呼也没打就走了。蒙哥马利的无礼给艾森豪威尔留下了极其不好的印象，导致他们在以后的合作中没有建立起良好的友谊。在战争中，将领们的不和是常见的事情，布莱德雷在此后的征战中也同样有过类似的遭遇。

对于这些将领们之间的恩恩怨怨我们且不去谈论了。布莱德雷在得知了艾森豪威尔的所在地之后，便也知道了自己的去向，他预感到这一次自己将要上战场了。虽然很长时间以来，布莱德雷一直盼望着能够有驰骋沙场的机会，但是当机会终于来了的时候，他并没有多么兴奋，甚至开始为自己的前途担心起来。

因为尽管自己可以有参加战争的机会了，但是由自己辛苦训练的部队是不能和自己上战场的，他只能是一个人去，对此，布莱德雷预感到自己不会有指挥部队作战的机会，心中不免闷闷不

乐。但是军令如山，作为军人的他又不得不服从。布莱德雷带着惴惴不安的心情前往华盛顿，对于前途他不愿多做考虑。

第九章 “间谍”工作

在经过了多年的执教生涯之后，布莱德雷虽然已经升为中校，但是，他始终没有机会上战场，北非战争的开始，给他提供了机会。那么此时的北非是怎样的形势呢，我们得先来了解一下。

蒙哥马利率领的第八集团军在阿拉曼战役中取得重大进展的时候，北非登陆战也开始实施了。北方登陆战分三支部队在不同的方向开始登陆。

1942 年 11 月 8 日，布莱德雷的同窗查尔斯·赖德指挥东线特遣队，在阿尔及尔登陆并取得了成功，莱德利所率领的一支大约两万人的美英部队，在登陆中得到了当地法军司令马斯特的配合，登陆开始的当天，法军便停止了抵抗，双方达成了协议，因此，赖德率领的部队登陆成功。劳埃德·弗雷登德尔所率领的大约两万人的部队，在奥兰登陆时，也只遇到了微弱的抵抗，便很快就迫使法军投降，也取得了登陆作战的成功。

在登陆的三支部队中，唯有巴顿率领的西线特遣队的两万五千多人，在卡萨布兰卡遇到了较强的抵抗，导致这支部队直到 11 日才成为摩洛哥的主宰，取得了登陆作战的胜利。

1942 年末到第二年的二月中旬，东、西线部队以及中线部队，一直在积极准备围歼突尼斯境内的德军。此间，英美两国首脑丘吉尔和罗斯福以及英美参谋长联合委员会，在卡萨布兰卡举行了会晤。在经过了大约十天的商谈会晤之后，双方商定，在取得突尼斯战役胜利后，进攻意大利的西西里岛，并任命艾森豪威尔为英美盟军的总司令，将盟军的司令部设在阿尔及尔。

此时的英军连遭失败，尽管在蒙哥马利就职后已经扭转了这种局面。但是，在隆美尔指挥的八万德军推到利比亚与突尼斯交界的马雷恩防线固守后，蒙哥马利却没有采取迅速的行动，而使隆美尔得到了喘息和反扑的机会，这就为英美军队夺取突尼斯战役的胜利增加了困难。

希特勒趁着蒙哥马利按兵不动的机会，命令手下大将隆美尔对马雷恩防线进行了巩固，同时将部队的指挥权交给了冯·阿尼姆，隆美尔此时由于身体健康状况出现了问题，在战事不吃紧的情况下，回国去休假了。

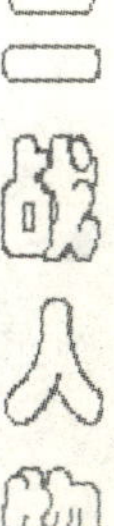

素有“沙漠之狐”之称的隆美尔在离任前，意识到必须要作最后一搏了，以挽回一点声誉。于是他决定在“火炬”部队和缓慢逼近的蒙哥马利第八集团军之间开拓中心阵地，先从背后包抄袭击盟军，然后再掉头攻击蒙哥马利。同时，冯·阿尼姆打算攻击更北面的安德森的阵地。可惜的是，隆美尔和阿尼姆之间的配合并无默契可言，因此没形成气候。

北非登陆成功后，盟军的高层将领发生了变化。英军将领亚历山大被任命为艾森豪威尔的地面部队司令；安德鲁·坎宁安上将为艾森豪威尔的海军代理人；皇家空军部长马绍尔·阿瑟·特德为艾森豪威尔的空军司令。英国人将盟军的主要指挥权都掌握在了自己手中，这样就控制了艾森豪威尔。在突尼斯的前线，美军部队最终由英国人安德森指挥，原本想要派巴顿指挥的计划破灭了。

此时，德国人正虎视眈眈的想要进攻“火炬”部队，但是

让他们没有想到的是他们的计划已经被英国人识破了。这个情报很快转到了艾森豪威尔在阿尔及尔的情报处处长那里，也就是当时的英国情报专家埃里克·费里曼准将，费里曼推断德军的主攻方向应该在丰杜克防线的中部。而实际上，冯·阿尼姆选择了更南边的费德隘口发起了主攻，直逼美军阵地。

隆美尔派出几股部队袭击最南边的加夫萨附近的美军侧翼，从而向费里亚纳进逼。隆美尔知道自己到了战争的紧要关头，他构想继续在特贝萨奋战，从盟军后方挥师北上直取波尼。不过，他虽然得到柏林和罗马的支持，却不能与控制着装甲部队的冯·阿尼姆合作。最后，隆美尔只好向塔拉和勒凯夫进行小范围行动。这样一来，隆美尔面对的就不是安德森大军的背后了。

很快，隆美尔率领部队攻占了盟军的卡塞林山口，卡塞林山口是一个非常关键性的防御阵地，隆美尔在占领了这一阵地之后，又迅速的突围了出去。两天以后，他又停了下来，准备迎击蒙哥马利的第八集团军。

就在隆美尔的几股部队发动进攻之前，作为盟军的最高统帅，艾森豪威尔视察了弗雷登德尔的第二军。弗雷登德尔是个多疑的人，对于法国人和英国人他都不信任，尤其不喜欢英国的安德森将军。由于弗雷登德尔对手下的几个师长也不信任，导致美军在北非越陷越深。而此时的军队非常涣散，面对这样的局势，艾森豪威尔很担心。

对于英国人控制艾森豪威尔的实权，美国人十分不满，但是他们在批评英国人过分做法的同时，又对艾森豪威尔进行了指责，他们认为艾森豪威尔不应向英国人屈尊俯就，指责艾森豪威尔的行为会让英国人认为美国人是懦夫。而实际上，艾森豪威尔却坚持认为，不应该在战争中将必须合作打败敌人的伙伴当做头号敌人，那将使战争失去胜利的可能性。

艾森豪威尔所要担负的压力远不止如此，就在隆美尔准备发

起进攻的前一天，亚历山大赶到突尼斯前线。在那里，他发现盟军前线一片混乱，尤其是危险的南部混乱得更加厉害。他把这种缺乏战役方针和计划，没有统一指挥的混乱局面怪罪于安德森，但安德森又把罪过都加到了艾森豪威尔身上。

此时的艾森豪威尔遇到了前所未有的困难，他不但要承担德军反击造成的损失，还要抵住来自美国方面的舆论压力，同时，又找不到良好的办法能够畅通的指挥一切。并且，他还在为没能和蒙哥马利一同夹击隆美尔而感到遗憾。

令艾森豪威尔最为头疼的是，此前，登陆部队的实际指挥权不在他的手里，而他又要承担全部的责任。在这样的情况下，艾森豪威尔无法解决后勤和雨季带来的困难，只好放弃了对隆美尔的追击，命令安德森在突尼斯西部采取防守。而现在，虽然准备了几个月的时间，但是进攻还是没能开始，不仅如此，还使隆美尔的部队有时间休整，并反扑过来，此时的艾森豪威尔急得焦头烂额，除了固守原地等待支援以外却无计可施。

在 1943 年 1 月的卡萨布兰卡会议期间，马歇尔曾建议派巴顿去突尼斯担任艾森豪威尔的地面部队副指挥，并口头指示艾森豪威尔选一名私人代表去前线充当“耳目”。巴顿没有调到突尼斯，而是留在摩洛哥周旋于豪华生活和政治漩涡中。眼下，艾森豪威尔遭到了隆美尔的反击，手下没有精兵强将，他只好实施马歇尔提出的建议，并列出一份十三人的名单报给马歇尔。

很快，马歇尔便给艾森豪威尔回电报：“对于‘耳目’的人选，我建议派奥马尔·布莱德雷将军前往，如果这样符合你的愿望，可以立即将他派去。”艾森豪威尔收到马歇尔的电文之后，立即给他回电：“马歇尔先生，请用可以搭乘的第一班运输机，将奥马尔·布莱德雷将军送来。”

于是，在 1943 年的 2 月中旬，布莱德雷在非洲战局纷繁复杂和十分微妙的时候被召到了五角大楼，名义上是要他向罗斯福总统汇报西西里战役的情况，而实际上是马歇尔有意安排让罗斯福认识布莱德雷。以前，布莱德雷在白宫的社交招待会上曾见过罗斯福，但那时他只是中校，因此，根本没有机会同总统攀谈，也就算不上真正的认识罗斯福了。

这一次，布莱德雷有机会单独同总统罗斯福进行交谈，他对这个机会十分重视。在轻松的交谈中，这两个人都给彼此留下了深刻的印象。作为总统的罗斯福为自己才结识布莱德雷这样的人才而深感遗憾，布莱德雷也被总统的才华所折服。在罗斯福那里听取了命令之后，布莱德雷又拜访了马歇尔。

在马歇尔的办公室里，布莱德雷不禁有些慨叹，这个办公室他曾经多少次进来过，在这里，他曾和马歇尔谈论过时势，也曾被马歇尔训斥过。而如今，他再次来到了这里，并且将从这里走向另一个未知的地方。这一切让布莱德雷觉得时光匆匆，世事变迁之快。

在五角大楼，马歇尔向布莱德雷介绍了非洲卡塞林山口盟军的失利和美军的概况。马歇尔锐利的眼光盯住布莱德雷，交代了他奔赴非洲的使命：帮助艾森豪威尔处理战场的一些事务，并提出建议，以减轻艾森豪威尔的负担。末了，马歇尔交给布莱德雷两封与“赫斯基”有关的绝密信件。“赫斯基”是进攻西西里战役的代号。马歇尔嘱咐布莱德雷道：“看看信件，把内容都记在心里，如果飞机迫降，把信件毁掉，向艾森豪威尔口头报告。”

布莱德雷听完马歇尔交代给他的任务以后，顿时感到肩上的责任重大，同时也感到了一种从未有过的沉重压力，他决心服从，并替艾森豪威尔出一把力。从信件中，布莱德雷知道突尼斯战役结束后，将打响西西里战役。

在五角大楼听取完命令之后，布莱德雷在 1943 年 2 月下旬，乘军事空运司令部定期的飞机飞往非洲，飞机需要经过迈阿密、英属吉亚那的乔治敦、巴西的纳塔尔，然后越过大西洋到达喀尔，最后经马拉喀什、卡萨布兰卡才可以到达布莱德雷所要去的目的地。在经过了九十多个小时之后，布莱德雷抵达了盟军司令部所在地——阿尔及尔。此时，艾森豪威尔的副官欧内斯特·李早已等候在布莱德雷降落的机场了，欧内斯特开着一辆防弹车将布莱德雷送往圣乔治饭店。

虽然布莱德雷和艾森豪威尔在西点军校时是同班同学，又同在一个连队，但此前他们之间却没有过深的交往。除了通过几封信、在西点军校的同学聚会上见过几次面之外，他们几乎再没有别的联系了。

这次相见使得两个人都显得格外亲切，艾森豪威尔像接待老朋友一样会见了布莱德雷。在艾森豪威尔的寓所，两位将军谈得很投机，他们从下午一直谈到晚上。从谈话中，布莱德雷了解到隆美尔和阿尼姆已经撤退，因此，前线战事已经暂时得到了平息。然而，整个盟军司令部却依然笼罩在忧郁沉闷的氛围当中。

谈话中，艾森豪威尔用简单明了的语言向布莱德雷介绍了最近德军的攻势。艾森豪威尔对此时的战争态势了如指掌。对于此前的失利，他除了责怪情报处长莫克勒·费里曼准将之外，自己也承担了所有的责任。同时，他还建议艾伦·布鲁克解除其情报处长的职务。

艾森豪威尔的态度使布莱德雷明白，要想利用那些“超级”破译情报组织提供的情报必须经过慎重的考虑。

这一次见面，布莱德雷对这个与自己有过四年同窗学习经历的将军，有了更深的了解，他发现艾森豪威尔和蔼可亲的微笑后面，隐藏的却是神经脆弱、易怒、暴躁的另一面性格。这一发现，使他们在以后的工作中能够和谐相处起到了很大的作用。

从艾森豪威尔的寓所回来之后，布莱德雷陷入了沉思。他对自己即将领受的任务十分不满意，从艾森豪威尔那里，他才知道自己即将充当的居然是一种难以说清的角色——在突尼斯前线作

为艾森豪威尔的耳目，还要对前线的美军军官提一些“建设性的调动”建议。对此，布莱德雷感到十分头疼，因为他知道这并不是一件轻松的差事。

布莱德雷深知，他这个角色要穿梭于各个指挥官之间，是一个惹人猜忌和厌烦的“间谍”角色。为了避免与人结怨，或招致记恨，布莱德雷便告诫自己，要小心谨慎，多听反映，睁大眼睛观察，不能多嘴多舌，做任何一件事都要慎重。由于旅途的劳累，布莱德雷在不知不觉中睡着了。

第二天，艾森豪威尔的副官给布莱德雷找来了一身合适的战场服装，还有一支“斯普林菲尔德”7.62毫米的步枪。布莱德雷在艾森豪威尔的司令部里浏览了两天的作战报告，从中了解了整个战局的进展和状况。布莱德雷获知，艾森豪威尔不允许美国人批评法国人或英国人，一旦犯忌就有可能被降职或调回国，目的是寻求一种协调一致的“联合作战”关系。多种迹象表明，艾森豪威尔多少有些亲英倾向的存在。

布莱德雷在艾森豪威尔的司令部里了解了作战报告之后，就随艾森豪威尔、比德尔·史密斯一同，乘B－17飞机前往亚历山大设在君士坦丁的司令部和参谋部。亚历山大是一位出色的职业军人，对地中海和北非战区的战略事态了如指掌。他的耐心、机智、正直和头脑清醒给布莱德雷留下了深刻的印象。在君士坦丁的司令部里，亚历山大以其圆滑的外交手腕和高超的判断力处理着突尼斯的局面。他正在做选配部下、整顿部队和制定新的作战计划等工作。其中心目标就是消灭轴心国在北非的军队，并准备西西里岛的作战行动。

介于安德森的多疑和弗雷登德尔的办事不利，亚历山大主张撤掉这两个人的职务，让奥利弗·利斯接替安德森，巴顿接替弗雷登德尔。但是，由于蒙哥马利拒绝将利斯调出，还有对于解除马歇尔选定的第二军军长弗雷登德尔的职务，艾森豪威尔举棋不

定，最后这两件事也就暂时被放置在了一旁。

布莱德雷早就听说过安德森这个人了，只是一直没有谋面的机会。在君士坦丁堡，布莱德雷终于见到了安德森，他发现安德森直言坦率、忠于职守、毫无私心，但是待人方面却非常冷漠，是一个沉默寡言，很难得到别人的信任和了解的人。

在经过了一段时间的了解之后，布莱德雷认定安德森作为一名集团军司令官是不称职的。在君士坦丁堡，亚历山大将安德森的部队，按照国籍和师的编制恢复建制和制定行动计划。在花费了很大的力气去整顿安德森的部队之后，安德森仍在北方防区指挥英军第一集团军，但是此集团军的人数和装备仅相当于一个军的规模。

南段防线由美军的第二军负责，直属于亚历山大指挥，单独作战，全军仍由第一装甲师和三个步兵师组成。在中段防线，法军被编成了第十九军，这些法军所配备的武器都是由美国制造的。这个军归安德森统辖，作为第一集团军的有机部分。

布莱德雷深知他此次所肩负的职责，因此，为了具体掌握第二军的情况，他决定从君士坦丁堡前往摩伊夫山新编第二军的司令部，该地处在特贝萨以北十五英里的地方。第二军的军长弗雷登德尔并不欢迎布莱德雷这个“间谍”，他将布莱德雷及其副官，还有艾森豪威尔的参谋长史密斯安排在一家破旧不堪、没有窗户的“饭店”里。布莱德雷暗自叫苦，但这只是让布莱德雷觉得弗雷登德尔不是个好相处的人，对于他的工作能力，布莱德雷还不能妄下判断。

经过了进一步的了解，布莱德雷认为，弗雷登德尔不但性情古怪，他对英国人也非常反感，他还特别反对安德森的指挥，还将二月份的失误完全归罪在上司的头上。对于这一点，布莱德雷和史密斯一致认为，他并不是一个好的军长，尽管他是马歇尔选来的指挥官，但他们仍然决定回到阿尔及尔，马上向艾森豪威尔

建议解除这个不称职的军长的职务。

布莱德雷此次来到了第二军收获不小，虽然他不得不忍受着阴雨和寒冷的坏天气，天气的恶劣布莱德雷仍可以忍受，但是让他忍受不了的是他了解到的第二军的具体情况。第二军第一装甲师师长奥兰多·沃德告诉布莱德雷一个情况，那就是第一装甲师到达非洲以后，被分散在美、英、法军中作战，因此无法显示其总体实力。在隆美尔进行反扑期间，军长弗雷登德尔越权，亲自指挥第一装甲师的部分部队，却打了败仗。

打了败仗之后的弗雷登德尔不检讨自己的错误，却要求艾森豪威尔解除沃德的职务，然而这个要求并没有得到艾森豪威尔的同意。艾森豪威尔只是从巴顿那里要来布莱德雷在国防大学时的同学欧内斯特·哈蒙。隆美尔溃退前，弗雷登德尔把整个前线部队交给哈蒙指挥，哈蒙似乎成了代理军长。沃德无事可干，只好在一旁观战。

弗雷登德尔的过失还不仅是这些。当时查尔斯·赖德，也就是布莱德雷的同班同学，他所指挥的第二军的第三十四步兵师，是从国民警卫队中组建的满员师。但是在此前的战斗中，弗雷登德尔将其部署在低洼地而不是高地上，因此，在作战中该师损失惨重。并且，因为作战失利，赖德受到了安德森和弗雷登德尔的指责。对此，赖德十分不服气，他毫不客气的将这些情况反映给了布莱德雷。

第二军的第一步兵师号称“大红一师”，该师师长是布莱德雷的老朋友特里·艾伦，第一师也参加了此次战斗，伤亡不太惨重。艾伦和他的助理师长，也就是罗斯福总统的侄子小西奥多·罗斯福两个人，对弗雷登德尔也是一肚子意见。布莱德雷在听取了这两个头头的意见之后，也清醒的发现第一师是一支纪律涣散的部队，他认为只有用铁一般的纪律来约束该师，才能使之更具有战斗力。

至于第三师，已经被编成步兵第九师，由曼迪·埃迪担任师长。这个师从来没有参加过战斗，训练工作做得也不好，因此极需训练。布莱德雷在了解了第三师的情况后，尽管对第三师的训练工作很不满意，但是师长埃迪还是给他留下了很好的印象，在他看来埃迪是一位杰出的军人，只是由于他刚刚接受第三师的师长职务，所以工作还没有走上正轨。布莱德雷认为只要给埃迪一些时间，他一定会将第三师整顿得令人满意。

作为“间谍”的布莱德雷在第二军走了一圈之后，已将该军的纪律、训练、指挥等方面的情况掌握了。对于军长弗雷登德尔，他同史密斯、安德森等人一致认为他是一个不称职的军长，力主解除弗雷登德尔的军长职务。

弗雷登德尔十分讨厌布莱德雷，因此，他想尽一切办法去折磨布莱德雷。不久，艾森豪威尔要来第二军视察，弗雷登德尔并没有通知布莱德雷。当时，布莱德雷正准备赶往埃迪的指挥所，弗雷登德尔是眼睁睁地看着布莱德雷冒着寒风离开的。布莱德雷走后，艾森豪威尔便抵达了第二军的驻地。

布莱德雷赶到埃迪的指挥所时，埃迪十分惊讶，他很纳闷地问布莱德雷为什么不在军长那里等待艾森豪威尔的到来，却冒着寒风跑到他的指挥所。这时，布莱德雷才知道艾森豪威尔要来第二军视察的消息，为了向上司回报情况，布莱德雷又冒着风雪赶回了军部，才终于见到了艾森豪威尔。

艾森豪威尔对于第二军的情况很不满意，很多人要求撤掉弗雷登德尔，尽管呼声很高，但是艾森豪威尔的原则却是不轻易撤掉任何一个指挥官的职务，除非有足够的证据证明他们的确不称职。艾森豪威尔在争取布莱德雷的意见时，对于第二军的指挥情况，布莱德雷是毫不掩饰的评价道：“情况糟糕透了。”布莱德雷的话最终使得艾森豪威尔下定决心要将弗雷登德尔撤掉。

在此之前，艾森豪威尔给远在摩洛哥的巴顿发了急电，命他

迅速赶到阿尔及尔报到。艾森豪威尔发出急电的第二天，巴顿便将组建美军第七集团军进攻西西里的任务交给了副手杰弗里·凯斯将军，自己匆忙地带参谋长休·加菲将军以及情报处长奥斯卡·科克上校飞赴阿尔及尔。

巴顿赶到阿尔及尔后，艾森豪威尔立即向他交代了任务，那就是迅速使第二军恢复应有的军事素质和战斗力。第二军在作战上归属亚历山大的第十八集团军群指挥。同时，艾森豪威尔还告诫巴顿不要莽撞行事，注意和英国人搞好关系。

布莱德雷仍然作为艾森豪威尔的“耳目”留在巴顿的身边做副手。对于巴顿直言不讳、狂傲鲁莽的个性，布莱德雷很担心。但是，他也清楚巴顿的能力。而对于艾森豪威尔的“耳目”，巴顿和弗雷登德尔一样不能容忍。不过，虽然巴顿对布莱德雷很排斥，但是对于他的将才、谨慎和正派还是很令人钦佩的。

没过多久，巴顿便忍受不了这样的状态了，他不能容忍自己随时被监视，因此，巴顿给艾森豪威尔打电话表明了自己的态度，“我不能让任何间谍在我的司令部周围转来转去。”巴顿的意思是要么让布莱德雷当副军长，要么结束这种状态。

无奈的艾森豪威尔最后只好任命布莱德雷为第二军副军长，并打算在巴顿整顿好第二军后，再任命布莱德雷为第二军的军长。但是，此事却遭到了马歇尔的反对，马歇尔建议不让布莱德雷担任副军长，而是去摩洛哥临时代理巴顿原来的工作。

艾森豪威尔则认为布莱德雷更适合带兵打仗，而巴顿对于他原来的工作已经熟悉了，做起来也会比较容易。布莱德雷明知去摩洛哥可以得到更快的提升，但是他想继续留在第二军，他认为巴顿在摩洛哥一定有自己的人马，因此自己不好插足。况且指挥部队打仗是他多年以来的愿望。

就这样，布莱德雷接管了第二军，而巴顿仍回摩洛哥去担任更重要的职务。布莱德雷至此才真正的得到了驰骋疆场的机会，在战火硝烟弥漫的沙场上，布莱德雷将如何指挥他的军队，我们接着往下看。

第十章　突尼斯捷报

1943 年 3 月，对于巴顿来说是值得庆祝的一个月。在这短短一个月的时间里，巴顿对第二军进行了雷厉风行的整顿，重振了第二军的军威。整顿后的第二军军纪严明，士兵们各个神清气爽，第二军变成了一支英勇善战的部队。正因为如此，巴顿不久后就被提升为三星中将了。这是巴顿梦寐以求的事情。

轴心国部队由于缺乏补给和增援部队，犹如沙漠中的困兽，士气极其低落。“沙漠之狐”隆美尔此时已经清楚地意识到自己的部队已经濒临绝境，蒙哥马利的部队已经逼近马雷恩防线，制空权和制海权纷纷落入了盟军手中，和自己的部队相反，盟军部队已经得到充足的补给和支援，如果不计后果执意同盟军对抗，将军队继续留在突尼斯，这同自杀已经毫无区别。

隆美尔为此多次敦促罗马和柏林拟定撤退计划，建议将军队尽快撤出马雷恩防线，在更北的盐沼防线寻找防御阵地。但是，隆美尔的建议没有得到采纳，罗马和柏林甚至对隆美尔的提议表现出懒得理睬的态度，令隆美尔十分恼火。对隆美尔的建议取而代之的是，罗马和柏林坚持要让轴心国部队和盟军在突尼斯决一死战，尽可能长时间地牵制这一战区的盟军，避免盟军部队移至其他战区作战。

隆美尔对罗马和柏林的态度恼怒不已，对战场局势大失所望。三月初，隆美尔将轴心国部队的指挥权移交给了冯·阿尼姆后，一个人闷闷不乐地回国休假去了，隆美尔永远地离开了突尼斯。“超级”破译情报组织很快将隆美尔已经离开突尼斯回国的消息告诉给了巴顿，巴顿一方面为隆美尔卓越的军事才能不能在战场上得到淋漓尽致的发挥而感到惋惜，一方面，他也为失去和隆美尔的较量机会而遗憾万分。

亚历山大在三月中旬向巴顿下达了简要的命令。布莱德雷做事情一向沉稳、谨慎，他从巴顿那里了解到，亚历山大在突尼斯主要采取两种战略：一种是分割作战战略，即在北面的冯·阿尼姆与南面马雷恩防线的非洲军之间打入一个楔子，对轴心国部队采取分割包围，再进行歼灭；另一种是步步为营战略，将轴心国部队挤到突尼斯北部狭小的滩头阵地上再歼灭。虽然两种战略看起来都比较可行，但是亚历山大对第二军的战斗力并不充满信心，因此，经过考虑后，亚历山大决定采取第二种方案。

在战斗中善于使用计谋才会在战场上处于主动位置，军队才可能立于不败之地。亚历山大命令第二军的九万多人在南部沿山地向东进行佯攻，以吸引轴心国部队，威胁其右翼，这样可以减轻蒙哥马利主攻的压力。因为蒙哥马利的第八集团军在此次作战中承担了十分重要的主攻任务，蒙哥马利需要突破马雷恩防线，沿海岸平地驱逐非洲军团。安德森的第一集团军主要负责固守北部和中部的突尼斯前线阵地。

巴顿和布莱德雷对第二军只担当附属任务感到十分失望。按照计划，巴顿要在四月初的时候返回摩洛哥，到时将由布莱德雷接任第二军的军长。布莱德雷了解到，从巴顿接手第二军到发起进攻，他只有十天整顿和训练这些被称为“乌合之众”的部队。尽管布莱德雷很希望第二军能够成为一支颇具战斗力的军队，在战斗中担任主要任务，打败轴心国部队，报一箭之仇，在英国人

面前吐口气，但是毕竟第二军的实力还不够强大，担任佯攻任务也许更加适合第二军这样的部队。

巴顿对蒙哥马利一再推迟预定进攻的日期有点不耐烦了，蒙哥马利历来谨慎小心，从来不打没有准备的仗。在阿拉曼战役中，正是由于蒙哥马利的不能勇敢出兵，因此错过了歼灭隆美尔部队的良机。蒙哥马利在突尼斯集结了大量兵力和补充补给品。按照蒙哥马利一贯的作战风格，他要一直等到兵力和武器都占有相当优势之后才会采取行动。据了解，蒙哥马利当时拥有的兵力和武器装备已经远远多于轴心国部队，但是，蒙哥马利依然觉得时机不成熟。

巴顿已经等得不耐烦了，然而蒙哥马利还在那里积聚力量。巴顿对布莱德雷说："为什么老是坐着没有事情可做呢？我们总得做点什么事呀！"

然而，布莱德雷却远远没有巴顿那么着急，布莱德雷向来做事情沉着冷静，在他看来，蒙哥马利将日期拖延得越久，形势对第二军就越有利。见巴顿整天心浮气躁，对等待蒙哥马利的进攻日期完全失去了耐心，布莱德雷对巴顿说："耐心等一等，乔治。你认为我们应该做什么呢？"

三月中旬，布莱德雷和巴顿终于等到了蒙哥马利将要发动进攻的消息。为了配合蒙哥马利作战，布莱德雷的第二军在蒙哥马利发动攻势的前三天首先发动佯攻，以吸引敌军的注意力。特里·艾伦的"大红一师"这次进攻的主要任务是夺取加夫萨。假如任务提前完成，则可以将部队继续推进，夺取埃尔盖塔，为蒙哥马利建立一个燃料库。

按照计划，曼顿·埃迪的任务是率领新编第九师援助艾伦和沃德，而奥兰多·沃德的第一装甲师则由卡塞林山口向东推进，投入全部兵力直扑埃尔盖塔东北部方向的斯塔欣——德塞内德，然后向马克纳西周围的高地推进；比起前方发动进攻的军队，后

方预备队的任务也很重要，多克·赖德的第三十四师在北面的后方作预备队，等待时机攻击溃败下来的敌军。

进攻开始后，艾森豪威尔和亚历山大都到费里亚纳第二军的前沿指挥所观战。指挥所连续不断地从战斗的最前方收到关于战况的最新消息，艾森豪威尔和亚历山大会根据这些消息来制定下一个战略目标和作战计划。巴顿随“大红一师”挺进加夫萨；布莱德雷随沃德出击。

从 1911 年布莱德雷考入西点军校至今，他第一次真正尝到了打仗的滋味，能真正进入战场作战，布莱德雷兴奋不已。布莱德雷在战斗中表现得积极而踊跃，几乎完全陶醉其中。进攻开始后的几小时，布莱德雷的吉普车轮胎不小心碰上了一颗意大利式地雷，但那地雷竟然没有爆炸。布莱德雷承认自己被吓得“魂飞魄散”，一旦地雷爆炸，后果简直不堪设想，那颗地雷威力极强，一旦爆炸自己一定会被炸得无影无踪。但值得庆幸的是，地雷没有爆炸，自己活了下来，以便在将来担任更重要的任务。

第二军在佯攻中十分顺利，艾伦的“大红一师”顺利地占领了加夫萨；沃德的步兵占领了斯塔欣－德塞内德，意大利军队没有抵抗便后撤。蒙哥马利的军队在进攻中得到阿瑟·特德的手下阿瑟·科宁哈姆将军的近距离空中支援，得以顺利实行进攻，但是第二军则不断遭到轴心国空军的骚扰。布莱德雷对第二军不能得到空军的及时支援感到非常恼火，巴顿对此也十分恼怒。沃德的装甲部队因大雨而陷入泥潭，坦克和卡车寸步难行。本来已经很恼火的巴顿再也难以忍住心中的怒气，他大发雷霆，大骂沃德做事不加思考，鲁莽行事，以至于装甲部队陷入困境。

蒙哥马利终于在三月下旬对敌军发起了全面的进攻，然而敌军拼死抵抗。蒙哥马利屡攻不克，无奈之下，他只好向亚历山大求助。蒙哥马利要求亚历山大扩大第二军的作用，协助他突破防线，最好派一个装甲师强行东进。但是，亚历山大不是很赞同蒙哥马利的做法，他担心这样太冒险，因此一直不采取行动。在蒙哥马利的一再催促之下，亚历山大才命令第二军制定计划派遣一支小型快速装甲部队向马哈雷恩攻击，骚扰敌军的后方。

巴顿在接受了亚历山大的关于派一支小型快速装甲部队向马哈雷恩攻击，骚扰敌军后方的任务后兴奋异常，但沃德的装甲部队还陷在泥潭里动弹不得，巴顿又一次在电话中臭骂了沃德，但结果依然是无济于事。

艾伦的“大红一师”佯攻埃尔盖塔一切顺利，兵士们各个神清气爽，部队显示出了喜人的战斗力。艾伦的“大红一师”事先得到破译的情报，提前做好迎击轴心国两个师的反扑，一举击毁敌方数十辆坦克，报了卡塞林山口的一箭之仇。巴顿在接受了亚历山大的关于派一支小型快速装甲部队向马哈雷恩攻击，骚扰敌军后方的任务后兴奋异常，但沃德的装甲部队还陷在泥潭里动弹不得，巴顿又一次在电话中臭骂了沃德，结果和以前一样，仍然是无济于事。

与此同时，布莱德雷奔赴阿尔及尔和艾森豪威尔商讨第二军在总攻比塞大和突尼斯的角色问题。亚历山大还专门派来了参谋长麦克里里到第二军介绍了征服轴心国部队的长远计划。参谋长麦克里里对征服轴心国部队的长远计划做了详细的介绍，并一再申明这项计划非常可行，是经过深思熟虑之后的决定。然而，这个所谓经过了深思熟虑的计划却让很多人恼火不已，其中就包括巴顿和布莱德雷。

布莱德雷是强压怒火，而巴顿在听完介绍之后，更是气得说不出话来。碍于艾森豪威尔的严格命令，鉴于不影响盟军的内部团结，布莱德雷和巴顿只能暂时将不满压在心底，暗暗发泄心中的怒火。布莱德雷深知巴顿即将回到摩洛哥，而自己马上要接管的第二军只能在未来的战斗中袖手旁观了。蒙哥马利突破马雷恩防线的计划受挫，巴顿同意布莱德雷飞抵阿尔及尔向艾森豪威尔

说明第二军拒绝接受以后分配的任务。

艾森豪威尔对第二军的安排还没有了解，更何况他对第二军的兴趣也不是很大。布莱德雷强压住自己的失望情绪，极力主张让第二军参加最后的决战。布莱德雷向艾森豪威尔详细介绍并分析了第二军的实力和可能在战斗中发挥的作用，同时，布莱德雷还向艾森豪威尔说："放弃第二军，在战术上等于摒弃了富有经验的部队；把第九师配属安德森，会重蹈突尼斯的覆辙。"

布莱德雷想让艾森豪威尔意识到第二军的重要地位，他不断强调：艾森豪威尔排斥了第二军，将不利于用实战来考验部队，同时还可能对部队的士气造成影响，不利于以后的战斗。更重要的是美国人民将不能分享最后胜利的喜悦。

布莱德雷的话着实影响到了艾森豪威尔的决定，艾森豪威尔听完布莱德雷的话后沉思良久，他问布莱德雷："那么，你有什么高见吗?"

布莱德雷早已经想好了一套可行的方案，见艾森豪威尔问自己的意思。于是，布莱德雷慢条斯理地说："我认为第二军应该转移到安德森集团军以北，在比塞大独立作战。这样，美军便可在最后决战中作为一支独立的部队去完成任务。"艾森豪威尔对布莱德雷的建议表示赞同，他决定再次和亚历山大研究此事。艾森豪威尔没有命令亚历山大使用第二军，但布莱德雷凭他的劝说能力为第二军参加决战取得了一线机会。

艾森豪威尔在三月下旬致函亚历山大，他指出："如果战事发展到美军的防区，当战役出现危机时，却有意把美军排斥在战役之外，我认为这将是不幸的事件。"

蒙哥马利的军队在艾森豪威尔致电亚历山大三天之后成功地突破了马雷恩防线，然而，在突破马雷恩防线以后，蒙哥马利却没有命令军队乘胜追歼非洲军团，而是专门经营盐沼防线，结果错失了一次歼敌良机。

第二军的“大红一师”虽然力挫敌军的第十装甲师，但是由于敌军火力同样很猛，“大红一师”始终不能再进一步，只能就地掘壕固守。尽管巴顿在电话中多次同沃德大声喊嚷，但是沃德的第一装甲师仍滞留在马克纳西附近的泥潭，根本动弹不得，巴顿虽然怒火中烧但也无能为力。赖德的第三十四师佯攻丰杜克后遭到敌军顽强地抵抗，最终由于无法再向前推进而退却。

第二军在战斗中没有取得什么辉煌的战绩，这使得亚历山大及其部下对第二军甚为不尊重，甚至百般挑剔，他们在战地记者面前随意批评第二军。英国人也因此而藐视美国人。那一句句毫不负责任的随意批评和指责，激起了布莱德雷和巴顿的强烈不满，他们的偏激情绪有增无减。无奈艾森豪威尔严格约束美军，不允许有任何批评英国人的行为。布莱德雷尽量较好地控制自己情绪，不在公开场合说些偏激过头的话。

蒙哥马利的军队突破马雷恩防线后，轴心国部队北撤到加贝湾上方的盐沼防线。但是蒙哥马利没有乘胜追歼非洲军团，而是专门经营盐沼防线，蒙哥马利的谨慎小心给第二军提供了一次机会。蒙哥马利打算在盐沼防线进行大兵团决战，向轴心国部队发动一场声势浩大的正面进攻。于是，他向亚历山大建议动用第二军来支援自己，哪怕支援的结果是向前仅仅推进几公里。

蒙哥马利的建议得到了亚历山大的支持，他命令第二军以装甲部队为先导，从埃尔盖塔沿加贝湾向前推进来袭扰敌人。但是第二军的行动依然受到亚历山大的严格限制，第二军的任务不是作为楔子插入轴心国部队的中间，也不许进行大规模的坦克战。布莱德雷看准了这次机会，巴顿也认为这是显示他的闯劲和战斗激情的天赐良机，为此也欣喜若狂。巴顿暗暗下决心，一定要趁机杀向大海，抢在蒙哥马利的前面。

四月的一天下午，原本还很凉爽的天气忽然变得憋闷而阴沉，巴顿命令刚刚调来的艾伦和埃迪两个师的步兵进行开路，将

部队向前推进。巴顿计划调沃德的装甲部队作为主攻，他多次警告沃德，作战时一定要审时度势，考虑周到，如果再失利，就一定会撤掉他的职务，派在法国时的老部下克拉伦斯·本森指挥那支装甲部队。

巴顿的步兵正在推进，突然在途中遭遇德军的轰炸机群。十多架德国双引擎轰炸机对巴顿的军队进行猛烈轰炸，第二军的观察指挥所也遭到德军的多番袭击。巴顿的副官理查德·詹森、一名吉普车司机和一名坦克手在德军猛烈的轰炸中不幸身亡。巴顿对自己最忠实的副官詹森的离去悲痛万分，对英国人享受空中支援的不满一下子爆发了出来，他给亚历山大写报告严厉谴责科宁哈姆。

由于亚历山大对巴顿的报告毫不买账，反而说第二军写“虚假报告”，并以嘲讽的口吻劝说第二军不要再做把失败完全归罪于空军头上的这种丢脸的事，于是巴顿把矛头指向艾森豪威尔对英国人的软弱和纵容。得知巴顿在副官詹森死后的不满情绪，艾森豪威尔亲自写信告诫巴顿：“我明白你此刻的心情，要耐心，沉住气，我们要尽最大努力来维护盟国通力合作的伟大目标，希望你能够理解。”

英国联络官查尔斯·邓菲及布莱德雷的副官卢·布里奇等人也在德军的袭击中受了伤。本森的装甲部队进展太慢，但近距离空中支援全都给了蒙哥马利。布莱德雷在炮弹爆炸时就在距离詹森不远的地方，吉普车和步枪被炸得遍体伤痕，布莱德雷也几乎丢失了自己的性命。

本森的部队在敌人的顽强抵抗中陷入了困境，毫无进展。不久，巴顿接到了亚历山大的信，亚历山大在信中要求巴顿立即撤掉沃德的职务。亚历山大责备沃德，并向艾森豪威尔建议撤掉沃德的职，艾森豪威尔已经同意了。巴顿接到亚历山大的信后火冒三丈，他认为英国人又在责备美国人。巴顿虽然拿定主意要撤掉

沃德的职，但是这位战场上最铁石心肠的巴顿最后把解除沃德职务的事推给了布莱德雷。

由布莱德雷处理沃德的事情着实让布莱德雷感到很为难，沃德是布莱德雷的亲密朋友和老上司，平日里两人无话不谈，相处得特别融洽。布莱德雷深知沃德的失利缘于气候和暂时的困境，并不是沃德本人的无能。亚历山大要求对沃德解除职务确实有欠公允。面对亚历山大和巴顿对沃德的不信任，同时也为了维护第二军的最高利益，布莱德雷执行了命令。后来，布莱德雷在回忆这件事情时表示，“这是战争期间分配给我的最难的任务之一”。令布莱德雷感到十分意外的是，沃德竟然平静地接受了这一切。沃德离开后，巴顿把欧内斯特·哈蒙从摩洛哥调来，代替了沃德。

巴顿对本森同样大为不满，甚至驱车直上前线责令本森不惜代价取得战果。四月中、下旬，本森的先头部队终于和蒙哥马利的先头部队会师。不过，他们并没有完成封锁盐沼防线和袭扰敌军的任务。轴心国部队撤到了盐沼防线以北，蒙哥马利的第八集团军没有彻底围歼敌人。

发起进攻的前一天，亚历山大将安德森的部队和第二军的第三十四师抽去，由第九军军长约翰·克罗克指挥，亚历山大将拟在右翼以北袭击轴心国部队的任务交给了第九军。赖德的第三十四师在四月初发起进攻，进攻开始较为顺利，打得敌军一路溃退。后来，德军突然集结全部兵力，实施全面反攻，第三十四师由于遭到炮击而陷入困境。

克罗克因此责备赖德，并通过盟军战地记者将战斗的失利传遍了全世界。亚历山大企图做出把第三十四师从前线撤到后方整顿的决定，这一决定引起了巴顿和布莱德雷的强烈不满。布莱德雷和巴顿愤慨至极，决意抵制这一决定。布莱德雷和巴顿都认为，第三十四师是国民警卫队第一个调赴非洲参战的师，在这个

时候贸然把第三十四师从前线撤到后方整顿，势必将毁灭该师并产生强大的政治影响。巴顿和布莱德雷本来就对抽调部队心有不满，现在新闻媒介又对第二军进行谴责，使得巴顿责怪艾森豪威尔“比英国人还英国人”。

尽管通过商谈，布莱德雷从亚历山大手中把赖德的师要了回来。但是在突尼斯最后的决战阶段，第二军依然没有多大作为。布莱德雷多次请求亚历山大，最后亚历山大才勉强同意让第二军参加进攻比塞大的战役。

布莱德雷不久之后正式接手第二军，交接是秘密进行的。布莱德雷接手第二军后，将第二军安排在安德森战线，准备沿地中海沿岸开辟自己的补给线。此时，蒙哥马利步步紧逼，将轴心国部队压到昂菲达维尔，并准备坚守。巴顿必须回摩洛哥去准备进攻西西里岛计划了，他在突尼斯已经多待了两周的时间，但战局仍未见分晓。

这些天，巴顿对艾森豪威尔有很大成见，他对艾森豪威尔的软弱一直耿耿于怀。巴顿在离开之前，在日记中评论艾森豪威尔是“好一头蠢驴”。但巴顿对布莱德雷的态度却截然相反，他对布莱德雷大加奉承和赞美。布莱德雷奉劝巴顿少说为好，最好立即停止对艾森豪威尔和英国人的批评与指责。巴顿表示回到摩洛哥后会听从布莱德雷的劝告，同时希望与布莱德雷再度共事。布莱德雷也表示愿意同巴顿再度合作。

布莱德雷已经正式接手第二军，现在他要做的就是带领他的第二军在决战阶段找回属于他们的荣誉。巴顿在第二军的短暂日子里，大刀阔斧地整顿部队，已经取得了显著的效果。可以说，巴顿对第二军的整顿，重振了第二军的军威，为布莱德雷领导第二军奠定了基础。然而，布莱德雷并不喜欢巴顿的虚张声势，但很庆幸自己熟悉了这支已经恢复战斗力的部队。但是直到巴顿离开，第二军还没能取得惊人的胜利，因而，巴顿没能分享到打胜

仗的喜悦。

布莱德雷接手第二军后，处处沉着冷静地维护第二军的利益。布莱德雷也对艾森豪威尔牺牲第二军的利益和“偏袒”英国人的做法极力不满，但是他常常将自己的想法深藏起来，从不在公开场合批评艾森豪威尔。旷日持久的北非战争到了最后的决战阶段。蒙哥马利缺乏速战速决的勇气，不敢穷追猛打，盟军采用了近乎堑壕战的战术对付隆美尔。

盟军对突尼斯轴心国部队的围歼准备在1943年4月中旬已经接近尾声，一场酝酿已久的大决战即将到来。盟军对这场即将到来的决战信心满满，制空权掌握在特德手中，坎宁安严密封锁了海上交通线，而隆美尔继任阿尼姆的军队作战物资异常匮乏，没有补给，仅剩下不到百辆坦克。比起阿尼姆的军队，盟军共有二十个师数十万兵力，同时拥有上千辆坦克与近千门火炮。这场决战，盟军真可谓是胜券在握。

亚历山大终于下定了决心，他在四月中旬下达了代号为“铁匠”的总攻令。按照亚历山大的指示，部队沿整个弧形战线对退守的敌军部队实行强攻。布莱德雷认为这是一次替第二军扬威的好机会，他率领的美第二军在北面，以夺取比塞大港为目标打击敌军右翼；蒙哥马利统领的英第八集团军在南面，对敌军左翼发动攻击；安德森率领的英第一集团军担任主攻，突入敌军的中央防线，直取突尼斯城；法第十九军在蒙哥马利左侧和安德森右侧伺机参加攻击而扩大战果。亚历山大对这次进攻信心满满，他认为，这是一个很不错的进攻方案。

布莱德雷第二军的主要任务是保护安德森的左翼，安德森率领的英第一集团军担任主攻，布莱德雷的第二军就部署在第一集团军北面，任务是逐步向乔吉高地推进，最后协助安德森夺取比塞大。这一次，亚历山大给了布莱德雷一个十分明确的指示，即如果布莱德雷认为安德森的命令不合适，可以越过安德森直接和

亚历山大取得联系。

布莱德雷接受任务后，将第二军的司令部安扎在贝迪市郊外的帆布帐篷里。接手第二军的布莱德雷一改巴顿的粗暴作风，取消了巴顿确立的过激的规定。布莱德雷学习马歇尔的领导作风，在下级执行命令的时候进行耐心地说服，放手让手下的军官独立解决问题。他从第二十八师调来比尔·基恩担任自己的参谋长，并保留巴顿留下的领导班子。总之，布莱德雷对第二军着实倾注了很多心血。

蒙哥马利率领的军队首先对敌军部队发动佯攻。按照计划，安德森手下的第五军和第九军在蒙哥马利发动佯攻后的两天发起主攻。布莱德雷的第二军居地中海和安德森之间，跟随哈蒙的第一装甲师指挥作战。

在发动进攻之前，艾森豪威尔希望布莱德雷在南部泰恩河谷用装甲部队攻击敌人。然而，经过对各个师所处位置的全面考虑，布莱德雷看到德军居高临下，而埃迪的第九师居北；赖德的第三十四师位于中间；艾伦的“大红一师”居南。由于非洲军团拼死抵抗，奥尔弗里的第五军、约翰·克罗克的第九军受到了严重阻碍，如果按照艾森豪威尔的建议，一旦敌军用反坦克炮进行还击，那也许会重蹈卡塞林山口的覆辙。因此，布莱德雷毅然决定“我们要坚决地先攻占六零九高地。”

“六零九高地”是第二军东进路上的一个最高点。艾伦率领的“大红一师”冲在最前面，与敌人发生了一场恶战，战斗异常激烈。敌军的火力一直很猛烈，布莱德雷的第二军用了三天时间才向前缓慢地推进九公里。渐渐地，在第二军有条不紊的进攻中，敌军慢慢退却，但是他们每退一步都要埋设地雷，然后依托崎岖不平的山地构筑工事抵抗。敌人死守着六零九高地，布莱德雷命令赖德的第三十四师在炮兵科长查尔斯·哈特指挥的猛烈炮火支援下强攻，但三次都退了回来。

为了鼓舞军队的士气，艾森豪威尔和他的新“耳目”平克·布尔，还有莱斯利·麦克奈尔等也来督战。布莱德雷亲自和师长们一起巡视前沿阵地，结果，麦克奈尔被炮弹炸伤；布莱德雷也差点被一颗子弹击中，这是他又一次险些送命。布莱德雷在突尼斯三次遇到险情，但幸运的是每次遇险都能化险为夷。

攻占六零九高地成了摆在布莱德雷眼前的一个大难题。为了加强火力，布莱德雷建议调来坦克作为移动大炮使用，并命令部队原地待命准备随时发起攻击。就在布莱德雷的第二军进攻毫无进展时，安德森发来两份电报，电报中安德森怒气冲冲地要求布莱德雷绕过六零九高地到敌军后方去支援他，此外，安德森还要求布莱德雷调一个步兵旅给他使用。布莱德雷对安德森提出的要求不以为然。在布莱德雷看来，安德森的要求完全违背了美国军队由美国人指挥的协议，因此，布莱德雷对这两封电报没有给予任何答复。

布莱德雷命令坦克部队迂回到侧翼和背后炮击敌人的阵地。在坦克部队的配合下，赖德的步兵终于占领了六零九高地。尽管德军对六零九高地实行多次反扑，但都以失败告终，布莱德雷的第二军已经牢牢地控制了六零九高地。

布莱德雷率领的第二军在夺取六零九高地的战役中打了一场漂亮仗，之后，第二军继续前进夺取马都。然而由于安德森主攻受阻，亚历山大改变了主意，他从蒙哥马利那里调来第四印度步兵师、第七装甲师和第二零一警卫旅给安德森手下的第九军，这样可以增强第九军的实力再度进行强攻。

在前进的道路上，第二军以哈蒙的装甲部队为先锋，其余三个师支援安德森的左翼东进。尽管损失了近四十辆坦克，但是部队日益接近比塞大，哈蒙的军队还算是一路顺风。埃迪的第九师也慢慢跟进；赖德和艾伦的两个师来回穿插，夺取了乔吉。接替受伤的克罗克担任第九军军长的布鲁恩·霍罗克斯在奥尔弗里第

五军和科宁哈姆战术空军的支援下全力猛攻。在一切顺利的情况下，艾伦命令“大红一师”独自攻击，结果遭到重大损失后退了回来。在盟军部队的强大攻势之下，轴心国部队招架不住，逐渐向后溃退。

在埃迪的第九师和英军主攻部队同时进攻比塞大的两天后，盟军终于攻占了突尼斯城和比塞大港，经过两年零八个月的拉锯战，北非战争至此终告结束。阿泥姆上将和梅塞元帅相继投降，俘虏敌军数十万。突尼斯会战以盟军的胜利而结束。盟军在北非的胜利，使地中海航道从此畅通，为下一步通过西西里岛重返欧洲创造了条件。

战争结束后，布莱德雷兴奋地给艾森豪威尔发去电报，布莱德雷太想把消息快些告诉给艾森豪威尔，以至于他的电报只有四个字：“任务完成!”

第二军参加突尼斯战役取得了辉煌战绩，布莱德雷如日中天，一路顺风。在作战方面，布莱德雷谨慎沉着、刚柔相济，善于捕捉战机。他对战场态势、兵力运用、战术安排和后勤补给均能巧妙调度。布莱德雷善于与自己的上级和英国人和睦相处，一点也不像巴顿那样锋芒毕露，正因为如此，布莱德雷同时也得到了马歇尔的大力支持。

布莱德雷接手的第二军，是以巴顿的辛勤劳动为基础的。没有巴顿的大刀阔斧，就没有布莱德雷的战功显赫；没有布莱德雷的指挥有方，就没有为美国人争了一口气的胜利。通过突尼斯战役，美国军队获得了许多教训，磨炼了部队的意志。对布莱德雷而言，他从战火中展现了自己的指挥才能和作战勇气。

布莱德雷的名声大起，艾森豪威尔派战地记者厄尼·派尔去采访布莱德雷，结果报纸把布莱德雷的战绩详细地报道出来，就连阿拉伯人也相信布莱德雷会步步高升。在布莱德雷获得很高赞誉的同时，蒙哥马利也运用宣传机器，将突尼斯胜利的功绩归功于他个人。

第十一章　征战西西里

1943 年的 1 月是一个寒冷的月份，在一个寒冷的天气里，卡萨布兰卡会议召开了。会上，美英首脑决定在突尼斯战役结束之后马上实施西西里岛登陆战，以扫除地中海交通线的主要障碍。英国人提出“赫斯基”计划，此计划为了试图迫使意大利退出战争，以扫清地中海中部的轴心国部队，给美国在欧洲的“围歼”计划锻炼部队，还可以起到减轻苏德战场上苏军压力的作用。

对于这个计划，盟军内部的最高决策层在开始的时候没有达成一致的意见，美国陆军参谋长马歇尔和海军部长金在之前就反对过“火炬”计划，现在，他们两人对“赫斯基”计划也不抱有乐观的态度，表示不支持该计划。盟军内部在战略上迟迟达不成统一的意见，突尼斯战役也拖了很长时间，到底何时进攻西西里岛的作战计划就只好交给盟军的下层参谋人员来制定了。

对于这个在伦敦起草的“赫斯基”战役计划，执行起来是时断时续，看来要想按照原计划在六月中旬发动进攻是不可能了。不久，盟军将计划工作转由艾森豪威尔来主抓。在阿尔及尔圣乔治饭店里，参谋部的参谋们研究出几个方案，但最终都被否决了。后来，由查尔斯·盖尔德纳等人完成的“赫斯基第 8

号”，得到了艾森豪威尔、特德等人的认可。

西西里岛是属于意大利的一个岛屿，它位于地中海，岛上的地形主要是山地和丘陵，全岛大约有两万五千多平方公里，东西方向三百多公里长，南北方向两百多公里宽，西西里岛的最高处是埃德纳火山。在西西里岛上，东北角是墨西拿港，和意大利本土的卡拉布里亚市之间有一条狭窄的墨西拿海峡相隔，西北角是巴勒莫港，东南角有锡腊库扎港，整个西西里岛易守而难攻。到了突尼斯战役结束之际，轴心国集团就开始加强了在西西里岛上的防御，防止同盟国进攻。到了 1943 年的 6 月份，在西西里岛上，德意的防御部队已经达到了二十五万多人，指挥这些部队的是达尔马塔·古佐尼，他是一位年过花甲的老将。

在突尼斯战役还没有结束的时候，蒙哥马利就抛出了他的计划。蒙哥马利的计划就是要取消巴顿在巴勒莫的登陆，而改由第七集团军从西西里岛绕过之后，再在杰拉附近实施登陆。这个计划就意味着巴顿失去了突尼斯决战的机会，他有些恼火，但是，考虑到自己以前的失误常常导致人们对自己的不满，如果这次让别人再借题发挥的话，可能会给自己带来麻烦，甚至有可能告别战场，那是自己所不希望的，最终，他选择了沉默，暂时听从英军的安排。

蒙哥马利说自己制定这一计划就是因为，驻扎在西西里岛上的德意军队可能会像在突尼斯的部队那样，对盟军做拼死地抵抗，所以要将兵力集中在一个地区。蒙哥马利也很顽固，他始终坚持由自己带领部队作为主攻向西西里岛进军，这完全是他的个人英雄主义在作祟，幸好没有被通过。

在北非战局已经决定的情况下，英国首相丘吉尔第三次到美国访问，他督促美国总统罗斯福说服美军参谋长同意采取对西西里岛的进攻，解决美英在战略问题上的认识差距。在罗斯福的干预之下，丘吉尔和马歇尔一起乘坐专机来到阿尔及尔，与盟军司

令部的指挥官们在一起，共同商讨了关于西西里岛战役的方针以及应该采取的行动。

五月底，丘吉尔、亚历山大、马歇尔和艾森豪威尔等在阿尔及尔召开军事会议，英美双方在一番争论之后，最终决定进攻西西里岛，当一切成功之后马上进攻意大利的本土，迫使意大利最终退出第二次世界大战，为盟军横渡英吉利海峡做好准备。这次会议没有一个人的身影，他就是蒙哥马利，因为他认为自己的计划才是完美的，所以没有来参加。

而此时的布莱德雷已经是一位很有名气的军长了，在战争中的他崭露头角，只是以他目前的职位来看，还没有直接参加决策的权力。但是，他还是提出了两种战略：一是将西西里岛包围，使其孤立，然后再在墨西拿和卡拉布里亚同时实施两栖登陆。这个战略可以发挥盟军海军和空军的巨大作用，利用已经控制的制海权和制空权切断意大利本土对西西里岛的支援，还可以防止敌人退却。另一个是在西西里岛上实施全面攻击，然后在岛上纵深苦战。由于布莱德雷目前的身份和资格，他的建议没有被采纳。假如采取他的战略，可以迫使西西里岛上的守军投降，节约盟军的时间和装备。盟军最高司令部最终决定对西西里岛实施从正面的攻击。

炎炎夏日到来了，盟军在北非的沿海港口集结了大量部队，亚历山大的第十五集团军群负责执行“赫斯基”计划，这个军群下辖巴顿的第七集团军和蒙哥马利的第八集团军，大约有四十七万八千多人，这两个集团军包括步兵师、装甲师和空降师。另配有海军战斗舰艇和辅助船大约三千二百艘，空军还有四千多架飞机。

登陆战役定在七月中旬开始。亚历山大计划先重创敌军的空军和海军，然后，蒙哥马利的第八集团军在西西里岛上东南的锡拉库扎到帕基诺地段登陆，而巴顿的第七集团军则在西南的杰拉

至利卡塔地段登陆。空降兵负责越过滩头地段，夺取要点，支援登陆部队。待主力上岸后向北进攻，再分两路围歼德、意军队。

巴顿决定让欧内斯特·道利少将的第六军作为主攻部队。欧内斯特·道利也是西点军校的毕业生，在布莱德雷担任数学教官时，他是战斗系的主任。在这之前，欧内斯特·道利在美国指挥过第四十师，也曾经率领第六军到达非洲。布莱德雷知道了这一消息之后，很着急，如果真的让第六军作为主攻部队，自己的第二军就没有机会了，自己的才能也没有谁能注意到，待在摩洛哥继续驻防是一件埋没自己的差事，不行，得马上为自己争取。

在这之前，布莱德雷就不同意盟军高层的计划，认为有很多纰漏之处，但是现在一切都已经如此，也只好为自己多争取机会了。于是，布莱德雷给艾森豪威尔和巴顿写信，信中他说第六军刚刚到达非洲，还很疲惫，应该让他们休息，而自己的第二军无论从哪方面来看都比较适合做主攻部队，所以，希望他们能给自己一次机会。

艾森豪威尔和巴顿商量了一下，两个人都认为布莱德雷说得很有道理，而且他的才能还是值得认可的，况且，从个人感情的角度来看，他们也比较偏向于布莱德雷。商量之后，艾森豪威尔立即给马歇尔发去电报，告诉自己即将做出的改动——将第六军调到摩洛哥的克拉克第五集团军，在那里驻防。同时，让布莱德雷的第二军担任主攻部队。艾森豪威尔在电报中还说布莱德雷干得很出色，很有军事指挥才能，而欧内斯特·道利少将作战经验很少，实在是有些冒险。马歇尔对布莱德雷的印象本来就很不错，在仔细分析了艾森豪威尔的电报内容之后，欣然同意了。

突尼斯战役终于结束了。这场战役的胜利，使盟军上下像庆祝节日一般欢乐。艾森豪威尔邀请巴顿和布莱德雷飞往突尼斯参加胜利游行。当时军界的高级将领，如亚历山大、安德森、特德、坎宁安、朱安以及法国权贵们都坐在主检阅台上。艾森豪威尔更是忙得不亦乐乎，不免将巴顿和布莱德雷冷落了。那些美军的主要将领们都坐在侧检阅台上，这让巴顿和布莱德雷很不满，巴顿认为艾森豪威尔是一名亲英分子，以至于庆祝还没有结束，他就回到了设在穆斯塔加奈姆的司令部，在那里继续搞他的作战计划，并希望在西西里岛的登陆战役中为美军赢回一些荣誉。

五月中旬，布莱德雷从突尼斯前往阿尔及尔。到了阿尔及尔之后，他和艾森豪威尔、巴顿等人一起详细地对突尼斯战役做了总结，并且分析和审阅了“赫斯基”作战计划。然后，布莱德雷又乘坐飞机抵达穆斯加奈姆，这是一座位于奥兰以东的海滨城市。巴顿从自己的司令部率领仪仗队到机场欢迎布莱德雷一行，到了巴顿的司令部，两人进行了谈话，之后为布莱德雷举办宴会，一是为他接风洗尘，二是庆祝他的胜利。巴顿说布莱德雷是“比塞大的征服者”。

布莱德雷在阿尔及尔还没有自己的指挥部，他打算把它设在穆斯塔加奈姆，这样靠近巴顿，便于两个人联系。然而，巴顿却不同意，他要布莱德雷将指挥部设在雷利赞村镇，据说这个村子被称为“苍蝇之城”。之所以叫这个名字是因为那里十分的炎热，到处充满恶臭，苍蝇满天飞舞，周围是一片大沙漠。在六月份的时候，布莱德雷被晋升为三星中将，已经和巴顿同等军衔了。布莱德雷就认为巴顿心胸狭窄，容不得和他一样级别的官员在自己的附近。布莱德雷怀着极其愤怒的心情率领自己的部队来到“苍蝇之城”，整理那些早已破烂不堪的营房。他将司令部设在一所学校里，布莱德雷、司机、还有他的两名副官切特·汉森和卢·布里奇一起住在司令部。

布莱德雷觉得自己没有必要和巴顿一样，那么斤斤计较，所以，当自己手下的参谋和巴顿手下的参谋往来之时，布莱德雷根本就没放在心上，仍然从战争的角度和巴顿密切的合作。对于巴顿的鲁莽，布莱德雷觉得没什么太大的担忧，但是，对于他在后

勤计划方面缺少热情颇为担忧，而且巴顿也不经常关注后勤计划，这样的话可能会给战争的补给问题带来麻烦。到现在为止，巴顿所带领的第七集团军人数大约有八万人，而布莱德雷率领的军队人数大约有四万多人，主要包括特罗伊·米德尔顿带领的第四十五国民警卫师和由艾伦率领的“大红一师”。

布莱德雷忧心忡忡，他担心米德尔顿和艾伦是否能够胜任。米德尔顿是第一次世界大战中最为年轻的团长，曾经在利文沃思堡指挥参谋学校学习，他和巴顿是同学。有一段时间，米德尔顿退役了，但是后来他又在1942年再服现役，现在在美国的国内就任第四十五师的师长。这个师被人们认为是训练有素的国民警卫师，只是缺点是，该师没有任何战场上的实战经验。第四十五师将在登陆战之前由美国开抵奥兰，休整之后立即参加第二次世界大战的首次大规模两栖登陆；

而艾伦其人，布莱德雷不大认可，他认为此人目无纪律，虚张声势，而且在很多地方和巴顿相似，如果留在这里可能会带来不必要的麻烦。在突尼斯的时候，艾伦的“大红一师”从比塞大到奥兰的途中，一路横冲直撞，士兵胡作非为，而作为师长的艾伦也不加管束。在阿尔及尔的时候，“大红一师”的士兵甚至趾高气扬地搜寻和攻击后方地区部队。最后，艾森豪威尔不得不命令布莱德雷将艾伦的“大红一师”调往郊外。这样的指挥官怎么还能留在战场上委以重任呢？于是，布莱德雷向艾森豪威尔建议将其调遣回国，然而被巴顿挡住，他说自己觉得艾伦很适合留在这里。布莱德雷也只得暂时作罢。

面对目前的战争，布莱德雷做了分析，他认为参加过突尼斯战役的这几个师在战场上存在着致命的缺点，一是下级军官胆小怕死，尤其是在搜索敌人和接近敌人时，往往处于被动状态；另一个是部队擅自自作主张，在寡不敌众时就投降敌军，不再进行抵抗，显得很懦弱。布莱德雷认为这是他们在国内演习中总是判定以多胜少，导致战场上兵力不如敌军多就投降的原因。这些师队由于参加过突尼斯战役，经历了死亡和杀戮，厌战情绪高涨，有些士兵还以武力闹事，这些闹事的士兵恰恰是“大红一师”中的，而在西西里岛登陆中还要以他们为主力，布莱德雷很担忧。

巴顿直接掌控的师队是卢西恩·特拉斯科特的第三加强师。在原定的登陆计划中，由三个步兵师作为突击先锋，第二军紧跟，再将李奇微第八十二空降师的一个团的兵力空投下来，再和艾伦率领的“大红一师”联系，休·加菲的第二装甲师等作为预备队，埃迪的第九师则在北非担任预备队。

而布莱德雷的任务是很艰巨的，他现在是第七集团军的主要将领，他将带领两个师的兵力担任突击任务。布莱德雷不敢掉以轻心，他开始加紧训练部队。五月下旬开始，布莱德雷对手下的部队进行为期一个月的集中训练，包括实战演习，地点选在登上岛后的城市巷道。不久，布莱德雷到第一步兵师、第二装甲师和第九步兵师视察，对士兵们说：“现在，我们正面临敌军的殊死反抗，所以，要时刻当心，敌军已经在这里埋下了很多枚地雷。我们采取分队作战，在没有到了绝境的时候绝不投降，要给军人争光，要给华盛顿争光……”

不久之后，巴顿也来到布莱德雷的军队视察，我们说过这是一位说话很粗鲁的指挥官，所以，在给士兵训话时，巴顿扯开他的大嗓门夸夸其谈，尤其是在谈到对付意军的作战战术时，巴顿用十分粗俗的语言谈到了避免正面进攻、伺机迂回其侧翼的战术，使得那些士兵们很是难为情，不过大家对他的话还是都铭记在心。尽管巴顿的表达不是很文明，但目的还是好的，为了给士兵打气。

登陆准备中，英军的蒙哥马利突然改变了在巴勒莫登陆的预想，导致美军不得不从本土将蛤壳式坦克登陆艇、步兵登陆艇、

两栖车辆以及其他登陆艇运来，这些登陆艇陆续在海滩登陆。布莱德雷依据这些刚刚抵达的装备所具有的特点，加强了士兵在舰艇和车辆上的行动演练。由于操作舰艇的士兵实际作战经验缺乏，所以，登陆艇竟然将演习的士兵运送错了位置，登陆地点比预定的目的地远了二十多公里。对此，布莱德雷很恼火。

而巴顿的情况更为糟糕。在马歇尔前来视察的时候，他手下的艾伦的“大红一师”正在进行登陆演习训练，但见士兵一个个跌跌撞撞、你推我拥，一些士兵的刺刀还没有上到枪上，场面极其混乱不堪。当着马歇尔、布莱德雷等人的面，巴顿实在是脸上无光，他大发雷霆，一些脏话也出口了，马歇尔感到很扫兴。

米德尔顿的第四十五师也该出场了，他们的训练是在舰艇上进行的，结果让布莱德雷大失所望，登陆地点偏离目的地数公里。

而英军此时正采用“肉馅”计划，就是将一具尸体伪装成被德军击毙的情报员，事先将有关攻打撒丁、科西嘉和希腊的假情报放在尸体身上后，将尸体漂向海中。按照事先的安排，尸体会被德军打捞，假情报也就自然而然地到了德军手中，间谍当然会把情报送给希特勒。不知有诈的希特勒立刻决定加强情报中提到的三个地方的防御力量，并将隆美尔派到了希腊，这样一来，西西里岛就淡出了希特勒的视线，被忽视了。

就在希特勒重兵派往希腊等地时，希特勒在罗马的军事代表阿尔贝特·凯塞林陆军元帅和意大利最高司令部依然意识到盟军极有可能使用调虎离山之计，趁机进攻西西里岛，于是为了以防万一，凯塞林按照计划在六月份将两个德军装甲师派往西西里岛去。这两个师的力量不容小觑，因为它们原是准备派往北非的戈林师和第十五装甲步兵师，即使缺少一百二十辆坦克的编制，但仍然不失为训练有素的师，而且还有二十天的战斗给养。

力量增加了，但是应该在什么地方部署呢？意大利和德国指

挥官各抒己见，意军在西西里岛的指挥官古佐尼对盟军的登陆地点估计得相当准确，主张把两个师的精锐部队部署在东南部；凯塞林则认为西部薄弱，随后便把第十五装甲步兵师调去了西部。

盟军一直利用假情报欺骗轴心国，并利用“超级”破译情报组织对德意军队的调防、部署了如指掌。意大利第六集团军增加了两个德国师后，对西西里岛的防御大为加强，特别是戈林师就部署在东南登陆地域里，威胁更大，可以说是盟军的“难关”。

巴顿对蒙哥马利的第八集团军主攻锡拉库扎、卡塔尼亚、墨西拿等补给容易的重要港口十分恼怒。由于蒙哥马利横插一杠，他的第七集团军只能在杰拉、利卡塔或中部的小镇作战，补给困难，地形复杂。不过，巴顿这一次决定忍气吞声，因为他担心失去在巴勒莫登陆的机会。

布莱德雷非常缜密，提前就开始进行相关调整。六月底，布莱德雷关闭了雷利赞的指挥所，转移到奥兰作登陆的最后准备。七月初，布莱德雷到奥兰以西九公里的法国海军基地克比尔港，登上了两栖作战的指挥舰——“安康”号。登陆战越来越近，美军要面临的登陆地点远不如蒙哥马利的登陆地点条件优越，一场苦战在所难免。

虽然盟军地面部队在西西里岛的登陆时间已经确定在1943年7月10日，但是，空军早在登陆前三周就展开了进攻战，主要是针对西西里岛和卡拉布里亚，参与这次战略轰炸的主要有特德、科宁哈姆和美国的卡尔·斯帕茨。盟军飞机数量之多令人咋舌，除了重要机场外，盟军也没有放过那些辅助简易机场，可以说西西里岛上的机场没有一个能够幸免。在昼夜轰炸下，轴心国根本无力还击，不久就带着仅相当于盟军数量三分之一的飞机撤到了意大利中部和撒丁岛，就这样，西西里岛以及意大利南部的制空权落入盟军手中。

战争由海、陆、空三军相互配合才能事半功倍，三军出动的场面也十分壮观：空中数千架飞机列队飞行，遮天蔽日；地面部队急速前行，队伍见首不见尾；海上各种舰艇有条不紊，乘风破浪。单看盟军的海军力量，就能让人顿时对这场战争感到信心百倍，不仅有驱逐舰、战列舰、航空母舰等各种舰只，而且细数下来足足有一千多艘，它们从北非的奥兰、阿尔及尔等六个港口鱼贯出发，朝着马耳他岛的方向平稳地航行着。

这支攻击舰队是在七月初的时候出发的，主要目的是载送部队在马耳他岛汇合。为了保护攻击舰队的安全，盟军也采取了各种手段和策略，有英国海军出动的"无敌"号和"无畏"号航空母舰和战列舰等大型战舰在旁掩护，另外，还有向希腊方向佯动的航空母舰，主要是为了迷惑敌人，引开敌人的注意力。这其中并没有布莱德雷的部队，因为布莱德雷和他的部队早已经在三天前就出发了。

凌晨的西西里岛还笼罩在薄薄的晨雾中，岛上的陆地时隐时现，让人琢磨不透岛上的形势，等待行动命令的士兵心中不免有些紧张。太阳渐渐的醒了，随着一颗淡蓝色的信号弹在空中绽放，各方面都展开了行动：

在艾伦的指挥下，布莱德雷手下的第一师开始了对杰拉的进攻；斯科格利蒂方面的攻击则由第四十五师负责，指挥者是米德尔顿；巴顿指挥第七集团军的四个加强师在杰拉海岸实施海滩登陆；下辖蒙哥马利第八集团军的第十三军、第三十军在各自的指挥官迈尔斯·登普西和奥利弗·利斯的带领下，在诺托湾海岸执行海滩登陆计划；此外，突击利卡塔的是特拉斯科的第三师和加菲第一师中的一个团，再加上第二装甲师被作为"浮动预备队"，一切行动按部就班地展开了。

按照蒙哥马利的预想，此次行动一定会遭受猛烈的反击，然而，蒙哥马利的部队遭遇的战斗却没有想象中那么激烈。盟军登

陆开始后不久，成群结队的意军就跑到了第八集团军的驻守地，纷纷投靠了盟军；盟军所到之处，意军也几乎没怎么反抗就缴械投降了。原来，战争给所有人的感觉都是一样的，它是恶魔，是毁坏美好家园和生活的刽子手，没有人不痛恨战争。

相同的情况也出现在其他作战地区，形势比预计的要轻松得多：艾伦、米德尔顿分别在上午九点、十点左右就控制了杰拉和斯科格利蒂，就连巴顿战区预计要一天甚至几天才能占领的利卡塔镇、港口和机场也在中午就全部肃清了，主要原因就是意军的抵抗实在是微乎其微。总而言之，巴顿和布莱德雷的部队已经顺利地登上了西西里岛滩头，形势非常乐观。

情况突然发生了变化，从中午开始，第七集团军所在的战区就遭受到德军零星飞机的袭击，不过德机的主要目标是舰艇，可能德军觉得摧毁舰艇就切断了盟军的退路，就可以将盟军困死在岛上。幸好海军舰队的士兵忠于职守，一有情况就立刻开炮还击，因此敌机并没有构成多大的威胁。遭受这一袭击后，艾伦开始担心登陆部队的登陆艇，因为沙堤的影响，登陆艇不能运上海滩，因此大炮和装甲车辆也没有及时运上岸，如果这时候轴心国部队突然反扑，盟军的优势局面会立刻逆转，全部盟军部队都将面临危险境地。

让人担心的事情还是发生了。在古佐尼中将的指挥之下，驻守在西西里岛的意军开始了全面反击，盟军在各战场都遭遇敌情：蒙哥马利的部队在向北面的奥古斯移动时遇到了障碍，受到了德军第十五装甲师的反击；第七集团军也受到了戈林师和意大利最精锐的两个摩托化步兵师的攻击。

遇到这种状况，增援是必需的。然而，由于登陆部队缺少装甲车、火炮、反坦克武器和运输车，即使巴顿命令海上预备队进行支援，登陆部队的处境仍然没有多大改善。没有重武器，盟军面对德军装甲部队的冲击处境已经岌岌可危，而德军为了重挫盟

军，又出动了将近五百架飞机对对方滩头部队进行频频轰炸，瞬间盟军死伤无数。

此时正是非常时刻，减少人员伤亡是至关重要的，因此面对不利的形势，盟军派战斗机前来对德国空军进行拦截。这一行动虽然有效地阻止了德国空军的攻击，然而却给盟军的地面防空系统造成了困扰，由于空中飞机密集交火，他们根本分不清敌我双方各自的飞机，防空武器不分敌我进行乱击，不仅引起了一场混战，而且也对己方的空军造成了损伤。

战争不仅是对士兵的考验，同时也是对指挥者智慧和意志的各方面考验，此时的布莱德雷正经历着这种考验，有条不紊地指挥着。布莱德雷脸上带着痛苦的神情，这表情从这次行动出发就没从布莱德雷的脸上褪去，起初只是晕船、呕吐，后来又得了严重的痔疮，局部手术的疼痛直到现在还折磨着他的精神。

激烈的恶战持续了一天，如果再无法抵挡德军的攻击，滩头阵地就要被德军的坦克攻陷了。终于在盟军包括海军的奋力反击下，德军在 7 月 11 日的傍晚时分溃退了，巴顿和布莱德雷也分别上了岸。

在临时驻扎的营地，布莱德雷大为恼火，本来他就因为近距离空中支援的薄弱而感到不快，再加上巴顿越权命令“大红一师”攻击德军坚固的阵地大败而回，恼怒万分的布莱德雷对巴顿兴师问罪。巴顿自知理亏，赶紧向盛怒的布莱德雷道歉，但是事后却又对布莱德雷不满，认为布莱德雷不够勇敢，是懦弱的表现。听了巴顿的话，艾森豪威尔却没有认同巴顿，他认为布莱德雷是出于严谨而并非懦弱，恰恰是巴顿的鲁莽才导致了“大红一师”的失败。

暂时的撤退并不是战争结束的标志，相反，轴心国部队开始为以后打算，也为下一次交锋积蓄力量。德意军队第一次反攻失利后，凯塞林深知大势已去，为了拖延时间只好与盟军混战，以此来牵制盟军。希特勒亲自批准了凯塞林经墨西拿海峡退至卡拉布里亚的建议，随后加强了西西里岛的兵力，原来驻卡拉布里亚的德军第二十九装甲步兵师和驻法国的第一空降师接到了前往西西里岛的调令。

再看盟军方面，在站稳脚跟以后，虽然布莱德雷和巴顿拟定了进攻计划，但是由于缺乏进攻总计划，盟军各方面部队就像一只只无头苍蝇一样。按照布莱德雷和巴顿的主张，第八集团军和第七集团军应该各自行动，第八集团军的任务是切断轴心国部队逃往卡拉布里亚的退路，因此应该沿东部海岸公路活动，经卡塔尼亚直插到墨西拿；第七集团军的任务是会师第八集团军攻占墨西拿，因此应该经恩纳、尼科西亚插至北部公路，然后东进。

为了减少墨西拿的威胁，轴心国部队在加强兵力的同时也加紧调动，构筑了从恩纳到卡塔尼亚的坚固防线。整体的部署十分严谨，主要是针对盟军的第七集团军和第八集团军进行的：先将布莱德雷正面的赫尔曼·戈林师于调往卡塔尼亚，同时也于7月12日夜派遣德军空降师在卡塔尼亚空投；随后将第十五装甲师调集到恩纳附近，以此阻止第七集团军北进的步伐；十二个小时内，新调来的第二十九装甲师也抵达埃特纳山西南。

战争一触即发，盟军首先出击打破了对峙的僵局。7月13日，在登普西的指挥下，蒙哥马利手下的第十三军奋力杀敌，突破德军在卡塔尼亚的重重防线，不过在德国地面部队和空降部队的配合下，盟军的空降部队损失惨重，没有达到和地面部队的有效配合，最终从卡塔尼亚通向墨西拿的海岸公路仍被德军牢牢控制着，可以说，盟军的这次进攻严重受挫。

狂傲自负的蒙哥马利见一招不成又换一招，为了突破轴心国的海岸公路封锁，没有和任何人商量，蒙哥马利就私自决定调第三十军绕过埃特纳山西侧进攻墨西拿。英国第三十军带着蒙哥马利的命令沿着美军第七集团军控制的公路向恩纳挺进，这一行动

激怒了布莱德雷，因为蒙哥马利丝毫不顾美军的利益，只想让两个英国军会师墨西拿，抢占头功。

为了让自己的计划顺利实施，蒙哥马利先斩后奏，行动进行的当天才把情况报告给亚历山大，要求变换计划，让第七集团军给第三十军让路。亚历山大此时也是骑虎难下，不得不认可蒙哥马利的新计划并告知巴顿。按照巴顿以往的性格脾气，此时定然会拍案而起，把亚历山大顶回去，因为蒙哥马利的这次行动不仅关系到美国的荣誉、尊严和士兵的生命，而且使盟军合攻墨西拿充满了危险。

布莱德雷也希望巴顿拒绝亚历山大，然而巴顿此时正处于非常时期，他认为艾森豪威尔正在找借口解除他的职务。早在突尼斯的时候，巴顿就曾被警告有仇英心理。昨天又因擅离指挥位置和第三次空降的失利而遭艾森豪威尔的严厉批评。巴顿不想再有什么把柄被艾森豪威尔捏在手里，因此巴顿像羔羊一样地温顺，让布莱德雷恨得咬牙切齿而无奈。

不能攻打墨西拿，巴顿当然也心有不甘，于是他盯上了巴勒莫。这次巴顿学乖了，他从蒙哥马利那里学会了先斩后奏这一招，自己在心中反复酝酿着攻占巴勒莫的计划，可对外却小心谨慎，就连对布莱德雷也守口如瓶。为了攻打巴勒莫，巴顿临时组建了一只由第七集团军副司令杰弗里·凯斯指挥的部队，下辖第三师、第二装甲师、第八十二空降师重组的两个团和第九师的一个团。

尽管巴勒莫没有任何军事价值，但是巴顿却利用攻打巴勒莫抢了头条新闻，这正是巴顿进行这次军事行动的目的，艾森豪威尔也因为这个消息而感到兴奋不已。巴顿高兴了，却苦了布莱德雷。原来，亚历山大给第七集团军的命令是在向北挺进、在西西里岛的中间建筑一条南北贯通的坚固防线，这个任务只好让第二军完全承担起来。

酷暑当头，再加上地形险恶，盟军面对德军的攻击有些力不从心，蒙哥马利的进攻失败了，布莱德雷也陷入了鏖战之中，形势又回到了几天前，盟军不得不重新拟定作战策略，回到原来的老路子上。

这次，巴顿和布莱德雷齐心一致，巴顿下决心想抢在蒙哥马利之前攻占墨西拿，而布莱德雷也想一洗英国宣传机器对美军的奚落和咒骂。真所谓“心有余而力不足”，由于德军善于在山地打阻击战，而且还执行过河拆桥的命令，再加上他们埋下的无数地雷，因此美军步伐进展缓慢。这次美军遇到了难题，既要抢在蒙哥马利之前拿下墨西拿，同时还要冷静谨慎杜绝鲁莽，避免造成重大伤亡，怎样才能想到一个两全其美之策呢？

只有事到临头才能真正看出一个人的潜质，此时布莱德雷沉着冷静地思考，最后决定向北部沿海公路上坚守阵地的轴心国部队实施两栖围攻，主要的力量是利用巴勒莫的小型海军部队。首次进攻于8月7日到8日夜开始，第三师在各个加强营的严密配合下对圣阿加塔展开了围攻，没有料到美军此举的德军顿时陷入了一片恐慌，德军第二十九装甲师已经招架不住开始后撤。不过由于美军没有掌握好登陆的有利时间，德军有生力量仍然十分完整。

首次进攻后，美军又于8月10日到11日夜在布罗洛进行第二次进攻，令人遗憾的是这次战斗不仅让德军几乎没受任何损失便逃逸了，而且给美军造成了严重的损失。追究主要责任，似乎巴顿逃脱不了干系。原来为了增强新闻效应，巴顿在这次行动前事先安排了许多战地记者。由于德军顽强抵抗，布莱德雷警告巴顿要严格控制战斗规模，最好能够推迟行动时间，然而巴顿担心新闻界的报道不利于第七集团军，拒绝了布莱德雷，仍然打算按照原定计划进行战斗。

眼看八月就要过去三分之一了，美军终于攻到了墨西拿附近

的三角形滩头地带，此时的轴心国部队只能一退再退，因为他们没有空中和海上优势。按理说，这应该算是盟军的一大胜利，然而由于盟军没有切断墨西拿海峡的计划和行动，轴心国部队竟然在一周内悄悄撤退了。正是因为如此，在布莱德雷眼中，这次战役只是获得了表面的胜利，由于战术失误、盟军内部缺乏统一的作战计划、指挥者之间不能团结一致，未能重创轴心国部队成为这次战役最大的败笔。

盟军在随后几天的时间又进行了几次战役，最后西西里岛战役以墨西拿投降而告终。在这次战役中，盟军死伤超过两万人，而击毙轴心国部队的人数却不足万人。可以说，美军在战役中惟一的收获就是锻炼了部队，磨炼了“大红一师”。

西西里战役结束后，布莱德雷接受了一位名叫厄尼·派尔的专栏作家的采访，这位作家是艾森豪威尔派来的。厄尼·派尔在美国报刊上发表了五千字的连载文章，正是因为这篇文章，布莱德雷开始在全国扬名。

和布莱德雷的处境相比，巴顿显得有些惨淡，因为此时的他因两次打耳光事件而受到困扰。第一次打耳光事件是发生在特罗伊纳的战斗中。当时，由于战斗进行得极其惨烈，巴顿又抑制不住自己的火暴脾气，犯下了他认为微不足道的错误。巴顿在八月初到尼科西亚附近的后方医院看望伤兵时，打了艾伦手下一名叫库尔的士兵一个耳光，因为巴顿觉得库尔是个懦夫、没病装病。由于这名士兵没有申辩，再加上布莱德雷因为特罗伊纳战役忙得焦头烂额，因此这件事情没掀起什么大风大浪。

很显然，第二次耳光事件远远没有第一次那么简单。这次是在圣阿加塔，巴顿对另一个后方医院进行了视察，结果又犯了打人的毛病。被巴顿打耳光的是一名患有“炮弹休克”症的士兵，这名士兵叫贝内特。在贝内特面前，巴顿无法自控，怒吼着，咒骂着，骂人的话不堪入耳，贝内特在巴顿嘴里成了“婊子养的

胆小鬼”、“杂种”。这种侮辱对一个病人来说已经算得上过分了，然而巴顿还不罢休，一只手掏出手枪在贝内特脸前晃动着，然后用另一只手打了他一记耳光。在医生的劝阻下，巴顿张牙舞爪的动作被制止了，可是他仍然吼叫着，声称早晚要枪毙这些在医院无病呻吟的“胆小鬼”。

离开医院后，终于平复心中怒气的巴顿来到了布莱德雷的指挥所，并轻描淡写地告诉布莱德雷他打人了，但是申明自己是出于无可奈何的理由才动手的。布莱德雷也没仔细考虑这件事，以为其中定然是因为小小的误会，因此没有放在心上。可是两天后，布莱德雷收到了后方医院发来的一份爆炸性公函，其中详细报告了巴顿打人事件的经过。

布莱德雷大吃一惊，经过反复思量，他将公函锁在了保险柜里。布莱德雷考虑的非常全面：第一，如果这件事张扬出去，巴顿就会从此告别军事生涯，美军也将失去一位有才干的将领；其二，按照相关规定，这份公函应该被送到第七集团军司令巴顿手中，不仅没有什么用，而且会被更多的人知道。如果越过巴顿直接将这份公函送给艾森豪威尔，那就等于冒犯了直接上司。思量再三，布莱德雷单方面压下了这份公函，好在也没有什么风波。

然而，不知道怎么回事，巴顿两次打人的事情突然沸沸扬扬地传了出去，为了这件事情，《星期天邮报》记者德马雷·贝斯和《矿工报》记者昆廷·雷诺兹飞频频找艾森豪威尔，还有一位军医写了控告信越权送给艾森豪威尔。在艾森豪威尔和巴顿的努力下，这件事终于解决了，也不再有人想对这些事情作正式调查，巴顿终于可以把提着的心放回肚子里了。

谁曾想，事件平息三个月后，巴顿两次打耳光事件又被旧事重提了，这是一位名叫德鲁·皮尔逊的专题广播员断章取义的结果。为了平息风波，艾森豪威尔不得再一次出面，一方面致函马歇尔，高度赞扬了巴顿在西西里战役的辉煌战绩；另一方面，艾森豪威尔暗下决心，以后再有更高的职务坚决排除巴顿。

与巴顿的臭名远扬相对，此时布莱德雷的名声可以算得上是蒸蒸日上，他在战役中清醒的头脑、有条不紊的指挥、勇猛过人的胆识都已经在美军和全国传播开来。收拾完巴顿的烂摊子、正准备大喘气的艾森豪威尔看到了这位冉冉升起的新星，就这样，布莱德雷轻松自然地跃入艾森豪威尔的脑海中，成了日后艾森豪威尔打算发展的不二人选。

第十二章　新作战计划

自从日军在瓜达尔卡纳尔撤退之后，势头就逐渐减弱，已经没有了进攻的能力，只好采取守势。

1943 年的春天来得很迟，田野里到处盛开着不知名的野花，散发出淡淡的幽香，随着风儿，香味飘到很远的地方，给人一种野性的美。树枝上的叶子也很绿了，给人一种充满生机的感觉，鸟儿在上面叫着，它们刚刚从冬季的寒冷中解放出来，抖动着双翅迎接春天。在这样一个万物复苏的季节里，战争仍在继续，鲜血和死亡如影随形。五月份，美英双方在华盛顿召开会议，会上，美英联合参谋长委员会指定由美国参谋长联席会议负责进行太平洋战争。

美国参谋长联席会议经过一番讨论之后，决定了对日本作战的计划，会议决定对日本的商船和日本海军实施激烈的潜艇战。与此同时，决定在太平洋上从三个方面发起进攻：一是，南太平洋和西南太平洋部队合作攻打拉包尔，然后，西南太平洋部队沿着新几内亚的北岸向西推进；一是，中太平洋部队从珍珠港向西发动进攻；一是，北太平洋部队要把日本赶出阿留申群岛。

同年十一月，苏联、美国、英国三国的首脑在德黑兰召开会议，在德黑兰会议上确定在欧洲开辟第二战场，时间不超过明年

的五月初。而战场的情况对于盟军来说越来越有利，因为此时的日本在太平洋战争中接连失败，在亚洲战场上，日本又深陷在中国大陆的战争中无法自拔。

在苏德战场上，纳粹德国也遭到了致命的打击，苏联红军发动大规模的战略反攻，日军抵挡不过，节节败退，法西斯头子希特勒急忙调兵遣将，将西线战场上大量的兵力调往东线战场，以阻止苏联红军西进。自从盟军在西西里登陆之后，意大利政府就宣布投降。此后的德国面临孤军奋战的境地，又不得不部署大量的兵力在意大利固守。这些条件都为盟军在欧洲开辟第二战场提供了基础。

根据当前战场的形势，盟军召开会议探讨开辟第二战场的战略问题，但是，他们在这个问题上却各执己见，意见很难得到统一。美国人提出“围歼”计划，英国人却同意代号为“霸王”的行动计划。虽然这个“霸王”计划也是从美国的“围歼”计划演变而来的，但是英国人却没有对美国人的行动计划显现出多少热情。

双方的争论不断升级，英国的首相丘吉尔还是热衷于自己的迂回战略，他主张通过意大利、巴尔干、中东、希腊、挪威，再向德国的腹地步步紧逼。但是，美国代表马歇尔等则主张横渡英吉利海峡，他们认为丘吉尔的计划太浪费时间，而且也缺乏可行性。

八月份，西西里岛的战役已经接近尾声，英国首相丘吉尔、美国总统罗斯福和盟军最高司令部成员一起，在加拿大的魁北克召开了一次会议，这次会议的主要目的是确定到底应该实行哪个战略。会议上，马歇尔同意放弃“围歼”计划改而执行“霸王”行动计划，但英国方面还是主张丘吉尔的迂回战略，经过长时间的交涉和协商，最终英国方面同意了该计划。不过，丘吉尔说要在意大利继续保持进攻，一直打到罗马城。虽然马歇尔认为丘吉

尔很大程度上是为了颜面问题才在这个问题上不肯松口，但是为了协调盟军内部的矛盾，他最终采纳了艾森豪威尔的建议，同意继续进攻意大利的南部。

既然计划已经确定了，那么一位总指挥也是不可或缺的，会议上，大家商议选出一名具有指挥才能的人，来担当“霸王”行动计划的总指挥。幸好在这个问题上，美国总统罗斯福和英国首相丘吉尔达成一致，双方都认为马歇尔是比较合适的人选，所以，就让马歇尔全权指挥该计划的实施情况。那么，进攻意大利南部的行动又由谁负责呢？经过商议，最后决定由英国将领亚历山大负责，而英国蒙哥马利的第八集团军和马克·克拉克的美国第五集团军则在九月初展开行动，分别向卡拉布里亚、萨莱诺进攻。布莱德雷的第二军也被列入了萨莱诺战役的预备队，这样一来，一旦克拉克出现状况，布莱德雷将指挥第五集团军继续行动。

目前，“霸王”行动计划已经确定，马歇尔的任务是要拟定一个详细的计划。再有大约八个月的时间，法国海岸登陆计划就要实施了，然而，此时的美国在英国领土上还没有一个集团军司令部和司令。八月下旬，马歇尔给艾森豪威尔发去电报，建议他派布莱德雷到英国去，马上筹建第一集团军，并由布莱德雷担任该集团军的司令。

此时的布莱德雷正和艾森豪威尔在北非审阅、商讨关于克拉克的进攻计划，即对萨莱诺的攻击，他还不知道马歇尔对于他的新调令，布莱德雷正在为接替克拉克的工作而做着准备。等布莱德雷和艾森豪威尔回到了西西里岛之后，艾森豪威尔马上给马歇尔发去电报。在电报中，他对布莱德雷在西西里的表现很满意，对他大加称赞，说他是一位不可多得的将帅之才。一番赞扬之后，艾森豪威尔又开始诉苦，说现在还不是布莱德雷应该离开的时候，如果布莱德雷此时离开西西里，自己的担子就会更加沉

重。为了让马歇尔完全打消调走布莱德雷的想法，艾森豪威尔还建议马歇尔让克拉克去英国组建第一集团军，并对克拉克的能力给予肯定，认为他完全能够胜任此项工作。如果非得要调走布莱德雷的话，建议由布莱德雷去指挥第五集团军。

虽然马歇尔也很为难，但是筹建第一集团军是当务之急，必须马上得到解决，于是马歇尔一直做艾森豪威尔的工作，希望他能同意对布莱德雷的调令。在八月底的时候，艾森豪威尔最终同意了马歇尔将布莱德雷调走，同意让他去英国筹备第一集团军，真是应了中国的一句俗语“胳膊拧不过大腿”。

目的达成的马歇尔当然非常高兴，在给艾森豪威尔发去电报中，马歇尔对于艾森豪威尔的宽容、大度表示感谢，并让艾森豪威尔转告布莱德雷做好准备。为了防止布莱德雷的猜忌，马歇尔还特意嘱托艾森豪威尔向布莱德雷说明一切，恰恰是出于对布莱德雷工作的肯定才让他组建第一集团军，去英国筹备是因为要和盟军保持一致。另外，马歇尔还透露说，今后，第一集团军还有可能发展成集团军群，到那时布莱德雷将会有更广阔的用武之地。

调令就要下来了，可是主人公在什么地方呢？对这些事情毫不知情的布莱德雷，此时正在巴勒莫费利斯兵营的司令部里。巴顿正在各师巡视，他这个人性情比较粗鲁，常常发脾气，有时对手下也大打出手，由于之前的打人事件，巴顿自觉自己做的有些过分，于是，向“大红一师”的官兵表示歉意。

蒙哥马利是英国的一位比较著名的将领，在这一年的八月末，艾森豪威尔要授予他美国陆军荣誉勋章，那么，巴顿、布莱德雷等美国将领就要前往蒙哥马利设在卡塔尼亚的司令部祝贺，这是布莱德雷第一次见到蒙哥马利，在以后，他们会频繁接触的。蒙哥马利给布莱德雷的第一印象是高傲、自负。

祝贺完蒙哥马利之后，布莱德雷回到了第二军司令部，在给巴顿的电话中，布莱德雷得知艾森豪威尔第二天要到阿尔及尔去，但是，巴顿没有告诉布莱德雷马歇尔对他的调令，对此事守口如瓶，或许他认为由艾森豪威尔说出来比较好。

九月初的时候，布莱德雷乘飞机来到了亚历山大设在锡腊库扎的司令部，艾森豪威尔要在那里和巴多格列奥的使者签订有关意大利投降的文件。在当天的傍晚，布莱德雷见到了艾森豪威尔，这位将军正忙得不可开交。一看见布莱德雷，艾森豪威尔就干脆地对他说："布莱德雷，我要告诉你一个好消息，有一项新的任务要你去完成，这是马歇尔和我商议之后做出的决定，我们一致认为阁下是最好的人选……"

听艾森豪威尔把这些说完，布莱德雷马上意识到自己必须先到英国的伦敦去，然后再考虑回到美国征集一些参谋，为自己组建的集团军出谋划策。上级艾森豪威尔没有将自己的下一步计划是什么告诉自己，只是听说马歇尔要自己担任"霸王"行动计划的总指挥，如果这样，艾森豪威尔将军就得回国担任陆军的参谋长。

一天的时间过得飞快，忙完了手头的工作，艾森豪威尔和布莱德雷共进晚餐，席间，艾森豪威尔对进攻意大利南部的计划表示很乐观。布莱德雷问及由谁来指挥自己的第二军，艾森豪威尔告诉他，已经选定由约翰·卢卡斯接任他的职务，让他大可放心。艾森豪威尔还说，对意大利南部的战役也决定让约翰·卢卡斯带领第二军参加。不久，马歇尔提升布莱德雷为中将，在当年的十一月份生效，布莱德雷在他的军旅生涯中又晋升一级。

时间不等人，布莱德雷就要前赴伦敦了，在临走之前，他要和自己的第二军官兵告别，毕竟这支部队和自己有着很深的感情。人与人之间的感情是相互的，官兵们舍不得布莱德雷，他们排成整齐的队伍，接受布莱德雷对他们最后一次的检阅，然后，依依不舍地目送这位将军离开。布莱德雷的心里也很不是滋味，但是，服从是军人的天职，所以他没有选择。在临走的时候，布莱德雷从第二军中选出二十几人随自己赶往伦敦，这些人将作为自己新组建的集团军的参谋部成员。

在与官兵告别，和约翰·卢卡斯做了交接之后，布莱德雷还去看望了巴顿。此时的巴顿心情很糟糕，因为他面临着第七集团军即将解散的问题，巴顿非常沮丧，甚至是绝望。巴顿身上现在连一个职务也没有了，自己都觉得前途渺茫。听了巴顿的话，对巴顿秉性十分了解的布莱德雷告诉巴顿，凡事一定要学会忍耐，是金子永远会发光的，同时还劝巴顿把自己暴躁的脾气改一改。分别的时刻来临的总是那么快，临行前，巴顿告诉布莱德雷他本人对“霸王”行动计划很感兴趣，还给布莱德雷提了一些想法和建议，并说假如时机成熟的话可以将自己的意见转告给马歇尔。

因为有些事情是巴顿惹出来的，因此，尽管布莱德雷对巴顿有着深深的同情，但是也无能为力，没有什么好办法能帮他解决眼下的困难，不过布莱德雷相信事情总会有转机的。事情证明布莱德雷的想法是正确的，后来的巴顿在作战中表现出的勇猛和所取得的战功也使艾森豪威尔等对他另眼相看。但是现在，他只有等待了。

告别了昔日的部队和战友，布莱德雷又飞往突尼斯迎太基郊外的前线指挥部，和正在那里指挥的艾森豪威尔告别。然后，飞往英国的首都伦敦。在伦敦的亨利机场，雅各布·德弗斯中将前来迎接，他是布莱德雷的新上级，他将布莱德雷安顿在多尔切斯特旅馆。

雅各布·德弗斯中将是美国将军巴顿在西点军校上学时的同学，当年布莱德雷在西点军校担任数学教官时，雅各布·德弗斯中将在战术系工作，他们都喜欢棒球，两个人也是在棒球队里熟识的。这次见面，两人都很高兴，互相问候，诉说分别这些年的

事情。

雅各布·德弗斯中将在1940年担任第九师师长的时候就很受马歇尔的赏识。在“火炬”计划执行的时候，德弗斯担任欧洲战区的战场指挥官。这半年以来，他在伦敦代表美国制订“霸王”作战计划，督促美军调集英国。

虽然“霸王”行动计划已经确定下来，但是到底由谁指挥前线作战还没有最终确定下来，有一点可以肯定的是，马歇尔必然亲自调度。那么，到底谁来担任主攻将领呢？布莱德雷私下里认为肯定会在考特尼·霍奇斯、莱斯利·麦克奈尔和雅各布·德弗斯这三人当中选出一位。

经过一些天的观察，布莱德雷发现雅各布·德弗斯总是表现得狂妄自大、啰啰嗦嗦，而且处事心胸狭窄，做起事来也是很毛躁，不够灵活，和当初在西点军校时判若两人。以前，巴顿就对布莱德雷说过自己的这位同窗才能比艾森豪威尔差很多，今日看来确实如此，所以，布莱德雷希望由艾森豪威尔继续做自己的上司，而不要是雅各布·德弗斯。

在这三个人当中，麦克奈尔很可能会出任集团军群司令，但是由于他的耳朵有毛病，也可能会让德弗斯代替，这就要看美国参谋长联合委员会的意见了。总之，布莱德雷认为自己应该是集团军司令，谁是上司只有决定以后再说了。

在伦敦待了七天左右，布莱德雷飞回美国，为自己刚刚筹备的第一集团军挑选人员。布莱德雷的妻子和女儿在得到马歇尔秘书的通知之后，来到位于华盛顿的鲍林空军基地迎接他，一家人已经有大半年没有在一起了，女儿伊丽莎白马上就要大学毕业了，她已经和西点军校的学员哈尔订了婚，在两人毕业后就会举行婚礼，然而，布莱德雷却不能参加，这是为了保密起见。

布莱德雷很想和马歇尔谈谈，但是，由于马歇尔的时间太忙，一直到了九月二十几号，马歇尔才抽出时间和布莱德雷进行了一次谈话。首先，布莱德雷向马歇尔汇报了西西里战役的得失情况，汇报中尽量避免直接涉及到某个人，以免引起矛盾。再有，布莱德雷的原本打算是替巴顿说说情，但当他看到马歇尔的那一刻，突然改变了主意，布莱德雷觉得不合时宜，毕竟巴顿自身的错误较多，他在战争中使人很失望。

在和马歇尔见面的第二天，秘书通知布莱德雷，总统罗斯福要听取他关于西西里的战役情况汇报。接到命令的这一瞬，布莱德雷想这肯定是马歇尔的主意。于是，他细心地准备了应该汇报的内容。此次，是总统罗斯福第一次正式听取布莱德雷的报告，事情一定比较严重。罗斯福聚精会神地听取了布莱德雷的汇报，然后向布莱德雷述说了制造原子弹的曼哈顿计划。布莱德雷在听到了这一最高军事机密之后目瞪口呆，他有点惴惴不安地离开了总统的办公室，此后，他没有向任何人谈过此事。

马歇尔做出决定，在“霸王”行动计划的主帅确定之前，由布莱德雷担任第一集团军的司令，此外还要建立一个集团军群，建立之后，暂时也由布莱德雷担任该集团军群的司令。从任命上来看，布莱德雷要担当两套班子的领导者，而且必须将这两套班子组织好。不久，布莱德雷接管了在美国纽约州的第一集团军司令部，并且安排第二军中的基恩、迪克森、索尔森、威尔逊等人进入参谋部。

与此同时，布莱德雷还委派自己的好朋友约瑟夫·奥黑尔担任第一集团军的人事副参谋长。约瑟夫·奥黑尔的为人比较专横，看待事情时有些偏颇，性格不是很开朗，常常是不苟言笑，但是，布莱德雷之所以能够让他掌管第一集团军的人事是因为他对于工作的铁面无私，而且他的办事能力还是能使人满意的。

这次，布莱德雷组建自己的新领导班底将原有的三百多人只留下三十几人，从美国又挑选了一百多人。对于参谋部人员的挑选，德弗斯本想插手，但被布莱德雷拒绝了。马歇尔打来电话，

任命列夫·艾伦担任集团军群参谋长，此人曾经接替布莱德雷担任过本宁堡步兵学校的校长。

十月份，布莱德雷再次回到伦敦，他开始了忙碌的工作。由于第一集团军的司令部设在布里斯托尔的克利夫斯学院，而第一集团军群的司令部设在伦敦西区的布朗西斯广场，所以布莱德雷每天要在两处来往，他乘坐着凯迪拉克牌大型高级轿车，好不威风。这种两个司令部的指挥就意味着他在两处都要有副官，于是，汉森在布里斯托尔任副官，布里奇则在伦敦任副官。

此时进展工作不是很顺利，因为“霸王”作战行动的主帅还没有定下来，到底由谁来担当，几方面各持己见。过了一个月，还是没有结果，苏联统帅斯大林觉得美英太过于唠叨，做事慢腾腾，这么长时间连一个统帅的问题都解决不了，太可笑了，照这个速度，何时才能在欧洲开辟第二战场。

1943 年的最后一个月，寒风刺骨，雪花飞舞，冬姑娘挥舞着她的衣袖，跳动快乐的旋律。到底由谁来担任开辟欧洲第二战场的主帅问题也终于得到解决，美国总统罗斯福让马歇尔给斯大林写信，告诉斯大林已经决定由艾森豪威尔担任“霸王”行动计划的总指挥。第二天，罗斯福亲自将这一消息透露给艾森豪威尔。

远在伦敦的布莱德雷也听到了这一消息，他非常高兴，一是马歇尔能够继续留在华盛顿，并且保持原有官职；二是，艾森豪威尔担当了“霸王”行动计划的总指挥。转年的一月中旬，艾森豪威尔乘飞机抵达英国的伦敦，开始“霸王”行动计划的准备工作，因为，要按照原定计划在五月初实施。

在筹备时，艾森豪威尔遇到了一些麻烦，他毕竟是美国人，指挥本国的将领没有多大的问题，但是那些英军将领就不太好指挥了，这其中有一个人就比较难对付，他就是蒙哥马利，此人据说是英国的传奇式的“常胜将军”，在英国人的眼里威望很高，

有些英国人还将他作为战神来崇拜。这次“霸王”行动中，他要指挥滩头进攻的所有地面部队，手下有两个集团军，分别是英国迈尔斯·登普西的第二集团军，还有美国将领布莱德雷的第一集团军。此人还颇受英国首相的赏识，所以才由他取代了之前的英军将领亚历山大，担任现在英军陆军的副司令。

英国首相丘吉尔任命在“火炬”行动和“赫斯基”行动中担任坎宁安的左右手的拉姆齐代替已经升任英国海军大臣的坎宁安，他还任命特德为“霸王”行动计划的副总指挥，负责指挥战术空军。陆军由蒙哥马利担任第二十一集团军群司令，指挥所有英军地面部队。战略空军仍由阿瑟·哈里斯统帅。而美国方面，由于两个集团军群的司令还没有确定下来，所以暂时都由艾森豪威尔指挥，美军的詹姆斯·杜利特尔负责指挥美国第八航空队的重型轰炸机。

艾森豪威尔比较顺手地解决了地面部队，他将德弗斯调往地中海，到那里去接替英国人亨利·威尔逊担任盟军的副司令。第一集团军的司令暂时还由布莱德雷担任，但总不能这样下去，马歇尔也在考虑，他将现任美军第三集团军司令的考特尼·霍奇斯，还有勇猛的巴顿，第四集团军司令威廉·辛普森，另外还有莱斯利·麦克奈尔——在头脑中过滤了一下，并将这几个候选人告诉给艾森豪威尔，征求他的意见。艾森豪威尔想了想，他认为麦克奈尔耳聋，指挥部队时会有麻烦；巴顿粗鲁，屡犯错误；而霍奇斯和辛普森又都没有亲自指挥过战斗，这四个人都不可用。艾森豪威尔打电话给马歇尔，他说自己认为布莱德雷比较适合担任第一集团军群的司令官。

不久以后，艾森豪威尔在英国的伦敦宣布，布莱德雷正式被任命为第一集团军群的司令，他现在的任务是在蒙哥马利手下担任进攻中所有美国地面部队的指挥。而此时的巴顿正被解除了第七集团军司令的职务，他听到布莱德雷升职的消息内心很不平

静，甚至在日记中恶语中伤布莱德雷。

几周之后，考特尼·霍奇斯被任命为第一集团军司令；辛普森也将马上到达欧洲，他将率领第九集团军参加战斗，辛普森为人比较开放，行事果断。艾森豪威尔没有忘记巴顿，尽管他常常犯错误，这次，艾森豪威尔将他调来担任集团军司令，不过，他要归布莱德雷节制，以前，巴顿可是布莱德雷的上级，虽然不满意，巴顿还是接受了这一职务，怎么也比无所事事要好得多。

在得知对于巴顿的任命之后，布莱德雷有些不满，因为他的冒失和粗鲁很可能再次给进攻带来麻烦，他向艾森豪威尔建议。但是，这位统帅认为巴顿毕竟有很多的优点，比如，他很有魄力，是一员猛将，所以，艾森豪威尔没有接受布莱德雷的意见，将巴顿留了下来，希望他在经历了这些挫折和打击之后能够将错误减少，在战场上发挥才智，给美国人长脸。后来，巴顿果然不负众望。

眼下的巴顿并没有沉浸在快乐当中，因为他暂时还没有具体的任务，只是充当欺骗敌人的“刚毅”行动所虚构的第一集团军群司令。这个行动计划只是通过德国在英国的间谍网使希特勒相信未来的登陆地点在加莱地区，同时在英国东南虚设一个集团军群，摆出进攻加莱的架势。巴顿手下的所谓第一集团军群有一些真实的师和虚设的师，还有伪装的司令部、机场、坦克、登陆艇等。在这些设施中，有许多都是用纸板、木头和橡皮制作的。此外，还安排一些电报员频送假电报，使德军在截获之后，相信虚构的第一集团军正准备进攻加莱地区。

在盟军登陆之后，布莱德雷将担任第十二集团军群的司令，而巴顿则将在布莱德雷手下担任第三集团军的司令。俗话说“江山易改，本性难移”，巴顿的脾气很难改变，也就导致他又被牵扯到西西里岛的杀俘事件当中，还有四月下旬对英国情报部的女士们讲话不够严谨，这两件事情差点引起政治风暴，也差点

使巴顿丢掉了第三集团军司令的职务。看来，巴顿的仕途不是很顺利。

然而，这位司令根本就对这些事情不屑一顾，当调查事件原因的人来了之后，巴顿也是一样的态度，后来，事情总算得到了平息。在日记中，巴顿这样写道："……和以前一样，布莱德雷还是依旧一言不发。他和谁都如此，一副合得来的样子。然而，我私下里认为他这只不过是为了自己的利益。在军队中，除了我，其他的人都吓得要死。看来从今往后，我确实要少说话，以免授人以柄……"。

巴顿还是没能向他在日记中写的那样尽量少说话，他的多言和不适时的话语再次给他带来麻烦，艾森豪威尔给马歇尔发去电报，讲述了巴顿的事情，并要求马歇尔将巴顿调回美国，建议由特拉斯科特接替他的职务。过了大约一周的时间，特拉斯科特还没有调来，因为他当时正在意大利作战，所以，艾森豪威尔只得将巴顿留了下来。此时的巴顿越来越感到自己很不受欢迎，尤其是蒙哥马利和布莱德雷，他们两个人不希望巴顿担任第三集团军的司令，对此，布莱德雷很坦率地承认自己是有这种想法。

在诺曼底登陆之前，布莱德雷的第一集团军共有三个军，分别是由罗斯科·伍德拉夫担任军长的第七军。罗斯科·伍德拉夫是布莱德雷在西点军校上学时的同班同学；

由伦纳德·杰罗担任军长的第五军。伦纳德·杰罗是布莱德雷的好朋友，为人头脑冷静、工作勤奋、有条不紊。在 1924 年的时候，他和布莱德雷一起在本宁堡步兵学校上学，两人同在高级班。后来，他又在艾森豪威尔之前担任美国陆军参谋部的作战计划部部长。在三个军长中，布莱德雷对杰罗很放心。

还有由著名的坦克手威利斯·克里顿伯格担任的第十九军，不久，他被调到克拉克第五集团军的第四军担任军长，接替他的是乔·柯林斯。乔·柯林斯曾经在太平洋战争中指挥过第二十五军“热带雷电”步兵师，后来由马歇尔提升他为军长。当他到了英国之后，艾森豪威尔和布莱德雷发现此人头脑清醒，做事严谨。布莱德雷将他和伍德拉夫换了个位置，不久之后，又由查尔斯·科利特接替了伍德拉夫的职务。

在这几个人中，艾森豪威尔偏向于查尔斯·科利特，而布莱德雷则认为他火气大，喜欢制造摩擦，他更喜欢柯林斯，觉得他为人做事会掌握好分寸，也比较有指挥才能。下一步的作战部署是从第五军和第七军中选出两个师的兵力在滩头实施突击，并担任代号为“奥马哈”和“犹他”的海滩突击的先锋部队。后来，选出第四师和第二十九师，然而这两个师的师长都没有实战经验，布莱德雷答应将“大红一师”调来担任主攻。布莱德雷还将已经被免去职务的特迪·罗斯福重新启用，作为主攻“犹他”海滩的指挥官。

这次战斗只准许成功，不能失败，一旦失败，德军就会有机会反扑，还有可能将火箭、喷气式飞机和改进的潜艇等应用到战争中。对于“霸王”作战计划，艾森豪威尔、布莱德雷、蒙哥马利等军官经常在一起研究，艾森豪威尔也有了更多的时间和精力来面对这件事情。关于该计划，布莱德雷提出还有一些地方有待改善。

布莱德雷建议在计划中大量使用战略轰炸机，以支援利·马洛里的战术空军。在进攻前几周的时间里，轰炸法国境内的铁路和桥梁系统，防止德军快速调动部队和坦克驰援诺曼底；再有就是主张在法国马赛的附近开辟第二个登陆点，以便把德军从诺曼底引开，同时向登陆部队提供支援和开辟补给品港口。布莱德雷将这个建议称为“铁砧”行动。艾森豪威尔、马歇尔对此表示同意。但是，英国方面的丘吉尔、艾伦·布鲁克和蒙哥马利都不同意，他们想利用“铁砧”行动的部队去攻打巴尔干，由于美英双方没能达成一致的意见，导致此建议在数月之内一直悬而

未决。

此时，“霸王”行动的部队正在扩大，所以需要更多的坦克登陆艇和其他登陆艇。在意大利的战役已经拖了很久也没有解决，而英国人认为在那里已经拖住了德军，“铁砧”行动的目的已经达到。在经过了一场争论以后，美国人保留了“铁砧”计划。但“霸王”行动也推迟了几个星期，为的是能拥有更多的登陆艇。

布莱德雷还主张将进攻的力量加强。他认为目前的攻击部队人数少，而且还应该由海军提供更猛烈的炮火支援，最好在夜间登陆，在夜色的掩护下很难被敌军发现，减少伤亡。他也主张取消西西里岛空降失利后对使用空降部队的限制，认为可以将第八十二和第一零一空降师首先空降在“犹他”滩，以打乱敌人的战略部署。但遭到英军战术空军司令利·马洛里的反对，但最终这项建议被艾森豪威尔接受。第一零一空降师指挥官是威廉·李，但由于威廉·李心脏病突发被护送回国，就由马克斯·泰勒接替了他。

1944 年的春天，阳光明媚，微风阵阵袭来，吹到脸上让人感到惬意，树绿了，小草发芽了，远处的山坡也披上了一层绿色，生命的春天向人们走来，然而，在这样的春天，战争却将一切都破坏了。盟军的战略轰炸机正在轰炸德国的城市、国防工业设施和轴承厂等目标，战略轰炸机的司令图伊·斯帕茨和阿瑟·哈里斯认为这样做能够打败德国，于是，就不再需要执行什么“霸王”行动计划了。

图伊·斯帕茨和阿瑟·哈里斯这两个人对布莱德雷提出的轰炸法国铁路和桥梁系统的战术不支持。但是，艾森豪威尔命令执行该决定，从四月份开始，盟军的轰炸机就对法国的铁路和桥梁等主要设施实施了轰炸，严重摧毁了法国的交通。在这次轰炸中，德军损失了一千多架飞机、一万六千多辆火车皮和九百多辆

火车头。这些战果为“霸王”行动提供了有力的支援。布莱德雷私下里认为，这次艾森豪威尔同意自己的建议是其在第二次世界大战中最大的功绩之一。

“霸王”行动计划是美英合作的结晶，而布莱德雷作为美军的主要指挥官之一参与了许多重大活动。在该计划的逐步完善中，布莱德雷表现出了优秀的合作能力，他一下子由一个乡下孩子跃身进入英国的贵族阶层，他认识了英国的很多贵族，上到国王，下到达官显贵。他的敏锐的观察力，做事的谨慎态度都获得大家的一致好评。英国国王乔治六世很欣赏布莱德雷，还在他的远航俱乐部会员证上签字留念。在这些交往中，他和丘吉尔、布鲁克、蒙哥马利等英军将领逐渐熟识，并和丘吉尔、艾森豪威尔等建立了良好的感情，这些都为以后在战争中继续合作奠定了一定的基础。

在作战中，他们彼此进一步了解。在诺曼底登陆战的初期，布莱德雷的第一集团军隶属于蒙哥马利的第二十一集团军群，为此，布莱德雷要和蒙哥马利探讨计划的细节。布莱德雷发现蒙哥马利虽然尽心尽责的做工作，但是他为人非常的刻板、冷淡和拘谨。蒙哥马利的司令部坐落在肯辛顿圣保罗学校，丘吉尔和盟军的主要将领都到这里来开会，会上，蒙哥马利详细地向与会者介绍了诺曼底登陆的细节，比如，作战计划、部队状况、敌军配置以及德军的可能反应等。布莱德雷觉得蒙哥马利似乎对这一切了如指掌。

按照蒙哥马利的部署，布莱德雷的第一集团军在右边登陆，然后向内地推进，切断康坦丁半岛，之后向右夺取瑟堡。加拿大的第一集团军上岸后去增援固守卡昂的登普西，以吸引德军主力。巴顿的第三集团军上岸后，向西夺取布列塔尼半岛及其港口。这些目标到达之后，盟军将建立南北正面防线，东临塞纳河和巴黎，和德军展开决战。

蒙哥马利拟定计划时的有条不紊激怒了布莱德雷，他认为蒙哥马利太过于刻板，和他大吵起来，这是两人第一次争吵。而蒙哥马利的计划还是很鼓舞人心的，可是不知道是出于何种原因，他突然变得很轻率鲁莽。

在进攻中，英军在登陆当天就攻克了卡昂，然后东进夺取了卡昂及以南、以东直到法莱斯之间的地段，并建立了飞机场等补给基地，以吸引德军。但蒙哥马利没有让英军承担“突破”计划，而且还缺乏对滩头阵地登陆的具体计划和措施，这使得在滩头站稳脚跟成为困难。

拉姆齐海军上将在蒙哥马利之后也做了介绍，利·马洛里也说自己将率领空军实施战术轰炸。关于具体的作战计划，则由美军将领阐述，其中，布莱德雷最为钟爱的柯林斯表现得很好，布莱德雷颇感欣慰。

在这次会议结束之后，英国首相丘吉尔做了总结，他告诫在场的每一位指挥官，这次行动是一次进攻，不是要建立什么滩头阵地，请他们牢记。布莱德雷越来越感到自己肩上承担的责任重大，他要更加的努力了，因为诺曼底登陆即将上演。

第十三章 诺曼底登陆

盟军打算于1944年的6月份在诺曼底登陆时实施“霸王”行动计划，具体的时间会另做商议。登陆前，英国“超级”破译情报组织将美国专家扩展了进去，使盟军的情报工作进一步得到加强。日本驻柏林大使弘尾岛将军与希特勒和纳粹党人关系密切，“超级”情报组织还成功破译过弘尾岛将军定期以“魔术”为代号向东京报告德国情况的高级机密。如此一来，身兼第一集团军和第一集团军群司令两职的布莱德雷就可以从“超级”破译队获得许多重要的情报了。

1943年下半年，弘尾岛的报告再次被盟军截获。弘尾岛在报告中不仅认真叙述了德军的防御工事，而且还把德军最高统帅部的防御战略、德国军队的部署、武器装备数量乃至于德国海、陆、空指挥官的名字一一向东京做了详细汇报。有了这份情报，再以盟军从空中侦察和其他渠道得来的情报作为参考，德军的情况、德军的弱点和脆弱部位已经一目了然地呈现在布莱德雷和其他高级将领的眼前。

布莱德雷在情报中得知，德国陆军由六十多岁的元老格尔德·冯·龙德施泰特元帅担任西线总司令，被称作“沙漠之狐”的隆美尔元帅是他的主要下属。在战略上，龙德施泰特主张机动

防御，在盟军登陆后准备在法国腹部展开广泛的运动战。然而，隆美尔鉴于突尼斯的失败和德国缺乏空军优势，力主在盟军登陆四十八小时内决战，使盟军措手不及。为此两人分歧很大。

为了加强加莱的防御，隆美尔还计划在法国北部海岸深沟高地构筑“大西洋壁垒”。“大西洋壁垒”防线包括自行火炮、防坦克壕、水下障碍物、掩体、地雷以及远离海岸的漂浮水雷。然而，由于构筑“大西洋壁垒”没有得到龙德施泰特的支持，使得大多数的装甲部队仍处于预备队阶段。尽管隆美尔没有能够及时修好诺曼底的防御工事，但他调来了精锐的步兵师。

隆美尔的第十五集团军被部署在加莱地区，第七集团军则被部署在诺曼底和布列塔尼。隆美尔与希特勒几乎同时意识到盟军即将登陆诺曼底。希特勒企图挫败盟军的“霸王”作战行动，这样可以抽掉五十个师到东线扭转危机的局势。希特勒专门部署了巡航导弹准备在挫败“霸王”行动后攻击英国。盟军的组织很快截获了这些情报，在登陆前夕，盟军努力搜寻德国部署在法国的导弹发射装置，并打击正在做最后试验的导弹阵地。

艾森豪威尔在发起攻击的前夕，亲自主持召开了最后审查“霸王”作战计划的会议。此时，盟军的“超级”破译情报组织早已经掌握了盟军作战的第一手情报。他们得知德军从阿姆斯特丹到布雷斯特海岸的二十八个师的部署。德军的战斗序列、指挥部也都被盟军掌握，美军第一零一空降师原计划在圣洛空降，然而，当“超级”破译情报组织发现德军第九步兵师到了圣洛附近，因此，他们改变了空投区，避免了一次不必要的麻烦。

在艾森豪威尔的主持下，审查“霸王”作战计划的会议在圣保罗学校蒙哥马利的司令部召开，英国国王、丘吉尔、艾森豪威尔参加了此次会议。会上，布莱德雷、登普西、史密斯、斯帕茨、哈里斯、霍奇斯、巴顿等将领纷纷讲话。其中，布莱德雷不带讲稿，发言简短，巴顿认为丘吉尔的讲话充满了“战斗激

情”。他盛赞布莱德雷“言简意赅”。布莱德雷也得到了英国国王的欣赏，英王亲自授予布莱德雷“低级巴斯荣誉军事勋位”。

由于在这次会议上的良好表现，布莱德雷也因此成了《时代》杂志、《生活》杂志和《新闻周刊》等的焦点人物。他的特写照片赫然出现在封面上，同时他以珍惜士兵的生命和不作无谓的牺牲而成了著名人物，并引起狂热宣传。

在诺曼底登陆战开始前夕，布莱德雷把军长、师长召到布里斯托尔，对行动计划做最后审查。布莱德雷几乎每天都要去军营看望士兵，手持教鞭为部署们讲解有关问题。部属们亲切地称他是“西点军校和步兵学校的老教师布莱德雷将军”。在行动计划最后审查结束后，布莱德雷激动万分，他感到千斤重担系于一身。布莱德雷眼睛模糊，沉默良久，只说了一句：“祝你们幸运!”

布莱德雷的言行举止深深地影响着他的部属们，他们对布莱德雷十分敬仰和钦佩。部属们感到布莱德雷是一位“应当为之牺牲一切的司令”。

行动日的前两天，布莱德雷和助手在普利茅斯登上美国“奥古斯塔”号重巡洋舰，他的司令部就设在舰上。行动日的前一天，港口阴云密布，空气潮湿。参谋长比尔·基恩送来艾森豪威尔推迟二十四小时行动的通知。进攻计划的行动日原来确定在了6月5日，由于时间推迟了一天，因此，只有等到6月6日再行动。

在此前的几天里，蒙哥马利已经对布莱德雷的计划作了最后一次审查。在各种战舰和登陆舰艇云集英国南部港口，登上各自的指挥舰之前，蒙哥马利邀请布莱德雷、巴顿、登普西、克里勒四个集团军司令到他设在朴次茅斯的岸边司令部共进晚餐并在那里过夜。聚会中，巴顿频频为蒙哥马利的健康干杯，表示愿意听从领导，服从命令。他和蒙哥马利之间显得亲密无间。晚上，蒙

哥马利乐观地和布莱德雷打赌，推测战争会在 11 月 1 日结束。然而，布莱德雷不以为然，但他还是赌了，并希望自己输掉。

1944 年 6 月 5 日晨，艾森豪威尔来电：“攻击开始日不变，星期二，6 月 6 日”。

第二天，巴顿和布莱德雷在机场分手时，巴顿激动地拉住布莱德雷的衣服说：“布莱德雷，祝你走运，希望我们能早日重逢！”晚上，布莱德雷上岸和“霸王”行动西线特混舰队美海军司令艾伦·柯克少将、美第九航空队副司令拉尔夫·罗伊斯少将等会晤，布莱德雷提出了自己对计划行动的看法。他建议艾森豪威尔，执行计划应该选择一个较好的天气，否则很可能影响计划的完成情况。如果天气不见好转的话宁愿推迟行动，推后两到三天再进行。

攻击当天的凌晨三点多，布莱德雷到达指挥位置。表面上，他十分平静、乐观，但内心的忧虑只有他自己才知道。几千艘舰只浩浩荡荡地从普利茅斯出发了，“奥古斯塔”号在二十几艘护卫舰的保护之下，向登陆点“奥马哈”和“犹他”海滩驶去。“奥马哈”海滩调来了德军精锐部队，那里肯定会有一场恶战。

布莱德雷在这次行动中一直坚持空降部队的巨大作用，行动的结果证明布莱德雷是正确的。就在地面部队乘军舰驶向海峡时，盟军的空降部队早在深夜时就出发了。美军第八十二空降师和第一零一空降师降落在“犹他”滩，英军第六空降师则在奥恩河畔卡昂附近降落。尽管由于飞行员的急躁和天气恶劣，降落点比较分散，但是部队已经开始夺取要害部位。行动总体来说还是比较尽如人意的。

就在盟军空降后不久，德军出现了混乱和恐慌，桥梁、公路和部分据点被小股盟军空降兵攻占，而盟军的损失却寥寥无几，远远少于战术空军司令预计的损失数字。

雷·巴顿的新编第四师一马当先，于当天傍晚，将军队推进

布莱德雷

了大约十公里。凌晨6点多，柯林斯的第七军开始在“犹他”滩登陆。此前，海军战舰已经对射程之内的所有防御工事实施了炮击，美国轰炸机也对海滩实施了轰炸。经过轻微的战斗，德军第七零九师的一个团很快就投降了，其中的士兵主要是由预备役人员和外国志愿兵组成的。美国在这天的战斗中仅损失了不到二百人，令布莱德雷兴奋不已。

然而，此次行动并非万事一帆风顺，自然也免不了遇到很多难题。与“犹他”滩相反，“奥马哈”海滩的登陆战异常残酷。狂风恶浪迫使士兵和装备的登陆遇到了极大的困难。滔天的巨浪无情地吞噬了攻击东海滩的大多数坦克和几十辆两栖车辆。整个登陆行动，仅一半左右的坦克和几辆车到达了海滩。空军的轰炸没能达到目的，海军却摧毁了大约半数以上的德军阵地。

布莱德雷这一天一直待在“奥古斯塔”号上等待从“奥马哈”海滩传来的消息。然而，“奥马哈”海滩很少传来喜讯，这使得布莱德雷心急如焚，甚至想撤出部队。他从战斗前线发回的电报中获悉，“奥马哈”海滩的德军已经得到精锐摩步师的大力支援。由于德军可以在壕沟中向低地猛烈实施炮击和射击，从而使水下障碍、水雷以及海滩的低堤对登陆部队十分不利。

形势对布莱德雷一方十分不利。不久，杰罗率领的第五军的一个团和许布纳率领的“大红一师”的第十六团，还有大多数水下爆破工兵部队都遭到德军火炮、迫击炮和机关枪的猛烈阻击。杰罗和许布纳率领军队奋力抗击，与德军展开了激战。原本金黄的海滩早已成了炫目的红色，在上午阳光的照射下异常的夺目，触人心魄，被毁坦克的碎片还带着火药的余温。激战大约持续了六个小时，登陆部队经过拼命作战，才占据了十码滩头阵地。布莱德雷在回忆时说：“幸亏德军没有取得制空权，而且他们的导弹也未做好战斗准备，否则后果不堪设想。”

下午一点左右，杰罗才发来“牢牢地守住了海滩”并正在

向高地挺进的电报。布莱德雷派参谋长比尔·基恩和副官汉森前去海滩察看，证实情况乐观之后，布莱德雷才松了一口气，心里的那块石头才往下放了放。在第二十九师的副师长诺曼·科塔准将和第一一六团查尔斯·坎汉上校以及第十六步兵团的乔治·泰勒上校的带领下，士兵们高喊着口号冒死前冲，奋力杀向阵前，在“奥马哈”海滩，杰罗手下的第二十九师和桀骜不驯的“大红一师”在枪林弹雨中冲锋陷阵，使得登陆部队在夜里有将近四万人登上了海滩。终于使立足点慢慢扩大了。杰罗在电报中还盛赞十二艘驱逐舰的炮火支援。

布莱德雷是爱护士兵的，他立即派人对美军的伤亡情况进行察看。美军的伤亡人数将近三千人，布莱德雷立刻调来军医对伤员进行救治。然而幸运的是，布莱德雷已经攻占了登陆目标。

德军没有想到盟军会在这样恶劣的天气条件下发动登陆战。此时的“沙漠之狐”隆美尔已经回德国给他的夫人过生日去了，第七集团军军师级军官大多在雷诺参加演习准备迎战，只有老元帅龙德施泰特在岗位上。当英军第五十师的两栖坦克在登陆时发起强烈冲锋的时候，德国守军很快后退，英军在黄金滩推进了大约七公里，然而由于半路受阻，英军没能按照原计划顺利到达目的地贝叶。而在登陆之前就损失了八辆坦克的加拿大第三师一路英勇杀敌，军队迅速向前推进，他们的巡逻装甲车甚至到达了贝叶－卡昂公路。

由于受暗礁和地形的影响，加之受到守卫在海滩上的德国第七一六师强烈的炮击和轰炸，使得第二集团军的登陆足足推迟了一个半小时。在索德滩，由于英军第三师的二十八辆坦克在登陆前就沉没了一大半，使第三师的攻击力大大减弱。然而，英军仅凭借上岸的小部分坦克发起了猛烈的进攻，摧毁了德军的大炮阵地，并在奥恩河岸和第六空降师取得了联系。

龙德施泰特在盟军登陆的几小时内，命令诺曼底守军进入紧

急戒备状态，并调隆美尔的第二十一装甲师固守卡昂。龙德施泰特通知卡昂附近的第十二守备师和模范装甲师在夏尔特尔做好支援作战的准备工作。这一次，由于德军的疏忽为英军提供了一个绝好的机会。为了紧急应战，龙德施泰特必须调用卡昂附近的第十二守备师和模范装甲师。然而，柏林总部在希特勒亲自批准龙德施泰特的申请前，不允许他动用这两个师。不巧的是，那天希特勒在巴伐利亚山区休养，由于希特勒睡得很晚，没人敢叫醒他。德军也因此失去了最为宝贵的十二小时。

当德军出动了那两个师时，他们已经失去了最佳作战时间，出动的两个师又遭到盟军飞机的猛烈轰炸，晚上才敢出动。形势对盟军越来越有利。渐渐地，布莱德雷发现英军作战过于谨慎小心，第二集团军在登陆当天共有八万多人登上滩头，仅仅损失三千人，这虽然是个好消息，但是在英军登陆区，德军只有第二十一装甲师在卡昂抵抗。在中午以前，德军第二十一装甲师未能投入奥恩河的战斗，卡昂北面和东北面的道路网开，假如英军能迅速穿插，完全可以夺取卡昂。然而，英军第三师虽然在卡昂激战中打退了德军的反击，但德国装甲师仍然牢牢守住了卡昂。

蒙哥马利未能按照计划夺取卡昂，并在以后的法莱斯战役中消灭德军，使盟军的空军失去了所需要的机场。实施登陆的第二天凌晨，蒙哥马利前来“奥古斯塔”号听取布莱德雷的简要汇报。布莱德雷在汇报中详述了第五军在“奥马哈”海滩的重大损失，第五军和柯林斯的第七军之间存在十六公里空隙，以及美英两军之间的空隙问题，并且针对这些问题做了相应的分析。

布莱德雷建议，必须修改“霸王”行动计划，如果还按照原计划行动的话，那么一旦德军发动大规模反击，立足未稳的盟军就会被赶回大海。这一次，布莱德雷和蒙哥马利取得了一致意见，将原计划由柯林斯的第七军攻入康坦丁半岛，然后夺取瑟堡，决定为第五军和第七军迅速在卡伦坦会师，美英军之间也迅

速合拢。

希特勒错误地认为加莱是主攻方向，诺曼底只是佯攻，这使他上了“刚毅”行动的当。由于希特勒的错误判断，驻加莱的德军第十五集团军的十九个师和龙德施泰特的五个装甲师未能在一周之内调到诺曼底进行反击。盟军的登陆取得了胜利，大部队没有费很大周折就越过了“大西洋壁垒”。就在柯林斯在做下一步进攻瑟堡的准备，蒙哥马利放弃进攻贝叶，主攻卡昂的时候，德军的两个师已经前来支援卡昂的第二十一装甲师了。

布莱德雷到“奥马哈”海滩布置了新的计划，并视察了部队，表扬了“大红一师”在战斗中的英勇表现。布莱德雷在视察中了解到，虽然盟军部队站住了脚，但是大炮、弹药、坦克、车辆严重匮乏，海滩拥挤不堪，部队难以展开。

发动进攻的第二天，由于电报联系上出了问题，使一向在作战中密切合作的艾森豪威尔和布莱德雷之间产生了小小的不快。上午，艾森豪威尔来到布莱德雷处视察，听取汇报。艾森豪威尔听过汇报后竟然对布莱德雷暴跳如雷，他责怪布莱德雷没有及时报告战况，使自己对许多战况一无所知。布莱德雷也怒火中烧。原来他每小时发出的电报，被压在蒙哥马利的密电室里加密，晚十二小时才能送到艾森豪威尔手中。布莱德雷认为这种访问毫无意义，是一种对作战指挥的干扰，令人讨厌。

接下来，布莱德雷第三次上岸视察部队，他从电台播音员玛丽·麦克布莱德的广播中获知女儿伊丽莎白已经和哈尔在西点军校的小教堂里举行了婚礼。婚礼中，老朋友哈里斯上校代替自己将女儿交给了哈尔。女婿哈尔今年二十岁，刚刚从西点军校毕业，年轻气盛的他参加了飞行训练大队，驾驶最新式的重型轰炸机。

就在布莱德雷的女儿伊丽莎白和哈尔举行婚礼的那天，德军正在开始向诺曼底反扑。隆美尔对反扑行动做了精心策划，并亲

自指挥，力图守住卡昂和瑟堡。隆美尔从布列塔尼半岛抽调第十七守备装甲步兵师、第七十七步兵师和第三空降师到康坦丁半岛。卡昂距离巴黎仅二百公里，两城之间便于坦克作战，隆美尔担心卡昂的局势，特意派三个装甲师和部分步兵增援卡昂。瑟堡是诺曼底地区的良港，是盟军要夺取的补给要港，对它的争夺非常重要。

布莱德雷的手下在杜胡角建立了一个野战司令部，第一集团军司令部正逐步移到岸上。此时，德军的三个师已经和第九十一步兵师以及第三五二师的残部合拢，成为布莱德雷的主要对手。之后，布莱德雷从“奥古斯塔”号上岸，到蒙哥马利设在贝辛港的司令部开会。此时，布莱德雷的情报处长蒙克·迪克森已经把从“超级”破译情报组织获得的，关于隆美尔从布列塔尼半岛调第七集团军到康坦丁半岛的情报及时报告给了布莱德雷。布莱德雷得到情报后，立即将第五军和第七军即可在卡伦坦会合的情况向蒙哥马利做了汇报。就在蒙哥马利手下的英军对卡昂毫无办法的时候，“超级”破译情报组织又传来情报，龙德施泰特又调了三个师到卡昂。

蒙哥马利对布莱德雷在第一时间送来情报表示非常满意，为了抢在德军增援部队抵达卡昂前采取行动，蒙哥马利要求杰罗的第五军向南面的考蒙特推进，并把主要计划确定为从正面或者是侧翼袭击卡昂。蒙哥马利还动用了曾在北非威名远扬的英军第七装甲师和第一空降师进行增援。然而，蒙哥马利的进攻仍然遭到德军的顽强抵抗，最后计划不得不以失败告终。

六月中旬的一个阳光明媚，暖风阵阵的下午，丘吉尔、布鲁克去看望了蒙哥马利和登普西。艾森豪威尔陪同马歇尔、金、阿诺德等美军头脑来到“奥马哈”海滩，布莱德雷和霍奇斯、杰罗等一起向他们做了汇报，并请这些权贵吃便餐。此时，马克斯·泰勒的第一零一空降师已经攻占了卡伦坦，第五军和第七军也

已经会合，薄弱部位得到了加强，皮特·科利特的第十九军的成功登陆使结合部进一步加强了。

就在聚餐的第二天，布莱德雷得到隆美尔从布列塔尼调来的第十七守备装甲步兵师和第六伞兵团开始攻击驻守在卡伦坦的美军的消息，这个兵团是没有反坦克武器的。“超级”破译队的情报再一次显示了它的准确性。布莱德雷命令杰罗派一个坦克营和一个装甲步兵营来支援，但杰罗不愿从第二装甲师抽调兵力，他让经历了北非和西西里战役的老将罗斯担任指挥官，带领另外一支装甲兵特遣队执行支援任务。虽然第一零一空降师和增援部队击退了德军的进攻，但是由于军队的战斗力不是很强，因此在德军的强大攻势下，第一零一空降师和增援部队也损失惨重。

就在第一零一空降师和增援部队损失惨重的同时，“大红一师”已经和英军的第五十师会合。会合之后，“大红一师”继续向前推进，前去支援进攻维莱博卡日未遂的英军第七装甲师。然而，由于第七装甲师的失利，“大红一师”在考蒙特被直接暴露在德军面前，德军第二装甲师正准备袭击美英的结合部，美英结合部的处境十分危险。

对“霸王”行动计划的及时修正，巩固了盟军对滩头阵地的控制，隆美尔失去了驱逐诺曼底登陆部队的希望。蒙哥马利调第七装甲师和“大红一师”配合，击退了德军的反扑。虽然德军的六个装甲师正在蒙哥马利的正面集结，在某种程度上已经说明蒙哥马利达到了吸引德军的战略目的，然而，空军对没有能获得必要的土地修建机场表示愤怒不已，艾森豪威尔也对蒙哥马利没能夺取卡昂感到气愤之极。

蒙哥马利指挥作战历来谨慎小心，他在阿拉曼、突尼斯的作战风格再次在卡昂体现出来。从六月中旬开始，希特勒命令部队向伦敦发射导弹，这引起了英军的极大恐慌。在艾森豪威尔的一再督促下，蒙哥马利终于决定开始攻击卡昂，然而由于飓风破坏

了人工港，补给成了当前急需解决的问题。为了力求万无一失，蒙哥马利再次改变计划，将进攻又向后推迟了一个星期。

自从“桑茸”号人造港遭到德军破坏之后，为了站稳脚跟，得到战斗中的有利地势，美军夺取瑟堡更显得紧迫了。布莱德雷将四个师分配给了柯林斯，布莱德雷运筹帷幄，全力筹措进攻瑟堡的部队进行战斗。不久，柯林斯接到布莱德雷的指示，指挥第七军向西推进并发起了进攻，他们的目标是在抵达大西洋沿岸后，封锁康坦丁半岛。康坦丁半岛易守难攻，踞守半岛的德军有四个师的兵力。希特勒对战斗的局势十分关注，他命令龙德施泰特和隆美尔死守康坦丁半岛和瑟堡。

在柯林斯的指挥下，第八十二师、第九师突前，第九十师断后。到了六月中下旬，军队已经推进到巴思维尔附近的大西洋沿岸。美军第八军在军长一原第四十五师师长特罗伊·米德尔顿的带领下从英国调到法国。布莱德雷命令米德尔顿在已经占领的战线上固守，并把第九十师、第八十二师和第一零一空降师交给他指挥。然而，柯林斯的第七军在折向北面攻取瑟堡时，却遇到了困难。柯林斯率部冒着暴风向北挺进，第八军按照原计划不变，固守原来的战线。

艾森豪威尔在六月下旬，在儿子约翰·艾森豪威尔中尉的陪同下，乘“汤普森”号驱逐舰第二次视察法国。根据“超级”破译队的情报，德军此时有三到四万人仓皇向瑟堡方向溃退。布莱德雷在午餐时向艾森豪威尔汇报了一到两天即可攻陷瑟堡的战况。艾森豪威尔建议美军乘机追击，全速北进，以防止德军巩固其防线。

面对德军的不断增援，美军面临被包围在康坦丁半岛的危险。风暴过后，空军、海军向瑟堡发动了猛烈攻击，支援第七军的进攻。四天后，第七军抵达瑟堡的市郊。布莱德雷准备紧急调回柯林斯，部署在南面加入杰罗、科利特和米德尔顿这几个军作

战，以四个军的兵力向南面、西面大举突击。

按照“霸王”行动计划，蒙哥马利在“东线”的任务是吸引德军主力而不是“突破”，而布莱德雷则要实施突破，然后向东迂回。然而，蒙哥马利原定在六月中旬进攻，结果一拖再拖，艾森豪威尔私下抱怨他迟滞不前。一个星期过去了，蒙哥马利决定进攻。艾森豪威尔又焦急地要求布莱德雷在蒙哥马利之前率美军突破德军的防线。蒙哥马利指挥部队向德军七个装甲师和两个步兵师攻击，德军竭尽全力抵抗，双方伤亡惨重，卡昂仍在德军手中，僵局出现。

形势对盟军越来越有利，此时的德军指挥官龙德施泰特和隆美尔清楚地意识到不可能将盟军赶出诺曼底，再硬撑下去只会伤亡惨重，最终被盟军一步步消灭。经过商议，龙德施泰特和隆美尔决定晋见希特勒，要求修改战略，撤出卡昂，退到塞纳河防守，实施机动作战计划。然而，他们的建议并没有得到希特勒的认可，希特勒坚决不同意撤退，要求他们死守海滩。

龙德施泰特和隆美尔的要求虽然没有得到认可，但是他们的主意已定，一回到巴黎，就立即下达了命令，执行撤退计划。希特勒获知后勃然大怒，他立即撤消了命令，并派助手带手谕到法国解除了龙德施泰特的职务，由亨特·克鲁格陆军元帅接替。隆美尔保住了位子，和盟军的作战依然如故。

由于蒙哥马利进攻卡昂进展缓慢，使得英军和盟军对他都产生了极大的不满，甚至开始怀疑他的指挥能力。碍于情面的蒙哥马利毫不示弱，他将失利的部分原因归罪于空军，结果也招致了批评。艾森豪威尔着实对蒙哥马利的作战伤了一番脑筋，为了敦促蒙哥马利尽快行动，艾森豪威尔巧妙、圆滑又带有刺激意味地给蒙哥马利写了一封亲笔信，要求他打破僵局。并许诺可以派一个美国装甲师支援他。

蒙哥马利拴住德军后，布莱德雷的突破行动开始了。布莱德

雷经过深思熟虑，终于想出了一个有胆识、有雄心、乐观的伟大计划：布莱德雷命令美军十二个师发动了大规模进攻，向南推进大约九十公里，闪击德军的保护壳，直抵阿弗朗什。这样，巴顿的第三集团军就可以登陆攻占布列塔尼半岛了。出于礼貌，布莱德雷将计划送给蒙哥马利审阅。

艾森豪威尔在七月初的时候亲自来到布莱德雷的指挥所，他急于看到布莱德雷发动进攻。由于肃清瑟堡的顽敌拖延了攻击的时间，第七军难以按时调动和部署。第四师的伤亡和第八军各师登陆时间也不相同，布莱德雷不得不等到两天之后，才决定行动。艾森豪威尔和布莱德雷去了蒙哥马利的指挥所，蒙哥马利虽然没有攻占卡昂，但他依然沾沾自喜，因为他认为自己的军队将德军主力吸引到英军战区，这便于美军夺取瑟堡和迂回作战，对于这一点，蒙哥马利认为自己功不可没。

艾森豪威尔本来已经对蒙哥马利没有能夺取卡昂大为恼火，正在此时，他又忽然提出集中兵力攻击加莱地区，那里是导弹发射场比较集中的地区。这个建议使艾森豪威尔和布莱德雷大吃一惊。布莱德雷看出了蒙哥马利的政治目的，蒙哥马利这样做就可以指挥英国第二集团军、美国第一集团军和加拿大第一集团军，同时放弃了“霸王”行动计划。面对德军用导弹袭击伦敦，以及蒙哥马利的裹足不前，艾森豪威尔心急如焚。

但布莱德雷对蒙哥马利的计划并不赞成。按照计划，此时的布莱德雷应组建美军的集团军群，和蒙哥马利平起平坐。布莱德雷认为此建议是即兴之作，难以成功。

西线美军的进攻开始了。美军的计划是：由两个军的兵力沿着半岛西岸推进阿弗朗什；一个军夺取圣洛；一个军夺取考蒙特，保护蒙哥马利的右翼。米德尔顿的第八军、柯林斯的第七军、科利特的第十九军和杰罗的第五军自右至左正面展开。推进成功后，迂回到威胁蒙哥马利正面的敌人后方，进而歼灭敌人。

发起进攻之后，第九十师的表现令人十分失望。布莱德雷十分恼火，他准备解除兰德勒姆的职务，让特迪·罗斯福来指挥第九十师。然而，特迪·罗斯福由于心脏病突然离世，布莱德雷最后决定任命雷蒙德·麦克莱恩担任第九十师的师长。第八军首先发起进攻，战斗一开始，第八十二师的进展还算顺利，但是后来，由于德军强势的对抗，麦克马洪的第八十二师进展极其缓慢。

作为布莱德雷在本宁堡的同事，麦克马洪要求解职。布莱德雷鼓励他再打四十八小时，如果没有进展再解职。然而，麦克马洪已经对战斗的突破性进展失去了信心，布莱德雷只好将埃迪第九师的副师长唐纳德·施特罗调来，解除了麦克马洪的职务，但是第八军仍然没有能攻破德军的保护壳。

就在布莱德雷决定行动的第二天，柯林斯命令雷·巴顿的第四师、罗伯特·梅肯的第八十三师向灌木丛里的德军进攻，但是这次进攻对德军的影响并不大，可以说没有产生什么效果。就在布莱德雷为突击失利而烦恼的时候，巴顿秘密地来到了法国。巴顿对艾森豪威尔和布莱德雷的指挥才能颇为蔑视。他狂妄地认为，假如由自己来指挥，三天之内就可能突破敌人的防线。莱斯利·麦克奈尔准备接替巴顿指挥虚构的第一集团军群，继续迷惑德军。巴顿到了法国后，将指挥第三集团军作战。

不久，第十九军发动了攻击，利兰·霍布斯的第三十师首先攻击维尔河的重要桥头堡，由于桥头堡地形太小，给展开带来的困难。尽管第十九军努力突破，可是敌人负隅顽抗，最终也没有任何进展。格哈特的第二十九师、保罗·巴德的第三十五师也毫无进展。三天后，埃迪的第九师从瑟堡被调来参战，但也遭到德军的拼死抵抗。

四个军的进攻都受到了挫折，布莱德雷的突击计划和向阿弗朗什发动闪击战的美梦破灭了。布莱德雷对失败做了认真的分析和总结，布莱德雷认为，这次失利是因为自己迫于上司压力过早发动进攻而造成的，而且美军不习惯于灌木丛作战，坦克和车辆陷入了泥潭，天气恶劣，空军作战缺乏支援，还遇到了德军顽强地抵抗，德军的装甲部队赶来支援等，都是造成进攻失利的原因。

第十四章 误失良机

德军的进攻在八月初一个凉爽的清晨开始了。德军左翼第一一六装甲师率先发起进攻，但由于盟军早已经做好了应战准备，德军左翼第一一六装甲师的进攻很快便被挫败。德军紧接着派出了第二装甲师的一个纵队向美军阵地发起猛烈进攻，并推进了数英里。布莱德雷派出了美国的第三装甲师前去迎战，没过多久，第三装甲师迎面挡住了德军的去路。德军再次转移了目标，他们的第一、第二装甲师向美国第七、第十九军的接合部发起猛攻，突入美军阵地，越过莫尔坦，扑向儒维尼和勒梅斯尼尔－托维一线。

盟军的指挥官们万分焦急，面对德军不断的进攻，盟军部队只能处于守势。由于雾气很大，空军无法施行空战。到了中午时分，原来遮天蔽日的浓雾逐渐散去，露出万里晴空，盟国空军开始发挥威力了。英美空军的一架架战斗机飞上了天空，很快，空中布满了英国的“飓风式”和美国的“野马式”战斗机，它们轮番向德军的坦克、战车和步兵部队猛烈轰炸。炸弹雨点般地落在了德军的阵地上。

德军的防空火力脆弱到了极点，地面部队几乎得不到防空炮火的掩护，伤亡不计其数，损失极其惨重。德军阵地周围到处都

是被炸毁的车辆和德国人的残肢断臂，士气一落千丈。“敌人轰炸机的轰炸简直让人无法忍受，我军从未遇到过这种规模的空中轰炸。我们低估了敌人的实力，因而使我军损失惨重。”德军第四十七装甲军参谋长向克卢格汇报时说。

没过多久，德军继续发动进攻，竭力向纵深推进。美军地面部队在作战行动中给人留下了深刻印象。面对德军的猛烈进攻，美军阵地岿然不动。又过了三天，德军的进攻已成为强弩之末。在精确的火炮和反坦克炮火的支援下，步兵以压倒优势阻止了德军的进攻。不久之后，美军已经彻底挫败了德军要突破美军阵地直抵阿夫朗什的企图，并开始收复失地。与此同时，后续部队也源源不断地开到前线。天将黄昏的时候，柯林斯的第七军已有五个步兵师和两个装甲师据守在阵地上。

就在美军和德军进攻部队的战斗进行得最激烈的时候，蒙哥马利抓住时机，在相邻地区向德军发动了大规模的进攻。德军的进攻从第一天起就失去了势头，英空军出动轰炸机上千架次对法莱斯公路两侧的德军阵地实施狂轰滥炸。加拿大的第二师和苏格兰的第五十一师也乘坐防弹战车随后赶到，在一个装甲旅的支持下发起攻击。军士们士气大振，与德军奋勇拼杀，取得了重大进展。德军的整个战线已经处于崩溃的边缘。

早在巴顿第一次研究“霸王”计划的时候，他就认为这个计划畏首畏尾，仅仅确立了登陆和建立滩头阵地的任务，对此后的作战行动没有交代。因此正当盟军领导人都在关注莫尔坦战役的时候，如同往常一样，巴顿的目光早已越过了莫尔坦，他的大部分闲暇时间都在构思着一个更加大胆的作战方案。渐渐地，巴顿的脑海中就萌生了一个登陆后在法国围歼德军的大胆计划。

登陆后在法国围歼德军的计划仅仅是一种设想，因为巴顿还无法预测盟军登陆后所面临的处境，更何况，盟军对德军的反应和作战能力等都不了解。登陆之后，巴顿的这一设想开始逐步明

确了。八月初，巴顿第一次提出围歼德军的计划。因为他看到，德军在法国的防御正在土崩瓦解，盟军无论在空中还是地面都占据着绝对优势。

巴顿命令海斯利普率领第十五军直插马延河和贡提耶堡之间的河岸，命令沃克将军率领第二十军南奔卢瓦尔河。为了鼓舞部队的士气，巴顿主张绕过一切敌人的抵抗，马不停蹄地前进，准备迎接更大的战斗。

蒙哥马利在莫尔坦战役爆发之后，制定了一个“大纵深包围歼敌”的计划。蒙哥马利在计划中打算利用盟军主力对敌军两翼实施迂回包围，同时，正面的盟军要牵制住法莱斯和莫尔坦的敌军，为盟军主力做掩护。巴顿的作战意图非常明确，就是利用德军发动正面进攻的时机，对敌人实施侧翼迂回，歼灭德军主力。当然，巴顿并不是惟一看到这一良机的人。没有多久，蒙哥马利和布莱德雷两个人也意识到了这个问题。

部队在巴顿精神的鼓舞下行进得非常迅速，仅仅用了两天时间，第十五军就越过了马延河，先后攻克拉瓦勒和勒芒。巴顿的第十五军作为追击的先锋部队，在占领勒芒后继续向北推进，加拿大的部队此时向南朝法莱斯和阿让唐推进，准备和巴顿的第十五军汇合，封闭德军的退路。此时，巴顿的第二十军也到达了卢瓦尔河，对形势进行分析后，巴顿又下达了一道新命令：改变进攻路线，挥师北上。

蒙哥马利要求美国第十二集团军群将右翼部队调头向北，全力向阿朗松推进，同时命令加拿大第一集团军和英国第二集团军火速向法莱斯推进。因为蒙哥马利觉得，如果德国人僵死地执行希特勒的反攻计划，那么，究竟鹿死谁手已经相当明确了。只需在原地待上三天，巴顿就能和加拿大部队在法莱斯和阿让唐会合，那么盟军的胜利已经指日可待了。

一向以稳健著称的布莱德雷通过研究战局变化得出结论说：

"德军由于发起这场进攻，反而招致了从南北两方遭到包围的危险。"起初，布莱德雷反对巴顿和蒙哥马利的远距离迂回包围计划，认为那么会给士兵带来不必要的体力消耗，布莱德雷主张采取更为简捷的"近距离合围"战术。然而，战争中的每一个决定都关系到全局的胜败，关系到很多士兵的生命，命令的下达绝非儿戏。布莱德雷与巴顿、蒙哥马利通过交涉和近一步研究，最终决定：

"按巴顿提到的计划不变，由盟军正面部队继续牵制德军的进攻部队，再由左翼的加拿大部队继续向前推进到法莱斯，全力争取抵达阿让唐。抵达阿让唐之后，命令攻占勒芒的海斯利普调头北上，与加拿大部队在阿让唐会合，将敌军包围在我军的可控范围之内，以形成瓮中捉鳖之势。"

巴顿感到很高兴，因为布莱德雷终于下达命令打一场大规模围歼战了。然而高兴之余，他的心里也有几分不快：巴顿认为布莱德雷的计划过于保守，由于通过商议后的战场包围圈过小，作战时很可能使战场拥挤不堪，那么坦克部队极有可能会失去回旋的余地。而且，在巴顿看来，布莱德雷的计划其实完全是巴顿自己的主意，却以布莱德雷的名义下达，巴顿的自尊心因此受到了打击。

按照布莱德雷制定的作战方案，巴顿所辖的第十五军是钳形攻势南翼的先锋部队。为了使盟军更好地协同作战，贯彻实施围歼德军的计划，艾森豪威尔将盟军司令部迁往诺曼底，直接参与战役的指挥工作。

布莱德雷总算向前迈进了一大步，巴顿的作战意图终于可以实现了，这使自尊心受到打击的巴顿感到很欣慰。八月初，巴顿接到布莱德雷的命令："将第十五军从勒芒调头北向，沿阿朗松－塞厄斯轴线向塞厄斯－卡鲁热一线挺进，准备朝阿让唐方向推进，在敌军侧翼和后方与其展开进一步的战斗。"

巴顿接到命令后，立即给海斯利普的第十五军下了一道具有重要意义的命令：将迄今在沿英吉利海峡一线和盟军对峙的德军赶至巴黎和鲁昂之间的塞纳河边。巴顿要求海斯利普要沿勒芒－阿朗松－塞厄斯轴线前进，目的是首先夺取塞厄斯－卡鲁热一线；为了使海斯利普的军队顺利向纵深推进，巴顿将第五装甲师和第七十九、第九十步兵师及法国第二装甲师划归给海斯利普调遣。

巴顿下达命令时特意使用了暗示的语言。这些巴顿式的语言中所暗含的意思，只有他的亲密部属们才能听得懂。他们领会了巴顿“准备向纵深推进”这句话是暗示部队到达阿朗松－塞厄斯地区后，不要停止前进，要一鼓作气，继续向阿让唐挺进，挥师法莱斯，与来自北面的加拿大部队会合。而巴顿指示的“歼灭德军于你的前沿”其实是在说“围而歼之”。巴顿称得上是一个杰出的军事指挥家，正是他巧妙地利用他独特的指挥艺术，为德军布下了一个天罗地网。

布莱德雷的作战方案得到了忠实地执行，海斯利普对巴顿的指令已经心领神会，并在接到指令当天就开始进军。按照巴顿的指示，部队抵达阿朗松和塞厄斯后，法国第二装甲师在左，第五装甲师在右，同时向阿让唐进发。在这次行动中，盟军把勒克莱尔将军指挥的法国第二装甲师编入巴顿的第三集团军，使巴顿如虎添翼。抵达卡伦吉斯－塞一线后，海斯利普准备在相对狭窄的正面继续向北推进，直到与加拿大的第一集团军会合为止。

巴顿亲自随军前进，准备痛痛快快大干一番，他对参谋长加菲说：“哦，加菲，用个什么词来形容才好呢？那就叫如愿以偿吧！”在巴顿的亲自指挥下，美法军队向前推进了十五英里，离阿让唐只有一半的路程了。

装甲部队已在 12 日越过佩尔塞恩森林，并且继续快速推进，把道路两侧的敌军留给步兵去清除。战斗一开始主要以激烈的坦克战和袭击性的炮战为主。敌军的炮火越来越猛烈，盟军装甲部队的前进速度开始逐渐减慢。尽管如此，第五装甲师在天黑时已经抵达萨尔特河，并在阿让唐东北处渡过河；直到这时，德军统帅部才如梦初醒，意识到他们有可能被两翼迂回的盟军围歼。

此时，法国第二装甲师也抵达阿让唐城南四英里处，并派出侦察部队侦察前沿敌情。侦察部队获悉，德军司令部命令克卢格将军暂停莫尔坦作战行动，调伊伯巴赫装甲集群向阿让唐推进，以便对第十五军的侧翼发动进攻。然而此时德军又一次失去了战斗的天时，伊伯巴赫的装甲集群在下午进入阿让唐城时，城内已经一片混乱，到处是被盟军飞机炸毁的车辆和坦克。

第五装甲师已经在 8 月 12 日清晨强行穿过马梅尔。此时德军已经乱成了一锅粥，失去了抵抗能力。德军第九装甲师在盟军的连续打击下，仅剩下一个步兵营、一个炮兵营和十几辆坦克。巴顿认为，在控制阿让通和阿让唐一侧的美国第七十九、第九十师的支援下，这两个装甲师和法莱斯南面的加拿大部队迎头对进，很快就能完成合围德军的计划。为了抓住战机，巴顿立即宣布：第五装甲师向西北方向进攻，把进攻目标确定为阿让通并全力攻占它。法国第二装甲师则进攻卡伦吉斯。

1944 年 8 月，加菲将军在圣詹姆士的巴顿司令部接到布莱德雷的命令，布莱德雷命令加菲的军队在任何情况下不得越过英、美在法莱斯 - 阿让唐地区的战区界线，第十五军必须在阿让唐 - 塞厄斯一线止步。加菲立即将这一命令转告巴顿。巴顿得到消息后似乎有些不相信自己的耳朵，这一消息对巴顿来说简直就是晴天霹雳。然而，这确实是艾伦将军替布莱德雷传达的命令。”

巴顿脸色苍白，心里极不平静，事关重大，巴顿立即给设在库坦塞斯的第十二集团军群司令部挂电话，与布莱德雷进行交涉。巴顿坚持要向法莱斯进军，并且大声诉说着进军的理由；布莱德雷则寸步不让，坚决予以拒绝，两人在电话中进行了激烈的争论。可是，这次争论是没有结果的，布莱德雷抑制不住内心的怒火，他再次重申了命令后就挂断了电话。

巴顿放下电话，脸色难看极了，他沉痛地对加菲说：“让第十五军在穿过阿让唐的这条东西线上停止前进，这必将成为一个具有重大历史意义的问题。”

这一次，巴顿是对的。情况正如巴顿所预料的那样，就在第十五军停止前进两天以后，大批溃不成军的德军从法莱斯以北的一个十几英里的缺口仓皇逃走。由于布莱德雷一个错误的决定，一个百年不遇的围歼敌军的良机就这样被白白断送掉了。

布莱德雷也对这次失掉围歼敌军的良机懊悔不已，其实，导致布莱德雷下达这样一个错误命令的原因有很多。

其一，按照计划，盟军指挥官在制订两翼迂回计划时，布莱德雷和蒙哥马利约定，以阿让唐作为双方的界限，两支部队在这里完成合围。但是蒙哥马利表示应该由加拿大部队拿下法莱斯后抵达阿让唐。布莱德雷很清楚，法莱斯对蒙哥马利很重要，那直接关系到他和英军的荣誉，是蒙哥马利梦寐以求的目标，蒙哥马利必然会全力以赴地去攻克。不同的是，如果由巴顿部队夺得法莱斯，那就等于是对加拿大部队的鞭笞，从而影响美英关系，甚至还可能由于美军的越界导致两军的冲突。

其二，第十五军向法莱斯推进，部队的战线必然要突然加长，完全暴露的两翼很容易遭到敌军的打击，甚至被敌军拦腰截断。布莱德雷一贯追求稳健的军事思想，这也是促使他做出错误决定的原因之一。

其三，布莱德雷考虑到两大集团军群的会合会给炮火的分配和空军确定空袭的目标造成巨大困难，军队越过阿让唐就进入了盟军空军的轰炸区，很可能会造成误炸。这种惨剧在以前的战斗中曾多次出现，考虑到这些，布莱德雷不能不为此而担心。

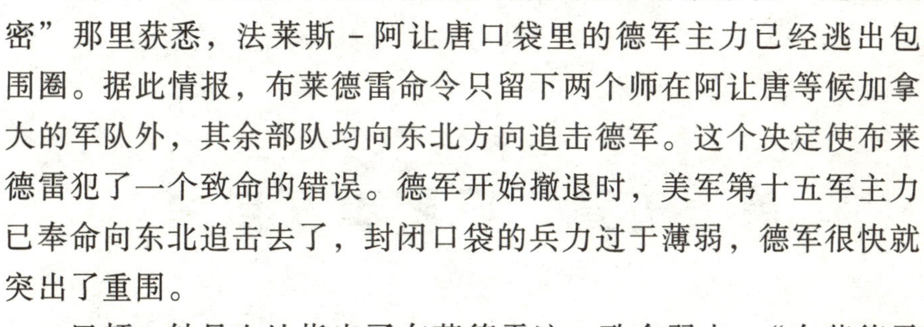

其四，布莱德雷在做出决定之前从英国情报系统“超级机密”那里获悉，法莱斯－阿让唐口袋里的德军主力已经逃出包围圈。据此情报，布莱德雷命令只留下两个师在阿让唐等候加拿大的军队外，其余部队均向东北方向追击德军。这个决定使布莱德雷犯了一个致命的错误。德军开始撤退时，美军第十五军主力已奉命向东北追击去了，封闭口袋的兵力过于薄弱，德军很快就突出了重围。

巴顿一针见血地指出了布莱德雷这一致命弱点：“布莱德雷的座右铭是‘有疑即停’。”

第十五章 巴黎重获自由

自从诺曼底登陆以来，盟军暂时是站住了脚，但是在扩大战果上还是屡屡受挫。7 月 10 日，蒙哥马利夺取了卡昂市郊，但也没有能够控制市区；布莱德雷的突击也没能奏效。英军到此已经损失了大约两万多人，美军也损失了大约三万人，而且盟军和德军眼下正处于僵持状态。蒙哥马利本想在这次战役之后，自己能够晋升为地面部队的总司令，但是，现在看来是空欢喜一场了。而此时，巴顿的第三集团军已经抵达了法国，布莱德雷也马上要升任集团军群司令，那就是说，布莱德雷可以和蒙哥马利平起平坐了。

炎炎夏日，布莱德雷坐在那里苦思冥想，终于想出了一个新的突破计划，他称它是“眼镜蛇”计划。由于圣洛地区地形的原因，要想实施偷袭或者侧面攻击都是不可能的事情，必须集中美军四个军的兵力在狭长地段实行正面突击。布莱德雷经过慎重地考虑，为了保险起见，他决定让柯林斯的第七军作为先锋部队，并派遣空军先于地面突击部队对正面的德军实施毁灭性打击。

在战争中，天气的好坏也往往会起到一定的作用，为了使“眼镜蛇”计划顺利完成，布莱德雷根据多年对天气情况的掌

握，发现今年七月的天气与往年不同，云层较薄，似有一层迷雾，在这种条件下最适合使用飞机进行空中打击，于是，他决定进攻的时间在七月中旬。

为了确保这个计划做到万无一失，蒙哥马利接着又起草了一个“赛马场”计划，目的就是用它来支援“眼镜蛇”行动，达到吸引德军主力的作用。接下来的工作就是要按照制定的计划部署部队了，蒙哥马利命令部队从东面发起正面进攻，装甲部队突击在前，再辅以空中打击。他觉得这一支援计划，起码可以洗刷自己屡战屡挫的过失。如果攻击顺利的话，还可以分享荣誉。蒙哥马利将自己的战略部署报告给盟军统帅艾森豪威尔，他声称这是一个决定性的计划，装甲师可以在卡昂——法莱斯公路一带驰骋，彻底瓦解德军。

艾森豪威尔批准了这一计划。接到命令，蒙哥马利马上开始实施他的“赛马场”计划。他命令重型轰炸机和中型轰炸机一共一千多架向德军的阵地投掷炸药，英军的装甲部队在空袭的掩护下向前推进了大约五公里。然而，战况并不像蒙哥马利所预想的那样顺利。装甲部队在前进了大约五公里之后，地面上留下的弹坑和雨水所造成的泥泞阻止了部队的继续前行，而在此时，德军也已经开始了反击。

在这次战斗中，号称“沙漠之狐”的隆美尔被炸伤，蒙哥马利在这时却突然停止了进攻，他以损失大约四千人和五百多辆坦克的代价占领了卡昂市以及该市以南大约十公里的地盘。这个战果和他在计划开始之前的吹嘘结果相差甚远，因此，在他命令部队停止攻击的时候，便招来了新闻界的批评。盟军司令部的高级将领对蒙哥马利的此次行动也是大发雷霆。布莱德雷也意识到蒙哥马利的胜利不像他鼓吹的那样具有决定性，但是至少是达到了吸引德军主力的战略目的。

布莱德雷的“眼镜蛇”作战计划开始实施。他要求空军对

德军集结地域实施精确的饱和轰炸。德军的集结地域是一块呈三角形的地带，由于这个原因，布莱德雷有些担心，他害怕空军的轰炸技术不够纯熟和准确，一旦出现差错将会误伤自己的部队。于是，布莱德雷对空军下达了命令，要他们沿着东西走向向德军阵地投弹。

正在战争进行的时候，却突然发生改变，天公不作美，“眼镜蛇”作战计划被迫推迟到七月下旬进行。盟军统帅艾森豪威尔十分震怒，一是关于和布莱德雷讨论成立集团军群的事情，一是对蒙哥马利停止进攻的气恼。艾森豪威尔马上召开盟军军事会议，经过大家的讨论，决定在八月初成立美军第十二集团军群，任命布莱德雷担任集团军群司令，由艾森豪威尔全权指挥。

决定战争胜负的往往是一个战机，一旦错过，恐怕就不知道要多付出多少代价。在此时的纳粹德国，有一些人早已不满希特勒的纳粹统治，于是，在一个适时的时候对他实行了刺杀，希特勒侥幸没有送命，但是却负伤了。这对于盟军来说是一个非常好的消息，更是一个好的战机，但是，蒙哥马利和布莱德雷没有能够抓住这次机会进行大刀阔斧的攻击，为此，艾森豪威尔十分恼火，对他俩大发雷霆。

而在这时，蒙哥马利的“赛马场”计划将德军的撞击部队吸引到了正面，就是说已经达到了支援“眼镜蛇”作战行动的目的。但是，此时盟军高层领导之间的矛盾愈演愈烈，纳粹方面的许多将领受到怀疑，其中，“沙漠之狐”隆美尔就被迫自杀了，希特勒无疑是自断膀臂。这对于盟军方面来说又是一个好战机，可是，天气仍然很糟糕，“眼镜蛇”计划一再推迟。

七月下旬，天气终于转晴了，布莱德雷决定马上实施原定计划。空军的两千多架飞机首先进行了地毯式的轰炸。世事难以预料，早上好好的天气中午却突然阴云密布，地面指挥马上下达撤兵命令，令飞机全部飞回待命，不过为时已晚，已经有大约四百

架飞机投了弹，结果可想而知，不但没有炸到德军，相反却使自己的军队死伤了将近两百人。这其中包括一位三星将领莱斯利·麦克奈尔，他是代替巴顿到前方阵地去视察的，结果不幸被炸身亡。布莱德雷害怕莱斯利·麦克奈尔的死会影响“刚毅”欺骗计划，所以，他为麦克奈尔举行了秘密葬礼。首战的失败，再加上莱斯利·麦克奈尔的死亡使布莱德雷十分生气，他甚至想撤销“眼镜蛇”计划。

通过盟军的这次行动，德军也意识到盟军的总攻已经开始了，但是德军的将领却把盟军的“眼镜蛇”行动看作是盟军的一个障眼法，不过是企图迷惑德军而已。这次判断的失误会给德军带来致命的打击。

七月下旬，盟军的总攻正式开始。艾森豪威尔前来督战，盟军开始使用空袭，向目标区大约投掷了四千吨炸弹和燃烧弹，在炸弹的掩护下，以柯林斯的第七军作为攻击先锋，埃迪的第九师、雷·巴顿的第四师和霍布斯的第三十师一马当先，杀向德军。在盟军的强大攻势之下，德军猝不及防，被炸得晕头转向，死伤无数，通讯也失去联络。盟军又派装甲部队跟进，最后，在德军的防线上打开了出口，继续向南推进。不久，打到了阿弗朗什。

此时的布莱德雷春风得意，他马上给盟军统帅艾森豪威尔将军写信，回报前方的战况。收到布莱德雷的来信，艾森豪威尔非常高兴，他乘坐飞机来到前线视察。

在“眼镜蛇”计划制定之初，很多将领对于这个计划都持有怀疑态度，就连巴顿也觉得有些不妥，现在看来当初的担心多少有些没有必要。这次行动是自从诺曼底登陆以来的又一次杰作。盟军上下一片沸腾，接下来就要发动新一轮的攻击了。

原来计划在八月之初成立的美军第十二集团军群已经建立，并将该军群的司令部设在了库汤斯。考特尼·霍奇斯的第一集团军和巴顿的第三集团军归第十二集团军群统辖，这两个集团军加在一起大约有九十多万人，如此庞大的军队足以和蒙哥马利的军队人数相媲美了。第十二集团军群的司令就是布莱德雷，由列夫·艾伦担任参谋长，另有情报副参谋长、作战副参谋长、行政副参谋长、后勤副参谋长和人事副参谋长。现在的布莱德雷拥有一辆兼有办公室和生活间的专车，他的司令部代号是“鹰”，一共有两百多名士兵，为了便于指挥，盟军总部还特别为他配备了一架专用的飞机。

指挥一个军团相对于两个军团要容易一些，而现在，布莱德雷必须时刻和旗下的两位军团司令保持联系，要了解和掌握他们的作战行动，不能出现任何纰漏。为了便于指挥，盟军统帅艾森豪威尔决定晋升他永久性军衔。九月中旬，布莱德雷正式被晋升为上将。而此时，战场上的德军残余部队还没有被完全肃清，布莱德雷在和盟军的高级将领商讨之后决定派遣巴顿手下的第八军参加战斗。在长时间没有参加战斗的情况下，巴顿决定要大显身手，于是，他指挥自己所辖的装甲师和机械化步兵师开始了歼敌行动。

在肃清半岛的战役中，布莱德雷确实取得了一定的成就，各大报纸也纷纷在头版头条报道了他的战绩。然而，败者未必会轻易投降或者是放弃战争，德军仍然在负隅顽抗，最终，盟军在损失惨重的情况下夺得了布雷斯特港。布莱德雷认为即使冒再大的风险也要这样做，因为部队需要给养，光靠国内运输是远远不够的，这是其一。再有，夺得了这一港口可以使盟军不必再经过英吉利海峡就能够直接来半岛上参加战斗，以消灭半岛上的德军部队，减轻阿弗朗什—雷恩—圣纳泽尔一线的压力。

美军在打开的阿弗朗什的缺口处加大战斗投入，将缺口撕扯得更大，柯林斯的第七军已经打到了莫泰恩，巴顿手下的第十五军、第二十军也通过缺口前进到拉瓦尔的开阔地，迅速占领了通往勒芒的公路。左翼的第一集团军可没有这么顺利，他们遇到了德军的殊死抵抗，结果被德军打败。布莱德雷更换了第二十八师的师长，这个师曾经是登陆“奥马哈”滩的精锐，后来也一直不负众望。

而蒙哥马利的任务则是按照原计划守住卡昂，已达到吸引德军主力的目的，这样美军就可以突破防线向东迂回，全歼布列塔尼半岛上的敌军了。如果蒙哥马利能够及早夺取卡昂，打到法莱斯，他就可以为盟军的空军提供建造机场的土地了，然而，他是一位谨慎有余，勇猛不足的将领，未能及时的发动大规模的进攻，所以，他受到了艾森豪威尔等盟军高级将领的批评。对于蒙哥马利的态度，盟军的高层还没有达成一致看法，而此时的英军已经开始了大规模的攻势，美军也从西面逼近维尔市。

自从德国法西斯魁首希特勒被刺伤以后，他对自己的部下越来越不相信，无论是谁他都怀疑，因此，他撤了德军西线指挥冯·克鲁格的职务，由自己亲自上阵指挥。盟军是按照“霸王”行动计划，在诺曼底登陆并站稳脚跟后，以为德军会发现盟军所定的“刚毅”计划实际上是一种骗局，会马上调集主力部队与盟军在塞纳河一带决战。然而，希特勒上阵之后采取的战略是不准德军向塞纳河一带撤退，要在原地坚守自己的阵地，人在阵地在，人亡阵地无。为了确保胜利的几率，希特勒还将驻守在加莱的第十五集团军的几个师调往了诺曼底。盟军中的法国也采取了军事行动，派遣七个师的兵力赶往诺曼底，准备和德军一决死战。

希特勒的错误部署恰恰给盟军带来了战机，盟军的打算就是在塞纳河以西的地方将德军包围，进而将其歼灭之。烈日炎炎的夏日，再加上战火纷飞，真是让人受不了，何时才能结束呢？八月初，根据布莱德雷提出的建议，艾森豪威尔决定给马歇尔发一封电报，请示一下到底该如何进展。而艾森豪威尔觉得依据战场上的实际情况，应该向东北方向进攻，歼灭德军机械化部队的主力，争取一直打到加莱。

八月上旬，布莱德雷开始考虑在诺曼底围歼德军的计划。他的计划是这样的：在以夺取了布列塔尼半岛为前提的条件下，让第一集团军和第三集团军沿着卡昂至勒芒一线建好运输线，再以几个装甲师的兵力作为先锋部队，以机械化步兵为收尾部队，向巴黎挺进。在这其中，要辅以空中打击，防止德军向巴黎至奥尔良一线溃逃，起到掩护南翼的作用。在这些都已完成的情况下再一举从西北向东南、塞纳河和埃迪普进攻，最终达到攻占巴黎的目的。

为什么要计划这一迂回战术呢？依据布莱德雷的想法，他这样做的目的就是将德军彻底包围在诺曼底，并在那将他们一举全歼，防止德军向塞纳河方面逃窜。假如孤立了巴黎，还可以使盟军从迪埃普向加莱进攻，歼灭德军第十五集团军，肃清进军德国本土的障碍。布莱德雷的计划虽好，但是还要有一个必备的条件，那就是部队所需的补给，布莱德雷将这寄希望在蒙哥马利的身上，希望蒙哥马利能够利用他手下的加拿大第一集团军夺取法莱斯，建立补给线，为自己的部队提供食品、武器、汽油等战争必须的东西。

正当布莱德雷设想自己的新计划之时，德军统帅希特勒也正在紧锣密鼓的部署着。他让冯·克鲁格攻击美军脆弱的莫泰恩地区，期望攻破美军，使德军部队撤到塞纳河一带。克鲁格将几个装甲师从蒙哥马利战区调到美军战区，企图突破莫泰恩，夺取阿弗朗什。

关于德军的作战部署，盟军的密码破译人员没有能够掌握到，所以，在起初的时候，盟军还不知道希特勒的企图。然而，通过希特勒和克鲁格的电话使得盟军得到意外收获，从而知道了德军的意图——希特勒梦想通过向盟军暴露地区发动强大攻势改变战局，进而在阿弗朗什发动反击，粉碎盟军的“霸王”行动计划，将美军“掷回大海”。

当盟军掌握了希特勒的战略企图之后，布莱德雷才获得这一情报，为时还不算太晚，于是他迅速地加强了莫泰恩防线。布莱德雷将许布纳的“大红一师”调往马延，雷·巴顿的第四师部署在圣波伊斯担任预备队，罗斯第三装甲师的一部分也在附近。当布鲁克斯的第二装甲师的部队路过该地时，也加入了“大红一师”以加强该线的防御。此外，布莱德雷还命令第八十师和第三十五师停止前进，原地待命，以防遭遇不测。

为了尽快占领莫泰恩，争取撤退的时间，德军的主力已经向这一地区发动了猛攻，盟军利兰·霍布斯的第三十师勇猛地阻击德军，与此同时，盟军的飞机也向德军的装甲部队发动了猛烈地轰炸，这次战斗下来，德军损失惨重，不但没能拿下莫泰恩，反而差点全军覆灭，等于是一场毁灭性的自杀。

为了了解前线的作战情况，布莱德雷坐车到巴顿的指挥所视察，掌握布列塔尼半岛的战况，并通知巴顿自己的新构想——从巴黎到迪埃普远距离包抄德军。针对这一构想，巴顿指出要亲自指挥手下的将士实施横扫式的突击。在布莱德雷视察阵地的同时，丘吉尔也来到了布莱德雷的司令部，他来的主要目的是想要发动一场取消“龙骑兵”作战计划的运动。而美军的主张则是要在马赛实施辅助登陆，丘吉尔认为太过于冒险，他想让布莱德雷取消这次行动。但布莱德雷在丘吉尔到来之前已经接到艾森豪威尔的命令，所以，丘吉尔的劝说是毫无用处的。

此时，英军的蒙哥马利率领加拿大第一集团军向卡昂东南三十五公里的法莱斯突击，却遭到德军的顽强抵抗，行程缓慢。在离法莱斯大约二十公里处，蒙哥马利命令部队停止前进。这次进攻无疑是减轻了柯林斯方面的压力。布莱德雷本人认为，德军对莫泰恩的反击，为盟军发动奇袭提供了战机。面对失败，德军并

没有撤退，而是听从希特勒的命令死守阵地。

假如加拿大的部队能够推进到法莱斯，布莱德雷就准备进攻阿尔让当，几天内合围诺曼底的德军，这比远距离快速合围更加有利，也不必再建立补给线就可以行动了。战争进行到现在还没有将巴黎解救出来，看来在战略部署上要做一下调整了，布莱德雷和巴顿就这一问题讨论了一个新的计划。而在此问题上，两人的意见不统一，巴顿的反应很冷淡，因为他更倾向于远距离快速合围德军的做法。

既然达不成一致，布莱德雷只好去找艾森豪威尔，此时，这位盟军统帅正在巡视战场，两人对这一新的计划进行了讨论。艾森豪威尔的态度和巴顿正好相反，他表现出了极大的热情，并且马上和布莱德雷回到了第十二集团军群司令部，一起详细讨论了这个新计划。最终，这位盟军统帅同意了该计划，于是，布莱德雷立即打电话给巴顿，让他督促海斯利普的第十五军由勒芒至阿尔让当向北转移。

巴顿乐观地认为，这场战役很快就会结束，但实际上也许并不那么乐观。接着，艾森豪威尔给蒙哥马利打电话说明该计划。蒙哥马利先是很吃惊，但随后他也同意了布莱德雷的计划。在蒙哥马利看来，他也很想让加拿大的部队先攻占法莱斯。九月初，战地记者前来采访前线的战况，巴顿对他们说围歼法莱斯德军的计划不是“霸王”计划的内容，而是“布莱德雷的即兴之作”。他说自己原想向东推进，结果布莱德雷要求他掉头向北。

此时的布莱德雷有些恼怒，他认为自己的计划是一个千载难逢的机会，可是却遭来大家的非议，眼下，德军正在进攻莫泰恩，如果他们继续坚持的话，美军就可以将德军合围，并一举歼灭德军。不久，法莱斯围歼战开始了。布莱德雷对于手下的某些部队很不放心，比如，第十五军的第二、第五装甲师，还有第九十师，这些部队要么缺乏战斗经验，要么就是不遵守纪律，有些

指挥官还不会说英语，尽管有战地翻译，沟通起来还是比较费力，再加上上次自己的飞机误伤自己的部队，三星将领莱斯利·麦克奈尔也被炸死，所以，此次行动一定要格外的小心谨慎，不可再犯同类的错误。

盟军的第十五师接到上峰的命令，立即在勒芒掉头北移。德军的将领冯·克鲁格意识到盟军的作战企图，分析了敌我两方的实力，他决定放弃攻击莫泰恩，而是转向塞纳河，从而突出盟军的包围，但是，希特勒仍然死守阿弗朗什的反攻战，并命令克鲁格掉头攻击盟军第十五军的左翼。此时的盟军正处于不利的地位，德军的一个装甲师正朝阿尔让当方面转移，这样，第十五军就暴露在德军面前，处境十分危险。另外，加拿大部队也毫无进展，看来，事先预定的合拢包围计划要泡汤。

战争进行到骑虎难下的时候，怎么办？继续还是放弃？看来后者是不大可能的，那就只有继续了。布莱德雷马上命令精锐的柯林斯的第七军增援海斯利普的左翼，将部队插进第十五军和德军从莫泰恩撤退路线之间。自己则到艾森豪威尔处，布莱德雷建议加强合拢包围圈的力量。随即，布莱德雷又命令第十五军接近阿尔让当的界限，但是加拿大部队仍然滞留在法莱斯十公里之外的地方。巴顿在这时下达了命令，批准第十五军可以超越界限，在 8 月 13 日，部队又推进了大约十一公里，此时离法莱斯仅有十公里了。当然，这次行动他没有向上级布莱德雷请示。

对于巴顿私自批准第十五军进入无人区，布莱德雷很是不满，他甚至是大发雷霆，他认为这是违背盟军之间订立的协议的，万一再出现上次自己飞机轰炸自己部队的状况该怎么应对。而巴顿则说自己想抢在前面进入法莱斯，而英国人一次打击。结果为了此事，巴顿和布莱德雷在电话中就大吵起来，最终，布莱德雷以上级的身份强令巴顿立即停止现在的行动，就地建筑工事。两人的矛盾也越来越大。

接下来，布莱德雷到了盟军的指挥部，与蒙哥马利、艾森豪威尔等一起商讨目前的战争问题，分析当前的战争形势，应该采取何种战术对付负隅顽抗的德军。蒙哥马利在没有完成合围计划的前提下，又提出一个把战争打出诺曼底和塞纳河的计划，他声称这是一个非常伟大的计划，所以，美军必须处于从属地位。对这一计划，美军方面当然是不大满意。

盟军的破译人员一直没有闲着，他们在从截获的德军情报中获知了他们下一步的作战安排，那就是要开始撤退。由于法莱斯缺口仍然敞开着，所以德军撤退还是可能实现的，为此，布莱德雷心急如焚。也许人一着急，头脑就不大清醒吧，布莱德雷和蒙哥马利此时也都错误地认为德军已经撤走，而盟军包围圈中的德军人数只是极少的一部分。布莱德雷大失所望，他认为蒙哥马利没有承担起他的职责，放走了德军主力，以至于错失良机。

其实，两人的判断失误，因为德军的部队刚刚接到希特勒下达的撤退命令。在认为德军已经大部分撤退的情况下，布莱德雷下达了作战任务，向东北方向实施第二个更大的包围圈的计划。继续合围法莱斯的任务则交由蒙哥马利来完成，蒙哥马利调来了登普西的第二集团军。布莱德雷指挥部队向东北面撒网，追歼德军。

人一旦遇到不幸的事情心情就很糟糕。布莱德雷就是这样，他为蒙哥马利没有能够和自己一起完成合围德军的计划而郁闷，自己的部下巴顿又一直要求让第十五军去夺取法莱斯。布莱德雷还是认为自己的计划十分周密，所以，他坚决维持原计划。巴顿也很生气，而实质上，这是巴顿在和蒙哥马利争风吃醋。美军的第十五军正在修筑工事，加拿大部队的克里勒的第一集团军和登普西的第二集团军再次攻击法莱斯。

面对现在的情况和自己所得到的情报，布莱德雷决定还是实施向东北方向围追逃出包围圈的德军的计划。既然大部分德军已

经逃脱，就可以将一部分兵力调到别的战线去。于是，布莱德雷将第十五军的三个师调走，让他们帮助巴顿把向东北方向的大迂回运动完成，留下霍奇斯的第一集团军驻守在法莱斯的缺口，歼灭由此经过的德军。

这时，巴顿提出了一个计划，这个计划就是让沃克的第二十军向东北迂回到德勒，库克的第十二军到夏尔特尔。巴顿将其上报给布莱德雷，布莱德雷已经将海斯利普第十五军下属的第五装甲师和第九步兵师调往德勒。那么，就只能派遣沃克迂回到夏尔特尔，库克到奥尔良。修改的计划下来之后，巴顿立即行动。

以上是按照破译人员的情报制定的作战计划，但此时，情报人员又告知以前的情报有误，德军的主力还没有撤退。布莱德雷大吃一惊，因为将部队调走，强有力的包围圈已经变得弱小了。他马上来到巴顿的指挥部，命令停止向东北方向迂回，而加强阿尔让当突出部的防卫，因为这里驻扎着德军的五个装甲师，他们可以随时突围。紧接着，布莱德雷命令海斯利普和沃克立即折回支援阿尔让当的加菲。

8 月 16 日，德军接到命令后撤退，装甲师疯狂地冲击守卫阿尔让当的麦克莱恩的第九十师，该师在坚持了几个小时以后显得有些力不从心。幸好指挥官麦克莱恩指挥有方，才稳住了阵地。蒙哥马利的部队已经攻克了法莱斯，但他们离美军的距离还有大约二十五公里，德军拚死冲向这个缺口，盟军无法加强缺口的包围力量。

夏日的夜晚依然闷热，再加上由于先前的情报失误致使现在包围德军的力量薄弱，布莱德雷真是难以入眠，而眼下，也只能靠杰罗临时拼凑的一个军来担当大任了。蒙哥马利了解到布莱德雷的处境，建议在更东的查博伊斯再次进行合围。三天之后，加拿大部队从特鲁恩赶到查博伊斯，杰罗的部队也缓慢地赶到那里，两支部队建立了薄弱的包围圈。但是，德军装甲师的一半已

经突出了盟军的包围圈。从法莱斯口袋里逃走的德军，大部分过了塞纳河。

8 月 15 日，盟军在法国南部实施“龙骑兵”登陆计划。德弗斯率领美国第七集团军成功登陆。十天之后，杰罗手下的法国第二装甲师抵达巴黎，接受德军迪特里希·冯·肖里茨的投降，巴黎终于解放了。

解放巴黎的战争从政治的角度来看是盟军的一次重大胜利。盟军统帅艾森豪威尔将军决定邀请布莱德雷和蒙哥马利一起，在巴黎解放的两天之后进城。三位将军和“自由法国部队”的领袖戴高乐将军一起在 8 月 29 日这一天检阅了部队。

回顾欧洲第二战场的战役，从 1944 年 6 月的诺曼底登陆一直到巴黎解放，这说明盟军在欧洲第二战场已经取得了决定性的胜利。在解放巴黎的战役中，布莱德雷无疑是直接的战役指挥者，他从集团军司令到集团军群司令，使他成为了第二次世界大战期间盟军的高级重要指挥官。在这次战役中，布莱德雷表现出了他卓越的战略指挥才能，他的果敢和谨慎也在战争中表现出来。

历史的责任将布莱德雷推到前面，也推到了反法西斯战争的前沿，解放巴黎只是布莱德雷在战争中的一个里程碑，等待他的还将有更加繁重和艰辛的任务。

第十六章 继续前进

战争是残酷的，对于欧洲战场上的这一系列的战争也是一样，但见到处哀鸿遍野，战火纷飞，硝烟弥漫，无论是盟军还是德军都希望战争早点结束。自从盟军占有了法国的西北部以来，新的问题又出现了。

在战争之初，盟军的计划是1944年诺曼底登陆，登陆成功以后，德军肯定会撤退到塞纳河一带，在那里与盟军决一死战。盟军经过这么长时间的战斗也要进行休整，补充一些给养，再和德军决战。但是，法西斯的魁首希特勒却一反常态，他纠集自己的部队在诺曼底和盟军进行了决战，但结果是一溃千里，狼狈逃过塞纳河。

盟军通过军事情报获知德军要在塞纳河进行殊死地抵抗，然后再向索姆、马恩、默兹和摩泽尔河一带撤退，在那里实行防守战，最后，退到齐格菲防线。盟军就依据这一情报分兵两路追击德军。一路由布莱德雷亲自率领第十二集团军群的第一集团军和第三集团军，沿着特鲁瓦——南希——梅斯一线前进，途中要经过阿登山脉的南部，摧毁和占领德国重要的煤炭和钢铁生产基地——萨尔工业区；一路由英军的将领蒙哥马利率领第二十一集团军群的第一集团军和第二集团军，沿着亚眠——列日——亚琛一线追击，其装甲部队要途经阿登山脉北麓的山地。布莱德雷一路完成自己的任务之后，进而向法兰克福方向进军，直扑鲁尔工业区，和蒙哥马利部会合。也就是说，鲁尔工业区是这两路人马的共同目标。夺取了鲁尔工业区，就会彻底击败德军，结束欧洲战场上的所有战争。

可是这一切毕竟只是盟军指挥部的设想，是根据情报做出的相应战略，但是，德军是怎么想的，盟军当然无从知晓，有一点是肯定的，他绝不会像盟军所期望的那样发展。德军最先的企图就是要在诺曼底与盟军决战，然后再进行下一步计划。可惜的是，希特勒的如意算盘没有实现，在诺曼底，德军遭遇盟军部队的猛烈攻击，结果大败而逃。

俗话说穷寇莫追，此时的德军已经杀红了眼，在这种情况下，希特勒命令部队使用导弹加紧对英国本土的袭击。盟军也已经疲惫不堪了，布列塔尼半岛上的布勒斯特港没有及时拿下来。盟军面临的任务是马上修改战略部署以适应战场上的新形势。

既然德军已经逃过了塞纳河，盟军就要马不停蹄地冲过塞纳河，防止德军在河东建立防御阵地，并尽可能将德军歼灭。于是，布莱德雷命令海斯利普的第十五军在芒特渡过塞纳河，沃克的第二十军、库克的第十二军在巴黎以南的默伦、特鲁瓦两处渡过塞纳河。由于库克患病，曼顿·埃迪代替他指挥第十二军。

八月下旬，美军开始展开攻势，由沃克的第二十军和曼顿·埃迪代替指挥的第十二军一起迅速向前推进。埃迪如期完成任务，抵达了特鲁瓦，并准备按照原计划沿着南希——梅斯——法兰克福一线向阿登山脉以南推进。

盟军部队已经抵达巴黎，虽然巴黎城是一座美丽而文明的法国之都，但从战略上考虑，它是一座毫无军事意义的城市，盟军计划暂时绕过它，继续向东追击德军，直抵齐格菲防线或者是莱茵河。但是，盟军总部经过讨论之后，认为巴黎城具有十分重要

的政治意义，而此时，巴黎的抗德起义运动正进行得如火如荼，这一运动改变了美军东进的计划。经过激烈的战争，最终，盟军拿下了巴黎城。美军第五军下属的法国第二装甲师应邀与8月25日开进巴黎，接受德军投降。

这座城市解放了，城里的老百姓自由了，他们不用在德军纳粹分子的铁蹄下过非人的日子，他们要重建家园，在战争的创伤中站起来，迎接新生活的到来，人们欢呼雀跃，庆祝这一伟大时刻的来临。巴黎解放了，但是，战争留下的伤痕不是一、两天就可以弥补的，眼下，他们面临的问题是缺乏生活必需品，比如，食物、衣物、住所等。而盟军的军需品由于长时间的战争剩下的也不多了。为了巴黎人的生命起见，盟军决定从这些为数不多的军需品中每天拨出四千吨食品供应四百万巴黎人，这样一来，部队的补给就越来越困难了。

军需是战争的根本，一旦缺乏将使战争处于弱势。巴顿的集团军在一路追击德军，但是，汽油严重匮乏，李奇微指挥的第十八空降军被迫停止空袭，所率的飞机全都被派去运输汽油，以解盟军燃眉之急。在盟军冲过了塞纳河之后，指挥部的高级将领们决定有必要修改一下当前的战略。

在战略计划的修改上，布莱德雷和蒙哥马利再次产生分歧，两人的意见正好相反，为此，他们俩争论不休。此前，蒙哥马利已经向盟军司令艾森豪威尔，集团军群司令布莱德雷提出了自己的想法，他打算率领包括布莱德雷的第一集团军在内的三个集团军直接进攻加莱，美军要处于从属地位，由自己担任主攻。蒙哥马利有自己的打算，他想通过这次行动掌控盟军的地面部队。

蒙哥马利还建议取消渡过塞纳河之后的两路进军，而由自己率领四十个师的兵力一路出击，扫荡并消灭加莱的德国第十五集团军的残部。接下来，还由自己在比利时建立庞大的盟国机场网，以夺取安特卫普和鹿特丹，从而解决盟军的后勤补给问题，并有可能继续挥师占领鲁尔工业区，东捣柏林，消灭法西斯残余。蒙哥马利说自己的这一计划完全以速度取胜，正所谓兵贵神速，给已经疲惫不堪、士气低落的德军以致命打击。

从蒙哥马利的计划中，布莱德雷看到了他的野心，尽管这个计划让人觉得欢欣鼓舞，但如果真的实行了会有预期的效果吗？谁都不敢保证。布莱德雷很难接受，假如蒙哥马利借此掌握了盟军地面部队的最高指挥权，那就说明不光是自己，就连盟军司令艾森豪威尔将军也黯然失色了。看来，面对权力，美军和英军将会出现摩擦。

对于蒙哥马利的计划，美国公众是不能接受的，就投入的兵力来说，美军士兵是英军的三倍，怎么能驱于英军统领之下呢？布莱德雷认为蒙哥马利自从在阿拉曼的战役以来，又到前不久的法莱斯战役，其人的指挥才能也不过如此，他不善于集结部队，勇猛但是却过于谨慎，没有魄力，不愿意冒险。这次他提出以速度取胜的计划看起来不像蒙哥马利的平日作风，假如同意他的战略，成功的几率不好掌握，太冒险了，不值得一试。布莱德雷之所以这么反对蒙哥马利的战略，不仅仅是出于个人的利益，他的反对是有根据的。

不久，新闻界将布莱德雷升任集团军群司令的消息公布于众，引来一片哗然，人们议论纷纷，认为将布莱德雷提升就意味着把蒙哥马利降职了，英国人认为没有人能和“阿拉曼英雄”平起平坐，这是对英军的侮辱。而美国方面也不甘示弱，新闻界给予英国以回击，要他们道歉。马歇尔依据目前的形式，怕由于此事会影响到盟军内部的不和，于是，马上致电艾森豪威尔，要他按照预定计划自己担任盟军地面部队的总指挥官，尽量避免盟军间的摩擦，为战争带来不利的影响。

蒙哥马利的计划是依靠速度取胜，但就目前的形式来看很困难，因为盟军必须通过一些重要的港口，而德军也必将殊死抵

抗，即使蒙哥马利的部队能够冲破重重阻力，最终也会精疲力竭。此外，地形的复杂程度是很难相像的，崎岖不平的道路只能使用步兵，像装甲兵部队是难于通过的。也就是说蒙哥马利的计划是一场持久的艰难之战。况且，还需要很多的军用物资，布莱德雷认为这个计划就是一场美梦罢了，根本行不通。

虽然蒙哥马利的计划不切合实际，但也不能像巴顿那样认为此人一无是处，其实，蒙哥马利的优点还是很多的，否则也不能让他掌管部队。万一此计划能实现的话，至少可以起到夺取安特卫普和鹿特丹等重要港口，以解决盟军的后勤补给问题。

八月中旬，蒙哥马利飞抵圣詹姆斯附近的第十二集团军群司令部，要求布莱德雷全力支持他的计划。布莱德雷有分寸地支持他向东北方向夺取港口和摧毁德军导弹发射场的想法，并表示支援他。但在由蒙哥马利个人率领四个集团军攻占柏林，以及让布莱德雷放弃进攻萨尔的问题上，没有做出丝毫让步。

布莱德雷的战略部署是这样的：由自己和蒙哥马利率领部队分别从阿登山脉以南和以北进攻，直逼萨尔工业区。如果中途弹药给养缺乏，还可以在齐格菲防线或者是莱茵河停下来，暂时修整，然后再继续前进。蒙哥马利建议夺取荷兰港口和摧毁导弹发射场，布莱德雷同意了。

现在，除了调给蒙哥马利的部队之外，布莱德雷手下还有将近十五个师的兵力可以投入到进军萨尔工业区的战斗。

盟军统帅艾森豪威尔来到了布莱德雷的司令部，和他一起探讨蒙哥马利的计划，最终，艾森豪威尔同意了布莱德雷的计划，即“两路进攻”的战略。但艾森豪威尔主张调一个空降军和一个整集团军支援蒙哥马利攻打安特卫普和摧毁 V 型导弹发射场。布莱德雷坚决反对，他说自己已经派遣部队支援蒙哥马利了，不能再给他兵力了，要不然他的指挥权太大，容易产生矛盾或者是别的事情，再说，他攻打萨尔工业区的兵力够少的了，再调走恐

怕没有胜算的把握。

蒙哥马利的过分要求和艾森豪威尔的决定使得巴顿也大为不满，此时，他的部队兵力和机械使用的汽油都严重缺乏，如果再这样下去的话，部队将处于瘫痪状态，巴顿沮丧、恼怒到了一定的程度。这位暴躁的将军此时更是大发雷霆，他像一头被激怒的公牛。巴顿来到布莱德雷的司令部，他发现这位上司对此也非常愤怒，于是，他对布莱德雷说自己想到了一个给上峰施加压力迫使其就范的办法，布莱德雷以为是什么好主意，原来，巴顿是想让布莱德雷、霍奇斯和自己一起向盟军总部提出集体辞职，迫使艾森豪威尔做出让步。但是，布莱德雷经过冷静的思考后，觉得巴顿的主意不好，为了一时的个人气愤而放弃部队是不明智之举。

蒙哥马利见自己的要求迟迟不见答复，就派参谋长德金甘德到盟军最高统帅部游说。从德金甘德本人的角度讲他并不支持蒙哥马利的做法，但作为一名军人，他还是忠实地执行了蒙哥马利的命令。他来到盟军统帅部，说服了艾森豪威尔及其作战副参谋长平克·布尔，使他们同意派遣李奇微的第十八空降军和第一集团军支援蒙哥马利。

争取了这么久，结果还是蒙哥马利赢了，布莱德雷和巴顿感到十分沮丧，懊恼到了极点。不过，蒙哥马利似乎对自己目前的权力还不是很满足，他认为既然盟军统帅部做出了让步，自己再提一些要求，他们也应该答应。于是，蒙哥马利还让参谋长德金甘德给艾森豪威尔写信，要艾森豪威尔同意自己率领地面部队，把制定计划和指挥大权都交给他。

为了实现自己的预想，蒙哥马利甚至还傲慢地要求艾森豪威尔亲自到自己的指挥所里听取计划。在此之前，蒙哥马利去了布莱德雷那，争取取得他的支持，但是布莱德雷很清楚蒙哥马利是要借此机会夺取艾森豪威尔的指挥权，出于对美军利益的考虑，

布莱德雷对蒙哥马利的到访表现得冷若冰霜。可是事后，蒙哥马利却谎称布莱德雷十分赞赏和支持自己的计划。

不久，艾森豪威尔和史密斯来到蒙哥马利的司令部，没想到蒙哥马利十分傲慢，只是单独和艾森豪威尔做了交谈，而将艾森豪威尔的参谋长史密斯拒之门外。交谈的主题无非就是让艾森豪威尔同意自己统领盟军的地面部队，以及增派更多的部队支援自己。蒙哥马利希望这位盟军最高统帅能够睁一只眼闭一只眼，别插手具体的事务。作为盟军的首领，艾森豪威尔还是十分沉着和冷静，听到蒙哥马利的一再要求，他没有恼怒，而是很理智的拒绝了由蒙哥马利接管盟军地面部队的建议，同时，也拒绝了把支援兵力增加到十二个美军师的要求。

面对这种情况，蒙哥马利也不能再继续追问下去，他只得接受目前的安排，但是，从他的心里来看，他很蔑视这个决定。他认为这导致了盟军在战略上的四分五裂，他甚至还说艾森豪威尔的决定是对战争的拖延。布莱德雷对艾森豪威尔的决定也不满意，他不愿意抽掉那么多的兵力去支援蒙哥马利。

在盟军中，很多人都认为艾森豪威尔的折中方案丢掉了早日结束战争的机会。巴顿此人英勇善战，是夺取地盘、抢占头条新闻的一员猛将，他也曾经考虑过由自己率军猛烈追击的战略，可惜没有人支持他。布莱德雷认为巴顿忽视了后勤的补给，经常穷追猛打，容易造成顾此失彼的局面。到战争结束以后，布莱德雷等人才意识到艾森豪威尔的决定是稳妥的。抽出兵力支援蒙哥马利夺取重要港口和摧毁导弹发射场，抓住了战争的关键。

一场新战略的争论在艾森豪威尔的巧妙调和下结束了，等待盟军将领的是一场更大规模的战斗行动。

八月下旬，蒙哥马利将三个集团军的兵力部署在塞纳河沿岸两百公里长的地域上。由加拿大克里勒的第一集团军、登普西的第二集团军分别居左、中翼；美军霍奇斯的第一集团军在右翼。

蒙哥马利指挥的部队共有二十二个半师，大约四十万人，其中有八个半是装甲师。他将指挥大军夺取安特卫普港。

布莱德雷手下的兵力此时已经不是很多，仅剩下巴顿的第三集团军，而且第三集团军也只有埃迪的第十二军和沃克的第二十军能参加行动。米德尔顿的第八军仍在布列塔尼，海斯利普的第十五军正离开芒特。布莱德雷深感兵力薄弱，于是将麦克莱恩的第九十师和麦克布赖德的第八十师调给巴顿，以充实力量。尽管巴顿在此之前对蒙哥马利的做法十分不满，但一旦战斗开始，他马上又变得豪迈、奔放、乐观自信了。他确信这是消灭德军、结束战争的时候。

巴顿率领两个机械化军从默伦和特鲁瓦出发东进，发动了一场闪电战。他以神奇的速度推进。不久，埃迪的第十二军夺取了夏隆，直逼圣米希尔。紧接着，沃克的第二十军也攻占了兰斯，次日又占领了凡尔登。到了九月初的时候，这两个军已经渡过默兹河，在河东建立了桥头堡。巴顿的部队离德军越来越近了。

蒙哥马利这次的进攻也表现出神奇的速度。从 8 月 29 日的攻击开始，六天后，打先锋的布雷恩·霍罗克斯的第三十军便推进了四百公里，攻占了亚眠、里尔和布鲁塞尔。九月初，第三十军攻占了安特卫普；柯林斯的第七军俘虏了大约两万五千名德军；霍奇斯的第三集团军在登普西右翼杀向比利时；加拿大的第一集团军占领了迪埃普，并把德军的第十五集团军孤立在勒阿弗尔、加莱和敦刻尔克。

战争进行得顺利了，指挥者却被胜利冲昏了头，此时的蒙哥马利就犯了这个毛病，他非常开心，欣赏着部下的战果，却将战机贻误了。由于他沉浸在战争暂时胜利的喜悦里而将夺取阿纳姆的时机错过，此地可是莱茵河畔的咽喉要塞。此外，他还没有控制安特卫普和公海之间的斯凯尔德湾。第二天，德军开始在安特卫普的阿尔贝运河对岸构筑工事，来抵御盟军的进攻，并在斯凯

尔德湾的岛屿上构筑了海岸炮阵地。

海军司令伯特伦·拉姆齐知道德军构筑了海岸炮阵地之后，马上致电蒙哥马利，让他将其夺取，以防止德军封锁港口。而要想夺取海岸炮阵地，就必须快速的渡过阿尔贝运河，向沃恩斯德雷克特方向迅速突击，然后，再扫清斯凯尔德湾。

但是，前边说过，蒙哥马利沉浸在战争暂时的顺利当中，没有马上追击德军，因此，给德军留下了喘息的机会，希特勒派遣第十五集团军支援岛屿上的德军，所以，盟军要想拿下此地就有一定的困难。

战争中，如果给养不足就可能导致部队停滞不前，甚至是战争失败。目前，盟军就陷在这样一种境地。由于此时的全线追击行动已经全面展开，各部队都投入到战争中，加上后勤支援不及时，致使给养严重缺乏，部队陷入了困境。面对有限的给养，艾森豪威尔只能是对各部队定量分配。盟军作战物资大多是从法国铁路运输的，由于法国的铁路系统已经被严重的毁坏，所以，盟军的作战给养只能依靠卡车运输，从诺曼底到前线得走很远的路程，来回消耗也不小。空军中也有一部分飞机被调去运送战略物质，但这样就导致空军作战效果不佳。

汽油也严重缺乏。九月初，美军的汽油消耗没了，怎么办？在此情况下，布莱德雷只得命令第一集团军在蒙斯附近停止前进，巴顿在默兹河畔停止追击。然后，布莱德雷又命令蒙哥马利，让他的空军中的部分飞机去调运汽油。由于布莱德雷让第一集团军停止前进，再加上调动飞机一事，使蒙哥马利很不满，他和布莱德雷发生了冲突。蒙哥马利的计划是将李奇微的伞兵空降在图尔内，协助进攻布鲁塞尔，但霍奇斯的第一集团军早在空降行动前已经越过图尔内。

蒙哥马利和布莱德雷大吵了一架，蒙哥马利责备布莱德雷将汽油全部给了巴顿，说他歧视友军。蒙哥马利有些借题发挥，其

实，巴顿的汽油是刚刚从德军那里缴获的。平时就十分暴躁的巴顿一听到蒙哥马利如此说，更是气不打一处来，他怒火中烧，甚至当着士兵的面骂娘。

英国首相丘吉尔怕蒙哥马利自尊心过不去，就说服英国国王授予蒙哥马利陆军元帅军衔，英国陆军元帅相当于美国的四星上将，这样，从军衔上，蒙哥马利就和艾森豪威尔同级了。布莱德雷和巴顿对此极为不满。艾森豪威尔本人没有太在意此事，可能他的心里也不太舒服，但此时，战争是主要的，要尽量早点将德军消灭，而不是争风吃醋的时候。

现在的布莱德雷和蒙哥马利都为各自的战略设想而奋争着。艾森豪威尔马上组织了一次军事会议，商讨战略问题。布莱德雷还是坚持自己的主张，经过再三考虑，艾森豪威尔接受了布莱德雷的计划。

接下来，盟军分兵两路，沿着阿登山脉的南侧和北侧直抵鲁尔区和萨尔区。美军由霍罗克斯的第三十军、科利特的第十九军和柯林斯的第七军组成，从布鲁塞尔、列日、亚琛、科隆一线向东，在莱茵河对岸建立桥头堡；蒙哥马利则在占领法国港口和比利时的安特卫普后，再继续向鹿特丹和阿姆斯特丹方面推进，以夺取德军的导弹发射场，之后渡过莱茵河，在阿姆斯建立桥头堡。

在南路，巴顿的第三集团军从默兹河桥头堡出发，沿着梅斯、法兰克福，穿过萨尔区直逼莱茵河。而霍奇斯下属的杰罗的第五军则进攻阿登山区和卢森堡，弥补巴顿和霍奇斯之间的空隙。

对于布莱德雷的这一作战部署，艾森豪威尔表示同意，但艾森豪威尔也很担心两个问题，一是蒙哥马利的反对；一是后勤的补给问题如何解决。最后，艾森豪威尔接受了布莱德雷的计划，他命令：阿登山以北的部队占领安特卫普后立即突破保护鲁尔区

那段的齐格菲防线，夺取鲁尔区；阿登山以南的部队则突破南段齐格菲防线，然后突入萨尔区，夺取法兰克福。这项命令要求尽快实行。

下达完命令之后，艾森豪威尔离开了布莱德雷的司令部。天公不作美，大风暴来了，艾森豪威尔乘坐的专机被风暴袭击，被迫降落在沙滩上。为了保险起见，飞机被拖走，但艾森豪威尔的右腿受了伤，他无法继续工作，只得暂时卧床休息。

统帅尽管暂时不能亲自指挥，好在作战部署已经安排完毕。此时，布莱德雷向蒙哥马利和登普西传达了新的战略计划。蒙哥马利心怀不满，只是没有表露出来，表面上还是按照计划下达了命令。没过几天，蒙哥马利突然向艾森豪威尔发出了一封怒气冲冲、蛮横无理的电报，要艾森豪威尔必须支持他的一路突击战略。他怕艾森豪威尔不同意自己的计划，于是就要求这位统帅在两天之后必须来到他的司令部商讨，而两天之内，艾森豪威尔的腿伤是不可能康复的。

一直忍让的艾森豪威尔终于愤怒了，他否认了蒙哥马利的主张，并要求巴顿行动起来，以最快的速度逼近和渡过莱茵河，突破齐格菲防线。而对于蒙哥马利攻占柏林的战略，艾森豪威尔表示要等到启用包括安特卫普在内的港口和夺取鲁尔区、萨尔区后才决定。蒙哥马利虽然不服，但也无可奈何了。

到现在为止，霍奇斯在阿登山以北调动科利特的第十九军进攻科隆、柯林斯的第七军攻打波恩、杰罗的第五军攻打科布伦茨。柯林斯和杰罗得到汽油补给后立即行动，科利特稍后也开始了行动。不久，盟军到达默兹河，两天后，夺取了列日。

在南路，巴顿补充汽油后，率领两个军共六个师先夺取了摩泽尔河畔的南希和梅斯，然后直逼法兰克福。巴顿对抵达莱茵河信心十足，他情绪饱满，洋洋得意。而霍奇斯在面对齐格菲防线时开始谨慎起来，他不相信情报部门提供的关于德军防御力量薄弱的看法，他命部队暂停两天，等待弹药的补给。

第十七章　大血战

战争往往是残酷的，战争的形式也是瞬息万变的。在经过了这么长时间的战斗后，盟军以为彻底打败法西斯德军的日子不远了，然而不久，德军就组织了一次大规模的抵抗。布莱德雷所指挥的进攻齐格菲防线和莱茵河的战役也不是很顺利，盟军的士气不是很高。在十一月份的进攻中，巴顿一共俘虏了大约六万名德军，盟军上下一片欢腾。在接下来的战斗中，盟军发起了更为猛烈的进攻，德军伤亡惨重。如果能够顺利的如此下去，消灭德军的日子就很近了。

战争中的消耗对于任何一个国家来说都是一种沉重的负担，尤其是长期的战争，德军目前仍然是东、西两线作战，物资紧缺，兵源不足，除了精锐部队以外的十几万人，不是年纪太大，就是年纪很小，或者是装备不足、缺乏实战经验等等，就算是精锐之师，这么久的战争死亡人数已经很多了。

在空中，盟军还不断的对德军实施空中打击，很多军用设施被炸毁，德军日益陷入困境。年底，盟军得到了德军的一些作战情报，从这些情报中，一些盟军将领认为德军已经不堪一击，甚至是没有能力进行大规模的反击了。实际上，盟军有些太过于乐观了。

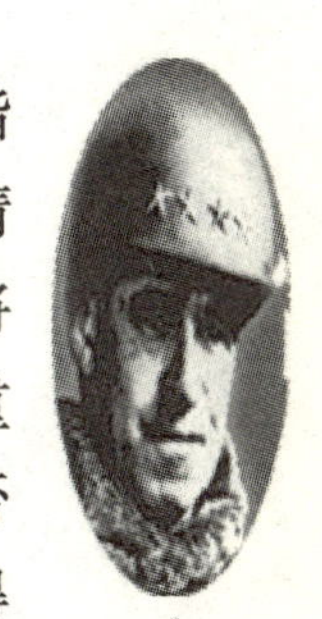

在盟军看来，有一个问题还没有完全明确，那就是德军的指挥者到底是谁？是希特勒亲自指挥，还是另有其人。而从盟军情报人员在十一月份获得的情报看来，西线的指挥官应该是德军将领冯·龙德施泰特，他在这之前曾被希特勒调往别处，现在又重新担任德军在西线的司令官，指挥德军作战。但是，希特勒是否在幕后操作，冯·龙德施泰特是否只是一个摆设，这些都不得而知。

集团军群司令布莱德雷希望西线的指挥者是希特勒本人，因为如果真是这样的话，希特勒一定会亲自下令要德军进行灾难性的攻击，这是他的一贯打法，盟军趁此机会就可以在莱茵河以西的地方消灭德军。布莱德雷之所以会这样认为是有根据的，冯·龙德施泰特毕竟是一名职业军人，所以，他的行动是按照教条进行的，也就是军事书本上学来的东西，而希特勒的打法往往不守常规。

盟军的“超级”破译情报组织的情报表明，冯·龙德施泰特正在科隆部署强大的第六装甲集团军，第五装甲集团军也从前线向后撤退，以便补充给养和进行休整。布莱德雷据此判断冯·龙德施泰特一定会在罗尔河和莱茵河之间适于坦克作战的地域反击盟军。第一集团军情报副参谋长蒙克·迪克森也认为，冯·龙德施泰特的反攻肯定在盟军渡过罗尔河以后，所以，盟军就必须控制罗尔河的水坝，不能让它为德军所用。

实际上，盟军对情报太过于依靠，此时的德军已经使用有线通讯了，所以是很难侦破的。但是，盟军并不知道，仍然是通过已经获得的情报来判断德军的，他们都认为德军的反击是袭扰性的，绝不可能是大力反击。也许盟军根本就没有想到此时德军的指挥者真是希特勒本人，他并没有向盟军侦查情报中说的身患重病，其本人仍然在控制整个西线战场，冯·龙德施泰特只是一个前台摆设，是用来迷惑盟军的。希特勒决定要用四个集团军大约四十万人在阿登山区实施闪电反击，拦腰切断盟军，进而夺取盟军的后勤基地，切断盟军后路，使得盟军不战自退，最后将盟军吞掉。

在德军兵力紧张的时候，盟军的情况也差不多。由于大部分士兵都投入了战斗，几乎没有可以调动的机动部队。在阿登山区霍奇斯和巴顿两个集团军之间的一百四十公里宽的地域是最为薄弱的地方，现在由米德尔顿的第八军防守。这个地段是一个危险之地，根据盟军获得的情报，德军已经在这一地段的正面部署了临时性部队，这些部队的士兵是没有多少作战经验的民兵师。面对这种情况，布莱德雷不是十分担心，他完全可以调动霍奇斯和巴顿的军队前来支援米德尔顿。

巴顿的情报副参谋长奥斯卡·科克向他报告说，德军正在为进行大规模反攻而集中兵力，包括装甲部队。但是，布莱德雷还不知道此事。史密斯告诉艾森豪威尔和布莱德雷，德军有可能会向阿登纳地区的第八军发动“骚扰性”进攻。布莱德雷和米德尔顿制定了一个抗击计划，他要求米德尔顿边打边撤，甚至可以退到默兹河，但要尽量拖延德军。

为了对付德军此次有可能发动的攻击，布莱德雷还打算使用空军和装甲部队，甚至也可以调动预备队，这是不到关键时刻不能调动的部队。他觉得这些已足够对付德军的了。随着战争的持续，布莱德雷越来越感到人员不够使用，这几个月以来，士兵的伤亡很重，不单单是战场上受的伤，由于长期在战壕里，很多士兵又染上了相应的战壕疾病，为本来就不够调动的兵源雪上加霜。

战场上，大量使用的还是步兵，而此时的盟军，步兵相当缺乏，布莱德雷很是烦恼，对付希特勒都不如现在这个问题让人头疼。怎么办？布莱德雷马上叫来自己的人事参谋长，让他立即给华盛顿发电报，请求速派步兵。

盟军统帅艾森豪威尔将军迎来了他的大喜事，那就是他被晋升为陆军五星上将，这已经是陆军的最高军衔了，除了艾森豪威尔，还有马歇尔、阿诺德、麦克阿瑟、金、哈尔西、尼米兹和莱希也获得五星上将军衔，他们有的是陆军将领，有的是海军将领。布莱德雷知道了这一消息，也替他们高兴，另外，艾森豪威尔说他正向马歇尔建议晋升他为四星上将，听了这个消息，布莱德雷非常高兴，战争给他带来的烦恼也可以暂时忘却了。

然而，这种好心情不会持续太久，因为这场战争越来越残酷和激烈了。不久，德军真的向米德尔顿的第八军防区发动了攻击，起初，盟军认为是骚扰性的攻击，而且应该是德军的民兵师。但是，到了当天的夜里，艾森豪威尔觉得这是德军的一次大规模的反攻击战，德国的民兵师绝没有这么厉害，肯定是德军的正规部队。前线得来的情报证明了艾森豪威尔的猜测，看来，盟军要面临更加严峻的考验了。

得知德军大规模的反击，布莱德雷也很是惊恐，参加这次反击的德军大约有三个军团，其中也包括装甲师。次日，盟军的“超级”破译情报组织得来的情报是，德军正准备大举冲向盟军部队，生死存亡在此一举了。而布莱德雷在此之前的在必要时可以让正在攻击罗尔河水坝的霍奇斯和正在攻击萨尔区“西部壁垒”的巴顿予以支援的计划也不一定能够可行了。

面对德军如此猛烈的进攻，艾森豪威尔觉得有些力不能支，于是，他让布莱德雷打电话给巴顿和列夫·艾伦，命令第十装甲师向南、第十七装甲师向北，分别接近德军部队，巴顿和霍奇斯要停止目前的军事活动，而派遣精锐部队去支援装甲部队。

人逢喜事精神爽，面对愁事愁更愁。此时，夜深了，天空中闪着星星朦胧的光芒，它们也在俯视着这一切，可布莱德雷却睡不着，他在脑海里一直思考着战事，德军突然发动大规模反攻，而盟军的部队却没有做好充分的准备。如果不马上调整战术的

话，盟军将面临困境，是否能就此机会消灭德军也是一个未知数。也许这场战斗所付出代价要比以前多得多。假如此仗能够大好，有可能在莱茵河地区消灭德军，所以，这次只许胜不许败。

那么，到底该如何解决目前的问题呢？布莱德雷思来想去还是觉得应该叫巴顿全力向北进攻，霍奇斯向南，以形成钳形攻势，再来一个“法莱斯战役”，在罗尔河以西围歼德军。布莱德雷意识到，自己必须果敢、迅速地行动。而一向倔强的巴顿这次没有听从调动，他个人认为这种做法不好，所以，在接到让他去援助的命令之后，巴顿勉勉强强地将自己手下的第十装甲师派去。

他们还不知道，米德尔顿已经顶不住了，德军的反击势头太猛。不久，布莱德雷接到从德军反攻前线发来的消息，盟军的两个刚刚组建的师由于遭遇了德军的沉重打击而仓皇溃逃，接下来，又有几个师由于抵挡不住而败下阵来。看来事态严重，盟军高级指挥将领急忙商量对策，经过商讨，决定如下：

美军必须顶住从南面和北面突入防线的德军部队；

一定要尽量地控制住咽喉要地——圣维特和巴斯托尼；

在默兹河岸组织坚固的防御战线。因为据估计，德军有可能推进到默兹河才停下来。

为此，艾森豪威尔命令第八十二预备队，第一零一空降师赶到圣维特和巴斯托尼一线增援第七、第九和第十装甲师。第十一和第十七装甲师要马上从英国赶来作为预备队。

此时的德军又对最南端的雷·巴顿的第四师发动了猛烈的攻击，这次攻击直接威胁到布莱德雷的安全，因为他的司令部就在这附近，布莱德雷将它取名为“鹰”，他觉得自己的军队和自己本人应该具有鹰的敏锐和凶猛，面对“食物”绝不放弃。考虑到他的安全，艾森豪威尔建议将布莱德雷的司令部搬到别的地方，而布莱德雷觉得那样做太丢美国军人的面子，所以，拒绝接

受。由于德军的猛烈攻击，飞机暂时失去作用，不能起飞，因为危险太大，只能是改成汽车。

这位地面总司令官布莱德雷在傍晚时分才回到自己的司令部。一回到那，他便对情报部门大发雷霆，责备他们获得的情报不准，才导致战略部署失误，使得盟军暂时陷入困境。

德军的这次反击可以说是亡命打法，因为投入的兵力较多，不仅有前面说到的三个集团军，还有一千多架飞机协同作战，德军还准备使用导弹。而巴顿又在做些什么呢？在 12 月 18 日，这位第三集团军司令巴顿来到了布莱德雷的公寓。在这场战役中，他们两人的关系一直很好，经常在一起商议战事。巴顿是一位勇猛之将，在布莱德雷跟他说了当前的战事后，巴顿迅速做出判断，并表示支持布莱德雷的计划。这次，巴顿胸有成竹，他说自己可以在二十四小时内派装甲师和步兵师向北进击。

布莱德雷想要到霍奇斯那将自己的计划告诉他，然而，此时的霍奇斯正在撤退，他手下的第五军、第八军受到德军第六装甲军的沉重打击，司令部也已经撤到了列日郊外的乔德枫丹。还有一部分部队被德军分割在不同的地方，成了散兵。从整个战局考虑，霍奇斯已经没有反击能力了，重任只能落在巴顿的肩上。

为了缓解现在的紧张气氛，艾森豪威尔来到布莱德雷的司令部，召开紧急军事会议。会上，这位盟军最高统帅面带笑容，他宣称目前的危机是一次难得的歼灭德军的好机会。盟军的士气受到鼓舞。

会上，布莱德雷提议由巴顿率领手下的第三集团军向德军的南翼发动反击，与会者都同意布莱德雷的建议，巴顿已经命令三个师的兵力开始行动了。布莱德雷决定将巴顿的三个师编成新编第三军，由约翰·米利金担任军长。布莱德雷还调来米德尔顿的第八军给巴顿。巴顿的总体兵力有六个师，他可以全力反击德军了。艾森豪威尔对巴顿有些不放心，因为他毕竟是勇猛有余而智

慧不足，所以，艾森豪威尔决定要布莱德雷前去督战。

形式越来越严峻，此时的德军部队已经进入盟军的深处。霍奇斯组织了顽强的抵抗；李奇微指挥第十八空降军的一部支援圣维特和巴斯托尼；辛普森手下的第七装甲师、第三十步兵师也调给霍奇斯去参战了。可以说，尽管德军取得了一些成绩但面对盟军的反击，每推进一步，也要付出代价。到了十二月下旬，霍奇斯手下的四个军长逐步恢复了元气，他们历来英勇善战，不甘屈服。等待德军的将是惨败。

面临德军的反击，盟军高层的斗争形势又复杂起来了。

在德军反击之前，英军的领导者就对艾森豪威尔持怀疑态度，他们认为他的长期战略有些欠妥当，对于他的在 1945 年五一期间彻底打败德军的计划也表示怀疑。蒙哥马利一直以来就想由自己单独率领军队进军鲁尔区，英国人对此当然是支持，加上德军的这次反击，他们打算起草新的文件，企图推翻艾森豪威尔的计划。马歇尔全力支持艾森豪威尔，而且在盟军中美军和英军的人数比是三比一，英军是无法翻手为云覆手为雨了。但蒙哥马利不这样认为，他决心大干一场，以证明自己的实力。

德军已经将阿登山拦腰切断成南、北两军，蒙哥马利借此机会再次提及任命自己做阿登山以北的地面部队司令。假如美方同意的话，他就可以控制霍奇斯的第一集团军了。19 日，蒙哥马利给布鲁克打电报，声称美军正处于混乱状态，全线崩溃。他把第一、第九集团军说得一文不值，他还预言布莱德雷将撤走司令部，艾森豪威尔也将无法控制局面。最后，他希望上级能够当机立断，不要再犹豫不决。

蒙哥马利的做法充分暴露了他狂妄自大的一面，他想给艾森豪威尔难堪，对此，布莱德雷非常愤怒，而且蒙哥马利为达目的竟然歪曲事实，谎报军情。英军方面派出怀特利上将前去和艾森豪威尔的参谋长史密斯谈话，要求让蒙哥马利担任盟军攻打阿登

山以北的地面部队司令官。史密斯当场暴跳如雷，但经过考虑，最终接受了英军的建议。

史密斯想从布莱德雷那里征求意见，于是，他给布莱德雷打电话，电话中将英军方面的提议告诉给布莱德雷，问他如何看。布莱德雷很吃惊，他说自己和霍奇斯、辛普森的合作很好，不需要蒙哥马利插手。但史密斯这次却十分支持蒙哥马利。布莱德雷有些失望，也许史密斯对霍奇斯失去了信心吧。

面对巨大的压力，布莱德雷觉得自己喘不过气来。史密斯安慰他，说蒙哥马利的指挥只是暂时的，等这次危机过后，立马让他交回第一集团军和第九集团军的军权。史密斯还告诉布莱德雷，艾森豪威尔要他提醒巴顿，监督巴顿的进攻成果，因为这是美军转败为胜的关键所在。布莱德雷很为难，他没办法拒绝，只得同意。

第二天上午，巴顿来了，布莱德雷和他一起讨论下一步的进攻计划。艾森豪威尔也打来电话，对布莱德雷表示安慰，他说做这种决定也是时局所迫，只要蒙哥马利的任务一完成，安排就将取消。布莱德雷很生气，他说艾森豪威尔无非是对自己没有了信心，他说自己一定会证明给英军看，美军没有失败。

下午，艾森豪威尔发布了两个命令，一个是任命蒙哥马利为北线总指挥；一个是提醒布莱德雷和蒙哥马利，无论如何也不能让德军将默兹河上的桥梁占领。

蒙哥马利如愿了，他更加趾高气扬、眼空一切，俨然没有把美军将领看在眼里，20 日，他和参谋长德金甘德在霍奇斯的司令部会见了霍奇斯和辛普森，然后，慢悠悠地发布命令，眼皮也不抬一下，一副瞧不起的样子。蒙哥马利说在第一集团军内部的反英情绪日益高涨，为了使战场整齐划一，他要霍奇斯放弃仍在手里的圣维特，但是，霍奇斯严词拒绝，蒙哥马利也只好作罢。

在会见了霍奇斯等人以后，蒙哥马利又向布鲁克发去电报，

声称自从战斗打响后他还没有看见过集团军司令布莱德雷和他的参谋人员，谎称战局已经失去控制。同时，又打电话给史密斯，声称霍奇斯可能有心脏病，他不愿独自解除其职务。

很明显，蒙哥马利在拆台，艾森豪威尔和史密斯对此表现得非常冷静，他们了解霍奇斯是一个文静寡言的人，他能攻善守，绝不是可以随便解职的。于是，艾森豪威尔一面写信鼓励霍奇斯和辛普森，一面告诉布莱德雷，自己已经向马歇尔建议提升他的军衔。

生死关头，霍奇斯和比尔·基恩仍在考虑进攻。他们计划让柯林斯的第七军向南反击德军突出部，支援巴顿将要发起的进攻。而蒙哥马利却将计划改变，致使战机遗失。他命令柯林斯去西北方向开辟马尔凯战场，不去和巴顿会师，这完全是法莱斯缺口战役的翻版。此外，蒙哥马利也没有像他对艾森豪威尔承诺的那样，派霍罗克斯能攻善守的第三十军助美军一臂之力，更没有派第三十军向较近的马尔凯进攻，开辟新战场，反而让柯林斯远途奔袭，失去了拦腰打击德军的机会。在这次战斗中，蒙哥马利只派了一个象征性的部队。

布莱德雷仍然和辛普森、霍奇斯保持着密切的联系，尽管现在，他不能指挥他们。蒙哥马利违背了他对艾森豪威尔的许诺，下令军队撤退，并且不顾李奇微的强烈反对命令其撤出圣维特，也不顾加文的反对让其第八十二空降师北撤。按照蒙哥马利的说法，他要整顿战线。蒙哥马利也命令柯林斯的第七军在马尔凯防御，不准其进攻，这一决定使巴顿对罗斯托尼的进攻缺少了配合。

巴顿真不愧是美军的支柱，面对困难，他依旧热情似火地准备着反攻。巴顿的第三集团军手下的第三军在米利金指挥下英勇杀敌，当天，就推进了十几公里，在暴风雪中打击了德军。德军遭遇到打击之后，更加疯狂的攻击巴斯托尼镇。德军由猛将弗里

兹·拜尔林将军指挥，他轻视这个小镇，倾巢出动，结果正中巴顿诱敌出洞之计。

次日，天空转晴，飞机可以投入到战斗中，盟军的飞机在空中对德军实施轰炸，而运输机也投下大量的战略物资。巴顿的部队在空军的掩护下开始进攻。圣诞前夜，盟军第四装甲师遭到德军的猛烈反击，后退数公里。晚上，布莱德雷、巴顿出席了圣诞节晚会，在和平年代，这是一个西方人非常喜欢的节日，但是，眼下战争不断，布莱德雷面对热闹的场景仍然心事重重，因为盟军的反击始终没有进展，而自己的两个集团军的指挥权又被蒙哥马利夺去，但是，这位狡猾的英军将领却没有发动有效的进攻，致使战机一次次遗失。

盟军马上召开紧急会议，蒙哥马利傲慢十足，对待布莱德雷非常冷淡和无礼，没有派人去迎接布莱德雷，更没有准备食物。布莱德雷想发作，但最终还是忍住了。会议上，蒙哥马利对待布莱德雷就像是一位老师在训教一个刚刚入学的孩子一样。他还写信给布鲁克，说盟军当前的战况一片混乱，人浮于事，布莱德雷已经心力交瘁等等。受到如此侮辱，布莱德雷快气疯了，他尽量克制着自己，没有发作，一直保持沉默，由此看来，布莱德雷还是很有涵养的。

布莱德雷从情报部门获知，此时的德军已经弹尽油竭，伤亡惨重，只是在做垂死挣扎。而蒙哥马利还认为霍奇斯的力量太弱，只好居于守势，经过三个月的准备才能反攻。这种保守的战略只会将歼灭德军的良机葬送。如此下去，战争何时才能结束。

布莱德雷神情沮丧的飞回到自己的司令部，和巴顿进行了一次长谈，把会议上的情况告诉巴顿。本来脾气就暴躁的巴顿，在听到蒙哥马利对布莱德雷的侮辱时更是大发雷霆，他说，如果命令他的部队撤退的话，他本人就辞去职务。第二天，布莱德雷给艾森豪威尔打电话，阐述了自己的观点，强烈反对蒙哥马利的守

势战略，要求将第一集团军和第九集团军归还自己指挥，还说要将自己的司令部迁到那慕尔，组织美军反攻。

圣诞节一过，曙光终于来临了。

柯林斯也认为蒙哥马利的守势战略不可取，所以，他违抗了蒙哥马利的命令，让哈蒙的第二装甲师冲出迪纳特附近的防线阵地，袭击了龙德施泰特向西移动的德军装甲部队的先遣部队，并歼灭了德军第二装甲师，德军被迫停止进攻；巴顿的第三集团军先遣部队也打通了通向巴斯托尼的一条狭窄的通道，解救了固守在那里的美军。美军的这两个胜利，大大鼓舞了盟军的士气，布莱德雷决定向最高统帅部施加压力，重新考虑作战计划。

十二月底，艾森豪威尔通知蒙哥马利和布莱德雷到布鲁塞尔开会。布莱德雷本想告诉艾森豪威尔千万不可让蒙哥马利撤退，应该在北部战区开始行动。但是，艾森豪威尔已经乘坐火车前往布鲁塞尔了，在半路，火车被炸，会议推迟到第二天进行。正好有时间，布莱德雷和艾森豪威尔就战局阐述了各自的看法。

巴顿希望布莱德雷能够重新指挥第一集团军和第九集团军，将德军装进包围圈。艾森豪威尔正在法国的凡尔赛，布莱德雷坐飞机抵达后，驱车感到指挥部，艾森豪威尔显得十分高兴，兴致勃勃的和布莱德雷握手。迪特纳和巴斯托尼的胜利捷报已传达到最高司令部，布莱德雷信心十足。接下来，艾森豪威尔等一起和布莱德雷开会讨论了盟军的战略问题，会上没有蒙哥马利，气氛非常和谐。

布莱德雷依据当前的战势，提出了两个计划，一个是长期计划，一个是近期计划。

近期计划主要是马上向德军突出部的腰部发动一次钳形攻势。近期计划分兵如下：由霍奇斯率本部部队向东南实施反攻，巴顿在其他部队的支援下从巴斯托尼向东直逼豪法里兹和圣维特，然后，两人会合。在第一集团军中以柯林斯的第七军作为攻

击先锋，以李奇微第十八空降军作为掩护，直杀圣维特。为了保险起见，布莱德雷还提出要将自己的司令部搬迁到那慕尔或者是迪纳特，以便于指挥部队。

关于长期计划，布莱德雷认为要利用希特勒反攻的错误，及时地将以蒙哥马利为主力进攻莱茵河的北部改为中部，再进攻德军，而有自己亲自指挥。此外，还要巴顿和霍奇斯在南北并肩东进，然后穿过艾弗尔，进逼波恩地区，渡过莱茵河向法兰克福和卡塞尔之间的开阔地展开坦克战。蒙哥马利的任务是掩护自己的左翼。

长期计划要求部队立即实施对德军的攻击，因为，他的取胜关键是速度，速度快，成功的几率就会大一些，如果过慢，将有可能再一次贻误战机。布莱德雷说要马上实施攻击，在拦腰斩断德军以后乘胜追击。而进攻艾弗尔可以省去攻占罗尔河水坝的麻烦，蒙哥马利的进攻使德军正好有所防备，便于其他部队行动。

与会者在听了布莱德雷的两个计划之后，觉得可行。此时的艾森豪威尔做出决定，完全支持布莱德雷的建议，实施近期计划，对于远期计划，艾森豪威尔另有打算。蒙哥马利变得比以前好多了，不再那么不通人情，不可一世，他也认为布莱德雷的近期计划很好，表示自己同从安排，艾森豪威尔很高兴。但蒙哥马利说自己的部队不能归布莱德雷指挥。

对于长期计划，艾森豪威尔认为有些冒险，他主张肃清莱茵河以西的敌人，并集结重兵，然后再由蒙哥马利率领大军发动总攻，由辛普森的第九集团军担任增援任务。艾森豪威尔也不得不承认布莱德雷远期计划的优点，在经过一番权衡之后，艾森豪威尔表示自己可以有条件地支持布莱德雷。条件就是，如果布莱德雷的进攻不能实现“决定性的胜利”，那么就终止这次计划，以防止出现消耗战，并且布莱德雷只能充当防御，无权再去担任主攻的总指挥。

尽管艾森豪威尔答应了实施布莱德雷的计划，但他不愿意将已经归蒙哥马利指挥的第九集团军的指挥权归由布莱德雷，因为他觉得和蒙哥马利的斗争让他筋疲力尽，他不想再次发生争斗。

十二月底，艾森豪威尔在比利时和蒙哥马利见面。不见倒好，一见面的事情让艾森豪威尔很生气。起先，蒙哥马利答应对德军的突出部发动反攻只是一个借口，他根本就没有实施。蒙哥马利认为德军还会在北部向霍奇斯发动最后一次强大进攻，他要牵制这次进攻再考虑反击的事。而布莱德雷则认为德军已经弹尽粮绝，无路可退。艾森豪威尔沉不住气了，他严肃地给蒙哥马利下达了命令，如果发现德军在三天之内没有发动进攻的话，蒙哥马利就必须在1945年元月一日挥师前进。

艾森豪威尔和蒙哥马利也一起探讨了布莱德雷的长期计划，蒙哥马利表示反对，他不赞成布莱德雷的计划，他认为自己的一路进攻计划比较好。艾森豪威尔则主张要在莱茵河以西集结所有的盟军部队。蒙哥马利表示不满，他一遍遍的唠叨，使得艾森豪威尔有些心烦。蒙哥马利见艾森豪威尔不采纳自己的意见，于是又给布鲁克写信诉苦。

在经过讨论之后，也没有一个统一的结果，于是，艾森豪威尔又和两个集团军群司令会晤，商讨并拟定盟军的近期和长期计划的纲要。最终，决定实行布莱德雷的近期计划和附加条件的远期计划。布莱德雷胜了，第一集团军归由他来指挥，蒙哥马利要奉行命令执行拦腰切断德军突击部的近期计划。

但蒙哥马利并不死心，他又给艾森豪威尔发去公函，在公函中，他提出了自己的长期作战计划，建议撤销布莱德雷的“快速”进攻计划，也就是布莱德雷提出的长期计划，而且要求由自己统帅所有的盟军部队，另外，他还认为艾森豪威尔主张的总攻前将所有盟军部队集结在莱茵河以西的计划不现实，应该予以放弃。蒙哥马利的狂妄自大，使艾森豪威尔很恼火。而英军又掀

起了一股反美宣传高潮，肆意抨击艾森豪威尔、布莱德雷和盟军最高司令部，还把蒙哥马利捧为突出部战役的英雄，要求任命他为整个盟军的地面部队司令。

看来是越闹越大了，这一下惊动了马歇尔，他马上致电给艾森豪威尔将军，告诉他无论如何也不能对英军做出让步，不能将指挥权交由蒙哥马利。不久，布莱德雷命令巴顿率领三个军的兵力向豪法里兹进军，发动对德军的强攻。而蒙哥马利好像是故意和布莱德雷过不去，他不但没有让柯林斯和李奇微去支援巴顿，还要将进攻推迟到四天之后。

在蒙哥马利看来，他正在等待着德军向霍奇斯的大举进攻，所以，不能去支援巴顿。而他或许还没有意识到自己已经很危险了，他的指挥权就要被剥夺。

此时，美军的艾森豪威尔和史密斯都大为恼火，一是因为蒙哥马利的步步紧逼，要盟军的指挥权，一是英军的反美宣传。不给蒙哥马利和英军点颜色看看是不行了，怎么办？面前最棘手也最应马上解决的问题就是指挥权。在盟军中，美军毕竟占有绝大多数，人数是英军的三倍，马歇尔也表示自己会全力支持艾森豪威尔。于是，艾森豪威尔决定立即给美英参谋长联合委员会发电报，电报的内容就是必须在他和蒙哥马利之间做出选择，要么是他，要么是蒙哥马利。

假如此电报一发出，那么美英参谋长联合委员会一定会选择艾森豪威尔，因为无论从哪方面来看，他都比蒙哥马利更适合指挥盟军，这样，就意味着蒙哥马利不但得不到盟军的指挥权，现在的职位也难以保住。

事态严峻。蒙哥马利的参谋长德金甘德了解到这种情况，他觉得不妙，急匆匆地飞往巴黎，乘车去最高司令部，请求史密斯陪他去见艾森豪威尔，平息这场危机。

当德金甘德见到艾森豪威尔时，发现他正在和特德讨论关于

“要我还是要蒙哥马利”的电报稿。德金甘德说明自己的来意，恳请艾森豪威尔不要将这份电报发出去。但是此时的艾森豪威尔似乎是吃了秤砣铁了心了，神情非常严肃，他毫不留情面地对德金甘德的司令长官加以批评。在艾森豪威尔看来，蒙哥马利不择手段的一再争权，弄得沸沸扬扬，不仅使他焦头烂额，而且甚至还影响到他的工作，作为一个统帅，如果连最起码的工作都不能自由支配，何谈带兵打仗？尤其现在正是德军和盟军对峙的关键时刻，而蒙哥马利作为一员司令却完全不顾念大局，一再为个人利益争个不停，艾森豪威尔已经实在无法容忍，所以，他决定让美英参谋长联合委员会决定他和蒙哥马利两人的去留问题。

听着艾森豪威尔这一番理由，德金甘德自知理屈词穷，但是他还是要尽量帮助自己的司令争取这次机会，因为他还从别人那里知道艾森豪威尔已经在考虑让亚历山大代替蒙哥马利，美英参谋长联合委员会的裁决肯定也是倒向艾森豪威尔一边的。他惊慌失措的一再请求艾森豪威尔推迟一天发出电报，史密斯也觉得美英双方闹得太僵也不好，影响盟军内部的团结，就从中加以调和，于是，艾森豪威尔才给德金甘德一次“打破僵局”的机会，这次机会也挽救了蒙哥马利。

1944 年的最后一天，德金甘德强忍精神打击的痛苦，飞回蒙哥马利的司令部，出示了艾森豪威尔的电报。此时的蒙哥马利才意识到自己的做法实在是有些过分，以至于差点将自己断送。他很窘迫，很绝望，也很泄气，他不知道自己该怎么办，只好问参谋长该如何处理眼前的问题。

参谋毕竟是参谋，他不光是在战时辅佐自己的上级，当上级遇到别的困难时也能出主意，帮助上司分忧。在这之前，德金甘德就已经预料到会有这样的结果，他在蒙哥马利身边这么久，对这位上司的脾气也了如指掌，所以，针对这种情况，他马上给艾森豪威尔写了一封谢罪信，信中无非是一些冠冕堂皇的词语，当

然他要写一些具有实际意义的话，否则艾森豪威尔也绝不会就此罢休。

面对现实，蒙哥马利也清醒了许多，他在信中也深表歉意，表示今后将百分之百地执行艾森豪威尔的决定。为了表示自己的诚意，在信的最后还署名为“您的最忠实的仆人，蒙哥马利”。

艾森豪威尔在接到蒙哥马利寄来的信件以后，权衡利弊，觉得自己不应该在这个问题上再和蒙哥马利纠缠下去，眼下，最主要的是怎样对付德军，将他们彻底消灭，所以，此事暂时告一段落，蒙哥马利的职位也保住了。

当天，艾森豪威尔就向布莱德雷和蒙哥马利发布了近期和长期作战纲要。艾森豪威尔还写了一封信给蒙哥马利，信中用圆滑但是坚定的姿态强调，不要破坏他们之间的信任，以免毁灭盟军的共同事业。但是，在英军方面，丘吉尔和布鲁克正在向美国人的统帅地位挑战。

第十八章 盟帅争权之战

权力之争自古有之，因为有了权力就可以得到很多东西，包括尊重、面子、金钱、美女……所以，才会有一些人前赴后继地去争夺它。拿破仑曾经说过“不想当将军的士兵不是好士兵”，所以，作为一名军人，他对权力的欲望也一样的强烈。在第二次世界大战的欧洲战场上也正在上演一部指挥权的争夺战，但他不是血腥的，它只是盟军内部极少数人的意见不统一的结果。

盟军内部的矛盾自从联合作战开始就一直存在，那些高级将领们对于战略问题争论不休，各抒己见，每个人都认为自己的计划才是最好的，才是促进战争胜利的好点子。到了1944年的9月份，这种争论已经到了白热化的地步。

九月初，蒙哥马利、布莱德雷等在亚眠讨论有关进攻亚琛时使用空降部队的计划。蒙哥马利主张在阿纳姆实施空降，夺取安特卫普以北的桥梁和水道。盟军统帅艾森豪威尔同意了这一计划，并要求蒙哥马利在7日实施。但最终又因天气恶劣而取消了该计划。

就在盟军取消计划的第二天，德国开始向伦敦发射V-2导弹，两枚导弹从鹿特丹或阿姆斯特丹附近发射。伦敦的官员敦促蒙哥马利迅速攻占德军发射导弹的地区。蒙哥马利抓住这一良

机，又发动了一场推行自己计划的运动。他将这个计划代号为“市场花园”，该计划主要是对阿纳姆实施大规模的陆空联合进攻。

“市场花园”计划的具体内容是这样的：由地面部队和空军联合执行，在地面部队中，由霍罗克斯第三十军的一个半装甲师、两个半步兵师担任主攻先锋部队；由第十二军的一个装甲师、两个步兵师负责掩护第三十军的左翼；由第八军的一个装甲师、一个半步兵师保卫第三十军的右翼。在通向阿纳姆的公路上空降两个师，在阿纳姆市空降一个半师，另留一个师机动，等到占领机场之后再在阿纳姆空降；登普西的第二集团军从安特卫普向阿纳姆挺进，和空降部队联合。

蒙哥马利的这一计划是背着美军制定的，但俗话说没有不透风的墙，他的这个计划被布莱德雷间接地获知。布莱德雷很恼火，他认为蒙哥马利违背了当初订立的盟约，竟然偷偷摸摸地请求英方批准他的计划，布莱德雷愤怒、失望、震惊。在认真地分析了蒙哥马利的计划后，布莱德雷清醒地认识到这个计划是蒙哥马利企图从助攻转为主攻的把戏。如果这个计划真的成功了，可以直指柏林，那么，美军就将处于被动地位，还有可能被迫让出作战物资，如此一来，美军就没有了攻打德军的机会了。

在发现了英军的这一企图之后，布莱德雷马上给艾森豪威尔打电话，电话中，布莱德雷严重抗议蒙哥马利的计划，布莱德雷说蒙哥马利的计划无疑就是由自己单枪匹马直捣柏林，将布莱德雷的两路突击计划抛到一边。布莱德雷分析了蒙哥马利的战略，他对艾森豪威尔说如果执行蒙哥马利的计划，美军和英军之间的空隙就会加大，将主力调走以后会给德军以可乘之机，后果不堪设想。

按照蒙哥马利的计划，德军抓住机会就会反扑，如果反扑成功的话，登普西有可能被孤立在荷兰。所以，布莱德雷坚持要蒙

哥马利扫清斯凯尔德湾，封锁德军第十五集团军的逃路，控制安特卫普，以保障盟军的后勤供应。但是电话里，艾森豪威尔却支支吾吾，含糊其辞，布莱德雷再三追问，方知艾森豪威尔已经同意了蒙哥马利的计划。为什么会同意呢?布莱德雷觉得可能是为了息事宁人，不让蒙哥马利再找麻烦吧，也或许是艾森豪威尔有利己主义的倾向。

艾森豪威尔觉得自己和布莱德雷的交谈是很必要的，于是，两人到一起长谈了一夜。在这次长谈中，布莱德雷向艾森豪威尔阐述了自己反对蒙哥马利“市场花园”计划的理由。艾森豪威尔也向布莱德雷保证：“市场花园”计划在实施中才能优先得到补给，蒙哥马利的部队必须在莱茵河桥头堡停下来，绝不发动一路突击。布莱德雷仍保留对科利特、柯林斯的控制权力。“市场花园”计划完成以后，蒙哥马利的主要任务还是扫清斯凯尔德湾和使安特卫普港得到使用。

而此时的德军正在组织有效的抵抗，希特勒投入了大量的兵力，德军的第二、第九装甲师等陆续投入战斗。这些都将给盟军计划的实施带来阻碍。布莱德雷建议艾森豪威尔举行一次高层会议，探讨一下蒙哥马利的计划。会上，蒙哥马利慷慨陈词，还用强烈的语气谴责艾森豪威尔的战略指挥问题。艾森豪威尔很生气，他一改往常的态度，对蒙哥马利说：“我是你的上级，请不要用这种口气和我说话。”蒙哥马利也觉得自己很过分，马上向艾森豪威尔道了歉。

早在这之前，布莱德雷已经看穿了蒙哥马利的计划，并在电话中告知了艾森豪威尔，这次会议上，他看得更清楚了，蒙哥马利是“醉翁之意不在酒”啊!按照蒙哥马利的计划，他将率领二十几个师的兵力扑向柏林，这才是他真正的如意算盘。如果这样，巴顿的第三集团军将失去参战机会，只能采取守势，美军将领无法容忍。而蒙哥马利却不断地向艾森豪威尔施加压力，但

是，美军将领一致反对。艾森豪威尔认为蒙哥马利疯了，最后，他命令蒙哥马利攻克阿纳姆后立即回师扫清斯凯尔德湾，迅速使安特卫普得到启用。

按照蒙哥马利的计划，“市场花园”应在九月中旬进行。但在就要进行的前几天，他突然给艾森豪威尔打电话，说计划要推迟几天，理由是自己的供给不足。其实实际上，蒙哥马利是想把之前调走去运输物资的登普西手下的第八军从诺曼底调回来，参加战斗。艾森豪威尔脸色铁青、怒火万丈。

为了给蒙哥马利点颜色看看，布莱德雷决定和他一比高低。布莱德雷让部下储足弹药，然后让两位集团军司令继续前进，突破齐格菲防线，不必停留。这个命令后来得到了艾森豪威尔的认可。美军先于蒙哥马利开始了自己的行动。

在阿登山脉以南，巴顿派遣第二十军、第十二军在梅斯、南希攻击德军，但是，那里的德军殊死抵抗。一向骁勇善战的巴顿这一次也遇到了挫折，他的部队被迫暂时停下来。而柯林斯和杰罗的部队已经被霍奇斯派去做侦察，结果杰罗的部队成为盟军中最先跨入德国边界的部队。此时的德军对于每寸土地都必争，即使是毫无军事价值的地方也不相让，美军没有办法，只得暂时让军队原地待命。

蒙哥马利私下里将霍罗克斯的第三十军从科利特的左翼调去攻打阿纳姆，而此时的科利特只有两个师的兵力，他奉命在亚琛以北突击齐格菲防线。由于蒙哥马利的私自行动使美军的左翼出现了一个九十公里的大缺口，科利特再出击，缺口将会加大。那么，德军逃跑的可能性就会增加，对于盟军来说消灭德军主力的机会又会再次丧失掉。

九月中旬，盟军的战况发生好转，埃迪夺取了南希；海斯利普攻占了埃皮纳尔，两天后，他又率领部队攻占了吕内维尔。但是，沃克一路却没能够夺取梅斯。这次战斗使巴顿将军受挫，他

不能再向萨尔区前进了。德军沿齐格菲防线积极构筑工事，横下一条心至死不退。待盟军打到德国边境时，运动战变成了阵地战，两军呈对峙状态。

而布莱德雷的部队也受到了阻碍，对于他来说这是最艰难的一次。蒙哥马利的进攻遭到了失败，更糟糕的是盟军“市场花园”计划的文本被德军截获，这可是盟军的机密，看来，蒙哥马利的计划要失败了。在得到盟军的计划之后，德军集团军司令莫德尔亲自指挥，沿路反击蒙哥马利的部队。盟军死伤很多，据估计大约有一万七千多人，这比进攻诺曼底损失的人数还要多。

面对失败，盟军中以前支持蒙哥马利而反对布莱德雷计划的人才认识到布莱德雷是正确的，因为血的事实证明了。对于蒙哥马利，他们非常失望。拉姆齐海军上将甚至认为可以“随意批评蒙哥马利”。布莱德雷尖锐地指出，允许蒙哥马利发动“市场花园”攻势，这是艾森豪威尔在第二次世界大战中最大的战术错误。但是，蒙哥马利本人并没有因此而放弃争权夺利的做法，相反的，高级将领间的斗争也升级了。

这里，我们不妨提一下亚历山大·帕奇，他是西点军校的高材生，和布莱德雷是老朋友。帕奇统领的第六集团军群下辖参加“龙骑兵”行动的第七集团军。这可是巴顿的班底。帕奇手下的第六军由卢西恩·特拉斯科特任军长，其中的第三、第四十五步兵师是布莱德雷任第二军军长时的部队，作战经验丰富。第六集团军群的另一个集团军是德·塔西尼指挥的法国第一集团军。整个集团军群共有四十万人，在巴顿的右翼朝东北方向挺进德国。

到 1944 年 9 月，整个盟军部队人数达到二百五十多万人。盟军攻到德国边境后，希特勒部署了共六十三个师在齐格菲防线抵抗盟军的进攻，并且重新启用了老将冯·龙德施泰特指挥西线作战。德军当中，有十五个装甲师和十五个步兵师是精锐。但从整体实力来讲，德军不占优势，但他们可以依据有利的地形和补

给线短的有利条件，还有恶劣的天气阻止盟军的进攻。

目前，“市场花园”计划迟迟推进不了，那么，下一步怎么打，这是摆在盟军面前的首要问题。九月下旬，盟军统帅艾森豪威尔在凡尔赛的司令部召开了盟军高级司令会议，研究战场的形势和制订未来战争的方针。这是从诺曼底登陆以来最重要的一次高级将领会议。在这次会议上，蒙哥马利没有来，只派了参谋长德金甘德代替自己参加会议。

会上，布莱德雷向艾森豪威尔陈述了自己的意见，布莱德雷说现在必须启动安特卫普港，向德国纵深进攻，迫使德军无法集中兵力，还要对首要目标鲁尔区发动两路突击，呈南北夹击之式。他建议由巴顿的第三集团军构成南半钳，蒙哥马利的集团军群构成北半钳，巴顿通过萨尔工业区后直扑法兰克福，然后向北和蒙哥马利的部队会合。霍奇斯的部队则向东攻击科隆。这些主张恰恰和蒙哥马利的相反，蒙哥马利也坚持己见，两者各不相让，蒙哥马利以集中财力、人力为借口，企图使右翼的整个第十二集团军群停下来。

面对两人针锋相对的争论，艾森豪威尔决定由蒙哥马利在霍奇斯支援下夺取鲁尔区；安特卫普港交给加拿大部队解决；巴顿的任务是防御而不是进攻。这很明显，艾森豪威尔在有意地偏袒蒙哥马利。布莱德雷的内心很不是滋味，他失望、沮丧。蒙哥马利的想法虽然得到了盟军最高统帅的批准，但是，摆在他面前的困难还是很多，由于他的计划，大批德军向他所在的地方挺进，两军交锋，伤亡惨重，但结果是一无所获，布莱德雷更加恼火。

作为支援部队的霍奇斯手下的第二十九师掩护科利特向齐格菲防线猛攻。遭受反击后，又和柯林斯的第七军会合，并于十月中旬夷平了亚琛。21 日，一直很顽固的德军投降。但由于补给困难，天气恶劣，盟军进入十月份以后就寸步难行了。布莱德雷对艾森豪威尔和蒙哥马利都很失望，他的心情低到了极点。

在十月初的时候，马歇尔从美国来到欧洲前线视察，他和艾森豪威尔、布莱德雷、巴顿等人进行了交谈。马歇尔对这场战争很乐观，他督促部队在十一月实施进攻计划，马歇尔还预计战争在圣诞节结束。但布莱德雷觉得不大可能，可他不能扫大家的兴，他向马歇尔阐述了后勤供应问题，布莱德雷估计，在圣诞节时能够打到莱茵河就已经不错了，期望战争结束就目前的情况来看是不现实的。

马歇尔在听完了将领的报告之后，认为自己很有必要见一见蒙哥马利，当面问一下他的计划。于是，在布莱德雷的陪同之下，一起来到了蒙哥马利设在埃因霍温的前线司令部。此时的蒙哥马利也不知是怎么了，他犯了一个严重的错误。当马歇尔到来时，他坚持要单独谈谈，马歇尔同意了。蒙哥马利就趁机在马歇尔的面前大说艾森豪威尔的不好，说艾森豪威尔的指挥不力，部队已经失去了控制，地面指挥官应该更换等等。碍于情面，马歇尔没有当面发作。马歇尔觉得蒙哥马利是一个地地道道的利己主义者，不食人间烟火。

蒙哥马利还不满足，他继续同艾森豪威尔争论，在马歇尔走后，蒙哥马利又将一份“西欧指挥要则”送给史密斯，在这份原则里，蒙哥马利强调，目前西欧盟军内部的指挥不能令人满意。言外之意，就是要更换另外一名盟军地面司令来指挥夺取鲁尔区，这个人最好也只能是他蒙哥马利。他还虚情假意地表示，假如艾森豪威尔选择了布莱德雷，他愿意在“亲密朋友布莱德雷的领导下服务”。

一再忍让的艾森豪威尔终于愤怒了，他马上写了一封信，直接送到马歇尔的手里，经马歇尔同意之后，发给了蒙哥马利。艾森豪威尔在信中严肃地提出安特卫普港才是眼前的主要问题，自己的职责是督促各个战场，授予集团军群司令一定权力负责作战。如果蒙哥马利没有能力完成进攻安特卫普以及鲁尔区的任

务，那么，则会考虑由布莱德雷去完成，蒙哥马利本人可以提供援助。马歇尔和布鲁克对此表示认同。此时的蒙哥马利才意识到问题的严重性，自己确实有些过分，于是，他表示服从艾森豪威尔的指挥。

为了扫清斯凯尔德湾，蒙哥马利派登普西手下的第十二军前去支援加拿大部队。布莱德雷也抽调第一零四步兵师参与作战，十一月初，蒙哥马利的部队才肃清斯凯尔德湾，盟军损失了大约一万三千多人。在蒙哥马利晚年所写的回忆录中，他终于承认自己低估了开通安特卫普港的困难，犯了严重的错误。

历经这么长时间的争论，布莱德雷的计划终于得到了艾森豪威尔的首肯。十月中旬，艾森豪威尔决定以布莱德雷的第十二集团军群为主力兵分两路突击莱茵河；蒙哥马利从诺曼底登陆以来首次担任配角，他表示服从。

布莱德雷决定派两支军队进攻，一支从亚琛向科隆、波恩进攻；另一支从萨尔向法兰克福进攻，两支部队最后合围鲁尔区。但是，部队的补给线开辟得太晚，所以，暂时还不能行动，也只有等到十一月初再实施了。布莱德雷不害怕补给问题，他担心蒙哥马利再来借兵，为了以防万一，布莱德雷将辛普森的第九集团军从比利时—卢森堡调往霍奇斯手下第十九军控制的亚琛以北地区，隔断蒙哥马利和霍奇斯之间的原有接触。

在阿登山脉以北的辛普森和霍奇斯面临着复杂的地形，包括罗尔河以及许尔特根森林南端德国人在罗尔河建筑的七个水坝。如果德军破坏了水坝，河流下游就会被淹，盟军的渡河难度就加大。十月下旬，布莱德雷直接命令诺曼·科塔率领第二十八师在炮兵和工兵的支援下于十一月初进攻施密特镇，试图及早控制水坝和溢洪道。

此时，德军依据自己的地形优势进行顽强抵抗，而美军的坦克碍于地形不利，无法继续推进，加上天气也很糟糕，空军无法

支援地面部队，最后，科塔的军队损失了大约六千人，被迫撤退。尽管科塔失利了，但这并没有影响布莱德雷进攻的决心，因为此次战役是美军自打参加欧洲战争以来第一次担当主角，所以，决不能放弃这样的机会。

对于美军来说，十一月份是冬季来临之前突破齐格菲防线的最后一次机会，布莱德雷现在共有军队大约五十五万人。艾森豪威尔下达命令：如果布莱德雷在 1945 年的年初还不能取得突破的话，第九集团军将交由蒙哥马利去北部执行新的任务。巴顿、布莱德雷感到压力很大，因为美军的声誉就压在了他们的身上。

11 月 8 日，巴顿开始攻击，他现有的兵力是二十二万多人，他首先命令手下现有的两个军开始攻击。这两个军分别是埃迪的第十二军和沃克的第二十军。埃迪的第十二军有五个师和许多附属的炮兵以及特种部队；沃克的第二十军有四个师和附属部队。为了以防万一，布莱德雷将第八十三步兵师留下，原地待命。

十一月的天气十分恶劣，风很大，伴随大风，一场冬雨倾盆而下，在这种坏天气，空军支援是根本不可能的，即使是地面部队，行进也十分困难，而德军又拼死顽抗，巴顿的部队每前进一步都要付出巨大代价。九日，沃克命令部队进攻梅斯市，但是，遇到阻碍，直到十二月中旬，他才肃清残敌。

巴顿的部队经过浴血奋战终于杀出一条血路，但却被阻挡在齐格菲防线的前面，巴顿为此大发雷霆。当布莱德雷拒绝动用第八十三师时，巴顿大骂布莱德雷是“天生的胆怯”、“精神的懦夫”。这场残酷的战斗使得巴顿的军队损失了两万一千多人，但还是无法突破齐格菲防线，巴顿的怒火更大了。但是，布莱德雷十分清醒，他仍然冷静地处理这一切，向预定目标努力着。

阿登山脉以北的进攻是由辛普森、霍奇斯的部队实施的。布莱德雷命第七军和第十九军为各自集团军的先锋。在开始实施攻击之前，先由空军进行了大规模的轰炸。然后，在烟雾的掩护下，地面部队开始发动进攻。柯林斯英勇善战，布莱德雷希望他能像突破圣洛那样直抵莱茵河，为美军立下殊勋。

天气渐渐转好，盟军开始攻击。首先由两千架轰炸机和一千架战斗机投入到战场，实施大规模轰炸，然后由一千多门大炮向前沿德军阵地连续炮击。盟军部队遭遇到德军的抵抗。在许尔特根森林的复杂地形中，美军部队很快陷入了困境。二十多天内，柯林斯的部队在森林中和德军展开了残酷的战斗，但战果不佳。不久，麦克莱恩的部队、杰罗的部队、柯林斯的部队先后到达罗尔河，只是仍没有夺取罗尔河水坝。

布莱德雷指挥两支美军进攻莱茵河和包围鲁尔区的努力失败了。美军部队离这两个目的地还很远。而蒙哥马利很善于捕捉机会，他趁美军受挫之时，在十一月中旬又给布鲁克写信，在信中仍然是对艾森豪威尔的攻击。他说艾森豪威尔在他的一生中从来没有指挥过军队，更不用说这么庞大的地面部队，所以，应该尽早任命一位能够独立统管地面部队的司令官。还说盟军应该集中兵力在北路一线突击，这样才会形成“巨大的爆破力”。

布鲁克本人也认同蒙哥马利的观点，但是，出于对全局的考虑，他告诫蒙哥马利暂时不要和艾森豪威尔争权。在盟军当中，美军毕竟占有大多数，所以，布鲁克并不指望蒙哥马利担任地面部队的总司令，反而建议让布莱德雷来担任。而蒙哥马利始终不死心，他还主张，即使是这样，进攻也要分成南、北两路，北路由他指挥，南路由布莱德雷指挥。布鲁克认为美国人是不会接受这个方案的。

十一月下旬，布鲁克向蒙哥马利建议任命布莱德雷作为地面部队的总司令，由蒙哥马利本人负责北集群，巴顿负责南集群。两天之后，蒙哥马利来到伦敦，同意这一建议的前半部分，即由布莱德雷担任地面部队总司令。但蒙哥马利要求将巴顿的第三集团军调归他统辖，南路大军由德弗斯指挥。布鲁克只好将这些如

实上报给英国首相丘吉尔，丘吉尔经过再三考虑，他觉得艾森豪威尔的合作精神深深打动了他，在这个时候，自己应该支持艾森豪威尔，不能只听从自己方面的一面之词。就这样，盟军内部的一场旷日持久的权力之争暂时告一段落。

面对布莱德雷的屡屡受挫，蒙哥马利认为是布莱德雷战略的失败，也证明自己的计划是正确的。蒙哥马利还主张集中人力、物力在重点突击方向上进行突破，而且还不止一次的提起不能让布莱德雷担任盟军的地面总司令。艾森豪威尔对此很恼火，他要么沉默，要么就干脆地拒绝。在艾森豪威尔这里碰上了钉子，蒙哥马利再次给布鲁克写信，在信中，他说布莱德雷不适合作地面总司令，他有负于盟军统帅艾森豪威尔的期望。蒙哥马利的这些话都是他自己认为的，实际上，艾森豪威尔根本就没有这种想法。信中，蒙哥马利还说应该由自己来担当盟军地面总司令这一职务。

冬季的天气着实很冷，布莱德雷由于长期的操劳很疲惫，近几天，他得了重感冒，现在正卧床休息。艾森豪威尔前去探望他，并和他说了目前盟军所面临的问题，他说自己非常恼火，蒙哥马利的一再要求让他很生气，他还让部下给蒙哥马利发去一封措辞严厉的信件。信中对蒙哥马利从诺曼底以来的不顺利的事情表示反感，而对布莱德雷的战果大加赞赏。

盟军统帅艾森豪威尔将军面对部队眼下的权力之争有些担忧，他决定召开一次高级军事会议，以便讨论并解决战略和指挥的问题。蒙哥马利又大肆发表意见，说除了参谋长，其他的将领无权发言。在十二月初的时候，盟军高级军事会议在马斯特里赫特召开，此时的布莱德雷还没有康复，他拖着病体前来参加会议。

这次会议仍然不是很融洽，会上，蒙哥马利依旧口出狂言，从艾森豪威尔要指挥权，他说要集中大部分兵力从北面攻击鲁尔

工业区，这部分军队的指挥权要归他所有。艾森豪威尔没有同意他的建议，最后，他决定由布莱德雷率领巴顿和德弗斯的两个集团军继续向德国发起攻击，夺取波恩和法兰克福后，再朝北向鲁尔区进攻；由蒙哥马利率领本部人马从北面开始攻击，让辛普森的第九集团军作为支援。这是艾森豪威尔的一个折中方案。

会议上的决定说明，蒙哥马利的目的不能实现了，盟军的权力还在艾森豪威尔的手里，他想单独攻打鲁尔工业区是不可能的。蒙哥马利觉得自己很不顺，于是，他又给布鲁克写信，让他说服丘吉尔和罗斯福开会讨论并决定此事。但是，马歇尔建议罗斯福不要召开首脑会议，那是不明智的行为，罗斯福接受了马歇尔的提议。布鲁克却站在蒙哥马利的立场上，强烈谴责艾森豪威尔的两路进攻计划。丘吉尔在会议的进行过程中始终没有表态，直到会议的最后，他才说自己完全赞同艾森豪威尔的战略。这令在场的英方将领大吃一惊。就这样，这场盟军内部的争权之争暂时结束了。

但是，事情远没有我们所预想的那样，没过多久，事情有了新的变化。在大血战还没有结束的时候，艾森豪威尔和蒙哥马利的指挥权之争算是暂时告一段落了，可是，这一切还没到此为止，英国的首相丘吉尔和英军的参谋长布鲁克又挑起了一场盟军高层的战略争论。

1945 年 1 月初，罗斯福、丘吉尔、斯大林这三个巨头正在筹备二月初在雅尔塔的会晤。在这之前，罗斯福和丘吉尔曾在马耳他和美英参谋长联合委员会一起讨论了现今世界的战略问题，当然也包括正在进行的向德国腹地发动最后总攻的西线战略问题。

针对西线的问题，美英两方争论不休。英方的丘吉尔和布鲁克一致支持蒙哥马利，他们认为蒙哥马利才是合适在西线指挥作战的将领，其他人都不行，应该由蒙哥马利率领部队向鲁尔工业

区发动大规模的反击。同时，他们对布莱德雷的中部进攻战略和艾森豪威尔的集中军队再进攻莱茵河的主张表示反对。总之，丘吉尔和布鲁克为了让人们接受蒙哥马利的战略，不惜进行游说。

一月初，丘吉尔和布鲁克决定亲自到艾森豪威尔那里，去和他谈谈。当艾森豪威尔知道他们要来的消息后很高兴，因为在艾森豪威尔看来，这是一次说服他们同意自己战略的好机会。但是，结果可远没有艾森豪威尔所想的那样好。

在丘吉尔和布鲁克要来的前一天，艾森豪威尔和布莱德雷进行了一次长谈，艾森豪威尔充满自信，认为自己很有把握说服英方，他觉得在马耳他会议上，英军首脑左右美英参谋长联合委员会和罗斯福，做出倾向于蒙哥马利的传言是虚假的，是有人故意编造的。

当丘吉尔和布鲁克到达之后，他们和艾森豪威尔商谈，会见中，艾森豪威尔提出了自己的计划，他说现在应该马上实施正面攻击计划，不能再拖延，要直抵莱茵河。正面攻击需要快速地做出反应，要出其不意，打德军一个措手不及。假如自己的计划不见成效，再将美军抽调给蒙哥马利也不晚。可是，丘吉尔和布鲁克根本就不听艾森豪威尔的计划。不但如此，丘吉尔还另外提出了一个新建议，那就是提拔亚历山大接替特德担任盟军最高副统帅，提升特德为波特尔空军元帅手下的第二号人物。

对于亚历山大，艾森豪威尔从私人的观点来看，他很喜欢这位英军将领，也知道亚历山大善于指挥部队进行地面作战，所以，他同意了丘吉尔的提议。但实际上，这是英方使用的一个欺骗手段，之所以让亚历山大担任盟军的最高副统帅，就是对艾森豪威尔不放心，要在他的身边安插一个英军的“细作”，对他进行抵消，另外，将盟军的地面部队指挥权握在手里。

马歇尔是精明的，他一听到这个建议，马上致电艾森豪威尔，告诫他千万不要同意英军的要求。艾森豪威尔听从了马歇尔

的忠告，又拒绝了丘吉尔的建议。丘吉尔见自己的计划没有实现，只好继续向美方施加压力，要求在适时的时候实施自己的建议。

对于作战部署和作战指挥机构都是战争的秘密，是不能随意对外宣传的，而新闻界也不知道是从谁的嘴里知道了这个消息，将它刊登在报纸上，说第一集团军和第九集团军由蒙哥马利率领，布莱德雷率领部队指挥南线……对此，盟军的最高统帅部只好出来做以解释。在解释中说，布莱德雷和蒙哥马利已经被命令分别指挥南路和北路大军。对于蒙哥马利指挥美军两个军团的事，盟军最高总部说是由于通信系统出现了故障，所以，暂时由蒙哥马利率领这两个军团。

由于在解释中没有说明蒙哥马利指挥美军的第一集团军和第九集团军是暂时的，也没有说第一集团军其实仍然由布莱德雷指挥。由此一来，蒙哥马利的地位和作用一下子就被抬高了，也就是说，先前德金甘德对蒙哥马利和艾森豪威尔之间矛盾的调节等于白费了。

英国新闻界正好借助此次机会，对蒙哥马利大肆吹捧，简直将他捧到了天上。这下激起了很多人的不满，美英之间的矛盾越来越大。

英国首相丘吉尔觉得这样下去将要出现大问题，于是马上给美国总统罗斯福写信，想要平息这场争斗。丘吉尔说，蒙哥马利和艾森豪威尔的关系就像美军将领布莱德雷和巴顿一样，一直良好，合作默契，没有人们说的那么多摩擦，如果长期下去，会破坏美英之间的联盟。丘吉尔还祝贺美军在巴斯托尼战斗中的非凡表现。

同一天，蒙哥马利精心召开了一次记者招待会，在招待会上，他呼吁英国的报刊不要诽谤艾森豪威尔将军了，盟军内部应该上下齐心协力，将德军彻底消灭，这俨然在向世人宣布他就是

盟军的最高统帅。这次记者招待会，本来是想缓解美英之间的矛盾，没想到适得其反。尽管蒙哥马利一再重申自己和艾森豪威尔是一对亲密的战友和兄弟，而实际上，客观抬高了自己的身价。

对于蒙哥马利的这次记者招待会，布莱德雷大发雷霆，这位集团军群司令官很少在下属面前发脾气，这次破了例。布莱德雷对下属说，艾森豪威尔将军不会设一个什么最高统帅副职。

俗话说人为一口气，佛为一炷香。面对英军方面的做法，布莱德雷不能无动于衷，他要反击。

首先，布莱德雷的副官汉森提出了一个建议，那就是要发表一个声明，澄清关于盟军在大血战指挥方面的错误报道。一开始，布莱德雷觉得这样做，假如被德军的情报部门加以利用就有可能影响盟军的不和，但转念一想，眼下最重要的是树立美军士兵的信心，于是，在没有经过艾森豪威尔批准的前提下，布莱德雷同意发表声明。

其次，布莱德雷打电话给艾森豪威尔。电话中，布莱德雷的态度坚决，他表示极力反对盟军最高统帅部的做法。趁机，布莱德雷也问道了自己的地位问题，他说，如果将他放在蒙哥马利之下的话，他立马辞职。而且，布莱德雷还说，巴顿也不会甘心做蒙哥马利的手下，定会断然拒绝。艾森豪威尔见老同学的语气如此强烈，就答应会给丘吉尔打电话以澄清事实。

说道就要做到，这是艾森豪威尔一贯做人的原则，不久，他便履行了自己对布莱德雷的承诺，给丘吉尔打电话，告诉丘吉尔布莱德雷所说的话和他目前的情绪，并说自己准备授予布莱德雷铜星勋章，以表彰他在大血战中的功绩。布鲁克劝说丘吉尔不要理会此事，就当做是不知道，但是，丘吉尔却不以为然，他马上给布莱德雷发去祝贺的电报。

为了进一步澄清事实，布莱德雷也召开了一次记者招待会。在招待会上，布莱德雷说让蒙哥马利指挥美军的第一集团军和第

九集团军只是暂时的。他对美军将领巴顿、霍奇斯等的作战能力和勇敢予以表彰。为鼓舞美军士兵的气势，布莱德雷说第九集团军将马上回到第十二集团军群。

招待会结束之后，布莱德雷让部下向纽约时报的记者出示了由他本人签发的嘉奖美军士兵的命令，还出示了自己刚刚获得的铜星勋章奖状和丘吉尔发来的贺电。

面对这些事实，英方的反美浪潮逐渐退却，英国新闻界也不再为蒙哥马利吹嘘了。丘吉尔也觉得时机已到，应该对美军的业绩表示赞扬，借此促进美英之间的关系。

1945 年 1 月 3 日，盟军南北两路开始发动对德军的进攻。在南部，布莱德雷命令巴顿发动强攻，而当时正好赶上恶劣的天气，但美军部队仍然奋勇向前，同德军展开了搏斗。巴顿的心愿就是希望第一集团军和第三集团军早日会合，使得布莱德雷重掌第一集团军的大权。另一美军将领詹姆斯·范佛里特率领的第九十师进展也比较顺利，士兵各个英勇。蒙哥马利在这个时候给布莱德雷发来了一封信件，信中对美军将士的奋勇杀敌精神大加赞赏，语气很恳切；在北部，蒙哥马利下令让柯林斯的第七军和李奇微的第十八空降军参加进攻。由于天气寒冷，道路结冰，又遇到德军的拼死抵抗，进展比较缓慢。

不久之后，南北两路在豪法里兹胜利会师，拦腰切断了德军的突出部，完成了包围计划。但是，德军还是有一部分逃脱了。一是由于蒙哥马利迟迟没有做出进攻的决定，耽误了作战时间；一是巴顿的进攻稍微慢了一点；一是德军本身的抵抗。三个原因加在一起，导致在盟军最后合围之前，德军乘机撤退。

对于合围的不彻底和战机的贻误，艾森豪威尔很不满，但鉴于刚刚结束的美英之间矛盾的调节和战争毕竟取得了进展，也就没有太过深究。过后，布莱德雷前往艾森豪威尔的驻地，因为现在使他担心的是他害怕艾森豪威尔就此取消长期计划。当到达后，与艾森豪威尔谈起此事时，这位盟军最高统帅精神焕发，并针对下一步作战行动发布命令，命令布莱德雷和蒙哥马利在利用德军退却的有利势头时，乘胜追击，抓住战机，重创德军，突破齐格菲防线。如果成功，则沿普吕姆——尤斯科琛轴线继续向东北挺进。同时，还要做好在阿登山区迅速转入防御的准备。

这里，我们不得不先提一下两个计划，一个是“真实”计划，一个是“手榴弹”计划。“真实”计划是加拿大克里勒的第一集团军，从奈梅根和瓦尔德森林向东南进攻，肃清北战区杜塞尔多夫当面莱茵河以西的德军；“手榴弹”计划是辛普森的第九集团军从亚琛向东北发动进攻，肃清北战区南翼莱茵河以西的德军，和北翼的加拿大集团军会合。在肃清莱茵河以西的敌军之后，蒙哥马利率领登普西的第二集团军、克里勒的第一集团军、辛普森的第九集团军大举进攻，强渡莱茵河，直插德国北部平原。

现在，蒙哥马利就要执行这两个计划。他原本打算在二月初进行，但接到艾森豪威尔的命令，让他推迟执行。在布莱德雷的长期计划进攻不利的情况下，蒙哥马利再实施这两个计划。艾森豪威尔还调走了霍奇斯手下柯林斯的第七军，减少了对蒙哥马利的支援。其实，艾森豪威尔的内心是很希望布莱德雷的进攻成功的，但是，作为盟军的最高统帅，艾森豪威尔还要做到不能太过偏心，他当然也会给蒙哥马利机会。

对于艾森豪威尔的决定，布莱德雷自然是很高兴，他的计划可以在蒙哥马利之前进行了。布莱德雷一直想长驱直入进攻莱茵河一线。面对布莱德雷的决定，艾森豪威尔在一月中旬答应将第一集团军归由他指挥。这就意味着，布莱德雷和蒙哥马利得必须见面，因为要做指挥权的交接。交接时，布莱德雷尽量不提艾森豪威尔的命令，因为他怕激怒蒙哥马利，再次拖延时间，贻误战机。

交接的第二天，果然不出布莱德雷所料，蒙哥马利接到艾森豪威尔的命令，放下电话之后，果然是大发雷霆。蒙哥马利说艾森豪威尔和布莱德雷是在浪费盟军的时间，这样下去只能是迎接失败。艾森豪威尔马上决定让布莱德雷实施他的长期作战计划，但是，一个难题摆在他们的面前，那就是兵源不足。

在经过了这么长时间的战斗后，盟军死伤的人数也很多，而后方兵源又没有能够及时的补上。而此时在南部战区的美军第六集团军群正在执行歼灭莱茵河以西德军的任务，这个集团军群有两个集团军的兵力，但是，在他们攻占斯特拉斯堡后，法军没有按照原定计划完成所承担的任务，使得艾森豪威尔很烦恼。第六集团军群面临兵力不足的问题，该军群司令官德弗斯要求艾森豪威尔派军队支援他，艾森豪威尔答应调给德弗斯五个师以及一千二百人的勤务部队。

布莱德雷的部队也遇到同样的困难，他要执行长期计划，缺少兵力怎么行，而此时艾森豪威尔又打算把巴顿手下的一个师调走，去支援其他部队，这犹如雪上加霜，布莱德雷大为恼火，对艾森豪威尔有些不满。巴顿知道了这一消息也很气愤。但是，作为军人只能是无条件服从上级的命令，这是军人的天职。布莱德雷将怒火全都抱怨到蒙哥马利的身上，他不应该一再的夺权，非得控制自己的第九集团军。

对于艾森豪威尔的决定，蒙哥马利也抱怨不止，他认为艾森豪威尔从自己那调兵，很明显是不想让自己实施“真实”计划和“手榴弹”计划，有意偏袒美军将领。

然而，烦恼再次找到布莱德雷。一天，当布莱德雷正在和自己的属下商讨计划细节的时候，平克·布尔的英国助手怀特利打来电话，坚持要抽走巴顿的四个师。布莱德雷一听，实在是忍无可忍，他对着电话怒吼，并顶撞了怀特利。在场的美军军官对于布莱德雷的做法表示赞同，认为他早该如此，而不应该一再对英

军让步。在布莱德雷接电话的时候，巴顿在这边大喊，“如果要这样做的话，我们三个人都不干了。”

面对此种情况，艾森豪威尔做出让步，另从别处调了四个师去支援英军，让布莱德雷安心实施他的计划。七天之后，盟军攻入“科尔马口袋”地区，但是，德军已经全部撤走了。第六集团军群司令德弗斯表现欠佳，给艾森豪威尔的印象极为不好，在给马歇尔提供的主要地面部队军官的鉴定表中，艾森豪威尔将他列在了第二十四位，而排在第一位的是布莱德雷。

眼下的形式和艾森豪威尔对自己的认可，使布莱德雷觉得自己肩上的担子越来越重了，目前的战争是考验美军的最后一次机会，所以，一定要在蒙哥马利之前开始行动。不久之后，布莱德雷将自己的司令部搬迁到默兹河畔的那慕尔，以方便自己对于第一集团军和第三集团军的行动掌握，还能够和蒙哥马利保持密切的联系。

现在，由布莱德雷指挥的部队大约有四十万人，要充分的加以运用，于是，布莱德雷下达了作战部署，命令李奇微的第十八空降军的精锐打先锋；许布纳的第五军在李奇微左翼进攻；霍奇斯和巴顿并肩在南北长四十公里的不规则战线上前进，突破阿登山区，插入艾弗尔；并由柯林斯的第七军担任预备队。整个第一集团军都部署在北翼。米德尔顿的第八军和埃迪的第十二军在南翼发动进攻。

一月份的天气还是十分寒冷，积雪很深，道路也已看不清楚，通道也被雪堵住了，有些地方积雪有五十多厘米厚，还有更深的地方，天空也是阴沉一片，凄厉的北风呼呼地刮着，吹得人头疼，积雪也将德军埋下的地雷掩盖了。在这种恶劣的天气下，盟军仍在继续前进，但是，速度缓慢，在二月初，美军不得不暂时停止大踏步的向前突击。

在布莱德雷部发动攻击的时候，马歇尔正赶往马耳他，在那

里要召开美英参谋长委员会会议。在途中，马歇尔还会见了艾森豪威尔，他表示自己会全力支持艾森豪威尔的行动。

会议如期举行，美英双方代表争论不休，丘吉尔和布鲁克执意要安插一个盟军副统帅在艾森豪威尔身边，而且他们反对艾森豪威尔的计划。马歇尔则坚持艾森豪威尔的建议，在歼灭莱茵河以西的德军之后，再渡过莱茵河。双方的争吵甚至达到了互相诽谤的地步。

最后，由史密斯和布尔代表艾森豪威尔正式向美英参谋长委员会介绍了作战计划：首先，肃清莱茵河以西的敌人；其次，由蒙哥马利率领三十几个师的兵力发动强攻；在战线的中部，由布莱德雷指挥的美军向法兰克福－卡塞尔方向发动辅助攻势。

听了他们的报告，英方的布鲁克很不满，还大肆攻击艾森豪威尔的计划，尤其对在莱茵河以西的地方集中兵力攻击德军的做法感到不满，他还说艾森豪威尔受布莱德雷的影响太深，已经丧失自己的主张，英方对此很担忧。马歇尔有力地反驳了布鲁克，他说美国方面对英国首相丘吉尔对艾森豪威尔施加压力更感到担忧，即使是美国总统罗斯福也没有对艾森豪威尔施加任何压力，虽然艾森豪威尔是美国人，但他更是盟军的最高统帅，应该注意礼貌和分寸。在美方看来，英军的蒙哥马利似乎已经深深地影响了英国军方的决断。

会上，马歇尔还强硬的表示，他本人以及美国华盛顿方面都极力反对由蒙哥马利或者是亚历山大来担任盟军地面部队的总司令。面对马歇尔的反击，布鲁克有些招架不住，最后，他同意了艾森豪威尔的战略，将自己的主张放弃。

对于布莱德雷，他仍然继续参加以后的战斗，而英军的蒙哥马利则负责进攻柏林。这次会议宣告美国人在战略问题上的胜利，这是马歇尔据理力争的结果，也是布莱德雷一再坚持，艾森豪威尔有力支持的结果。

会议结束了，更加残酷的战役——莱茵河之战正在等着盟军去完成。

第十九章 莱茵河之战

马耳他会议的激烈争论影响了布莱德雷的进攻行动。艾森豪威尔只得命令布莱德雷暂时停止进攻，以表示对英国的信任和促使蒙哥马利在二月初的原定日子开始行动。艾森豪威尔要求布莱德雷封锁杜塞尔多夫以北的莱茵河，还要控制罗尔水坝以防止德军炸毁水坝来阻止辛普森的部队前进，并要调动几个师支援辛普森作战。但艾森豪威尔没有规定布莱德雷什么时间夺取水坝，只是不断提醒他要摆出一副积极防御的架势。聪明的布莱德雷知道，这是艾森豪威尔在暗示他可以悄悄地向莱茵河方面进军。

而一向有勇少谋的巴顿没有能够猜出艾森豪威尔的暗意，于是，他大发雷霆，并表示自己将马上进行行动，一定要抢在英军之前进入莱茵河地区，不能让英军先美军一步。在给布莱德雷下达命令的同时，艾森豪威尔令蒙哥马利在2月8日实施“真实”计划，两天之后，实施“手榴弹”计划。

莱茵河之战即将打响，盟军的各路大军都在积极的筹备当中，准备在这一仗中大显身手，美英双方的军队都跃跃欲试。蒙哥马利也算是满意了，因为他现在起码算是主角之一，盟军的最高统帅艾森豪威尔将军已经同意由他指挥部队实施“真实”计划和“手榴弹”计划了。而这两个计划的最终目标就是要一举

歼灭莱茵河以西的德军，为彻底击败德军打下基础，增强盟军的士气，相反，如果成功，德军也将一蹶不振。

为保障蒙哥马利的计划能够顺利地进行，布莱德雷必须首先攻占罗尔河水坝，以防德军在关键时炸坝放水，阻止盟军强渡莱茵河。攻占罗尔河水坝的任务，布莱德雷将其交给霍奇斯去完成，而霍奇斯又把此重任交给了许布纳的第五军。但最终也不是第五军去执行，许布纳将具体的任务又交给了第七十八师，这是一支缺乏作战经验的部队。为了保险起见，许布纳让第五装甲师担当增援任务。

布莱德雷对这次战略部署很担忧，他认为美军的行动缺乏周密性，就这么安排，很难说任务是否能够完成，万一失败，恐怕又要落人口实。他辗转反侧，几天下来瘦了许多。艾森豪威尔也很担心前线的情况，于是，他要在那慕尔布莱德雷的司令部会见蒙哥马利。当艾森豪威尔来到了布莱德雷的司令部后，他发现自己的老同学忧心忡忡，心不在焉，有时和他说话，他好像没有听见一样，不予以回答。

艾森豪威尔忙询问布莱德雷这是怎么了，是身体不舒服还是有什么心事？布莱德雷看着这位昔日的同窗，今日的上级，向他道出了自己的心事。布莱德雷说，现在的蒙哥马利神采奕奕，他的计划可以进行了，他如愿的当上了主角，而我的长期计划还没有什么进展。听了布莱德雷的话，艾森豪威尔向他解释，现在的战机有利于蒙哥马利行动，假如蒙哥马利还是像之前那样狂妄自大、目中无人，自己一定会将辛普森的第九集团军调回来，归布莱德雷指挥。

英军将领蒙哥马利如期到达，在那慕尔布莱德雷的司令部里，作为主人的布莱德雷还是表现出自己的大度，而没有像蒙哥马利以前对自己那样，既不相迎也不准备吃喝，一切都按照礼节进行，只是面对那张脸，布莱德雷实在是没有笑容，所以，这位

集团军群司令一直很冷漠。蒙哥马利倒也有点意思，面对这种冷漠，他仍然谈笑风生。

在交谈中，布莱德雷就有些受不了了，他想起身离开，但是鉴于礼貌，他又不得不勉强应酬。到了中午，该就餐了，布莱德雷根本就没有心情和蒙哥马利在一起吃饭，所以，他以自己要视察前线为借口，转身离开。布莱德雷的副官和艾森豪威尔的司机都早就看出了他的不悦，这位司令早就如坐针毡了。

布莱德雷觉得自己应该和巴顿商议一下，于是，在招待蒙哥马利的第二天，他驱车来到了巴顿在巴斯托尼的司令部。两个亲密的战友就当前的形式交换了意见。巴顿说自己在二月初的时候接到盟军统帅艾森豪威尔的命令，要他将第三集团军限制在“积极防御”的范围之内。巴顿说自己一定要杀到莱茵河，并且要抢在蒙哥马利的前面。

不久，艾森豪威尔要布莱德雷和自己一起到斯帕的霍奇斯的指挥部，视察霍奇斯攻打罗尔河水坝的进展程度。霍奇斯将两位上级接到指挥部，并将自己此时的处境报告给他们，自己的第七十八师遭到了德军的猛烈反击，有些招架不住了，为了完成任务，自己已经向李奇微借来了他的第八十二空降师。

在了解了霍奇斯部目前的战况后，艾森豪威尔和布莱德雷又马不停地来到了辛普森的指挥部，会见了参加蒙哥马利作战行动的几位军长，有许布纳、柯林斯、安德森、吉勒姆和麦克莱恩。

会见时，布莱德雷对辛普森和他的参谋长詹姆斯·穆尔的印象很不错。辛普森是一位秃头指挥官，他身体健壮而魁梧，为人也十分的热情。他的参谋长詹姆斯·穆尔是一位精明的家伙，他的能力很强，布莱德雷很欣赏。

说道詹姆斯·穆尔，他其实是布莱德雷在西点军校教数学时的一名学生，在作为学生时，詹姆斯·穆尔就非常好学，也非常聪明，在布莱德雷上课时，他的接受能力最快，布莱德雷在那时就觉得这个学生前途无量。在辛普森的部队里的历练，使得詹姆斯·穆尔更加成熟和老练，在辛普森不在的时候，他能够处理好一切军务，是辛普森的得力助手。

看着辛普森和他的部下精明强干，将军务处理得井井有条，布莱德雷很欣慰。另外，辛普森等人和英军的关系很融洽。尽管这个集团军缺乏作战经验，布莱德雷还是对他们充满信心，觉得将来必将大有所为。

一番视察结束了，布莱德雷也回到了自己的司令部。战斗还在继续。

2月8日，蒙哥马利就要执行艾森豪威尔的命令了，那就是执行自己的“真实”作战计划。这是一场英加部队的联合行动。霍罗克斯的第三十军有七个正规师、三个装甲师，相当于一个集团军，这个军担任从奈梅根向东南进攻的先锋。霍罗克斯率领强大的第三十军对德军发动大举进攻，一千四百多门大炮猛烈炮击德军的阵地。由于大雪过后，道路比较泥泞，坦克根本无法前行，陷在泥里无法自拔，只有步兵挣扎着向前行进，不时有跌倒的士兵，他们咒骂这鬼天气，再加上德军又在这布置了很多地雷，所以，部队的行进速度很慢。指挥官霍罗克斯说这是他参加过的“最残酷的一次战役”。

紧跟在霍罗克斯后面的是克里勒的部队。霍罗克斯一突破，加拿大第二军手下的两个师就在西蒙兹的指挥下发起了进攻。也就是说，蒙哥马利执行“真实”计划的部队将达到四十万人。对于霍罗克斯的进攻缓慢，艾森豪威尔也承认地形条件实在是太艰苦了。但和英军相比，美军的进攻也是层层受阻，罗尔河水坝还没有能够得手。最后，当克雷格亲自率领第九师冲进水坝区时，德军已经炸毁了罗尔河水坝，河水川流不息，使辛普森的第九集团军被阻滞了两个多星期，也没有能够越过罗尔河。

2月10日，蒙哥马利如期执行“手榴弹”计划，这个计划由辛普森的第九集团军实施。辛普森很善于和英军打交道，所以，双方没有太大的矛盾。辛普森的军队大约有三十万三千人，共有三个军。柯林斯第七军的四个师大约十万人在辛普森的右翼发动进攻。

在蒙哥马利担任主攻，执行“真实”计划和“手榴弹”计划的部队人数达到八十万之多。在二十七个师的部队中，美军师占有十五个。也就是说，在实际上，蒙哥马利在直接指挥以美军师为主的部队作战。

就在各部进行战斗的时候，英国首相丘吉尔，还有布鲁克始终没有放弃他们的想法，私下里不停地活动，使得马歇尔最终改变了自己在马耳他会议上的承诺，他正在考虑让英军的亚历山大接替特德。

消息不胫而走，不久，艾森豪威尔就知道马歇尔要改变以前的决定，他很吃惊，自己没有接到美英参谋长联合委员会的任何消息。现在，美军在罗水河水坝受阻，蒙哥马利也在大举发动进攻，再来一个亚历山大，还要让他担任副统帅，难道美国人需要英国的将领来挽救吗？尽管艾森豪威尔不讨厌亚历山大，但从战略的角度来考虑，马歇尔的这一改变好像不是很英明。

艾森豪威尔在一次视察时，不幸膝盖严重受伤，在床上躺了好几天，但他怎么也想不明白马歇尔为什么会突然改变在马耳他会议上的许诺，那可是据理力争才得到的结果。强忍着膝盖的伤痛，艾森豪威尔苦苦思索，最终，他认为是蒙哥马利染指了此事。于是，他让布莱德雷的一名参谋人员给蒙哥马利打电话，让他前来那慕尔会晤。

但是，这位英军将领不买艾森豪威尔的账，拒绝前去。无奈，艾森豪威尔只得乘坐布莱德雷的轿车去找蒙哥马利。会谈一开始，艾森豪威尔就压不住自己的火气，拍案而起，一是怀疑蒙哥马利干预了此事，一是对于他对自己的傲慢无礼，让上级强忍

着伤痛来见他感到不满。艾森豪威尔却不知道，在蒙哥马利的心中，这次他是完全向着艾森豪威尔的，他不同意调亚历山大前来，因为目前的指挥体制好不容易确定下来，如果亚历山大来了，再有任何地变动都不利于盟军作战。

1945 年 2 月 12 日，这一天是布莱德雷五十二岁的生日，这位将军也已经戎马生涯了半辈子。第二天，艾森豪威尔带着自己惟一的孩子约翰来到布莱德雷的司令部，并在这里过夜。此时的约翰，在刚从美国调来的一个师中担任排长。布莱德雷不同意约翰到前线作战，他想让他留在自己的司令部，给自己当一名参谋，在身边，也方便照顾他，解决艾森豪威尔的后顾之忧。假如约翰去打仗，战场上刀枪无眼，万一出了什么事，势必会影响到艾森豪威尔的指挥，也会影响整个盟军的作战。

前车之鉴不可忘啊！在 1944 年的秋季，第七集团军司令帕奇的儿子在一次战斗中牺牲了，这个沉重的打击几乎将帕奇击倒，甚至使他难以胜任集团军司令的职务。再说，如果约翰被德军俘虏，希特勒就会借此大肆宣传，对约翰本人和美军进行侮辱。总之，得想个万全之策。最后，布莱德雷将约翰安排在信息监处工作，这个机构类似于英军的“影子部队”，主要负责情报网的工作。

艾森豪威尔将儿子约翰交给布莱德雷的第二天，又写信给布鲁克，明确表示反对亚历山大来担任副统帅，并告诉布鲁克，蒙哥马利也有这种想法。最后，艾森豪威尔又重提刚过去的那场反宣传，刺激布鲁克，同时，要求将此信件转给丘吉尔，亚历山大自己也抄一份给马歇尔。

三月初，蒙哥马利也公开宣布反对亚历山大的任命，最终，丘吉尔和布鲁克不得不放弃这一努力。此时，盟军的进攻已经到了紧要关头。克里勒执行“真实”计划后的几天就遭遇到挫折，德军在做最后的垂死挣扎，他们进行了拼死抵抗。半个月之后，加拿大集团军才推进了大约三十公里。在德军破坏了罗尔河水坝之后，辛普森的第九集团军以及柯林斯的第七军也是寸步难行，大约拖了两个星期的时间。

在二月的中下旬，布莱德雷想出了一个新主意，他和霍奇斯、巴顿商量，在蒙哥马利实施“真实”计划和“手榴弹”计划以后，霍奇斯、巴顿向莱茵河挺进，以扫清摩泽尔河以北、莱茵河以西，由科隆、科布伦茨、特里尔组成的三角形地带的所有德军。布莱德雷还将这个新的计划称为“伐木者”计划。在本质上，这个计划和蒙哥马利的计划并不冲突，它还可以使蒙哥马利把所有部队集结在莱茵河一线上。

霍奇斯的部队在二月下旬的时候终于冲破了罗尔河的障碍，以雷霆万钧之势向前急进，加拿大集团军的进攻吸引了大量德军，给霍奇斯创造了进攻条件。右翼的柯林斯也有力地支援了辛普森的第九集团军。在半个月左右的时间里，辛普森从罗尔河推进到了莱茵河畔的韦塞尔。从杜塞尔多夫到韦塞尔大约五十五公里的德军基本上被盟军肃清，另外，还有大约三万名德军成了俘虏。

此时的德军已经焦头烂额了，顾东顾不了西，盟军的英军和加拿大军在辛普森推进到莱茵河畔的韦塞尔后，也向前推进了三十多公里。就这样，韦塞尔成了克里勒和辛普森的会师地，他们又俘虏了两万两千多名德军士兵。

艾森豪威尔非常支持布莱德雷的“伐木者”计划，并决定在三月初的时候正式通知蒙哥马利。盟军目前的战势很不错，取得了一个个优异的成果，艾森豪威尔和布莱德雷到辛普森的第九集团军访问，大家喜气洋洋，此时的辛普森已经占领了莱茵河上的一座大桥，准备强度莱茵河，部分过河物资已经运到，待架桥装备齐全了，即可过河。艾森豪威尔也充满信心，美军这方面的进展要比蒙哥马利预想的快。

辛普森建议说目前的战机不错，应该趁着士兵士气高涨的时候渡过莱茵河，他觉得在杜塞尔多夫和芒德之间强渡比较合适。为了顺利渡过莱茵河，辛普森还和布莱德雷制定了详细的过河计划。辛普森接下来的任务是攻占鲁尔区的铁路枢纽。然而，蒙哥马利不同意辛普森的建议，他认为那样做很不保险，他说自己要亲自制定一个安全计划，还要由自己亲自率军队渡过莱茵河。

在这次行动中，柯林斯的任务是掩护辛普森行动，继而直抵科隆。柯林斯作战勇猛、治军有方，布莱德雷给予他很高的评价，说他尽管年纪不大，但是，如果再组建军团的话，柯林斯有资格成为集团军的司令。

一方面，布莱德雷奉命开始实施他的“伐木者”计划。这个计划由霍奇斯的第一集团军担任主攻，米利金的第三军居中，许布纳的第五军居最南，柯林斯率第七军占领科隆后沿莱茵河南岸进攻波恩。在阿尔河和摩泽尔河之间，巴顿率领第三集团军从特里尔狭长地带向东北推进。米德尔顿的第八军紧靠阿尔河，埃迪的第十二军则在其右翼发动进攻，沃克的第二十军驻扎在特里尔。盟军势如破竹地向前推进，德军被打得溃不成军。

另一方面，蒙哥马利也顺利地实施了他的“真实”计划和“手榴弹”计划。丘吉尔和布鲁克前往欧洲大陆来祝贺盟军所取得的胜利，并且在设在兰斯的盟军最高统帅部里，和艾森豪威尔、布莱德雷等一起商量了下一步的作战部署。在讨论中，将蒙哥马利的大规模强渡莱茵河的作战计划定在三月下旬实施。

实施这一计划，蒙哥马利的主攻部队共有三十多个师。而登普西的第二集团军拥有九个师，其中，下属的霍罗克斯的第三十军为先头部队，将在克桑坦和里斯之间发动主攻；李奇微的第十八空降军在第三十军前头越过莱茵河着陆。在英军的南翼，克里勒的第一集团军也将渡过莱茵河。辅助蒙哥马利作战的是辛普森的第九集团军中的五个师。

现在，盟军的集团军都已经抵达了莱茵河，在莱茵河以西的德军也被肃清。下一步，盟军将要强渡莱茵河，插入德国腹地。在南部，德弗斯肃清了摩泽尔河以南的德军，推进到莱茵河一线的作战也提到了具体日程。

盟军统帅艾森豪威尔将军的原计划是让霍奇斯第一集团军的十二个美军师担任莱茵河以西地区的防御。蒙哥马利不同意，他要抽出十个师作为主攻的预备队，以防挫折。艾森豪威尔下令，随时准备以第一集团军不少于十个师的兵力在鲁尔区以北建立桥头堡。

南线的作战计划称为“低音”计划，目标是肃清萨尔区的德军，使德弗斯的第六集团军群也能够进抵莱茵河。在这次计划中，帕奇的第七集团军担任主攻，首先在萨尔突破齐格菲防线，由法国的第一集团军担任支援任务。而布莱德雷的任务是率领部队佯攻，渡过摩泽尔河南下，拖住德军，以减轻帕奇的压力。

对于这个计划，布莱德雷感到并不怎么乐观，德弗斯是否具有这个实力很值得怀疑。事实证实了布莱德雷的想法，德弗斯此人喜欢吹毛求疵，在面对德军的拼死抵抗下，他的部队前进缓慢，战果不佳。最后，布莱德雷考虑将自己的佯攻转为主攻，将德军引诱到巴顿和帕奇两军之间，肃清齐格菲防线后方的德军。艾森豪威尔批准了该计划。

按照计划，由埃迪的第十二军、沃克的第二十军担任主攻，米德尔顿的第八军围攻科布伦茨，寻机渡过莱茵河。这样，布莱德雷就不必担心让蒙哥马利独占风头了。听到安排，巴顿也很高兴。为了防止英军节外生枝，布莱德雷没有将这次的计划告知他们，万一再出现什么差错，一切努力就都白费了。

为了顺利执行“低音”计划，美军将通过法兰克福和卡塞尔，把主力插入德军腹部。布莱德雷希望在帕奇和巴顿肃清萨尔区后，把第三、第七集团军合成一股，再加上一个法国集团军的兵力，一起大举进攻法兰克福和周围地区。这样，位于霍奇斯正面的德军也会动摇，第一集团军就可以顺利渡过莱茵河。假如艾森豪威尔把第一集团军交还给布莱德雷，他便又可以增加十几个师的兵力。这些兵力足以打乱蒙哥马利正面的德军部署。

横渡莱茵河的进攻是由蒙哥马利的部队担任主力，布莱德雷的部队担当配角。然而，第一个、第二个渡过莱茵河的不是英军，而是美军。在决定性的战役中，布莱德雷暗中运筹，美国勇将霍奇斯、巴顿巧战德军，抢在英军之前渡过了莱茵河，建立了桥头堡，为盟军全面渡河歼灭德军奠定下良好的基础。

在横渡莱茵河的前夕，盟军最高统帅部再次决定从第十二集团军抽调近五个师的兵力去增援德弗斯的第六集团军群，这就意味着布莱德雷已经不多的兵力要再次减少。而此时，艾森豪威尔又重新考虑把布莱德雷晋升为四星上将。在马歇尔原定的人数中还有一名叫德弗斯的将领，艾森豪威尔不同意，但如果取消会使此人很没有面子，于是，就一起推荐上去了。

在大举进攻之前，布莱德雷肩上又多了一颗将星，他显得精神焕发、信心百倍。蒙哥马利在横渡莱茵河中担任主攻，但布莱德雷的美军也有横渡莱茵河、直插德国腹地的机会。但这次晋升并没有给布莱德雷带来更多的快乐。霍奇斯的部队从诺曼底登陆以来一直英勇杀敌，打了不少硬仗，但却得不到公平的待遇，经常是充当增援部队的角色。

为了公平起见，布莱德雷和平克·布尔争吵起来，正当他们面红耳赤，吵得难分难解时，霍奇斯打来了电话，他手下的第九装甲师已经占领了雷马根的鲁登道夫铁路桥。听到这一消息，布莱德雷很高兴，他对霍奇斯说："好极了，考特尼，你们在作渡河准备吗？"

霍奇斯很平静，胸有成竹，他说："我们早已将登陆艇准备好，工程兵正准备架设浮桥。"

"要尽最大努力，把一切装备运过去，牢牢地固守住桥头堡。"

美军终于在英军之前控制了鲁登道夫铁路桥，这座桥为美军过河提供了很大的方便，布莱德雷为此欣喜若狂，他指挥该部由大桥和六座浮桥过河。如果大军渡河顺利，美军可以从右翼将钢钎铁钩戳进德国腹部，布莱德雷就可以实现自己历来主张的"两路突击"计划了。

霍奇斯在雷马根渡过莱茵河之后，面对的是一片比较复杂的地形，那里有一座韦斯特沃尔德山。山上到处都是茂密的树林，易守而难攻。德军就依仗这些树林，将部队埋伏在里面，进行顽强地抵抗。霍奇斯只得带领部队绕过这座山，攻占南北走向的鲁尔——法兰克福高速公路，在抢占公路之后，美军可以南进林堡，沿着拉恩河谷东进攻打吉森。

按照"低音"作战计划，巴顿率领第三集团军推进到莱茵河畔的美因兹和沃尔姆斯，霍奇斯可以沿拉恩河谷推进，动摇东岸德军对美因兹的防御，使巴顿顺利渡过莱茵河。过河以后，巴顿挥师向北攻克法兰克福，在吉森和霍奇斯会师。两个集团军会合在一起后形成右翼的铁砧，砸碎卡塞尔。

上述的计划是布莱德雷自己设想的，它和蒙哥马利的主攻相矛盾，是与蒙哥马利唱对台戏的行动。那么，盟军总部的意见是什么呢？艾森豪威尔本人很欣赏布莱德雷的两个集团军在右翼向德军攻击的做法，但他不想也不能改动北面主攻的计划。如果改动，将会引起英国人的不满，他们一直反对美军这么做，会指责这是对马耳他协议的违背。如果批准，那么，霍奇斯的十个师就不用再充当预备队了，就可以和巴顿一起进攻卡塞尔，蒙哥马利是绝不会同意的。

假如霍奇斯能坚守住雷马根桥头堡，将是争取计划批准的惟一条件。开始的时候，布莱德雷陈述了自己的这一计划，但是，

没有被通过，有人还说这个计划是异端邪说，占领大桥和整个计划不符合，等等。布莱德雷认为自己有必要给艾森豪威尔将军打个电话，他希望能够从他那里获得支持。

此时，盟军统帅艾森豪威尔正和他的部下李奇微、加文等用餐，几个人边吃边谈论目前盟军的战况。副官告诉艾森豪威尔，布莱德雷将军打来电话，艾森豪威尔马上接听，在电话里，布莱德雷向他阐述了自己的新计划，艾森豪威尔一听，就连忙兴奋地说“好极了，布莱德雷，真是不错。我希望你守住这个最佳的突破口，我会派遣四个师的兵力去保卫桥头堡。这对下一步作战很有利。”

布莱德雷十分高兴，这几天的思考和反复推销没有白费，他向艾森豪威尔保证，自己一定尽力保住桥头堡。当布莱德雷告诉艾森豪威尔，布尔反对他的计划，还说雷马根桥头堡不能够被利用时，艾森豪威尔大发雷霆，他说：“让他见鬼去吧。布莱德雷，我非常支持你，现在你就着手行动吧。我会给你提供你所需要的一切。尽管那个地方的地形不是很理想，但如果守住桥头堡，也是相当不错的。”

艾森豪威尔之所以那么痛快的答应布莱德雷的计划，是因为，他觉得布莱德雷的此次行动——守住桥头堡当做是对蒙哥马利北面主攻的有限进攻，是为了吸引蒙哥马利对面的德军，对蒙哥马利以支持。但是，布莱德雷的用意却不再于此。在他看来，英军一直不同意自己提出的两路作战计划，而盟军统帅艾森豪威尔将军又同英军签署了马耳他协议，还要将霍奇斯调给蒙哥马利，以支持他的行动。现在，自己的部队先于蒙哥马利渡过了莱茵河，这是上天给予自己的一次好机会，要充分地加以利用。假如让霍奇斯的部队坚守并扩大雷马根阵地的话，不仅可以使盟军的最高统帅把霍奇斯调走，还可以把自己变为进击德国心脏的主力，这样，自己就可以和蒙哥马利并驾齐驱了。

艾森豪威尔在第二天给美英参谋长联合委员会打电话时也是认为布莱德雷是给予蒙哥马利以支持的，他并不知道布莱德雷的真正想法。蒙哥马利在获悉这一消息之后，也兴奋异常，他把布莱德雷的部队突破莱茵河看成是对他的有力支援，可以把德军从北面吸引过去。

美军突破莱茵河并固守桥头堡给希特勒以沉重打击，他在一怒之下将西线总司令冯·龙德施泰特撤了职，命令艾伯特·凯塞林暂时担任西线总指挥，他的首要任务就是从美军手里夺回桥头堡阵地。艾伯特·凯塞林派他的部下沃塞·莫德尔指挥从意大利调来的步兵师、坦克师向美军的桥头堡扑来。这些德军师人员不够，装备也不足，并且实战经验也很少，但他们仍然拼死反扑，要夺回桥头堡。

为了夺回桥头堡，德军可是下了很大的力气，不仅调来了重炮和飞机，还动用了浮雷和蛙人，在进攻不是很顺利的情况下，德军还向大桥发射了十一枚 V－2 导弹，这可是第二次世界大战中，德军惟一的一次使用此种导弹。但是，美军也不是吃素的，霍奇斯指挥自己的部队顽强地抗击德军，尽管大桥被德军炸塌了，但是，霍奇斯和他的部队仍然在莱茵河的东岸站稳了脚跟，为了过河，霍奇斯还命令部队搭建了一些浮桥。

伦纳德的第九装甲师首先占领了鲁登道夫大铁桥，这个师是属于霍奇斯第五集团军的第三军的，这个军的军长米利金战斗经验不足，指挥不得当，而且他在战斗中的表现也不够勇敢，战略决策上不够果断，和上级的关系也不好。霍奇斯决定要撤销他的军长职务，布莱德雷表示同意，但保留米利金的军衔，将他调到第十三装甲师担任师长。那么，应该由谁来接替米利金呢？

吉姆·范佛里特是布莱德雷的老同学，他原来只是一个名不经传的小团长，由于他在作战中表现得很勇敢，指挥部队很有一套，于是，布莱德雷不拘一格降人才，在不到十个月的时间里将

他一路提升到军长的位子上。这次，布莱德雷向艾森豪威尔推荐了他，艾森豪威尔同意由吉姆·范佛里特接替米利金担任第三军的军长。

三月初，在那慕尔，布莱德雷和霍奇斯、辛普森、巴顿、杰罗等接受了法国勋章，是由法国将军阿方斯·米安亲自为他们授予的。这次对于布莱德雷来说是一个好机会，因为几位集团司令都在场，所以，布莱德雷趁着这次良机，向他们说出了自己计划。布莱德雷说自己要以雷马根桥头堡为全面进攻卡塞尔的起点，向卡塞尔出击盟军的右翼铁钩。

霍奇斯、辛普森、巴顿和杰罗听到布莱德雷的这一计划都欢喜雀跃，但布莱德雷警告他们要严守秘密，因为这个计划还没有获得盟军最高统帅部的批准，蒙哥马利的北面仍然是主攻。第一集团军还要准备十个师作为蒙哥马利的预备队。如果此时让蒙哥马利知道了，恐怕惹出事端。

就在布莱德雷和霍奇斯、辛普森等几位集团军司令密谈的当天傍晚，平克·布尔打来电话，他告诉布莱德雷，艾森豪威尔已经批准他的右翼铁钩计划，并要求布莱德雷投入大约五个师的兵力死守雷马根桥头堡，还要扩大战果以求早日向东南方向挺进。布莱德雷表示自己可以再增加一个师的兵力，并向桥头堡以东推进，包括控制鲁尔——法兰克福的高速公路。

三月中旬，艾森豪威尔直接下达了书面命令，命令如下：

以莱茵河东岸桥头堡为据点，支援“盗窃”和“低音”作战行动，减少原来分配的战斗任务，整个集团军从此处出发，向法兰克福挺进。

布莱德雷认为，此次命令的下达是第二次世界大战中，艾森豪威尔下达的最重要的一个，它给美军以平等的机会和英军一起对德军作战。从盟军来说，这个命令意味着在没有取得美英参谋长联合委员会允许的情况下，将既定的战略方针改变了。

布莱德雷右翼铁钩计划的批准，一定程度上意味着承认了布莱德雷的从莱茵河两路突击德军的战略。但为了使英军不会有太大的反感，团结盟军，艾森豪威尔仍然以蒙哥马利为主攻，从表面看来，布莱德雷仍然是支援蒙哥马利的。现在，在第一集团军中还有大约十个师的兵力，这些兵力是留作预备队使用的。

第一集团军奉命向法兰克福挺进，并和巴顿的第三集团军会师，辅助进攻就变成了主攻。从本质上来说，第一集团军抽掉兵力支援蒙哥马利的可能性也就越来越小了。

三月中旬，艾森豪威尔计划用空降部队进攻卡塞尔，共派去三个空降师，另外，还运送了几个师的兵力，以阻止德军在卡塞尔建立坚固的防线，并起到缩短第一集团军和第三集团军的补给线，减少阻力的作用。而布莱德雷则认为，没有必要在卡塞尔使用空降部队，不使用空降部队可以使巴顿和霍奇斯对卡塞尔的进攻具有突然性，这样可以使德军措手不及，出奇制胜。

此外，盟军的补给要有一个长远的打算，利用空降飞机将汽油等军用物资空投下来比直接轰炸卡塞尔要有意义。地面部队可以进行迅速的攻击，空军再将伞兵空投到地面，两者相配合，应该取得良好的效果。

在布莱德雷的反对下，盟军统帅艾森豪威尔将军只得暂时放弃使用空降部队进攻卡塞尔的计划，命令空军原地待命，执行空投柏林的原计划。

得到进攻命令的布莱德雷可要大显身手了，他要扩大战果，大举向德军进攻。此时，美军中许布纳的第五军在莱茵河的西侧担任预备队，柯林斯的第七军、范佛里特的第三军在桥头堡英勇迎敌，他们打退了德军的一次次反扑。战斗异常残酷。

对于布莱德雷的指挥，有些军官是持反对态度的，但是，这位果敢的司令不顾他人反对，毅然命令部队不要急于求成，要稳妥地采取行动，处处小心谨慎，不能将辛苦得来的桥头堡丢掉，

如果桥头堡被德军抢回去的话，就意味着巴顿和霍奇斯的作战行动要落空。

布莱德雷认为巴顿在大举进攻以后，突击美因兹，整个集团军渡过莱茵河前，霍奇斯的第一集团军不能出击太远，不要失去对巴顿的呼应。他还希望在蒙哥马利发动北方进攻之后，美国军队再大举进攻，这样，德军就会兵分两路，更容易将其击破，取得战斗的胜利。

三月中旬，天气转暖，巴顿命令沃克率领的第二十军的六个师开始执行“低音”作战计划。两天之后，埃迪的第十二军的六个师也渡过了摩泽尔河。但沃克的进攻在齐格菲防线前遭到德军顽强抵抗，而埃迪的部队则进展顺利。此时，休·加菲的第四装甲师也在势如破竹地向沃尔姆、美因兹迅速推进，德军一击即溃，抵抗微弱。一周之后，第三集团军已经抵达沃尔姆和美因兹的外围，德军的齐格菲防线开始动摇。

在南线，帕奇所率领的第七集团军的三个军也已经开始发动进攻了，海斯利普的第十五军以六个师的兵力充当前锋，向齐格菲防线猛攻。开始的时候，德军进行拼死抵抗，等到巴顿的部队进攻到德军的齐格菲防线后方时，德军知道自己已经四面楚歌了，于是,开始出现混乱，德军指挥官命令部队撤退。那么，帕奇的第七集团军就很快得以通过了齐格菲防线和萨尔。德军还是很狡猾的，他们巧妙地撤退了，而美军的巴顿和帕奇也没有能够收住包围圈，大部分德军渡过了莱茵河，他们还仍然有实力。

不久，布莱德雷到兰斯会见艾森豪威尔。战争中的长期劳累，使艾森豪威尔面容憔悴，萎靡不振，所以，史密斯建议他暂时休息一下。第二天，艾森豪威尔决定到夏纳去休息一段时间。此时，战场上的战事仍在按照原计划进行，还有更加艰巨的任务在等着艾森豪威尔去做，所以，这位盟军最高统帅确实应该先休整一下。史密斯让布莱德雷陪同艾森豪威尔前往。

正好，布莱德雷可以利用此次机会实现他的作战计划。他一直想扩大右翼铁钩攻势的规模，还起了个很好听的名字叫“航行”作战计划。艾森豪威尔在听了布莱德雷的报告后，同意了他的行动。于是，布莱德雷命令第五军的五个师渡过莱茵河，巴顿的第三集团军渡过莱茵河后，再攻打美因兹，然后北进，和霍奇斯的第一集团军在吉森会师。待会师后，再双双向卡塞尔推进，攻占卡塞尔。但是，艾森豪威尔没有明确批准取消从第一集团军抽调十个师的兵力支援蒙哥马利的命令，他这么做是为了避免引出不必要的政治风波。

在休养期间，布莱德雷除了与艾森豪威尔商量目前的战争进展情况之外，时而陪这位统帅打打桥牌，让他彻底的放松心情，有时候，会出去散散步，漫步在林荫小路上，看着两侧的树木，虽然冬天还没有过去，春风还迟迟没有刮起，树木依旧是枯黄的，但是，春天的脚步已经很近了，用不了多久，它们就会长出绿色的叶子，那将是一片郁郁葱葱的景象。他们觉得战争也快要结束了，春天来临了，一切将有转机。

布莱德雷在获得了艾森豪威尔的许诺之后，立即通知霍奇斯和巴顿，在设于卢森堡巴顿的司令部，他们几人见了面，具体讨论了“航行”作战计划的实施方案。同时，布莱德雷还命令霍奇斯的第五军立即渡过莱茵河，扩大雷马根桥头堡，防止德军实施反扑。

美军一切准备就绪，在3月23日开始发动攻击。22日，布莱德雷匆忙从夏纳艾森豪威尔的休息别墅回到了前线自己的司令部，开始作战指挥工作。杰罗的第十五集团军的六个师将推进到莱茵河西岸的科隆地区担任防御和占领任务；巴顿的部队将以最快的速度在奥彭海姆渡过莱茵河，到达吉森和霍奇斯会师。

开始发动进攻的第一天早上，布莱德雷正在司令部吃早饭，巴顿突然打来电话，告诉布莱德雷一个让人兴奋的消息，他说：

“布莱德雷，我已经过河了。”但巴顿告诉布莱德雷现在还不能声张。布莱德雷大吃一惊，欣喜若狂，“我的天啊！你是说渡过莱茵河了吗?”巴顿说：“那是当然了，我的第五师在昨天夜里悄悄地渡过了莱茵河，那的德国兵不多……现在，我要弄清楚这里的具体情况，等到站稳脚跟之后，再对外宣传也不晚。”布莱德雷马上命令巴顿继续渡河，把东岸兵力扩充到十个师。

当天深夜，巴顿确认自己的部队已经站稳了脚跟，他兴冲冲地给布莱德雷打电话报喜。在电话中，巴顿扯着他的大嗓门，略带颤抖地说：“布莱德雷，现在可以对外宣布了，我们已经渡过了莱茵河，巴顿的第三集团军在蒙哥马利之前渡过了莱茵河！”

而此时，英国的报纸对于蒙哥马利的宣传也没有停止，甚至有些过头，为此，遭到美国的不满，马歇尔给布莱德雷打电话，说美军将领的英勇作战行动和所取得的胜利，一点也不比英军逊色，应该大力宣传美军的霍奇斯、巴顿，以及他们的军长、师长等，让世界知晓他们的事迹。巴顿继霍奇斯之后渡过了莱茵河，也就是说，到目前为止，只有这两支军队渡过了莱茵河，所以，应该给予大力宣传。

马歇尔还指出，之所以对巴顿和霍奇斯做大力宣传，还因为他们是在蒙哥马利实施作为主攻的“盗窃”作战计划的前一天渡过了河。于是，布莱德雷在第二天马上召开记者招待会，宣布美军已经抢先一步渡过了莱茵河，并且详细介绍了霍奇斯和巴顿的作战指挥过程，以及美军官兵的勇敢。

与此同时，布莱德雷还指出，美军并没有利用空军的支援和空降部队的奔袭而取得了成功，巴顿甚至连炮火准备也没有进行，便顺利地渡过了莱茵河，这是美军将领指挥才能的杰出表现。

艾森豪威尔在做了短暂的休假后，又飞到辛普森的司令部观战；丘吉尔、布鲁克也飞到设在文洛的蒙哥马利的司令部，在登

普西的第二集团军阵地上观战；布莱德雷在蒙哥马利进攻前，已经着手精心制定了合围鲁尔区和彻底击毁德军的计划。

23日傍晚，布莱德雷在那慕尔的司令部又见到了艾森豪威尔，两人又对当前的战事和制定的计划做了探讨，谈得十分火热，他们都很兴奋。当天，艾森豪威尔就起草了给美英参谋长联合委员会的电报，宣布霍奇斯和巴顿以极小代价攻占了桥头堡，并迅速扩大战果，支援蒙哥马利的主攻。这实际上宣布了“航行”计划的正确性和可行性，而否定了马耳他会议确定的战略。

英军方面，蒙哥马利的第二十一集团军也发动了主攻，登普西的第二集团军和辛普森的第九集团军强渡莱茵河，占据了登陆场。第二天的上午，李奇微的第十八空降军在德军后方空降，和地面部队迅速会合。三月末，蒙哥马利的部队占据了登陆场。德军只进行了短暂的反抗就溃不成军，他们根本就挡不住盟军的强大攻势。

当巴顿和霍奇斯正在进攻的时候，丘吉尔和艾森豪威尔、布莱德雷、蒙哥马利、辛普森等人，在安德森第十六军设在莱茵贝格的司令部举行了礼仪性的集会。在集会上，丘吉尔热情洋溢地讲了话，他宣布德军将要被逮住，希特勒快要完蛋了。丘吉尔还想乘坐登陆艇渡过莱茵河，但是，艾森豪威尔等强烈反对。但等到美军将领都离开之后，丘吉尔命令蒙哥马利和他一起渡过莱茵河。辛普森害怕丘吉尔出现什么意外，要求蒙哥马利劝说丘吉尔，要其马上离开前线，到安全的地方去。

在丘吉尔等人视察了前线之后，布鲁克也对自己以前的看法产生质疑，最终，他改变了自己的思想，批准了布莱德雷的两路进攻计划。这次，他公正的评价了布莱德雷，认为此人的军事才能很了不起，他的计划很正确，他还说，此时正是实现布莱德雷计划的最好时机。

既然布鲁克同意了布莱德雷的“航行”作战计划，也就意

味着蒙哥马利从北部向鲁尔区以北大举进攻，美军十个师充当预备队的战略被完全改变。对于美军而言，长期以英军为主攻的局面终于结束了，美军和布莱德雷以实战的成绩取得了主导地位。蒙哥马利从此再也无法独占鳌头了。

在作战计划实施中，美军向卡塞尔的进攻格外顺手，呈锐不可当之势。以柯林斯第七军、范佛里特第三军为先锋的第一集团军长驱直入，很快推进到拉恩山谷。三天时间，罗斯的第三装甲师便越过了吉森，直指马堡。以埃迪第十二军为先锋的第三集团军，也于三月末抵达了吉森，和第一集团军会师。两军会合后又以迅雷不及掩耳之势直杀卡塞尔。

但是，在进军途中出现了一段小插曲，那就是那位性情暴躁的将军巴顿，他不听其他人的劝阻，非要派遣部队袭击位于法兰克福以东汉梅尔堡的战俘营，因为那里有在突尼斯被德军俘虏的自己的女婿约翰·沃特，部下建议巴顿多派军队前去，可是，巴顿不听劝阻，硬是派了为数不多的美军前去，在他的眼里，那些德军是不堪一击的。

那么，这次营救如何呢？成功了吗？当然是成功了，不过付出了不值得的代价。巴顿派去的这一小部分军队没有救出沃特，而且几乎全军覆灭，沃特也受了重伤，后来，被另外一支部队救出。这次行动，巴顿没有事先向上级请示，私下里就做出了决定，事后，艾森豪威尔狠狠地批评了他。

然而，艾森豪威尔是要定期向马歇尔汇报的，不过，鉴于对巴顿的私人感情和对他在战争中所表现出的勇敢、果断的赞赏，艾森豪威尔没有在报告中将此事写进去，只是说巴顿敢于开拓，作战勇敢，尽管他有时有点孩子气，但这些小错误是不能抹杀他是一员猛将的事实的。

现在的盟军上下看来是一片和气，莱茵河之战也告一段落，但战争远没有结束。

第二十章 易北河之战

为了征服纳粹德国，布莱德雷提出了“布莱德雷计划”。该计划是1945年3月布莱德雷和丘吉尔、布鲁克、艾森豪威尔、蒙哥马利在莱茵贝格会晤后主要由布莱德雷提出的，因此，许多人称之为“布莱德雷计划”。然而，布莱德雷并没有将功劳独占，他谦虚地承认自己对计划提出了重要部分，但他还补充说这是同艾森豪威尔共同构想出来的。

布莱德雷在“布莱德雷计划”中提出美军扫清鲁尔区的德军，辛普森的第九集团军由北向南，霍奇斯的第一集团军由南向北，两面夹攻，形成钳子，在帕德博恩－卡塞尔地区会师，将处在包围圈中的德军全部消灭。对于鲁尔区的敌军残余势力，则从两个集团军和即将渡过河的第十五集团军中抽调部分兵力去将他们一并肃清。

另外，布莱德雷还提出，鲁尔区的德军被歼灭之后，布莱德雷将组织第一、第三、第九集团军向卡塞尔地区发动大规模的全面进攻。布莱德雷带领军队横穿德国中部，通过莱比锡——德累斯顿向易北河挺进，和攻到易北河的苏军隔岸相望。“布莱德雷计划”把美军放在中间当主力，而北面蒙哥马利的部队降到了辅助的支援地位，英国首脑以及蒙哥马利极力反对，因为这关系

到他们的个人名誉和政治利益。如此一来，蒙哥马利的部队相当于降到了和南面德弗斯的第六集团军群同等的地位。

英国首脑们提出由蒙哥马利发动向柏林一路的进攻。“布莱德雷计划”面临着巨大的压力。令人欣慰的是，艾森豪威尔坚决支持布莱德雷的计划，他已经履行了马耳他会议许诺的义务，竭尽全力支援蒙哥马利渡过了莱茵河。辛普森的第九集团军在帕德博恩和第一集团军会师后立即归还布莱德雷指挥。

蒙哥马利在渡过了莱茵河之后，盟军最高统帅可以根据战争态势拟定新的作战计划，而且要从严格的军事需要出发来制定该计划。艾森豪威尔、布莱德雷在制定上述计划时，既考虑了军事因素，又考虑了政治因素。为此，霍奇斯和巴顿在三月下旬于雷马根同艾森豪威尔、布莱德雷会晤，完全接受了这个计划。计划中还决定南部由德弗斯做掩护，第六集团军群在右翼向东南攻到奥地利。蒙哥马利率领英国第二集团军和加拿大第一集团军担任左翼的掩护任务，向北渡过易北河，打到丹麦边境。

1943 年元月，苏联红军以格奥尔基·朱可夫和伊凡·科涅夫为统帅，共集结十个集团军大约七十个师的兵力，并派有两个航空兵集团军作为支援，以宏大的规模和令人生畏的气势，势如破竹地向易北河大举进攻。苏联红军在短短的六个星期中，歼灭了一路上的德军，从维斯杜拉河以东推进到了奥得河。在南部，苏联红军还推进到尼斯河。

希特勒认为盟军在阿登突出部战役中已经元气大伤，为了阻挡苏联红军的强大攻势，希特勒从西线抽调兵力在东线三百二十公里的战线上顽强抵抗。奥得河、尼斯河由于气候提前转暖而过早解冻，德军凭借解冻的河流阻止了苏联红军的进攻。朱可夫指挥部队在中部强渡奥得河建立了桥头堡，柏林已经近在咫尺。但苏联红军无法向前推进，只好待机再发动攻势。

布莱德雷和艾森豪威尔经过商量后认为，德军无力反扑，只

布莱德雷

能等待苏军攻占柏林。从这个角度来看，盟军攻占鲁尔区后，就无法实现攻克柏林的军事目标了。布莱德雷就此提出了自己的看法，布莱德雷强调说，盟军如果把柏林当做进攻目标，必须在北部集结重兵，先强渡易北河。这样，霍奇斯和巴顿就得从南部北调，远离莱茵河的补给线，其他战线的进攻也要停下来。

布莱德雷和艾森豪威尔很快就达成了一致意见，他们都认为，远道而来强渡易北河，再去进攻随时可能被苏联红军攻破的柏林，未免有些得不偿失。更何况在易北河和柏林之间，希特勒部署了新筹建的第十二集团军，他们必然拼死顽抗。盟军从易北河攻到柏林并一举将其拿下实非易事。布莱德雷极力奉劝艾森豪威尔，不要以“高昂的代价去沽名钓誉”。

关于德国的战败，盟国之间早有协议。被占领的德国将分为四个占领区，分别由美国、苏联、英国和法国实施行政管理。柏林处在苏联的占区之内，而且柏林本身也划分为四个区，也由四国实施行政管理。此外，苏军将占领易北河以西大约一百五十公里的德国东部。布莱德雷认为，以成千上万的美国人的生命和伤残去换取必须交给苏联人的土地，愚蠢之极。不久，和苏联红军会师成为盟军亟待确定的问题。会师需要稳妥、可靠地进行，以免友军之间发生误会而造成重大伤亡。

为了避免产生不必要的误会而造成的重大伤亡，盟军的参谋人员经过研究后制定了许多方案。但是无论采用何种方式进行会师，都要用无线电和可见信号联络。布莱德雷经过审慎考虑后认为：采用无线电和可见信号联络可能会造成障碍，加之语言不通，更易在友军之间产生误会。布莱德雷提出划一条明显的界线，并倾向于选择易北河为盟军各集团军前进的最佳终点。易北河和盟军部队现在的前锋之间的距离不是很远，中间比较容易经过，阻力也不大。

由于盟军最高统帅部一直受华盛顿战略报告和情报部门的影

响。这些报告及情报认为，希特勒的纳粹政府及其党卫队在战争即将接近尾声时将退守到奥地利境内的阿尔卑斯山脉建立“堡垒”做最后的殊死决战。这也正是影响艾森豪威尔和布莱德雷制定计划的一个十分重要的因素。艾森豪威尔和布莱德雷早就怀疑希特勒的“堡垒”是否存在。但是，为防止希特勒建立“堡垒”负隅顽抗，必须阻止德军向阿尔卑斯山脉转移，等到欧洲大陆的战争一结束，他们将要抽调兵力去进攻日本。

布莱德雷的作战思想和作战计划都要考虑到“堡垒”的问题。布莱德雷在三月中、下旬从情报部门了解到：一些德军司令部正从柏林撤向阿尔卑斯山脉，政府各部也正在向埃尔富特——莱比锡地区转移。有了这样一份情报之后，布莱德雷迫切需要制定一个向东推进到德国腹部与苏军会师的计划，以全力阻止德国军政机关向南阿尔卑斯山脉转移。

艾森豪威尔和布莱德雷就相关情况再次进行研究，他们综合考虑了多方面因素：在北部，由于希特勒不打算放弃挪威，那么德军在挪威就一定还有相当数量的兵力驻守。他们很有可能在北部建立“堡垒”来负隅顽抗。而在东南，盟军应夺取阿尔卑斯山的各隘口和伯希特斯加登。通过总体权衡，艾森豪威尔和布莱德雷一致认为彻底消灭挪威深山里的德军，不比歼灭阿尔卑斯山脉的党卫队容易。因此，在考虑南部“堡垒”的同时，也应十分注意考虑北部可能出现的“堡垒”。

艾森豪威尔和布莱德雷拟订了最后作战计划，计划中严格指明一切行动应以军事目标为主，放弃像柏林那样的政治目标，彻底干净地歼灭德国的武装力量。力求所有的军事行动都要以代价最低、速度最快为原则，尽早取得欧洲战争的胜利。

马歇尔、艾森豪威尔、布莱德雷作为军事行动的指挥者和决策者，早已对下一步如何进行做到了心中有数。马歇尔在三月下旬给艾森豪威尔发来电报，令人叫绝的是，他在选择主攻方向上

和艾森豪威尔、布莱德雷达到了惊人的一致。马歇尔在电报中根本不提及柏林问题，而是要求组成几个强大的纵队，沿卡尔斯鲁厄到慕尼黑或纽伦堡至林茨一带宽面东进。

通过电报的内容可以看出，马歇尔根本不相信“堡垒”的存在。基于这个电报，艾森豪威尔和布莱德雷确信马歇尔会批准他们的总计划。

“布莱德雷计划”获准后于3月28日上午在布莱德雷的指挥下进入到了实施阶段。柯林斯的第七军在马尔堡进攻，范佛里特的第三军在右翼推进，然后柯林斯就掉头向北全力进攻帕德博恩。第一阶段以包围鲁尔区作为目标。罗斯师长在这次行动中表现出色，他的第三装甲师行动神速，急行军创造了一天行军最远的纪录，打破了巴顿创造的记录。然而遗憾的是，师长罗斯在四月初的时候，美军占领德军的坦克训练中心帕德博恩时不幸牺牲，布莱德雷为失去这位卓越的师长悲痛万分。

当蒙哥马利给艾森豪威尔写来一封说明他的总计划的信时，并许诺以他手下的两个集团军用最快的速度进军易北河，并同时向布鲁克表示要占领通向柏林的高速公路时，美军已经发动了进攻。艾森豪威尔很快给蒙哥马利回了信。在信中，艾森豪威尔详细表述了布莱德雷的新计划：“布莱德雷负责鲁尔区并肃清残敌，蒙哥马利和德弗斯的集团军群分别做布莱德雷左、右翼的掩护，布莱德雷肃清残敌后向埃尔富特至莱比锡至德累斯顿一线发动总攻，直到与苏联红军会师；蒙哥马利和德弗斯的集团军群完成掩护任务后，如果战局顺利的话，则在多瑙河谷与苏军会师。”

在信中，艾森豪威尔还说，第二十一集团军群和第十二集团军群将在卡塞尔——帕德博恩地区会师，第九集团军将交还布莱德雷指挥。艾森豪威尔通过美军驻莫斯科的军事使团给斯大林捎去一封私人信件，艾森豪威尔在信中礼貌地询问苏军的作战计划，商讨会师事宜，同时通报了盟军的作战计划。了解了相关情况之后，艾森豪威尔又将该信件抄录一份送到美英参谋长联合委员会。

英国人收到艾森豪威尔的新计划后十分震惊，英军参谋长们联名致电马歇尔，强烈反对这一计划。他们不仅对军事战略指指点点，吹毛求疵，还抨击艾森豪威尔直接与斯大林联系。此外他们还斥责“布莱德雷计划”贬低了北部战区的重要性。丘吉尔也批评艾森豪威尔这样做等于把蒙哥马利的第二十一集团军群的作用降到了零。丘吉尔还指出，放弃柏林这一军事和政治目标可能是错误的。因为攻占柏林可能使德军的抵抗瓦解，使全体德国人绝望。其实，如果我们换个角度来思考，那么丘吉尔这一观点是从边缘政治角度考虑的，也可以这样说，他从未相信过斯大林，更不希望斯大林把共产主义传播开来。

丘吉尔曾先后两次致电罗斯福，指责苏联自雅尔塔会议后态度“日益变坏”，他希望在罗斯福的帮助下限制苏联的扩张。此后，丘吉尔又指出苏联红军将越过奥地利，进入维也纳。如果让他们再占领柏林，将会给未来造成巨大麻烦。丘吉尔仍认为柏林垂手可得，应立即夺取。

这次争论足足进行了一周，由于艾森豪威尔在坚持以军事目标为主的同时，又得到了马歇尔的支持，终于使得“布莱德雷计划”获得了批准。在此过程中，艾森豪威尔委婉地与丘吉尔、蒙哥马利、马歇尔等人进行商谈，强调了歼灭德军主要部队的重要意义，并详细论述了第九集团军交还布莱德雷指挥并用于中部主攻的必要性。

同时，艾森豪威尔从多个角度分析，指出了蒙哥马利占领德国北部港口，渡过易北河下游攻占卢比克，在基尔运河封锁丹麦的重要性。以此来对蒙哥马利进行说服，然而蒙哥马利对此毫不领情，并以为这是在故意贬低他，尽管艾森豪威尔还同时许诺说

如果主攻进展顺利，将立即给蒙哥马利抽调一个兵团的兵力。

在不断的努力和不断的讨论中，艾森豪威尔胜利了。由于罗斯福致函丘吉尔，说明马歇尔完全支持艾森豪威尔的计划，丘吉尔也只好做出让步。

包围鲁尔区的行动按照布莱德雷的计划应由辛普森的第九集团军负责北部的夹攻。然而，在韦塞尔渡河地段，蒙哥马利命令登普西的第二集团军优先过桥。在由美国工程兵所造的大桥上，蒙哥马利的部队每天渡桥大约十九个小时，而辛普森的部队每天的渡桥时间只能有五个小时。蒙哥马利的其他集团军强渡一周后才得以行动，造成了辛普森的行动迟缓，直至3月底，辛普森的部队才缓慢地渡过莱茵河。

第九集团军过桥后，在拥挤的桥头堡挤作一团，不能迅速扩展。时间的延误导致的麻烦并非由于第九集团军官兵无能。军长麦克莱恩命令伊萨克·怀特的第二装甲师打头阵。辛普森也命令打先锋的第十九军首先发起进攻。当怀特挥师沿利珀河北岸东进，直逼帕德博恩时，柯林斯的第七集团军早已经提前好几天在那里巩固阵地，等待会师了。

1945年4月4日夜，艾森豪威尔按照计划命令第九集团军重新交由布莱德雷指挥，而且就在三天前，怀特的先遣队和柯林斯手下的第三装甲师合拢了钳子，德军被包围在鲁尔区。到这时，布莱德雷的第十二集团军群已经拥有了第一、第三、第九集团军以及第十五集团军十二个军的兵力，成为第二次世界大战中最大的集团军群，同时也是布莱德雷指挥过的规模最大的集团军群。

布莱德雷从情报部门获悉：鲁尔区包围圈的德军由德国统率沃尔特·莫德尔指挥，大约有十五万人的部队。此时的布莱德雷已经不必和蒙哥马利保持密切联系了，而且再也不用听由蒙哥马利傲慢无礼的说教行事了，这使得布莱德雷感到万分高兴。他把

自己的战术司令部从那慕尔迁回卢森堡，后来还临时迁到德国的威斯巴登。

布莱德雷开始根据情报调兵遣将了：他让辛普森、霍奇斯抽调李奇微的第十八空降军、安德森的第十六军、范佛里特的第三军团负责扫荡任务，与其余向易北河、穆尔德河东进的部队形成一个严密的“口袋”，将德军重重包围。“口袋”里的德军不战而降，沃尔特·莫德尔元帅自杀，截至4月中旬，美军共俘虏德军三十多万人，是原来情报部门估计的两倍。超过了斯大林格勒保卫战或者突尼斯战役所俘虏的人数。

当确信鲁尔区已不能构成威胁时，布莱德雷决定进行一次小小的冒险。按照计划，向易北河主攻的计划要在四月中旬开始实施，布莱德雷打算让各集团军提前一周就开始东进。一股股小部队先期轻装进发了，他们的行动实际是在包围圈还没有形成之前开始的。布莱德雷将他的第九、第一、第三集团军从北到南部署在二百多公里的战线上，打算从卡塞尔开始进行主攻。

卡塞尔距易北河大约二百公里，第一、第三、第九集团军共七个军的兵力参加了进攻。第九集团军——吉勒姆率领的第十三军、麦克莱恩指挥的第十九军；第一集团军——柯林斯的第七军、许布纳的第五军；第三集团军——沃克的第二十军、米德尔顿的第八军和埃迪的第十二军。

与此同时，霍奇斯的集团军主攻穆尔德河以东的莱比锡；布莱德雷担心艾森豪威尔改变主意攻打柏林，于是他提前做好战斗准备，将桥头堡作为一个跳板。他命令辛普森的集团军渡过易北河并建立桥头堡，在那里原地待命，随时准备继续向东北方向攻打柏林。辛普森得到通知后，制定了详细的备战计划，时刻做好攻打柏林的准备；第三集团军的目标是穆尔德河，这对巴顿来说是小菜一碟。

为了让各个集团军保持大体上齐头并进的队形，避免各个军的进攻像赛跑一样，你追我赶，布莱德雷会不时命令他们停下来。在进军易北河的战役中，辛普森的第九集团军速度最快，麦克莱恩第十九军手下怀特的第二装甲师首先抵达易北河，于11日晚八点左右到达河畔的舍内贝克；第九集团军的推进速度像闪电一样，行军近四百公里的路程仅仅用了十九天。吉勒姆的第十三军也在三天之后到达了易北河畔的维腾贝格和唐格明德……

德军的抵抗甚为微弱，只有小股顽敌负隅抵抗，柯林斯的第七军就在哈尔茨山脉和埋伏在那里的七万多名德军奋战了一个星期。三个集团军的先遣部队先后抵达易北河和穆尔德河，比计划提前了好几天，甚至比原计划发起总攻时间还要早。

辛普森的第二装甲师于4月12日渡过了易北河，在东岸建立了桥头堡。然而德军拼死抵抗，他们一次又一次地争夺桥头堡，反扑的势头远比易北河以西强大得多。辛普森立即将情况告知布莱德雷，布莱德雷得知情况后，立即派第三十步兵师的部分部队渡河增援第二装甲师。

然而，德军对第二装甲师的桥头堡的攻势越来越猛，在德军强大的攻势下，麦克莱恩被迫放弃了第二装甲师建立的桥头堡。与此同时，第八十三步兵师的部分部队已经在偏南的巴比渡过了易北河，企图建立另一个桥头堡。第八十三师牢牢地守住了巴比的桥头堡，他们的阵地因此日益扩大了。

美军抵达卡塞尔后，立刻向易北河进军。在中部和南部，柯林斯对纳粹的劳工进行解救。集中营里希特勒惨绝人寰的暴行简直令人目瞪口呆、毛骨悚然。在一幢楼房里，大约有三千具尸体，他们都是死于饥饿和疾病。柯林斯立即对活着的劳工进行抢救，然而大部分劳工还是死了，活下来的人寥寥无几……希特勒的暴行激怒了美军，他们一路急行军，很快就攻到了易北河，开始了第二阶段的任务。

早在四月初的时候，艾森豪威尔就飞往威斯巴登布莱德雷的

临时战术司令部，和霍奇斯、巴顿商量下一步的作战行动。经过商议，他们把任务的重心放在了阻止德军向阿尔卑斯山脉和挪威溃逃，建立“堡垒”继续抵抗上面。然而就在这时，蒙哥马利的进攻劲头已经不足了，他一贯谨慎小心的风格又显露了出来。按计划，他应迅速挥师沿韦塞尔——汉堡一线向东北进攻，但是，蒙哥马利对失去第九集团军的指挥权一直耿耿于怀，缺乏进攻的主动性和战斗热情。

蒙哥马利的部队像乌龟爬行一样慢，辛普森的部队已经抵达了易北河，而登普西的部队才到策勒，距离易北河还有一百多公里。为了推动蒙哥马利进攻，艾森豪威尔毫无办法地主动提出把第九集团军归蒙哥马利指挥，要求他向卢比克和丹麦挺进。然而出于自尊，蒙哥马利没有同意。艾森豪威尔也因此做了许多努力，但都没有奏效。

在对待自己的任务上，蒙哥马利情绪低落，简直令人难以捉摸。他表现出观望踌躇的态度，一会儿主张达到卢比克后突然折向东南进攻柏林；一会儿又说封锁丹麦有失他的身份。而且蒙哥马利还坚持认为放弃柏林而进攻莱比锡是极大的错误。布莱德雷明确表示攻打柏林已完全不可能，他主张取消蒙哥马利担任第十二集团军群掩护北翼的任务，让第九集团军支援他，但也遭到了蒙哥马利的拒绝。最后，他只接受了让辛普森的战线北移的建议，因为这样可以减轻他的作战任务。

布莱德雷在艾森豪威尔来到威斯巴登时把蒙哥马利的情绪及拒绝援助并要求改变战线的愿望告诉了艾森豪威尔和霍奇斯。布莱德雷建议留一个军以备在急需时支援蒙哥马利，因为他怀疑蒙哥马利不能完成攻抵卢比克的任务。在布莱德雷的提议下，艾森豪威尔、霍奇斯很快对布莱德雷的提议表示赞成。他们决定将李奇微的第十八军留下来，或许对蒙哥马利的军队可以起到一定的推动作用。

在巴比，辛普森已经拥有一个桥头堡作为进攻柏林的跳板。安德森的第十三军也已经从鲁尔区赶到。由于苏联红军在 4 月 11 日仍然没有发动攻击柏林的预期攻势，美军必须考虑是否进攻柏林的问题。辛普森建议用麦克莱恩率领的第十九军和吉勒姆率领的第十三军向柏林发起进攻。麦克莱恩与吉勒姆对此都表示予以支持，所以，第十九军预计可以在六天后的黄昏抵达柏林郊区，吉勒姆也断言可以在七天之后的中午抵达柏林。

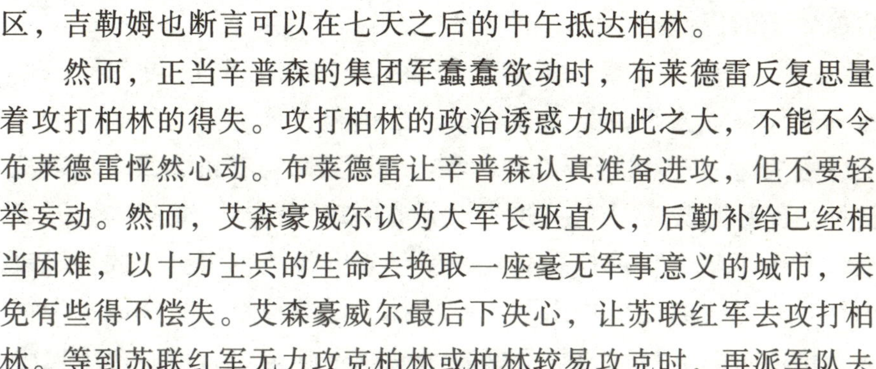

然而，正当辛普森的集团军蠢蠢欲动时，布莱德雷反复思量着攻打柏林的得失。攻打柏林的政治诱惑力如此之大，不能不令布莱德雷怦然心动。布莱德雷让辛普森认真准备进攻，但不要轻举妄动。然而，艾森豪威尔认为大军长驱直入，后勤补给已经相当困难，以十万士兵的生命去换取一座毫无军事意义的城市，未免有些得不偿失。艾森豪威尔最后下决心，让苏联红军去攻打柏林。等到苏联红军无力攻克柏林或柏林较易攻克时，再派军队去攻打柏林。

布莱德雷采纳了艾森豪威尔的建议，把注意力转移到南部战线和阻止德军在阿尔卑斯山脉建立“堡垒”的问题上来。布莱德雷让已经抵达莫德尔河的巴顿代替霍奇斯去完成这一任务，以免霍奇斯的部队在巴顿的前面渡河，两军交错在一起。巴顿率领军队在德弗斯的掩护下沿东南方向直扑林茨和多瑙河，经纽伦堡及慕尼黑向东进攻。

米德尔顿的第八军在两名德国妇女的帮助下发现了一个纳粹金库，这个金库藏在梅克尔斯附近哥达以南的一口盐井里。艾森豪威尔、布莱德雷、巴顿乘电梯下达两千英尺的深井中察看金库的情况。那里藏着德国纳粹从占领国和私人手中掠夺来的价值两亿五千万美元的金锭、金币、金盘、银盘和艺术珍宝。

巴顿开玩笑说：“我们应该保守秘密，以便和平时期陆军经费捉襟见肘时能每年取一点用来发放军饷和购买武器。”

随后，巴顿在奥德鲁夫集中营附近搞了一个关于集中营惨状的展览。在不太大的深坑里，大约三千二百多具骨瘦如柴的裸尸展现在眼前，那惨状令人作呕。布莱德雷远远闻到一股恶臭，不过，这仅仅是凄惨、恐怖、暴行的首次展示，后来，布莱德雷在布痕瓦尔德、贝尔森、达豪和其他地方，看到了更加震撼世界的惨况。那一幕幕令人心惊胆寒的惨景，激起了布莱德雷对残酷的纳粹分子的仇恨。

4 月 12 日，艾森豪威尔飞往赫斯费尔德巴顿的司令部讨论和分配任务。当晚，艾森豪威尔、巴顿和布莱德雷又一起讨论了最后的战略方针。关于柏林的问题，艾森豪威尔和巴顿一直各持己见。巴顿和蒙哥马利一样，十分渴望攻打柏林，并多次公开表示将率领军队进攻柏林。艾森豪威尔想方设法说服巴顿放弃进攻柏林，同时仔细分析指出了攻打柏林无论在战略还是在战术上都毫无价值可言。然而，尽管艾森豪威尔不断努力，但是由于巴顿和丘吉尔一样，打心眼里不相信苏联人，艾森豪威尔的一切说服努力都只能是徒劳。

巴顿最后仍然倔强地说："艾森豪威尔，我不理解你是怎么想的。我看我们最好攻占柏林，再迅速东进直抵奥得河。"

商谈到最后也没有达成一致意见。巴顿在烦躁中打开收音机收听英国广播公司的节目，播音员却传送了一条震惊世界的消息：罗斯福总统去世了！巴顿很快将消息告诉了艾森豪威尔和布莱德雷，他们为罗斯福总统未能看到大战的结束而惋惜，三人沉浸在万分悲痛之中，默默地相对无言。

由于他们对新任总统哈里·杜鲁门不放心也不了解，于是他们又对有关情况进行了长达三个小时的交谈。布莱德雷提醒艾森豪威尔和巴顿，马歇尔将军仍在华盛顿协助杜鲁门，只要马歇尔还在参谋长的位置上，战争的战略就不会改变。更何况结束欧洲战争和打败日本的战略早已定好，马歇尔将军不会让计划轻易改

变。对于罗斯福总统的离世，三人又一次默默地相对无言。

新任总统杜鲁门由于缺乏与丘吉尔、斯大林打交道的经验，在处理军务问题上常常会与马歇尔将军进行商议。马歇尔将军关于推荐霍奇斯和巴顿为四星上将的建议很快得到了杜鲁门总统和参议院的批准，同意他们在四月中旬晋升为四星上将。不久，米德尔顿、沃克、海斯利普、吉勒姆、柯林斯五位军长也荣升三星将军。

南部，巴顿奋力向前，在德弗斯的掩护下挺进多瑙河谷与萨尔斯堡同苏军会师。中部的集团军则主要驻守在易北河与穆尔德河地区，原地待命。北部，蒙哥马利渡过易北河后向基尔—卢比克进行突击。总共命令将在 4 月 15 日下达。然而，辛普森与布莱德雷却产生了不同看法。辛普森认为，如果派自己的军队进攻柏林，柏林将很快被攻克。布莱德雷却认为这种想法很不现实，为此，他对布莱德雷很不满意。

美军的总攻已经开始，但目标却不是柏林，这不能不令辛普森感到灰心丧气。苏联红军何时攻打柏林，巴顿的进攻能否取得成功，成了消灭德军的关键。

第二十一章　凯旋班师

细数历史长河中的每一个国家、每一个时代，势必都要经历“萌芽——发展——高潮——衰亡”的过程，法西斯势力也是如此，如今，纳粹德国已经回天乏术、濒临崩溃的边缘，再也没有起死回生的能力了。在西线战场，盟军接到了最后总攻击的命令，巴顿于1945年4月15日已挥师直指多瑙河谷和萨尔斯堡。

可以说，为了让纳粹德国无条件投降，世界各国都在做最后的努力，争取在最短的时间内恢复世界和平，还人们自由，还人类以安宁。四月中旬，苏联方面和西线的美军几乎同时对德发起攻击，两股反法西斯势力平行前进，让纳粹德国顾此失彼。

先看苏联方面，苏联红军二月份攻到奥得河后，就一直在做充分的准备，为最后的战斗蓄积力量。斯大林静待时机成熟后，统筹全军战斗力，再加上精准的战局分析，最后决定于四月中旬大举进攻，发动柏林战役。只要苏军三个方面军能够借助远程航空兵和部分海军协助，在预期时间内迅速渡过奥得河、尼斯河，就可以重兵攻占合围之下的柏林，与盟军举行胜利大会师。

再来看西线，对多瑙河的进攻主要由巴顿带领西线的美军负责实施。此时的布莱德雷正乘坐吉普在每个阵地进行视察，看着动作干净利落紧凑的士兵们井然有序地准备着，布莱德雷严肃的脸上没有一丝松懈的迹象，嘴角绷得紧紧的，让人望而生畏。视察结束后，布莱德雷召开了一次临时会议，参加会议的除了巴顿之外，还包括巴顿手下各军的军长。布莱德雷的目的很简单，第一是要将各个军长的配备重新做重大的调整，第二则是要做一个战前动员工作，因为这次战役是美军在欧洲大陆的最后一次决战，引起重视是理所应当的。

布莱德雷动作起来也是大刀阔斧，首先对老弱病残类的军长进行了大幅度调整。米德尔顿是第八军军长，由于很长一段时间都在天寒地冻的地方服役，他的左膝盖早早就患上了关节炎，军医和布莱德雷都曾经劝他回国，放弃军人的身份找个好工作。但是在艾森豪威尔和马歇尔的极力劝说和挽留下，马歇尔还经常拿米德尔顿开一些无伤大雅的小玩笑，米德尔顿只好忍痛坚持继续担任第八军军长的职务。这次会议上，布莱德雷考虑到米德尔顿的身体，出于照顾，将第八军调到了霍奇斯的第一集团军。

除了米德尔顿意外，布莱德雷还宣布要将埃迪送回国。埃迪是第十二军军长，患有高血压和心脏病，身体每况愈下，经常在阵地晕倒、休克，就像风中的残烛，生命之火随时都会熄灭。为了埃迪的性命着想，也为了不让十二军的士兵为军长担心，布莱德雷决定让埃迪回国治疗，并欢迎埃迪康复后随时归队。

就这样，布莱德雷还将鲁尔区的范佛里特及其第三军调给巴顿的第三集团军，希望范佛里特能够获得更大的发展空间，能够找到更多施展才能的机会。此外，布莱德雷还提拔了埃迪手下第五装甲师的师长勒鲁瓦·欧文代替埃迪担任十二军军长的职务，本来就对十二军比较熟悉的勒鲁瓦就能够很快就将十二军的状况完全掌握。

太阳终于从乌云背后探出了笑脸，一连阴郁了几天的天空也终于不再愁云密布了，恰逢此时，世界反法西斯战场也透出了曙光，到四月中旬，希特勒的纳粹德国很快就要被打垮了，进攻的军队势如破竹，在前沿阵地长驱直入。在巴顿发动总攻的第两天，兵力雄厚的苏联红军对德军发动了最猛烈的进攻。参与这场战斗的主要有白俄罗斯第一方面军、白俄罗斯第二方面军和乌克兰第一方面军，再加上波兰方面的力量，全部师和集团军细数下来大约有两百多个，其中步兵师和骑兵师占四分之三左右，剩下的包括坦克军、机械化军和四个空军集团军。不管是从人数还是武器方面看，俄军似乎都胜券在握了，所有人都确信在火炮、迫击炮以及飞机集中火力的协同作战下，纳粹德国必将败北。

胜利的幻想并没有让人们失去理智，苏联红军用冷静的行动证实了这一点。他们分工明确：白俄罗斯第一方面军在朱可夫的指挥下从屈斯特林登陆场进行主突击，主要目的是攻占柏林，然后在战役结束前与盟军在易北河会师；科涅夫则指挥乌克兰第一方面军突破尼斯河，实施主突击的总方向则是向着贝尔齐希进行的，以消灭科特布斯和柏林以南等地的德军为主要战略目标。

仅仅在三天的时间里，苏联红军就火速突破了奥得河和尼斯河地区，德军的力量显得不堪一击，有的防御系统名存实亡，正面交锋还没开始就土崩瓦解了。

苏联方面的总攻击刚刚告一段落，巴顿也于 4 月 19 日展开了行动。在这位四星将军的指挥下，以沃克为首的第二十军、范佛里特带领的第三军和欧文的第十二军一一发起攻击。一个星期后，第三集团军按照巴顿预期的速度朝东南方向一直推进到了多瑙河畔，随后又兵分两路，分别向林茨和萨尔斯堡发动了攻击。与此同时，德弗斯的第六集团军群作为巴顿的右翼力量也向东南方向挺进，一直通过纽伦堡达到了奥地利边境。

美军方面节节胜利，各个击破，战绩斐然。第七集团军在帕奇的率领下，与希特勒的国社党在纽伦堡进行了一场硬碰硬的激战，攻克后随即向奥地利边境推进；帕奇右翼是法国德·塔西尼的第一集团军，虽然经常无视规定和命令独自展开行动，但是总

能立下战功，慢慢地从黑森林一直向瑞士和奥地利的边境进攻，途中经过斯图加特等地都被一一征服。海斯利普的第十五军在向慕尼黑进攻中，手下第二十装甲师师长奥兰多·沃德曾被布莱德雷在突尼斯战役中解除职务，可他再次任职英勇杀敌。

士兵披星戴月、日夜兼程，终于在寂静的黎明时分抵达了奥地利的边境，此时，部队的首领帕奇难忍心情的激动，立即向上级汇报了部队的方位。接到这个消息后，布莱德雷随即改变了作战计划，急忙调整了集团军的分界线，派遣第十五军代替第三军的进攻行动。当时，布莱德雷探听到在萨尔斯堡和伯希特斯加登附近有希特勒的秘密隐蔽所，前去攻占的任务就交给了第三军。

任何事物的发展都不是一帆风顺的，战争的行动指挥也不是随时都协调一致的，巴顿方面的进攻就是一个争端。许多人都认为巴顿应该前去攻打柏林，取得占领柏林的荣誉，而不是向南进军，攻打那些莫须有的希特勒“堡垒”。而布莱德雷也有自己的理论，他认为进攻南部并不是一无所获的行动，进攻柏林与此相比可以称为是得不偿失的行动。攻打柏林，美军最少也要付出十几万，甚至是二十几万条性命；巴顿指挥士兵向南推进，由于沿途敌人几乎没有任何抵抗行动，不仅攻占了慕尼黑、斯图加特和纳粹党徒的两个圣地纽伦堡和伯希特斯加登，而且还与克拉克的部队胜利会师，用最低的伤亡率最大限度地巩固了南部战线，使德国南部得以肃清。

许久没有响起的清脆鸟鸣重新在山谷中回荡，中间夹杂着瀑布摔裂的轰鸣声，树叶在春风的抚摸下奏响了迟到的春的交响曲，一切声音都显得那么悦耳动听。然而，这些却不是士兵欢欣雀跃的原因。四月下旬，美军阵地的官兵奔走相告，就连布莱德雷也欣喜若狂，因为美军终于取得了象征胜利的机会——在易北河与苏联红军胜利会师了！与苏联红军会师，就是巴顿的进攻结束后剩下的惟一任务。在美国人眼里，在美军官兵眼里，在随军

记者眼里，与苏军会师就是胜利的标志、胜利的象征，这将是至高无上的荣誉，因此，第五集团军和第九集团军都想成为第一个争得胜利象征的部队。

事情往往不能心想事成，这一殊荣没有属于第五集团军，也与第九集团军无缘，而是被霍奇斯带领的第一集团军捷足先登了。其中缘由当然也十分曲折，但是细细分析却是理所应当的。

原来，早在与苏军会师的三天前，埃米尔·莱因哈特身为霍奇斯手下第一集团军的第六十九步兵师的师长，就已经与符尔岑市的市长进行了谈判，并于第二天率领部下的第二百七十三步兵团渡过穆尔德河接管了该市。符尔岑的地理位置也有一定的特殊之处，它恰好位于莱比锡的正面，此外，易北河和穆尔德河汇合处的德绍距离符尔岑只有短短数十公里。可以说，占领符尔岑为第一集团军会师提供了一个绝佳的地理位置。

后来，布莱德雷决定改变会师界线，将德绍以南的穆尔德河重新拟定为分界线，然而苏联方面却没有将这一变更及时地通知前线和符尔岑以东的部队，因此，苏联方面的部队仍然将初步商谈的易北河作为分界线，这也就是第二百七十三团接管符尔岑后并没有见到苏军踪迹的原因。正是这一原因，才直接促使第一集团军主动外出寻找苏军。

第二百七十三团进驻符尔岑的当天，团长查尔斯·亚当斯就按照布莱德雷下达的指示，寻找苏联方面负责接洽会师事宜的官兵，然而却怎么也看不到附近有苏军的身影。大惑不解的团长不敢拖延，下午就派艾伯特·科茨布带领一队巡逻兵向东搜寻，然而却依然没有任何结果。第二天上午，科茨布继续向东前行，终于发现了一名苏联骑兵。虽然只有一名苏联士兵，而且还被几名外国劳工包围着，但是这也为科茨布大海捞针式的搜寻带来了一线希望。科茨布让随行的俄语翻译前去询问，只见这名骑兵向东挥挥手。在一位波兰劳工的引导下，科茨布继续寻找苏联红军的营地。

功夫不负有心人，科茨布一行人终于用望远镜在易北河畔的斯特雷拉发现了对岸的一群苏军士兵，整个巡逻队都放声欢呼起来。勉强抑制住内心的兴奋与激动，科茨布立即下达命令发射了几发能够证明自己是友军身份的绿色信号弹，然后违犯规定登上抢来的帆船渡过了易北河。科茨布一行六人，再加上一位苏军少校和另两名苏联人，九个人在易北河东见了面，这也是美军和苏军第一次正式见面。

美苏两方面正式会师易北河为霍奇斯所在的第一集团军带来了荣誉，也为霍奇斯带来了喝彩和掌声。作为布莱德雷手下的一位骁将，霍奇斯从诺曼底开始就一直坚持不懈地与纳粹德国进行战斗，为击败德军打了不少硬仗，现如今，他的部队又第一个与苏军会师，也为布莱德雷大加光彩，布莱德雷因此又使身上的光环放出夺目的色彩。

与苏军会师后的第二天，神气非凡的布莱德雷便下达命令给霍奇斯，让他派遣许布纳的第五军从卡尔斯巴德——比尔森一线继续向南推进，一直到 1937 年的捷克边境才停止，不过这也已经到了巴顿的战区。有人的地方必然就有纷争，根据艾森豪威尔的决定，应该将占领布拉格乃至整个捷克的任务留给苏联红军。艾森豪威尔的这个决定也是事出有因，为了执行马歇尔关于“不愿意让美国人仅仅为了政治目的去冒生命危险”的指示，艾森豪威尔才下了如此决定。

但是，艾森豪威尔的这个决定并没有获得他人的赞同，不仅英国方面对此感到非常不满，就连巴顿也抱怨他让许布纳的第五军在比尔森按兵不动。巴顿的抱怨当然也有自己的政治目的暗含其中，因为他指望攻克布拉格抢到头条新闻的位置，而且他对苏联虽然没有什么反对或者其他思想，但是历来也是没什么好感，当然不想将如此重要的任务留给苏军。

战争局势让人惊喜也让人忧，正当美军在中部与苏军迅速接近和巴顿向南进军时，以蒙哥马利为首的第二十一集团军却步履蹒跚。比辛普森的部队晚一个星期到达易北河的第二集团军的第八军在19日才到达易北河，并驻守在劳恩堡对岸；第十二军则于四天后才抵易北河，也停留在汉堡对岸；霍罗克斯的第三十军在前往易北河的途中遭遇恶仗，为了攻占不来梅这座城市，在27日左右将不来梅夷为平地才平息了这场战斗。

蒙哥马利似乎并不想发动进攻，早在4月20日，当时苏军正在围攻柏林，艾森豪威尔就亲自飞往蒙哥马利的司令部。在与蒙哥马利的谈话中，艾森豪威尔催促蒙哥马利尽快进攻，并从易北河调动李奇微的第十八空降军渡过易北河。然而，蒙哥马利却迟迟没有动作，让美国方面很是恼火。为了抢在苏联红军前面渡过易北河向北进攻占领丹麦，4月27日艾森豪威尔又写信给蒙哥马利，催促蒙哥马利能够加快步伐，并在信中一再强调攻占卢比克的重要性。为了推动蒙哥马利的行动，艾森豪威尔还致函布鲁克，想借他的影响给蒙哥马利施压。然而，蒙哥马利声称攻打不来梅时耗费了大量弹药，借此机会又推迟了渡易北河和攻打卢比克的计划。

但是，面对巨大的压力，蒙哥马利也会有所动作，在得到了他的勉强同意后，李奇微的第十八空降军开始风驰电掣般地从鲁尔区向易北河挺进，短短几天的时间就推进了大约四百公里，可见官兵急切想摧毁纳粹德国的信心和决心。李奇微的第十八空降军阵容十分强大，其中包括第八十二空降师、第七装甲师、第八步兵师和英军第六十八师等部队，攻势的猛烈程度也是可想而知的。

盟军步步逼近，希特勒这边则慌了手脚，多次下令拼死抵御。然而由于德军屡遭败仗，士气极其低落，根本无法与斗志高昂的盟军相提并论，因此每场战争几乎都是落荒而逃。迫不得已

的希特勒在苏联红军还没发动总攻前，就发布了“后撤便当场格杀勿论”的命令。为了稳定民心，希特勒还谎称苏军占领德国后，不仅会将妇女当做军妓，而且还会残杀老人和孩子，希望这个借口能够让士兵负隅顽抗，渡过最后一劫。但是希特勒的这个方法根本不奏效，在苏军密集炮火的攻击下，纳粹官员大多都向安全的地方逃窜，只剩下希特勒寥寥几人留在柏林的地下室里。

一只秃鹫孤零零地停在一块暴晒在烈日下的岩石上，太阳就像一个大火球一样毫不留情地炙烤着世间的一切，秃鹫已经有些精疲力竭了，翅膀上的毛也所剩无几，这是数场争夺食物和地盘的战斗后留下的“后遗症”。然而，即使羽毛掉光了，也要飞翔，否则只有死路一条，虽然飞翔的结果不见得能够活命……希特勒于 4 月 22 日从这个梦中惊醒，斜靠在床头，他断然做出了最后的决定——留在柏林直到最后一天——这是一个疯狂而又绝望的人做出的决定。

不久，苏军就完全包围了这座首都城市，希特勒作为元首也失去了控制事态的能力，他现在惟一还能够控制的似乎就是自己的死亡，他能做的事似乎也只有为自己在危城的废墟中安排死法这么一件。此时此刻，陪伴在希特勒身边的也只剩下了最后两个，一个是戈培尔，另一个博尔曼，这两个纳粹首领作为希特勒统治集团中的头面人物，一直跟随希特勒左右。

中国有这样一句古话：“人之将死，其行也善；兽之将死，其鸣也哀。”30 日这天，希特勒一改往日挑剔尖酸的毛病，非常安静地和他的随员一起吃午饭。吃过饭后，希特勒还跟在场的那些人一一握了手，这举动让所有人都很惊讶，因为希特勒是一个高傲狂妄的人，根本不屑和他们这些普通人有所表示。下午，一声清脆的枪响从希特勒的房间中传出——希特勒自杀了。由于战事紧张，他的尸体就地在庭院中焚化。伴随着滚滚浓烟，伴随着

苏军越来越大的枪炮声，希特勒的一生结束了。

就在这同一天，李奇微又命令第八十二空降师强渡了易北河，其他部队也随后跟进。全军过河后，李奇微没有让部队有休息的机会，就立刻下令向东北方向疾驰近百公里，直抵维斯马。终于，李奇微赶到了苏军的前面，苏军乘胜追击的行动因此而中断。三十余万本该被苏军俘虏的德国官兵成了李奇微部队的“囊中物”，其中还包括大约五十名将级军官。

李奇微的胜利让布莱德雷又大大的兴奋了一回，因为李奇微带领的部队第八十二空降师可以说是布莱德雷的老部下，在出征北非前，布莱德雷曾经担任这个师的师长一职。自己的老部下俘虏了德军整个集团军群及全部装备，有哪个人不会因此而感到激动和高兴呢？答案当然是肯定的，尤其是在欧洲战争即将结束的今天，在纳粹即将投降之时，布莱德雷为能见到老部下辉煌的战绩而深深地感到自豪。

德军陷入了全线崩溃的境地，随时都可能全军覆没，其中很大一部分原因是由于希特勒及统治集团的自杀行为造成群军无首而导致的，而另一方面则要归功于李奇微强有力的进攻。蒙哥马利也一改常态，命令部队全线进攻，因为他再也无法拖延时间了，而且也没有必要再拖延时间了。随着蒙哥马利一声令下，第八军在迅速攻占卢比克后又进逼抵基尔；第十二军也在顺利渡河后，在基尔与其他部队会师。

战争不乏残酷和冷漠，有时却也少有温柔和感动，这些举动的背后隐藏着一个人甚至是一个国家的绅士和礼貌，李奇微就是其中一个例子。当时，李奇微部队中的第八十二空降师可以首先与维斯马的苏军会师，然而在李奇微的授意下，第十八空降军故意让英军第六空降师打头阵，自己却一声不响地跟随在后面，把在维斯马与苏军会师的机会让给了英军，把荣誉和会师的热烈场面留给了英国。这是一种气度，这是一种胸怀，听说了此事的布

莱德雷也被自己的老部下感动得热泪盈眶。

事实上，在布莱德雷看来，李奇微在这场战争中的表现具有世界性意义。莱茵河到卢比克一战是蒙哥马利指挥的最后一次战役，或许是为了自己的“一世英名”，蒙哥马利更不想在最后关头出现纰漏，因此这也是最能体现蒙哥马利谨小慎微指挥风格的一次战役。在整个战役中，蒙哥马利都没有非常积极的态度，一切举动都是按照常规进行的，就连追击敌人的行动也显得有些漫不经心，虽然无可厚非，但是也在一定程度上造成了困扰。布莱德雷认为，正是李奇微的强势给蒙哥马利加入了催化剂，否则按照蒙哥马利的进度，最先抵达丹麦的肯定会是苏军。一旦苏军占领哥本哈根，战后的世界格局可能又会产生新的麻烦。

第二十二章　关注太平洋

欧洲战场还没有结束时，美国、英国和苏联就已经在雅尔塔会议上达成了一致，苏联答应在德国投降后出兵中国东北与日本作战。被任命为太平洋战区总司令的麦克阿瑟制定了两个计划：1945 年 11 月 1 日，盟军发动八十万兵力进攻日本的九州，实施“奥林匹克作战计划”。这一战役结束后，再于 1946 年三月初起开始实施“皇冠作战计划”，开始进攻日本本州。然而，麦克阿瑟认为即使有了苏军方面的帮助，要想发动打入日本本土的两次大规模战役，估计下来盟军也需要付出百万人左右的伤亡，而且这还是个保守数字。

纳粹德国的政权土崩瓦解了，盟军在欧洲大陆的战争也随之结束，日本法西斯作为德国的同党成了反法西斯阵营的目标，为了扫除残敌，艾森豪威尔和布莱德雷都开始考虑参加对日作战的问题。这时，日本的殖民地已经基本被盟军攻占，麦克阿瑟指挥部队占领了菲律宾，尼米兹则带领士兵攻占了硫磺岛和冲绳，下一步的进攻目标就是日本本土。

欧洲战争结束的大势已成定局，美军的部分部队调往太平洋攻打日本当然是毫无疑问的事情。四月下旬，马歇尔在给艾森豪威尔的电报中说，麦克阿瑟已经高兴地接受霍奇斯及其第一集团

军前往太平洋进行作战部署和进攻行动了，但问题也出现了，麦克阿瑟不愿意再接受集团军群一级指挥官的职务。而布莱德雷早在诺曼底就要求去太平洋，因此马歇尔马上想到了他。当然，马歇尔不能推荐身带现职的布莱德雷去太平洋，于是只是试探性地询问一下，确保布莱德雷愿意去太平洋出任集团军司令。

收到电报的艾森豪威尔却非常生气，因为出任集团军司令就意味着降级，对于任何一个士兵来说似乎都是一个很不划算的买卖。很少发火的艾森豪威尔怒气冲冲地回信给马歇尔，对要把布莱德雷降为集团军司令的行为表示抗拒。艾森豪威尔指出这个举动将是对欧洲大陆全体官兵的蔑视，不仅会引起官兵不满和公众舆论的批评，更重要的是这会贬低三百多万美军官兵的赫赫战功，这是一种侮辱。

面对这封包裹着冲天怒气的回信，马歇尔有些哭笑不得，他不得不再次给艾森豪威尔回信。在信中，马歇尔一再强调：除非布莱德雷自愿前去太平洋出任集团军司令一职，否则没有任何人会做出强制决定。这下，艾森豪威尔才知道自己过于冲动了，自己的行为显得非常幼稚可笑，哑然失笑的他很不好意思地将这个消息告诉了布莱德雷。

当艾森豪威尔带着这个消息找布莱德雷时，布莱德雷正在哼着小曲刮胡子。听到马歇尔希望他出任自己梦寐以求的职位时，布莱德雷整个人都僵住了，手臂就像生了锈一样机械地在脸上移动着，嘴里的小曲也早就断断续续了，嘶嘶啦啦的声音就像没电的洋娃娃一样毫无生气。从短暂的失神中恢复过来的布莱德雷胡乱地刮完胡子，就窝进了沙发开始沉思。

此时此刻，布莱德雷的心情十分复杂也十分矛盾，他日思夜想都想去太平洋参战，争取既打败德国又打败日本的荣光，就算他不去，巴顿和辛普森等几个和他有同样渴望的人也会去。但是，还有惟一让布莱德雷心不甘情不愿的事情——布莱德雷不想

以低于集团军群司令的身份去参战。

从1941年12月7日珍珠港事件拉开太平洋战争序幕的这一天起，太平洋战争成了全美国人民乃至全世界人民关注的焦点，布莱德雷对这个问题也尤其敏感。即使太平洋战场已经持续了几年的时间，布莱德雷也仍然时刻盯着与之相关的电报、采访等，甚至一有什么风吹草动，布莱德雷就会激动不已，到太平洋参战已经成了布莱德雷余生的梦想之一。现在，布莱德雷终于离自己的梦想又靠近了一步，心中不免发出一阵感慨，想起了太平洋战争中许多大大小小的战役，坐在沙发上的布莱德雷陷入了回忆……

日本偷袭珍珠港后，整个美国呈现出一片低迷的状态，为了能够重振美军的雄风，罗斯福总统试图对日本进行轰炸，以此来对抗日本偷袭珍珠港的事情。消息一传开，许多士兵争先恐后报名参加志愿兵，身为临时准将的布莱德雷也不甘示弱，可惜选中的都是飞行员，这时候的布莱德雷隐隐有些痛恨自己步兵的身份，虽然步兵是他最喜欢的职业。

经过几个月的训练，行动终于要开始了，美国人终于要主动出击了。1942年4月2日，载着杜立德机组的“大黄蜂”号航空母舰从旧金山起航了，飞行甲板上停放着十六架B－25轰炸机，这些轰炸机都是经过改装的飞机，增设了油箱和假机尾机关枪。这次行动有着非凡的意义，因此许多美国人从全国各地不远千里纷纷赶到旧金山为这些战士送行，而这时已经晋升为临时少将的布莱德雷因为繁忙的事务无法脱身，只能对着旧金山的方向默默地祈祷。

为了避开敌人的视线，“大黄蜂”号特地从北太平洋的风暴区行进，在阿留申群岛和中途岛之间的指定地点与哈尔西海军中将的“企业”号汇合后，一起乘风破浪向着九州海岸西侧的起飞点前进。而此时的日本大本营却对美国的这次行动丝毫没有察觉，对美国出动的这两支舰队的情况也一无所知。这并不是因为日本对美国的行动毫不知情，而是因为太过自大的日本认为美国要轰炸日本的想法过于荒诞可笑。在日本人眼里，美国的轰炸机根本无法飞到距离东京五百英里以内的地方。因此，当美国的舰队悄无声息靠近日本西海岸时，日本的国民还沉浸在和煦的阳光和芬芳的樱花当中。

此时，美国最关注的就是这次行动，布莱德雷身为军官，能更容易地直接探听到“大黄蜂”号随时发送回来的电报内容，有时候外出执行任务，布莱德雷也是“心在曹营身在汉”，恨不得完成任务后长出双翅膀飞回营地。情况也真是让人欢喜也让人忧，正所谓计划不如变化快，4 月 18 日上午突然出现了意外状况，特遣舰队被敌军的勤务艇发现了。为了避免暴露行动计划，杜立德和哈尔西当机立断炸毁了勤务艇，并决定立即发动进攻。虽然这时距离起飞点还很远，如果现在起飞轰炸机可能没有足够的油返回中国大陆，但是如果日本得知了这次行动而加强警戒，美国偷袭日本东京的计划很有可能就此失败。

事不宜迟，起飞的信号发射了。海面上风起云涌，大浪滔天，一簇簇浪花打在航空母舰两侧，扬起一阵阵白色的水雾，溅在脸上冰冰凉凉的，因为风大浪大，航空母舰也不平稳。杜立德的轰炸机准备起飞了，这是飞行员第一次尝试从剧烈摇晃的航空母舰上起飞，其他飞行员都紧张地看着杜立德，悄悄为他捏了一把冷汗。飞机摇摇摆摆地迎着强风朝前驶去，每个飞行员都胆战心惊，杜立德作为技术最好的飞行员如果无法顺利起飞，其他飞行员的状况可想而知。经过强烈的加速后，杜立德的飞机在大浪的助阵下成功起飞了，船上一片欢呼声响起来。这个消息传回美国的指挥所，也传来一阵叫好声。

东京大本营虽然知道有空袭，但是却对空袭时间估计错误，以为敌机还要再有一天才能到达。因此，东京大本营只是命令两

百多架飞机进入戒备状态。杜立德率领着 B－25 轰炸机向东京飞去，前去轰炸日本的工业心脏。日本的一架巡逻机报告说发现了一架双引擎轰炸机，然而东京大本营认为这是误报，因为他们掌握的情报中美国根本没有双引擎轰炸机。

恰巧此时东京正在进行军事演习，纪律松懈，警报都没有拉响，市民们也根本无视警防团的通知，大街上依旧熙熙攘攘，游玩和购物的人群摩肩接踵。当时杜立德的飞机在日本境内简直可以说是畅通无阻，根本没有前来迎击的战斗机，空中上下翻腾的也只有几架教练机而已。到达东京上空进行低空轰炸时，也没有遇到日本战斗机或者高射炮的攻击，就连着弹区以外的东京市民都以为这是日军进行的逼真防空演习，甚至向飞机招手致意。

美国轰炸机这次成功偷袭东京的行动虽然没有较大价值的物质破坏，但是给这个世世代代以为不会遭受攻击的民族带来了心理上难以磨灭的震动和恐慌。东条英机暴跳如雷，对疏忽的海、陆、空大发雷霆，认为这是皇军历史上遭受的最大耻辱。空袭东京的成功不仅大大打击了日本，也使自从珍珠港事件以来颓废的美军军心大振，就连身处敌人俘虏营中的美军和同盟军俘虏都感受到了新的希望。布莱德雷也期待自己有朝一日能够参加到太平洋战争中，再一次创造这样的辉煌战绩。

美国轰炸东京后，日本帝国参谋部受到的冲击可想而知，陆海空三军将领由于愤怒而丧失理智，提前六个月进行了联合舰队进攻中途岛的战役，接着又开始了攻占莫尔斯比港的登陆作战以及在所罗门群岛建立基地的军事活动。这三个安排没有任何的回旋余地，成了铤而走险的行动，过激的反应最终导致一系列战略的失败。

为了实施这一系列野心勃勃的计划，山本五十六几乎把联合舰队的所有军舰都派出去了，军舰之间、军舰和基地之间都完全依赖无线电进行沟通。虽然美国海军的力量有限，无法与日本的

力量相匹敌，但是却拥有先进的秘密电子技术，正是凭借电子战的优势在辽阔的太平洋战场上取得了战术上的胜利。

美国环绕太平洋设立了一系列无线电站监听者，从空中接收日本联合舰队发送的密码电报，然后再发给美国设立在华盛顿的海军部情报处的密码破译人员。美国在全国大力搜寻具有聪明才智的人才，利用先进的机器进行艰巨复杂的破译密码电报工作。

美国轰炸机空袭日本撤退后，日本舰队接到东条英机下达的追击美舰的命令，正是联合舰队在疯狂地追击哈尔西海军中将正在撤退的特遣舰队途中，华盛顿和珍珠港的密码破译员截收到了大量的电报。通过破译这些川流不息的密码电报，美国逐渐揭开了日本第二阶段的行动秘密。

根据这些重要的情报，尼米兹将军利用有限的海军力量逐个对付敌人的行动，有效地破坏了日本南下和西进太平洋的企图。太平洋舰队航空母舰特遣舰队在无线电情报的帮助下还炸毁了夏威夷和中途岛之间的弗里盖特暗礁。毫无疑问，日本海军的动向完全暴露在这些无线电中，太平洋舰队根据情报得知日本企图控制珊瑚海至澳大利亚的通道。珊瑚海位于澳大利亚和新几内亚东面，两个多月前日军占领新不列颠岛后就像占领新几内亚东部的莱城和萨拉莫亚，同时还企图占领图拉吉作为水上飞机基地，为以后向东南扩张创造有利条件，终于，5 月 3 日，日军占领了图拉吉。

按照情报局密码破译人员提供的情报，美国飞机对日军进行了袭击，炸沉了几艘日本小型潜艇。虽然日军吃了闷亏，但是他们立刻从这次突然袭击中意识到，附近水域有美国的航空母舰队在活动，企图重演“珍珠港事件”，立刻开始着手策划一次偷袭美国航空母舰的行动。

几天后，美日两国的舰队在新几内亚东面的米西马岛进行了第一次空战，美国飞机击沉了日本“祥凤”号航空母舰，同时

这也是珍珠港事件后美国击沉的第一艘日本航空母舰，消息传到华盛顿和珍珠港后，全美国人民都轰动了，官兵士气高涨，一扫以前的阴霾，珍珠港也终于恢复了原有的风貌。此时的布莱德雷再也忍不住心中的渴望，三番两次递交报告，希望能够被派遣前去太平洋参与作战，然而，每次都是石沉大海、杳无音信。无可奈何的布莱德雷除了继续关注太平洋战场外，毫无办法可施。

夜袭美国航空母舰的行动失败后，日本将领高木将军决定不能强攻只能智取。暂时向北撤退几个小时后，高木突然下令朝美国航空母舰反扑，珊瑚海之战打响了。硝烟弥漫、浓云密布，炸弹和鱼雷爆炸的声音终于消失了，双方都损失惨重，美军似乎略胜一筹。为了防止美国舰队继续攻击，身为日本第四舰队指挥官的井上成美最终决定撤回整个舰队，并无限期推迟了进攻莫尔兹比港口的计划。气急败坏的山本五十六命令井上继续追击美国的残余力量，军令部总长也大为恼火。就这样，珊瑚海之战以日军的失败而告终，日本经受了发动战争以来的第一次挫折，南下控制珊瑚海和澳大利亚海上通道的战略计划也因此搁浅，并且大大削弱了日本联合舰队的优势，具有深远的战略转折意义。

战争的胜利固然是喜悦的，可是坐在沙发上的布莱德雷仍然闷闷不乐地长叹了一声，因为这些光荣他都没有机会参与，只能望洋兴叹。心浮气躁的布莱德雷无意识地摸起了放在方桌上的烟塞进了嘴里，这才突然反应过来，自己根本没有抽烟的习惯，这些烟也都是待人接客用的。布莱德雷揉了揉隐隐作痛的膝盖，换了个姿势后又陷入了回忆之中。

美国两次重创日本后，东条英机恼羞成怒，同意了山本五十六攻占中途岛和阿留申群岛的计划，并派山本五十六担任联合舰队的总司令。由于这次中途岛战役是日本海军发动的一场最大的战役，因此东京帝国参谋本部谨慎地布置了战役的具体计划。

中途岛是亚热带气候，属于波利尼西亚群岛，距离火奴鲁鲁

西北差不多两千公里，地处于太平洋东西两岸的中途，位置关键，具有十分重要的战略意义。中途岛由沙岛和东岛两个主要岛屿组成，还有一个由环礁围成的潟湖，是天然良港。原来的中途岛荒无人烟，没有居民，堪称荒岛，1867 年被美国占领后，于 1903 年成了美国海军基地，同时也是夏威夷和菲律宾之间的海底电缆站。现在处于第二次世界大战期间，中途岛更是具有非凡的战略意义，作为美国海军和空军的重要前进基地，中途岛成为美国的前方观察哨所，对美国固守珍珠港起决定性作用，也限制了日军侵占整个太平洋的野心。

身为总司令的山本五十六对日本海军的力量极有信心，认为和美国海军相比占有压倒性优势，可以一举消灭美国海军，取得决定性胜利。还没开始作战，这位狂妄的总司令就已经开始幻想庆功宴的热闹场面了，香槟美酒、美味佳肴、加官晋爵，更不用说蜂拥而至企图巴结讨好他的人，想到这些，山本五十六恨不得现在就发动进攻。沉浸在成功滋味里的山本甚至幻想利用自己极高的个人声望，劝服东条英机做出让步，和美国进行和平谈判，尽快结束太平洋战争。

情意绵绵的春风不见了，色彩鲜艳的鲤鱼旗和纸风筝也慢慢消失了，日本方面开始有所行动。5 月 20 日，联合战队制定的作战计划经过审核修改后，早已经集结待命的日本海军力量分成四支舰队，展开了对中途岛的进攻行动。主力舰队包括三十多艘舰只，由“大和”舰为首，这只舰队由山本五十六亲自率领，承担着和美国舰队进行决战的任务；担任主攻的是南云忠一率领的第一航空母舰舰队，由“赤诚”号、“加贺”号、“飞龙”号、“苍龙”号四艘大型航空母舰运载着四百余架飞机，其中包括将近一百五十多架基地空军驱逐舰；在中途岛和夏威夷之间水域布置警戒线的先遣队由十五艘潜艇组成，主要用来监视美国舰队的活动；此外，还有少数几只舰队从北面攻打阿留申群岛。

这样看下来，日军的海军力量十分庞大，连同后勤船只在内大约有两百艘，军舰种类齐全，包括战列舰、巡洋舰、航空母舰、驱逐舰、潜艇等。而美国能集结的船只数量还不到日军的十分之一，而且只有巡洋舰、驱逐舰和航空母舰等少数几种军舰。

初升的太阳被一阵欢呼声吵醒了，在大海中沐浴了一夜的太阳，缓缓地照亮了日本。5月27日清晨，担任主攻的南云忠一指挥航空母舰突击舰队徐徐驶出了濑户内海，随后的几天，其他舰队、飞机按照原定计划按部就班地朝着各自的目的地出发了。

日军把进攻中途岛的决定性日子定为代号N日，并把N日选定在6月7日。按照计划，在N日前三天，日军就应该从海上向阿留申群岛发动牵制性攻击，吸引美国的侦查视线，给美国灌一碗“迷魂汤”；然后派在中途岛西北方向的南云舰队发动大规模空袭，摧毁美国在岛上的空军力量和防御工事，击沉岛屿附近的所有美国战舰；等N日一到，栗田少将的重型巡洋舰支援大队和近藤信竹将军的第二舰队同时对沙岛和东岛发动猛烈攻击，用炮火掩护入侵部队强行登陆。

日本总参谋部拟定这一系列战略计划，主要目的是企图趁美军不备，以最小的人员伤亡和损失取得中途岛战役的胜利。然而日本人的诡计没有得逞，因为罗彻福特少校领导的作战情报处在截获情报后就开始夜以继日的工作，没用几天就已经几乎百分之百地破译了日本联合舰队发出的密码情报，这就意味着日本行动的一切计划都已经被美国完全掌握了，惟一还不明确的就是敌人的目标和作战日期。

敌人果然也是身经百战的老手，为了防止情报泄露，老奸巨猾的敌人使用代号“AF”代替中途岛，并且改用新的密码发送确切的日期和时间。尼米兹和罗彻福特少校进行了大胆的猜测，认为日军电报中的“AF”就是中途岛，并用计策对自己的想法加以证实。尼米兹让中途岛指挥官不再使用密码电报，而是用普

通方式发出紧急无线电报，电报中声称岛上的水蒸馏塔坏了，请求淡水支援。为了让日军信以为真，第十四海区司令布洛克海军少将立即用普通英文无线电回复说有一艘供水船已经紧急出发，前往中途岛供水。

事实证明，尼米兹的计谋很有效果，本来拦截到无线电报的日军还将信将疑不敢断定是否有诈，听到回复后果然打消了疑虑，不到二十四小时东京就根据威克岛的日方无线电报发出命令，要求前往中途岛的入侵部队要多带淡水。

虽然明确了敌人的作战计划和作战目标，也可以根据敌人的行动进行相关部署，然而没有确切的日期和时间，就无法制定对抗敌人的相应战略。时间正一分一秒地消失，破译日军的密码电报成了决定一切的关键，破译人员深知此事事关重大，不吃不喝不眠不休，拼尽全力进行密码破译工作，终于可以断定日军将在六月的第一个星期开始行动。

由于这些事情都属于机密性信息，因此华盛顿方面只有高层人员才有权知道这些消息，布莱德雷四处打听也探听不到相关的机密，很是失望，不得不继续等待，为这次作战祈祷祝福，因为这次行动不仅是美国海军史上最重要的日子，同时也是美国历史上不可缺少的篇章。

这一个星期是决定日军成败的关键时期。按照计划，日军要在六月初的时候开始行动，进攻的信号打响了，灯火通明的日军航空母舰上，第一批战斗机冲进了漆黑的天空，飞机上明明灭灭的信号灯渐行渐远，朝着中途岛方向飞去。

由于日本的零式飞机不管在数量上还是质量上都远远超越了美国的飞机，因此面对敌人丝毫没有招架之力，转眼之间，中途岛就被滚滚浓烟包围了，许多建筑物、油库和一个海上飞机库都被击中了。

由于时间紧迫，日本南云舰队第一批飞机和第二批飞机发生

了冲突，“祸不单行”，侦察机又发现了十艘美舰。南云非常震惊，一方面指挥舰队向北撤退，另一方面命令所有飞机将炸弹换成鱼雷，前去攻击美舰。此时，美国舰队也派出了飞机前来轰炸，在日机的反击下又仓皇逃走。

正当日本舰只上的水兵欢呼胜利时，美国将近四十架俯冲轰炸机趁其不备，从“企业”号向着“赤诚”号迎面扑来。等到日本舰只警报响起时，美国轰炸机已经犹如神兵天降一般出现在日军眼前。由于毫无准备，日军这时的防卫已经完全限于瘫痪状态，只好四处躲避轰炸机的攻击。

南云看着蔓延的火舌，看着吐着黑烟的航空母舰，心惊胆战地为“赤诚”号航空母舰的命运感到担忧。然而，当他看到“加贺”号和“苍龙”号两艘航空母舰时不禁呆若木鸡。在数颗炸弹的袭击下，三艘航空母舰的命运都已经在死神的手中翻腾了，火舌一点点吞噬着残破不堪的母舰。

就这样，美国海军用不到五十架飞机的损失，消灭了日本主攻力量中航空母舰突击舰队四分之三的力量。对于这个结果，美国和日本的反应当然也是截然不同的：消息传回华盛顿之后，在最短的时间内就飞到了美国的每一个角落。华盛顿沸腾了，美国沸腾了，人群欢呼游行，对参与行动的官兵给予极高的赞誉。布莱德雷既高兴又羡慕，真希望自己也是行动中冲锋陷阵的一员。

当这个灾难性的消息传达给山本五十六后，这位联合舰队总司令立刻被这个惨败的消息惊呆了。坐在世界上最大的战列舰“大和”号上，山本默默无言，他的信心崩塌了，眼前的一切逐渐缥缈虚幻起来。他的精神几乎错乱了，他的黄粱美梦被惊醒了，能够为他赢得荣誉和尊称的强大舰队被打败了，这是极大的耻辱，是天皇的耻辱，是日本的耻辱！

山本就像一个赌输了的赌徒，瞪着猩红的双眼看着来来往往的营救人员和消防人员忙碌的身影，眼中突然冒出了恶狼般的亮光。为了掩盖惨败的现实，为了保住自己尊贵的地位，山本强行命令手下停止营救工作，并命令驱逐舰发射鱼雷将摇摇欲坠的“赤诚”号彻底毁灭了，熊熊燃烧的舰身一点点浸入水中，不久就沉没了，海面又恢复了平静，一切仿佛从未发生过。山本五十六随后向手下所有指挥官撒下弥天大谎，声称与日本发生遭遇战的美国海军几乎全军覆没，残余部队已经向东败退，同时命令联合舰队返航，取消占领中途岛的计划。

在山本的谎言中，中途岛战役结束了。得到惨败消息的东条英机以及日本大本营严密地封锁了消息，将参战归来的所有人员集中“软禁”，并要求东京电台大肆吹嘘战果。这种自欺欺人的行为并没有挽回日本失去的一切，抛开损失的大型航空母舰、飞机和数千名士兵的性命，日本还因此而丧失了在战争初期夺得的海空控制权，也无力再紧紧握住战略的主动权，战略上的全面进攻被迫停止了，种种进攻作战计划也就此搁浅。

再看美国，虽然也有战舰、飞机损失和人员伤亡，但是和日本相比却显得寥寥无几。更重要的是，中途岛一战是美军在太平洋战争中取得的第一次决定性胜利，不仅一雪珍珠港之耻，而且扭转了太平洋盟军被动的不利态势，极大地鼓舞了反法西斯力量，可以说，中途岛战役是太平洋战争的转折点，值得世界人民举杯欢庆。

太平洋战争还在继续，面对选择，布莱德雷应该何去何从？坐在沙发上的布莱德雷左右权衡，考虑降职前去太平洋战场参战是否是明智之举，可是还没有得出想要的结论，布莱德雷就被一阵敲门声打乱了思绪，因为还有一大堆琐碎的事情等待他前去解决。看着门外等待的下属，布莱德雷无奈地摇摇头，站起身大踏步走出门去，只有沙发上深深的痕迹证明布莱德雷的烦恼有多深。

第二十三章　人生转折

繁忙的事务让布莱德雷分身乏术，根本无暇考虑是否前去太平洋任职的问题，恰逢此时，艾森豪威尔的司令部又有了客人。原来，希特勒统治集团灭亡之后，德国前任潜艇司令卡尔·邓尼茨合法接管了第三帝国政府。上任之后，这位新任首脑立刻委派两位将军到艾森豪威尔的司令部签署正式的投降书，一位叫作艾尔弗雷德·齐德尔，另一位叫汉斯·冯·弗雷德贝。

两位将军还带着另外一个目的，那就是借谈判尽量拖延时间，使政府有足够的时间将德军和平民从苏军占领区转移到美军占领区。识破德国人的艾森豪威尔当然不会答应，要求这两位将军尽快在投降书上签字。这两位早已被艾森豪威尔的威严吓得六神无主的德国将军方寸大乱，陷入了进退两难的境地，想走，不能走，想留，不敢留。终于，5 月 7 日凌晨两点左右，这两位德国政府代表在盟军最高统帅部作战室签署了无条件投降书，随后灰溜溜地走了。

处理完相关事宜的艾森豪威尔揉揉疲惫的双眼，此时已经是凌晨五点多了。因为喜讯正处于亢奋中的艾森豪威尔也不管别人是不是还在休息，立刻拿起桌上的电话通知了住在巴特维尔东根的福斯特诺夫饭店“鹰”战术司令部的布莱德雷。电话两头，

因为德国已经签署无条件投降书这个消息，布莱德雷和艾森豪威尔都异常兴奋，说话的声音都微微颤抖着。

好东西当然要大家一起来分享，被艾森豪威尔的电话吵醒的布莱德雷清醒地坐在书桌前，迫不及待地要和自己的四位集团军司令分享这个令全美国振奋不已的好消息。想到这里，布莱德雷立即打了四个电话，分别通知了在雷根斯堡的巴顿、在不伦瑞克的辛普森、在波恩的杰罗以及在魏玛的霍奇斯。指挥大军打赢了这场战争的四位集团军司令终于盼到了胜利之花结出果实的一天，兴奋之情洋溢在话语中，连周围的空气都欢快地跳起了美轮美奂的舞蹈。当然，布莱德雷也一再提醒四位集团军司令，在5月9日零时投降书生效之前，各集团军为了避免更大的伤亡一定要制止各种冒险行动。

躺在床上，布莱德雷仍然激动不已，辗转反侧怎么也无法入睡。外面的天空已经露出了鱼肚白，星星也慢慢淡去了，只有点点痕迹，依然注视着地上的一切。布莱德雷索性起床，披着衣服坐在桌前等待天亮，欧洲战争上的一幕幕就像电影的慢放镜头一样一一再现在脑海中：

炮火纷飞，士兵端着枪冲锋陷阵；枪林弹雨，士兵一个接一个倒在地上；在炮弹无情地轰炸下，士兵们残肢横飞、血肉模糊；在坦克冷漠的外壳前，士兵们脑浆迸裂、肝胆涂地……美军的鲜血染红了大半个欧洲，美军的足迹遍布了各个狼藉的战场，希特勒纳粹德国的灭亡是美国人民的儿子用鲜血换来的胜利！胜利的喜悦也遮掩不住残酷战争带来的伤亡，布莱德雷又喜又悲，他深深地明白取得这场战争胜利的艰辛和代价，这份喜悦来之不易。

揉了揉因为长时间静坐变得僵直的双腿，布莱德雷站起身，慢慢踱到了窗前，不知不觉中太阳已经露出了半个笑脸，街上的行人也慢慢多了起来，不同肤色的人在街上欢快地跑跳，丝毫没有嗅到战争的可怕气息，还有一个蹒跚学步的孩子在父母的保护下跌跌撞撞地走着。布莱德雷静静地看着这一切，突然想起了自己的妻子和女儿，想起了自己的祖国。由于常年的征战，布莱德雷离开祖国已经整整二十多个月了。战争，是对一个士兵的考验，同时也是对一个家庭的考验，也是对一个国家的考验。如今，胜利终于站在了正义的一方，正所谓“魔高一尺，道高一丈”。

时间如白驹过隙，一转眼很多天已经过去了。在一个温暖晴朗的中午，卡塞尔的司令部人来人往很是热闹，原来是布莱德雷正在宴请科涅夫将军。在欣赏了精彩的招待演出、享用了精美的午宴后，科涅夫将军便代表斯大林将一枚苏联一级苏沃洛夫勋章颁发给布莱德雷，5 月 17 日这一天被永久地记录下来，镌刻在布莱德雷一生的岁月中。正是同一天，美国军事界也发生了重大变动，当然此时的布莱德雷并不知道，只是接到了艾森豪威尔一个电话。电话中，艾森豪威尔的声音透露出少有的庄重，声称有重要的事情要与布莱德雷商量，要求布莱德雷在宴会结束后能够即刻赶赴兰斯。

接到电话的布莱德雷心早已经跑到了兰斯，做什么事都显得心不在焉，等科涅夫将军前脚刚走，布莱德雷立即奔赴机场，乘坐最近一班飞往兰斯的飞机。飞机在气流中穿梭，不时地颠簸，布莱德雷七上八下的心更不平稳，他猜想艾森豪威尔的这个电话可能与他的新任命有关，因此心情非常紧张。谁知，当布莱德雷跨进艾森豪威尔司令部的大门时，发现艾森豪威尔正背对着门坐在安乐椅上，与英国副官詹姆斯·高尔特举杯对饮美酒，看这位总司令的举手投足间丝毫没有紧张的感觉，只是一派悠闲自得的模样。

听到背后急匆匆的脚步声，艾森豪威尔不用回头也知道是布莱德雷赶到了。布莱德雷刚一进门，艾森豪威尔立即站起身，向

他挥舞一封电报，并斟了一杯烈性酒要求布莱德雷先干了，否则就剥夺他看电报的机会。急于看电报的布莱德雷当然不想错过这个好机会，端起一杯威士忌酒一饮而尽。

接过艾森豪威尔递过来的电报，布莱德雷首先看到了封面上由马歇尔注明艾森豪威尔亲启的字迹，他立刻意识到，这是一封极其重要的电报。果不其然，布莱德雷在电报中看到了令人震惊的消息。艾森豪威尔和布莱德雷一直都以为在打败日本前马歇尔是不会退职的，然而信中第一句话就是马歇尔打算敦促杜鲁门总统在两个月内免去他的参谋长职务。这样重要的消息让布莱德雷大吃一惊，立刻明白了艾森豪威尔让他火速赶来的原因。如果事情真如马歇尔说的这样简单，那么艾森豪威尔势必会被召回国，因为他是能够接替马歇尔出任陆军参谋长的惟一人选。虽然艾森豪威尔志不在此，他惟一的希望就是“永远退役，住在一幢僻静的小别墅里”写回忆录，但是目前的情况并不是他区区一个总司令就能左右得了的。

在电报中，马歇尔还提到了布莱德雷，按照马歇尔的计划，布莱德雷将会被安排到退伍军人管理局出任退伍军人管理局的局长。布莱德雷应该算是“赶鸭子上架”，因为杜鲁门总统希望有一位“杰出的军人”能够在任职的一到两年内，强有力地领导这个部门，因此布莱德雷是总统亲自指名前去任职的。马歇尔当然知道布莱德雷的实力，由他担任这个职务简直可以说是大材小用，因此非常同意总统的这一建议，并在给艾森豪威尔的电报中告知了这个令人震惊而又令人“大失所望”的消息。电报的最后，马歇尔还发表了自己的观点，他认为布莱德雷如果能出色地完成这个极为困难的任务，不仅不会对布莱德雷的事业有所损害，而且还更能增加、丰富他的军人生涯。

这一职务当然离布莱德雷的预期目标相差甚远，因此还没放下电报就开始抱怨，可以看得出来，对于这一安排布莱德雷是相当不满意的。布莱德雷历数种种不能担任局长职务的原因：第一，他对退伍军人管理局的业务工作一无所知；第二，日本还没有宣布无条件投降就去华盛顿坐办公室，有失身份，他宁愿降职去太平洋担任集团军司令。布莱德雷在华盛顿当然也有想干的工作，那就是陆军参谋长一职，可是布莱德雷也知道，陆军参谋长是艾森豪威尔要去担任的职务，自己不能抢夺。布莱德雷思前想后，确认他不能拒绝这项任命，因为这是总统提名、马歇尔积极赞同的一项任命，这就等于军令，军人的天职就是服从命令，不能违抗。

夜深了，喧哗了一天的司令部也静了下来，除了外面四处走动的巡逻兵，司令部的其他人都走了，只剩下艾森豪威尔和布莱德雷两个人。彼此都是多年的朋友兼战友，几乎可以无话不谈，此时坦率地谈谈各自的看法最合适不过了。艾森豪威尔知道布莱德雷的愿望就是有朝一日能够登上陆军参谋长的座位，因此他向布莱德雷许诺，在他职权范围内会尽早让布莱德雷实现这个愿望。

假如马歇尔退役成为事实，杜鲁门提名让艾森豪威尔当陆军参谋长，他就打破四年一届的任职惯例，只担任两年的时间，然后就和杜鲁门总统协商让布莱德雷继任的问题；如果杜鲁门总统不是强烈要求艾森豪威尔出任参谋长，那么他就设法拒绝，改而推荐布莱德雷出任该职位。事情发展下去无外乎就这两种可能，而这两种可能都会让布莱德雷实现担任陆军参谋长的愿望。如果是第一种假设，那么布莱德雷就先担任退伍军人管理局局长，用自己的实力为杜鲁门总统解决最棘手的问题，博得总统的信任和好感，这样就可以增大艾森豪威尔推荐布莱德雷继任参谋长的成功率。

这是一个艰难的抉择，经过了一夜的思考和讨论，布莱德雷终于接受了现实。第二天，艾森豪威尔就回复马歇尔，在电报中

声称，布莱德雷认识到在退伍军人管理局工作能更好地为国家服务，他本人也尤其愿意为退伍军人服务，因此非常乐意接受这一任务，时刻准备上任。这封冠冕堂皇的电报一发出，布莱德雷就浑身瘫痪一样躺倒在沙发上，半天不发一言。实际上，艾森豪威尔出任参谋长一职早就已经成为定局，布莱德雷和艾森豪威尔谈论的第二种可能已经不会实现了。

接受了马歇尔的建议后，布莱德雷就要于十几天后暂时回国参加一系列的庆祝活动。等工作交接完成后，布莱德雷还要回欧洲替换艾森豪威尔回国。等到两个人的一切事务都安排妥当后，布莱德雷只需要等到两个月后到退伍军人管理局上任了，中间的一个月是布莱德雷的自由时间，他可以自由安排，例如，他可以携带妻子和孩子外出旅行。

温柔的春姑娘刚拎着裙角离开，火辣辣的夏小伙就奔过来了。六月初，布莱德雷从巴黎起飞前往纽约，途中经过亚速尔、百慕大群岛，在第二天抵达纽约。为了迎接分别了将近两年的丈夫，布莱德雷的妻子玛丽特地从华盛顿赶到纽约机场接布莱德雷。布莱德雷紧紧拥抱着阔别已久的妻子，眼里噙着思念的泪花。

在前往饭店的路上，布莱德雷夫妇有千言万语要说，战争、健康都是彼此最关心的话题，当然也包括那个仍然属于绝密的新任命。尽管两个人都打心眼里对新任命感到不高兴，但是也只能听天由命了。布莱德雷和妻子刚刚在饭店休息了一个小时左右，就有人受命前来催促布莱德雷立即赶赴西点军校参加 1915 届毕业生的三十周年聚会，布莱德雷冲妻子无奈地耸耸肩膀，因为以后类似的应酬还有很多都在等着他。果不其然，此后的几天，布莱德雷马不停蹄地参加了一系列庆祝活动，期间，他还拜访了杜鲁门总统和马歇尔将军。几天下来，布莱德雷身体像散了架一样，他开玩笑地对妻子说参加活动比在战场上指挥作战还要忙百倍千倍，尽管如此，布莱德雷仍然丝毫没有心理压力，浑身都洋溢着喜悦。

活动接连不断，布莱德雷像陀螺一样忙得四处转，每天都出现在不同的地方。6月4日，爱德华·马丁州长在费城指挥盛大的庆祝游行，布莱德雷乘坐飞机前去参加。这位马丁州长曾经担任第二十八国民警卫师的师长，后来被免职后由布莱德雷接任。接下来的第二天，布莱德雷又赶往西点军校出席毕业生的毕业盛典，不仅亲自为他们颁发毕业文凭，而且还发表了激情澎湃的演说。6月6日，布莱德雷夫妇又一起前往纽约参加一个广播谈话，虽然这次活动是妇女社团举行的，但是却具有非凡的意义，是为了纪念诺曼底登陆行动一周年而举行的。

还没有机会停下脚步歇一歇，6月7日布莱德雷又出发了，为了更好地了解新任务，又立刻飞往华盛顿拜访杜鲁门总统和马歇尔将军。在访问中，布莱德雷得知派他出任退伍军人管理局局长的真正原因。原来，一位作家撰写的十多篇文章在《太平洋市场报》上连载，大肆抨击退伍军人管理局，认为退伍军人管理局形同虚设，只是一个设立在华盛顿的“不人道的巨大官僚机构”。文章中还提到，退伍军人管理局的官员一个个都庸庸碌碌、独断专行，就连准将弗兰克·海因斯这位已经任职二十多年的老局长也受到了严厉的攻击。除了批评管理局的工作不到位之外，对待退伍军人中的老弱病残者也缺乏应有的关心，这位作家还在文章中抨击该局受政治势力压迫而百依百顺，抵制改革建议。

从各种渠道得到的信息来看，布莱德雷认为这位管理局局长其实是一位不偏不倚、忠诚老实、真挚诚恳的局长。不过可能是因为年龄的原因，海因斯有点因循守旧、不知变通，面对这位作家的指责，局长一一列举反驳，极力为退伍军人管理局澄清。为了服众，海因斯还请众议院调查这件事，甚至惊动了杜鲁门总

统。最后，杜鲁门总统亲自派人调查退伍军人管理局，事实证明的确存在许多缺陷和不足。

在经过调查取证后，面对沉重的舆论压力，杜鲁门总统不得不召开记者招待会，在招待会上，他承认退伍军人管理局应该加以改造，而且保证经过整顿后，管理局可以接收更大量的退伍军人。风波终于平息了，然而触犯众怒的海因斯也因此被击垮了，他不得不卸任下台，而这也恰恰成了布莱德雷被推举为局长候选人的根本缘由。

正是布莱德雷赶赴华盛顿的这一天，海因斯根据总统的要求提交了辞呈，也是在这一天，由布莱德雷接替海因斯的消息一经杜鲁门总统宣布，当天就不胫而走，这个像炸弹爆炸一样的消息震倒了大批的记者，他们纷纷赶写与此有关的报道。布莱德雷抵达华盛顿的下午，就见到了马歇尔这位一手提携自己的老上司，虽然两个人联系很密切，但是都是一些关于战争事宜的话题，因此两个人一见面就寒暄起来。也正是在马歇尔的引领下，布莱德雷与杜鲁门总统在白宫进行了短暂的会晤。

一轮红日静静地低垂着，怎么也不肯靠近地平线，青翠的树叶染上了一层温馨的橘黄色，温柔地轻轻摇摆着，布莱德雷吹着口哨欣赏着景色，心中无比惬意。不难看出，布莱德雷此时的心情非常愉悦，这当然是有原因的。正是刚才，布莱德雷从总统和参谋长口中得到了一系列承诺，杜鲁门总统保证，布莱德雷就任退伍军人管理局局长的任期不会超过两年，这期间，布莱德雷四星上将军衔和一万三千美元的年薪待遇也可以给予保证；马歇尔参谋长许诺，可以确定布莱德雷在陆军高级军官中的名次，不作任何更改和变动。另外，马歇尔还表示这一任职可能扩大布莱德雷的“事业”。走在回住所的路上，布莱德雷信心十足，他仔细回想马歇尔的话，认为这是一种暗示，如果他能在两年内干好退伍军人管理局的事务，日后可以接替艾森豪威尔出任陆军参

谋长。

一夜无梦、还沉浸在昨天喜悦中的莱德雷却被一阵尖锐的电话声惊醒了，是陆军部长斯廷森打来的。原来，为了表现美国陆军在刚刚结束的欧洲战争中取得的丰功伟绩，陆军部希望对回国将领大肆宣扬。6月8日这一天，被电话吵醒的布莱德雷整理好着装，准备出席陆军部长斯廷森专门为布莱德雷安排的记者招待会。面对众多记者，布莱德雷对美军大加盛赞，称美军是世界历史上“最精锐的野战部队”，甚至夸张地说一个美军士兵可以在战斗中“抗击五十到一百个德国兵”。

由于此时的布莱德雷正在处理新工作的交接问题，因此许多记者更关注日后布莱德雷的工作变动，频频向布莱德雷提出一些有关退伍军人管理局的敏感问题。这当然是陆军部长所不乐见的，为了使记者的注意力更加关注美军的赫赫战功，这位可爱的部长总是打岔，替布莱德雷解决了不少难题。

尽管频繁的庆祝集会和拜访活动让我们的布莱德雷疲于奔命，但他依然兴奋不已，乐此不疲地赶场。6月9日，布莱德雷带着妻子玛丽飞回密苏里州参加该州举行的胜利庆典，并将家乡莫伯利作为第一个落脚点。走在十二年前走过的土路上，环视着已经阔别十二年的故乡，布莱德雷百感交集，不禁会想起艰涩的童年，虽然经过了重重困难，可是如今回想起来却也感到更加甜蜜。为了欢迎大名鼎鼎的将军，全城的男女老少都倾巢出动，简直可以用万人空巷来形容。潮水般地人群涌到布莱德雷机场，欢迎将军的归来，一起庆祝“布莱德雷将军日”。

为了让布莱德雷的家人一起分享这份喜悦，马歇尔特地命令布莱德雷的女婿比尤克马中尉和女儿伊丽莎白从新墨西哥州的一个空军基地飞回莫伯利。久别重逢的父女两人紧紧拥抱在一起，用心感受着彼此的关心和祝福。布莱德雷细细端详着心爱的女儿，发现尽管劳累的生活让女儿的脸蛋清瘦了许多，却更显出了结婚后的成熟魅力，整个人也更加楚楚动人，浑身洋溢着幸福的感觉。看到满意的结果，布莱德雷又转头去看女婿，不由自主地就在心底亮了个满分。虽然这个女婿参加的不是布莱德雷奋斗了大半生的步兵，但是女婿浑身散发出的军人气质却让布莱德雷感到自豪。

前来迎接布莱德雷的除了他的家人，还有所有布莱德雷家族的人，他们都把布莱德雷当成了自己最亲的人：年长的像对待儿子一般热情，激动地拥抱将军的归来；年轻的像对待兄弟一般豪爽，真诚地送上关心的问候；年幼的像对待父亲一般尊崇，欢快地捧来祝福的花束。这一天真是热闹极了，就连州长菲尔·唐纳利也和一群官员一起，前往莫伯利参加这次规模空前的游行活动。

在众人的推举下，布莱德雷无法拒绝众人之请，在庆典上发表了一个十分简短的致词。尽管只有寥寥几句话，但是布莱德雷却表达了自己最真挚的想法，他结合战争所带来的空前浩劫，真诚地许愿，希望战争悲剧不再重演，也衷心地希望新成立的联合国能够阻止未来可能爆发的战争。布莱德雷说出了自己的心声，也说出了亿万人民的心声。

生活每天都充满了惊喜，与家人的团聚和白天隆重盛大的庆典都让布莱德雷兴奋不已，然而晚上一个更大的惊喜却向布莱德雷袭来。为了欢迎布莱德雷，莫伯利中学特地打算为 1910 届毕业生举办一次同学聚会，本来只想给健在的人发送邀请函，后来却惊奇地发现这一届的同学全都健在。布莱德雷的这些老同学为表示敬意，在马索尼教堂组织了这次活泼、生动的烤鸡晚宴。浓郁郁的乡情，红彤彤的篝火，香喷喷的烤鸡，这一切都让布莱德雷和他的家人备感温暖，他们大口喝酒大口吃肉，重温过往的美好生活。布莱德雷和年轻时的密友畅所欲言，曾经一起打过猎的老朋友库克·希克森还提议让布莱德雷吹口哨学鹌鹑叫，布莱德

雷也没让众人失望，精彩的表演博得满场喝彩。

掐指算下来，从布莱德雷踏上祖国的那一刻起，他就一直马不停蹄地参加各种庆典，差不多耗费了他一个星期的时间。生活还在继续，沉重的使命还压在肩膀上，布莱德雷知道自己不能沉浸在酒肉之乡中不知归路。于是，在六月中旬出席了圣路易斯州举行的庆祝大游行后，布莱德雷急于转入正轨，因为他着手完成此行回国的任务和目的后，还要接替艾森豪威尔回国。

三天后，布莱德雷在众人的送别声中乘总统专机“圣牛”号返回欧洲，而他的副官布彻则留在华盛顿，主要是替布莱德雷处理退伍军人管理局的日常工作，待日后布莱德雷能够更快地上手。布莱德雷回到欧洲后，艾森豪威尔也回国开始了类似布莱德雷的繁忙旅程，向国会作报告、参加各种庆祝游行活动，还要留出一周的时间进行休养。这期间，布莱德雷就要在欧洲临时代理艾森豪威尔的工作，虽然只是担任美军的代理战区司令，并不是盟军最高统帅，但是布莱德雷也心满意足地过了一把“统帅瘾”。

不难想像，当艾森豪威尔在祖国忙于应酬、焦头烂额的三个星期中，身在欧洲的布莱德雷也忙得不亦乐乎。可以说，布莱德雷的工作十分琐碎而复杂，所有的问题都要他一个人决策，例如，轮换、调遣、难民、紧急给养、解除德军武装、占领指定地区等一系列问题。按理说，布莱德雷手下的几名高级将领应该可以帮助他分担一部分工作，可是不凑巧的是，此时布莱德雷身边一个高级将领也没有，他手下四个心爱的集团军司令也纷纷离开了他的视线：巴顿也已经回到美国，正准备作为期一周的庆祝活动；霍奇斯的整个第一集团军司令部已经接受命令前去太平洋战场进行作战部署，早已经离开了欧洲战场；德弗斯虽然还在欧洲战场，但是也正在着手处理归国的相关事宜，因为他要准备就任陆军地面部队司令；为布莱德雷惟一能寄希望的辛普森也有其他

任命，他正准备把第九集团军调到中国去作战。

无奈之下，布莱德雷只好全权代理，集所有的任务于一身，废寝忘食地工作。累到筋疲力尽的时候，布莱德雷就会在椅子上静静地坐一会，回忆过去、畅想未来，有时也会想起回欧洲前和杜鲁门总统等人的会面。

在回欧洲之前，布莱德雷礼节性地拜访了总统杜鲁门，此外，他还拜访了与退伍军人管理局密切相关的老局长海因斯将军，还与众议院退伍军人事务委员会的主席约翰·兰金见了面。尽管只是礼节性的拜访，但是布莱德雷收获颇丰，也得到了许多忠告。与兰金道别时，这位主席紧紧握着布莱德雷的双手说了一番话，让布莱德雷受益匪浅。有时候布莱德雷自己也这样想，自己的确已经闯过了战争这一关，但是他的人生仍然不能称作完美无缺，退伍军人管理局这份工作是对他的另一次考验，只有闯过这一关，他的人生才能了然无憾。

因为马歇尔历来很赏识自己，因此布莱德最后才与这位即将退任的参谋长告别，两个人说了很多，最让布莱德雷感到吃惊和意外的是，参谋长已经在迈尔堡将军路第七区为他选好了一幢房子，只等布莱德雷重回华盛顿就任局长时搬进去。就布莱德雷所知，这座房子非常豪华、舒适，待遇也非常优渥，以至于华盛顿的将军们都对这房子垂涎三尺。如果有一所可以免费居住的房子，还另外配有勤杂人员、佣人，附近还有无人售货商店、军人服务社、洗衣店、电影院等设施，有谁会不动心呢？布莱德雷受宠若惊、百般推辞，最后盛情难却不得不收下了这份重礼，因为参谋长为他安排这样的住房也是出于一种赞赏。

这份厚礼当然也代替不了手头繁冗的工作，在处理日常事务之外，布莱德雷还要为预定在七月中旬于柏林郊区波茨坦举行的盟国首脑会议做准备，美国、英国和苏联的三位首脑杜鲁门、丘吉尔、斯大林都要出席这次会议，并且要一起讨论战后欧洲局势

和太平洋战争等相关问题。为了这个会议布莱德雷一直在积极筹划着，考虑到安全保障还采取了种种措施，直到 7 月 12 日艾森豪威尔回到法兰克福的盟军最高司令部接手了安排会议的工作，布莱德雷才彻底松了口气。

盟国首脑会议圆满结束了，五天后杜鲁门总统邀请了艾森豪威尔、布莱德雷以及许多高级将领参加了在柏林举行的庆祝典礼，还请他们到巴贝尔斯贝格的总统寓所里共进午餐。美味佳肴在桌上热气腾腾，扑鼻的香味让人交口称赞。席间，总统和各位谈笑风生，没有一点身份和地位的隔阂，贯穿整个午餐时间的话题是如何攻打日本使其无条件投降的战略计划，另外还提到了是否使用原子弹的重要问题。

原来，在四天前美国刚刚成功地试验出了原子弹，杜鲁门总统决定在日本投放两颗原子弹，提及这个问题也是想征求一下在座各位将领的意见。对于这个问题，布莱德雷没有表现出任何异议，因为麦克阿瑟将军针对日本的两大作战计划已经是众所周知的事情，布莱德雷当然也有所耳闻，他认为使用原子弹可以挽救许多美国官兵的生命，最大限度地降低人员伤亡。

觥筹交错之间，气氛热烈的午餐接近尾声，一行人也整装待发，准备参加庆祝活动。当美国国旗在特尔托韦区美军管制委员会司令部升起时，布莱德雷情绪激昂，难以自制，以一个职业军人挺拔的身姿站立着，久久都没有声音。乘车前往庆祝活动现场时，艾森豪威尔、布莱德雷不仅和斯廷森、巴顿等人同属一个车队，而且还和杜鲁门总统同乘一辆车。车在马路上缓缓行进，两旁都是振臂欢呼的人群，看着窗外令人振奋的场面，总统神采奕奕、轻松自如。

车里的布莱德雷和艾森豪威尔正兴奋地小声说着话，突然杜鲁门总统转过头来对艾森豪威尔说：“将军，我这里有一个让人更兴奋的消息——我可以帮助你得到一件人人求之不得的东西，那就是1948年的总统宝座。”这个消息远远不止兴奋这么简单，简直把车里的几个人都惊呆了，就连身经百战的布莱德雷也心中惴惴不安，思忖着老同学会如何回答总统。艾森豪威尔毕竟是盟军最高统帅，不仅胆识过人，更重要的是他能够得体周到、顾全大局。艾森豪威尔给总统的回答很简单，他说：“总统阁下，我不知道成为你总统竞选对手的将会是哪一位，但这个人绝对不是我。”对于这样一个敏感的话题，大家当然也当做玩笑一笑了之了。

终于，布莱德雷在欧洲战场的使命即将结束了，7月21日这天他就要乘坐飞机飞回美国。在机场的布莱德雷眷恋地看着周围的一切，心中默默地与欧洲道别、与战争告别，手里捏着艾森豪威尔派人匆忙送来一封信，布莱德雷登上了飞机。看着窗外的层层云雾，布莱德雷在万里高空打开了艾森豪威尔写的信，信很短，主要内容就是希望布莱德雷日后能够一切顺利。念着艾森豪威尔最后潦草的“祝你平安”四个字，布莱德雷无声地笑了，轻轻在心底说：老同学，祝你平安；世界和平，祝你平安……

第二十四章　荣升要职

1945 年 8 月，美国先后在日本广岛和长崎投下了震撼世界的两颗原子弹，随着原子弹的巨响，日本被迫请求和谈，并很快停止了敌对行动。布莱德雷在举国欢庆对日作战胜利之际来到白宫附近的退伍军人管理局赴任，接替前任局长海因斯。就职仪式结束后，布莱德雷举行了记者招待会，会上，布莱德雷如是说："我想，我国的所有工作都让我赶上了，我真想把世界上的所有工作都干好。"布莱德雷觉得："因为要干的事成堆，这正是我为那些曾经为我们的国家做出过重大贡献的人们服务的好机会。"

布莱德雷对第二次世界大战的场景一直铭记于心，他曾在战场上亲耳听到伤员们悲惨的嚎叫，亲眼目睹过重伤员经受的难以忍受的痛苦，切身体会过退伍军人们所做的牺牲，由于战争，美国成千上万的青少年被送上了战场……布莱德雷怀着深深的敬意，他决心把这项全新的工作尽心尽责地做好，使退伍军人能及时得到帮助和获得应有的福利待遇及权利。

对日战争提前结束，使得国防部原来拟订的退伍计划成为废纸。二战前，美国退伍军人约五百万人，绝大多数是参加第一次世界大战的军人。然而这次退伍军人数量激增，在一年多的时间

里，全国退伍军人总数一下子增加了一千多万。在男性成人中，约有百分之四十三的人是退伍军人，这与二战前比较起来确实是一个极高的比例。

之前，海因斯担任局长时，退伍军人管理局就已经在全国四十五个州和哥伦比亚特区设立了近百家医院，共收住病员达七万多人；而且每月都要给一百五十万退伍军人、遗孀发放抚恤金；给士兵保险。巨大的款项支出本来已经使管理局的资金很紧张了，现在，退伍军人又像潮水般地涌来，管理局真的有些手足无措。

管理局牵涉的面域特别广，布莱德雷作为管理局局长，每做出一个决定或每办一件事情都会招致不同政治派别的指责或抨击。刚刚上任不久的布莱德雷很快成为了各种政治压力的焦点，使他感到前景暗淡。尽管他也很担心这个费力不讨好的职位会影响日后自己升任陆军参谋长，甚至毁了自己的前程，但是布莱德雷还是下定决心不顾一切政治后果为退伍军人谋取利益。

布莱德雷将想法告诉给了杜鲁门总统，杜鲁门总统出于他个人和民主党的政治利益考虑，将实施一个庞大的退伍军人福利计划，他对布莱德雷的想法表示赞同，并保证将全力支持他的工作。由于缺乏富兰克林·罗斯福那种领袖人物的超凡魅力，公众对刚刚上任不久的杜鲁门还不是很了解，有人甚至在怀疑他的能力，这其中也包括布莱德雷。然而，通过与杜鲁门总统的四次会面，布莱德雷越来越佩服杜鲁门总统及其所做的工作，他认为杜鲁门总统是个不慕虚名的实干家。他关心民众，处处为民众着想的态度，赢得了布莱德雷很大的好感，他们之间建立了很好的私人关系。

为了打开管理局工作的新局面，使工作取得有效进展，布莱德雷让汉森中校继续当他的副官，同时兼任管理局的公共关系非官方负责人。布莱德雷还找到了亨利·刘易斯准将、埃德温·赖

特上校、埃尔夫·布朗森中校，一一说服他们到退伍军人管理局协助他工作，于是他们又都重新回到了布莱德雷手下。

由于退伍军人管理局事务繁多，头绪混乱，布莱德雷亲自组织下属人员进行全面调查分析，退伍军人数量太多，工作任务异常繁重，布莱德雷清楚地掌握了退伍军人管理局的情况后，决定实行分散管理。布莱德雷上任一个月后，在纽约、费城、亚特兰大等一些大城市的商业区附近，相继成立了十三个分局，各分局局长拥有很大的决策权。由于分局在较小的城镇设立办事处，从而形成了地区性的办事机构网，该机构网在人员录用上优先招收录用退伍军人。

布莱德雷及管理局的工作人员做了大量的工作，费了许多周折，并参照《士兵权利法》，推出了一系列经济援助计划，在布莱德雷的请求下，国会还放宽了对退伍军人上大学不得超过二十五岁的年龄限制。管理局尽可能多的为退伍军人提供更多、更好的服务，他们给生活困难者提供了助学金，据不完全统计，这项费用约有五十亿美元，与此同时，有一千五百万男女退伍军人受到了良好的高等教育……

就业问题是一个国家不可轻视的问题，布莱德雷带领他的下属们开展就业和在职训练，设立了失业补助金，总经费达到了数十亿美元；此外，管理局还对残废军人进行抚恤金评定，还为退伍军人购买住宅、设立农场或做私人买卖提供一定数额的贷款，并且专门设立了保险金，提供医疗服务等措施。

在医疗机构的设立和管理上，布莱德雷很快遇到了困难。当时医生人数奇缺，医疗水平很低，医疗卫生条件很差，退伍军人管理局当前所遇到的最艰苦的任务就是提高医疗水平。布莱德雷为此专门聘请了艾森豪威尔在欧洲战场上的外科主治医生保罗·霍利来协助他搞好这项工作，布莱德雷对保罗·霍利的到来很是欢迎，霍利不但医术高明，还有管理才能，他很快帮助布莱德雷

组织了一支医疗队，经过周密的论证，霍利向布莱德雷提出了一个全面的计划。布莱德雷对这一计划给予了肯定。

计划中比较关键的两点是：第一，由管理局组建精悍的非文职医疗队伍，为专家们支付相当于陆军或海军的医疗部队或美国公共卫生局的报酬和退休福利费，对于保险金可以另外支付；第二，将管理局所属的医院都附属于一级医学院，利用这些医学院的技术、人才和设备，为退伍军人提供较好的医疗服务。这两点，对于调动医疗队的工作积极性与提高医疗水平起到了至关重要的作用。杜鲁门总统对这一计划表示全面支持，在总统的帮助下，计划很快付诸实施，取得了良好的效果。

布莱德雷领导退伍军人管理局，在两年的时间里，历尽千辛万苦，解决了许多棘手的问题，为第二次世界大战的退伍军人重返家园、开始新的生活提供了各种便利。布莱德雷所做的一切使他受到了拥护和爱戴，并使他获得了“大兵的将军”的美称，布莱德雷感到在他的一生中，没有比这更令人心满意足的了。也许这对于布莱德雷来说才是最有意义的事情。

应杜鲁门的要求，马歇尔延长了四个月的陆军参谋长任期，在他离开陆军参谋部的第二天，马歇尔接受了杜鲁门让他出任赴中国的大使级特使的职务。此前，由于艾森豪威尔对布莱德雷有承诺在先，他想立即辞职，让布莱德雷接替自己担任陆军参谋长，来兑现自己的诺言。但是杜鲁门总统看好布莱德雷的出色表现，他执意要求布莱德雷至少在退伍军人管理局工作两年，因此艾森豪威尔也只好决定干两年再说。很巧的是，在乔·麦克纳尼接替艾森豪威尔任驻欧美军司令时，布莱德雷与艾森豪威尔两家人第一次成为邻居，都住在了迈尔堡一区。

第二次世界大战欧洲战场的高级指挥官的归宿各不相同。艾森豪威尔又大胆启用了一批从欧洲战场归来的年轻军官，提升汤姆·汉迪为陆军副参谋长，李奇微为驻联合国军事委员会代表，

马克斯·泰勒出任西点军校校长。除了图伊·斯帕茨任陆军航空部队指挥官，成为惟一进入五角大楼同艾森豪威尔共事的人之外，比德尔·史密斯被任命为驻苏大使；德弗斯被艾森豪威尔留下指挥陆军地面部队；克拉克留在维也纳任美国占领军司令。后来帕奇突然逝世；辛普森因病退役；霍奇斯身体衰弱，因此于退役前只保留了一个挂名职务，过起了隐居生活；杰罗则到利文沃思堡的指挥与参谋学校担任校长；柯林斯任陆军新闻处处长这一要职……

巴顿将军于1945年12月因车祸不幸身亡，这位热血豪胆的将军在几次战争中出生入死，无所畏惧，战后竟然被车祸夺去了生命。巴顿将军的离世在当时引起了巨大震动。有人认为巴顿将军的不幸身亡似乎是某种意义上的一种嘲弄或耻辱，然而布莱德雷却认为，巴顿将军死得其所，战后的巴顿在陆军中找不到满意的职位，他整天因为无仗可打而极度苦闷。

布莱德雷曾经说过这样的话：“这对巴顿本人及他的军人声誉倒是件好事——巴顿将军那爱出风头的毛病又使他总是不分场合和时间地信口开河，已经激起了许多人的反感和厌恶。我之所以说巴顿将军死得其所，就是因为巴顿如果再继续按他的方式走下去，他会把自己变成一个令人讨厌的老朽，一个招人怨恨的可怜虫，会给他那传奇式的英雄形象蒙上一层阴影。”

艾森豪威尔任职后，摆在他面前的一系列问题使他焦躁和疲倦，他在写给一位朋友的信中说道：“在战火纷飞的岁月，好多事情都令我感到很疲倦。我总是想，对日作战一结束，我就退居二线。我常常扳着指头计算布莱德雷任陆军参谋长的日子，我希望这屈指可数的日子尽快到来，那时，我就可以带着玛米离开这里，在一间空气清新爽朗的林间小屋子里，高枕无忧地过日子。”

布莱德雷要解决当下所面临的大幅度裁军问题，还要对削减

预算和“统一”武装力量的问题进行妥善处理……一年之后，布莱德雷又在致朋友的信中这样写道：“这是我一生中最困难的时期，挫折远远超过了成就。”

之前，曾有人主张成立与陆军和海军并列的独立的空军，并设立专门机构对陆、海、空三军进行统一指挥。然而由于种种原因，这一主张不仅没有得到罗斯福的支持，还遭到多数人的反对。第二次世界大战期间，马歇尔曾经全力主张建立一支独立的空军和统率三军的全国性军事指挥机构和后勤部，马歇尔也先后做了很多努力才使成立空军的问题后来比较顺利地通过了。但是对于建立统率三军的全国性军事指挥机构的问题就进展得相对缓慢了。

在马歇尔的坚持下，国会通过几次讨论，但是都因为海军强烈的反对而搁置。杜鲁门总统不得已，只好请陆军部长罗伯特·帕特森和海军部长詹姆斯·福雷斯特尔拟订一个妥协性的统一计划，才将事情暂时解决下来。

1947 年 7 月，这项议案以多数票的支持率在国会的讨论中顺利通过，在议案通过的第二天，经杜鲁门签署后，便以法律形式定了下来。美国根据这个法案，设立了国家军事机构，并且正式设立了参谋长联席会议，由国防部长统率陆、海、空三个平行的军种。此外美国还在此基础上设立了国家安全委员会和中央情报局，经过商议后决定任命詹姆斯·福雷斯特尔出任第一任国防部长。

布莱德雷对这一结果很不满意，他认为这个法案并没有达到真正统一的目的，法案中的一些规定不仅没有使军队领导人的权力得到加强，反而在一定程度上大大削弱了海、陆、空三军种部长的威信，那实际上是剥夺了他们在内阁中的地位。在布莱德雷看来，内阁中只有国防部长一个人代表国家军事机构，势单力薄很难履行职责，而且国家安全委员会的设立也降低和削弱了参谋

长联席会议的权力和作用。

艾森豪威尔很守信用，他一直记着自己的诺言。1947 年 4 月，艾森豪威尔开始活动了。他采取种种措施为布莱德雷接替他的职务铺平道路。在他的极力鼓动下，杜鲁门总统向国会建议将布莱德雷和斯帕茨正式晋升为四星上将；同年 5 月，艾森豪威尔授予布莱德雷第三枚功勋勋章，以表彰他在欧洲战场上的功绩。艾森豪威尔与杜鲁门总统经过商议后决定把布莱德雷召回陆军，并安排他与妻子对驻欧美军部队做为期六周的视察。

对于这次旅行，布莱德雷夫妇求之不得，他们搭乘陆军运输舰从纽约启程，十一天后抵达德国不来梅港。当时，担任驻欧美军总司令及驻德美军占领区军事总督的四星上将卢修斯·克莱派他的参谋比尤克马充当布莱德雷视察部队的助手，并让伊丽莎白陪同他们到各处旅行。布莱德雷检阅了驻德美军部队，对柏林动荡不安的局势有了深刻的认识。

在柏林停留了六天后，布莱德雷夫妇又访问了奥地利、意大利、西西里岛、瑞士、法国和英国。在一个秋风送爽、硕果累累的日子里，布莱德雷满心喜悦，同夫人乘坐克莱的专机回国了。

布莱德雷回国后不久，杜鲁门就任命布莱德雷为陆军参谋长，由小卡尔·格雷接替退伍军人管理局局长的职位。然而，布莱德雷却觉得格雷对士兵缺乏同情心，不能胜任管理局的工作。艾森豪威尔和布莱德雷都有许多善后工作需要做，使得交接时间一拖再拖。布莱德雷夫妇轻松愉快地度过了这段时光，遗憾的是没有想到会拖这么长时间，布莱德雷夫妇很想到远东和太平洋地区作一次旅行，与麦克阿瑟将军进行一次会见，一方面可以改善他们的关系，另一方面也有助于消除人们认为“欧洲派”在陆军中掌权，“远东派”受冷遇的偏见和谣传。

布莱德雷决定把远东之行安排在日程表的优先位置。艾森豪威尔于 1948 年 2 月正式把陆军参谋长的大权移交给了布莱德雷。

杜鲁门总统、新任陆军部长罗亚尔、玛丽、艾森豪威尔的岳母等出席了交接仪式。布莱德雷宣誓就职后，艾森豪威尔只简单地说了一句：“你的工作担子不轻。”之后，杜鲁门总统向艾森豪威尔颁发了第四枚功勋章。整个仪式仅用了五分钟。

自布莱德雷上任几个月以来，陆军参谋部一直处在不断的整编中，整编方案多种多样，参谋部里争论不休。争论的焦点最后锁定在了如何把参谋长从繁文缛节中解脱出来，使他有更多的时间处理同国防部长、参谋长联席会议以及其他联合机构磋商战略、武器和预算等重大问题。

为了更好更有效地进行工作，布莱德雷任命柯林斯担任副参谋长，任命艾伯特·魏德迈与韦德·海斯利普担任参谋长助理。参谋长助理主要负责计划和作战以及行政管理事务。事实也证明了柯林斯确实是一位称职的副参谋长，他的确为布莱德雷分担了大量的事务性工作，实际上成了陆军的主要执行长官。汉森和玛丽·皮凯恩等也都从退伍军人管理局转了过来。

布莱德雷就任陆军参谋长时美苏关系已经开始恶化了。由于社会主义阵营的日益壮大，美国对国际局势的发展越来越感到惶恐和不安。历来以自由世界的领袖自诩的美国，采取了所谓的“遏制战略”，即以经济和军事援助的方式支持其盟国的反共政府，以遏制共产党掌握政权，并极力阻止共产主义在世界蔓延。

布莱德雷本以为自己可以在任满一届四年陆军参谋长后顺利退休，然而就在他任职的第十八个月后又得到了提升，布莱德雷成了陆军史上最短的一任参谋长。然而这短短的一年半时间却给布莱德雷留下了很深的印象，每时每刻都是严峻的考验，无时无刻不充满了戏剧性。

面对国内严峻的经济形势，为了保持全国财政收支平衡，杜鲁门不得不选择了裁减军备削减军费开支的方法。1947 年 3 月，美国针对有关局势，采取了应急政策，推出了“杜鲁门主义”。

为了扶植西欧各国以对抗苏联，国务卿马歇尔又制订了一个对西欧实施大规模经济援助的“马歇尔计划”。按这一计划，美国必须在四年里向西欧提供一百七十亿美元的援助。

1948 年，美国的陆军力量分散在世界各地。陆军部队成了一支勤务部队，毫无战斗力可言。后来希腊、朝鲜和柏林等地区先后出现危机，让美国感到力不从心。在希腊，英国及美国国内一些人由于斯大林同意资助共产党游击队，都希望美国能出兵希腊，然而美国实在无兵可派，只好派了一个顾问团去协助希腊政府“巩固”地位。按原计划，在韩国完成选举和政府组阁前，美国应至少派驻四万人的陆军部队，然而兵力严重不足，致使驻韩国美军司令约翰·霍奇上将不得不向自顾不暇的麦克阿瑟请求增援。麦克阿瑟抽调一万兵力支援霍奇，总算保证了选举的顺利进行。

直到李承晚当选为韩国总统，组建了一支保安部队，朝鲜局势才相对稳定下来。在柏林，苏联封锁了美英占领军通往柏林的地面通道，目的是让西方各占领国全部撤出柏林。为了避免与苏联正面冲突，美国不得不采取克制的态度，通过空中补给线缓解了危机。

布莱德雷不反对美国奉行的“遏制”战略，他和罗亚尔、陆军部长助理戈雷·格雷、柯林斯都倾心致力于改革，提出了一系列的措施。将措施的重心放在了扩大美国陆军规模、增强战斗力和提高战备程度上。普及军事训练、实行征兵制、组建联邦国民警卫队、提高部队士气等。

杜鲁门极力主张取消种族隔离政策并颁布了总统令。布莱德雷支持杜鲁门总统的政策，但认为马上就在陆军中实施时机还不成熟，会对陆军的发展产生影响。在一次军官会上，布莱德雷由于对自己的想法表述过于笼统，而被记者曲解为坚决抵制总统令并加以报道。布莱德雷尴尬万分，他只好急忙写信给杜鲁门总统对情况进行解释。民权领袖们也暴跳如雷，他们说“种族主义分子”在美国陆军中占了上风，并对布莱德雷进行严厉的抨击。

有趣的是，美国南部的一些参议员、众议员却把布莱德雷当做种族主义分子而大肆吹捧，将他作为打击杜鲁门的棍子，赞扬他在陆军中“抵制种族混合”的行为。这种喧嚣几个月以来一直持续着，直到杜鲁门总统声明他的命令是有条件时才渐渐平息了下来。

为了推行杜鲁门的“遏制”战略，国防部长福雷斯特尔决定由参谋长联席会议拟订应急作战计划，并提出统一的军事预算。这一计划代号为“半月”，经修改后代号为“弗利特伍德”和“双星”。根据这个计划，以原子弹为基础，建设一支强大的军事力量，决心在一次全面战争中，一举击败苏联。如果苏联挑起战争进攻西欧，美国就用原子弹袭击苏联的人口中心，摧毁其首脑机关。美国会派执行任务的重型轰炸机，从英国、埃及和冲绳基地起飞，去轰炸苏联。

“半月”计划中陆军的主要任务是保卫美国国内和美国在海外的空军基地，在准备轰炸苏联的同时防止苏联单方面地轰炸美国。在对苏联实施核袭击之后，美国陆军将进驻被苏军占领的西欧，并进军苏联本土，帮助他们恢复法制和社会秩序，建立稳定的政府。为了抑制苏联的空军力量进一步扩大，美国在多方面制止苏联在格陵兰、冰岛、斯匹次卑尔根群岛、阿拉斯加和亚速尔群岛修建空军基地。然而，这无论在兵力的投入上还是在军事预算上都是一个庞大的数字，由于军事预算一再削减，布莱德雷的这一发展计划没有成功。

由于军费有限，“半月”计划所规定的大规模报复战略，以依靠美国的核垄断为核心。陆军的实际兵力反复减少，这引起了许多陆军将领的不满，其中表现得最明显的便是在东京任总督的麦克阿瑟将军。到底由谁来实施大规模的核袭击，在海军和空军

之间展开了一场空前激烈的争论。在这场长时间的争吵中，许多杰出的军官和高级文职官员被迫辞职，福雷斯特尔彻底垮台，艾森豪威尔抱病不出，布莱德雷也几次想挂冠去职。

根据1949年的军事预算，杜鲁门总统批准空军只增加“有限兵力”的航空大队。由于能说会道的空军部长斯图尔特·赛明顿宣扬只需通过空袭就能轻而易举地取得廉价的胜利，所以很快获得了新闻界和国会的支持。在参议院和众议员进行投票表决时，竟以压倒多数票通过了扩建空军航空大队的决定。福雷斯特尔和杜鲁门总统对此非常恼火。然而，空军的狂热分子还不罢休，继续开展他们的扩军运动，扩军运动一直持续了整整一年。

自从进入原子弹时代以来，美国海军就面临着一系列需要解决的问题。例如，要不要在分担“半月”计划时关于对苏联实施战略核袭击的任务中保留海军，要不要建造超级航空母舰与新式的武器装备……

许多人认为，如果海军分担对苏联的战略空袭任务，就与空军的任务重复了。而且，在军事预算上也将是一种巨大的支出，一艘航空母舰和护航舰艇的费用，就足以购买空军用的许多架轰炸机，更何况在苏联发动攻击时，航空母舰的生存能力很弱，它没有藏身之地。建造超级航空母舰的提议遭到了空军的公开反对。海军方面的态度则截然相反，有关代表指出：空军根本无法履行战略空袭任务，只能在本土防御上起到作用，“大规模报复”任务应完全由以航母为基地的飞机来执行，海军不仅应保留航母，还应建造超级航母。

杜鲁门总统对这场在海空军之间展开的半公开的不体面的争吵感到非常不安，他曾将福雷斯特尔和参谋长联席会议成员召集到白宫，全面审查包括建造航母在内的军事计划和预算。布莱德雷感到自己任职时间不长，对这个问题缺乏调查研究。同时他作为一个军种参谋长，去批评或质问另一个军种，布莱德雷认为这

是极不合适的。为此布莱德雷基本上保持沉默，

国防部长福雷斯特尔在不违反法律的原则下，任命布莱德雷担任他的“首席军事顾问”。福雷斯特尔之所以这样做，可能是因为布莱德雷没有介入海军和空军之间的争论，担任一个不偏不倚的仲裁人再好不过了。然而，经过慎重考虑后，布莱德雷婉言谢绝了这一职务。

正当军种间为预算分配争论不休时，参谋长联席会议的“主持官”艾森豪威尔病倒了。马歇尔已退出现役，担任国务卿去了。为了应付海军和空军的挑战，杜鲁门总统经过慎重观察和反复考虑，最终决定启用路易斯·约翰逊担任国防部长。福雷斯特尔由于失去杜鲁门总统的信任，整日郁郁寡欢，情绪低落，几乎精神失常。在艾森豪威尔病倒后不久，福雷斯特尔就住进了马里兰州海军医院的精神病房。5 月 22 日上午，他爬到第十六层楼的窗口，坠楼身亡。

1949 年春，国会颁布了几项法律，其主要内容是把国家军事机构改为国防部，正式设参谋长联席会议主席。参谋长联席会议主席在和平时期任期为两年，成绩突出的还可以连任两届，并以投票选举方式产生。尽管艾森豪威尔被看成是参谋长联席会议主席的最理想人选，然而，他却向约翰逊推荐了布莱德雷。

杜鲁门总统把约翰逊和布莱德雷召到白宫，宣布布莱德雷担任参谋长联席会议主席的命令，他的这一命令得到了参议院的批准。八月中旬的一天上午，布莱德雷在约翰逊的办公室宣誓就职。陆军参谋长由柯林斯接任。布莱德雷担任主席后，在军事委员会内部，又设立一个由美、英、法代表组成的常务委员会，根据北约的军事战略，负责处理日常事务。由于“北约”决定成立由成员国的参谋长组成的“北约”军事委员会，定期开会讨论战略问题，这样一来，布莱德雷的办公室就成了研究军事问题和制订作战计划的中心，一时“高朋满座，宾客盈门”。

不久，海军在阿瑟·雷德福的带动下又开始闹事，阿瑟·雷德福还受到许多海军将校军官的支持。他们泄露海军内部机密文件，发表公开的叛乱性声明，攻击约翰逊裁减预算，攻击核报复战略。一场由海军掀起的长达五个月之久的美国历史上前所未有的一次“叛乱”行为造成了一片混乱，一时间闹得满城风雨。

为了反击雷德福的观点，国会专门召开了一次大规模的听证会。听证会有多方人士参加。听证会上，空军的赛明顿和范登堡对雷德福的观点逐条进行了批驳。之后，布莱德雷用坦率有力的证词，义正词严地驳斥了海军的责难，并毫不留情地指出了海军闹事的根本原因在于他们反对军队实行统一指挥和统一计划。布莱德雷的举动让那些认为他是“态度随和的密苏里教师”或“华盛顿最正直的和事佬”的人大为震惊。众多媒体开始为布莱德雷的地位感到担忧。然而他们的忧虑是完全没有必要的，布莱德雷得到了艾森豪威尔等权势人物及公众舆论的支持，他的地位依然稳如泰山。

十月下旬，杜鲁门总统宣布免去登菲尔德的海军作战部长职务，海军闹事的结果是登菲尔德葬送了自己的前程。福雷斯特·谢尔曼接替登菲尔德出任海军作战部长，他接受了建立统一武装部队的结论。由于福雷斯特·谢尔曼精明能干，取得了一系列值得肯定地方成绩，使他在参谋长联席会议中深受欢迎。1951 年，谢尔曼由于心脏病离世。

1949 年 8 月，大约在布莱德雷就任参谋长联席会议主席两星期之后，苏联研制的第一颗原子弹成功地爆炸了，使美国刚刚保持四年的核垄断地位画上了句号。此事在美国影响很大，让多数人颇感震惊，因为他们曾估计苏联爆炸原子弹的日期至少要在 1953 年。

由于中国共产党在全国取得节节胜利，美国政府根据马歇尔计划，向蒋介石提供经济援助和武器装备。参谋长联席会议把以

戴维·巴尔陆军上将派到中国，以监督武器装备分配方案的实施。然而，以巴尔为首的军事顾问团还来不及左右中国的形势，甚至连武器装备都来不及分配，蒋介石的部队就早已经土崩瓦解了。国民党在一系列可耻的失败和众叛亲离之后，率领残兵败将逃到了台湾。

在中国的辽沈战役一结束，布莱德雷就意识到国民党政府的败局已定。美国由于“挽救”中国的愿望已经化为泡影，最后只得撤回其军事顾问团，败兴而归。

1949 年 10 月 1 日，中华人民共和国在北京宣布成立，奏响了新中国的乐章。

第二十五章　侵朝计划

布莱德雷在担任陆军参谋长一职期间，曾经多次打算拜访驻东京的远东战区总司令麦克阿瑟，由于种种原因，布莱德雷与麦克阿瑟的关系显得很疏远，布莱德雷想力图改变一下他们之间的疏远关系。然而遗憾的是，由于国防预算和部队实力的争论，使得布莱德雷一直未能如愿。他只能在担任陆军参谋长的最后一天，给麦克阿瑟致去信函，对未能访问他的司令部表示歉意，希望就任新职参谋长联席会议主席后有暇光顾。

1950 年的隆冬时节，凛冽的寒风冻得人们瑟瑟发抖，冰冷的土地似乎也被冻得咯咯作响。1 月 29 日，以布莱德雷为首的参谋长联席会议全体成员访问了东京。这是 1922 年布莱德雷与麦克阿瑟在西点军校分别二十八年来的第一次见面。这一年，麦克阿瑟刚刚过完他的七十岁生日。

对于很多人来说，古稀之年的来临会使他们感到生命步入晚秋，鬓边的白发会使他们看起来更加老态龙钟，然而即使如此高龄，麦克阿瑟仍然精力充沛、思维敏捷、风姿优雅、卓越超群。另一方面麦克阿瑟还妄自尊大，他不仅热衷于自我炫耀，而且常常轻视上级的意见。

布莱德雷一行还亲赴东京，与麦克阿瑟及其参谋长阿尔蒙

德、驻日的第八集团军司令沃克及其参谋长艾伦等进行了讨论，讨论的重点是远东战略问题。参谋长联席会议谈了“非橄榄球”作战计划。也就是说，倘若俄国人发动全球战争，美国将在欧、亚大陆实施“战略进攻”，而在远东实施“战略防御”，将作战计划的重点放在欧洲。

由于战略进攻与战略防御上的不同，在远东，非橄榄球作战计划的主要目标是竭尽全力保卫日本和冲绳，他们把日本和冲绳作为发动战略空袭的缓冲环节，并同时以此作为海军基地来支援海军完成夺取制海权的任务。为了更好地保障这一战略的顺利实施，参谋长联席会议决定最大限度地保卫拥有美国海空军基地的菲律宾群岛。

麦克阿瑟表面上对这一应急作战计划的重点没有表现出反对意见，然而他内心并不是很赞成。在麦克阿瑟看来，欧洲似乎是一潭死水，而远东则是硝烟滚滚，在亚洲，远东才是战争的关键战场，比起欧洲的共产主义，中国所形成的威胁会更大。

麦克阿瑟与参谋长联席会议在远东问题上的意见几乎是不谋而合，他们都认为，在策略的制订上一定要优先考虑远东，其次才是欧洲。美国关于远东战略的核心是日本；朝鲜在本次计划中仅处于次要的战略地位。而且，在朝鲜问题上，一旦出了一些小麻烦，自然会有韩国军队来应付；在美国的远东战略上，台湾的地位显得极其重要，为了避免台湾落入共产党的管辖区，他们决定向国民党提供援助。对于印度支那会倒向哪一边也不可轻视，应继续全力援助盘踞在印度支那的法国人。但是，在某些意见上他们也难免会出现些小的异议，在关于日本和平条约问题上，双方还有一些分歧。

布莱德雷对自己此次东京之行非常满意，他觉得收获良多，布莱德雷与麦克阿瑟之间的了解得到了加强，建立起了全面和睦的关系。

光阴似箭，时间就像是太阳神的白马在一瞬间转瞬即逝，一转眼几个月过去了，很快到了阳光灿烂的夏季。布莱德雷再次访问远东，在他的建议下，他的妻子玛丽陪伴他同去。另外，在这次出行的队伍中还有他们的好友约翰逊夫妇。此次访问旅程还是很愉快的，他们在夏威夷和马尼拉分别逗留了几天，然后到达东京。这次访问，布莱德雷当然是带着重要问题而来的，可以称为是高兴而来，满意而归，通过这次访问，布莱德雷主要解决了三个问题：为签订日本和平条约铺平道路；解除了对韩国军队防御能力方面的忧虑；找到了关于加强援助台湾的理论根据。

布莱德雷一回到华盛顿，他几乎是在同一时间得到了关于朝鲜爆发战争的消息。战争的爆发出乎了布莱德雷的意料，使他感到措手不及。在一个炎热的上午，烈日就像布莱德雷的心绪一样焦虑和不安，他顾不上长途跋涉的劳累，立即就朝鲜问题进行研究。布莱德雷很快同空军助理部长约翰·麦科恩和陆军参谋长柯林斯就朝鲜局势进行了细致的分析，并且相互交换了意见。

通过研究，他们决定在未得到更确切的情报之前，暂时姑且认为韩国军队能够应付朝鲜局势的突然变化。布莱德雷也可以集中注意力，将处理问题的焦点集中在台湾问题上。这次远东之行，麦克阿瑟提供了一份关于台湾问题的备忘录，约翰逊十分激动，因为这份备忘录很有说服力，约翰逊准备以这份备忘录为依据，在国家安全委员会上发起全面攻势，力图改变美国不插手台湾的政策。

布莱德雷起草了两份报告，一份是给范登堡、柯林斯和谢尔曼的备忘录，另外一份是由国防部长呈交总统的备忘录草案。布莱德雷带着这些文件出席了布莱尔宫会议。会议共有十四人参加，他们是总统、国防部长约翰逊、三位军种部长和参谋长联席会议的四位成员；国务卿艾奇逊、副国务卿韦布及腊斯克、希克森、杰赛普。

在远东危机的会议上，约翰逊就国防部关于台湾问题的立场首先进行讲话，并着重强调指出台湾在美国远东战略中的重要地位。此外，约翰逊还让布莱德雷在会议上宣读麦克阿瑟关于台湾问题的长篇备忘录，以及为国防部长准备的呈交总统的信件。当然，这很有说服力。军方从战略上进一步讨论了台湾和朝鲜哪一个对远东更为重要，他们认为，在朝鲜，即使朝鲜爆发战争，美国依然可以依靠韩国军队来抑制朝鲜形势，但是台湾的形势就大为不同了。

每个出席会议的人都清楚，台湾一旦被共产党的军队占领，将会严重影响美国在日本、冲绳和菲律宾的地位。的确，从某种意义上可以说他们的看法是正确的，然而现在朝鲜问题已经迫在眉睫，这个时候来谈论这些所谓的高见似乎真的有些不合时宜。

接着，开始正式讨论朝鲜问题了，这也正是这次会议召开所要解决的问题。短暂的休息后，与会的人士纷纷发言，大多数人认为不应该过高地估价韩国军队的实力，也许韩国军队并非像国防部所想象的那样坚强有力，局势虽然暂时还处于可控状态，却很可能变得极其严重，甚至难以收拾。

美国军队已被授权履行他对朝鲜的所谓“义务”，由艾奇逊和柯林斯向战争委员会会议提出了若干项行动：向韩国军队紧急运送军事装备，来增强韩国的军事力量，以便更好地抑制朝鲜局势；使用美国空军飞机掩护美国儿童和妇女“撤退”，尽可能保护他们的安全，必要时可摧毁朝鲜的坦克、飞机；命令当时对朝鲜不拥有指挥权或行动权的麦克阿瑟向韩国派出一个调查组，了解事态的发展及所需的东西，以便对局势做出及时准确的反应；此外，还要继续进行在联合国做出的努力，实现停火，或者争取其他国家对韩国进行援助。

会议同时还讨论了关于派美国地面部队进入朝鲜境内支援韩国作战的可能性。布莱德雷、约翰逊、佩斯和柯林斯都坚持认

为，美国在朝鲜的军事行动应限于海空军方面，而不应贸然动用地面部队，至少现在是这样。约翰逊还在会议上提出了一个建议，这个建议颇具先见之明，约翰逊指出，发给麦克阿瑟的命令“应尽量详细，不要授予他太多自行处置的权力”，此外，约翰逊还强调说，“不应将真正的总统权力授予麦克阿瑟将军”。约翰逊的很多看法都引用了大量具有说服力的论证，杜鲁门觉得言之有理，于是补充说：“我还没打算任命麦克阿瑟为驻朝总司令。”

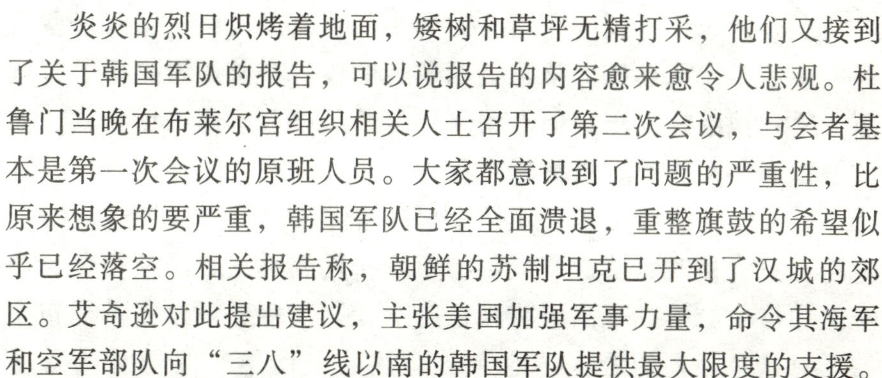

炎炎的烈日炽烤着地面，矮树和草坪无精打采，他们又接到了关于韩国军队的报告，可以说报告的内容愈来愈令人悲观。杜鲁门当晚在布莱尔宫组织相关人士召开了第二次会议，与会者基本是第一次会议的原班人员。大家都意识到了问题的严重性，比原来想象的要严重，韩国军队已经全面溃退，重整旗鼓的希望似乎已经落空。相关报告称，朝鲜的苏制坦克已开到了汉城的郊区。艾奇逊对此提出建议，主张美国加强军事力量，命令其海军和空军部队向“三八”线以南的韩国军队提供最大限度的支援。

与会者对艾奇逊的建议表示同意，杜鲁门更是强调美国必须全力支援韩国，这就在某个侧面表达出了杜鲁门要向朝鲜部署美国地面部队的意图。然而，还有人持有不赞成的态度，这个人就是布莱德雷。布莱德雷和与会的军方人士都不打算投入地面部队。为此，布莱德雷还专门提醒说，倘若美国向朝鲜投入地面部队，就必须动员至少几个国民警卫队师加入现役。柯林斯也赞同这一意见。

布莱德雷建议先等几天再采取这一重大步骤，毕竟正式确定每一项重大决策之前进行全面的考虑是十分必要的。杜鲁门和艾奇逊表示同意。约翰逊也说：“但愿那些已下令采取的行动能足以解决问题。”会议最后还讨论了如何向国会领导人介绍情况及总统第二天发表公开声明的一些细节。

布莱德雷在会后匆忙返回五角大楼，这段时间对于他来说真的相当忙碌，他于二十二点至午夜十二点十五分同麦克阿瑟及其助手们进行电传打字会议。在会议上，布莱德雷向麦克阿瑟等电传了会议精神，同意在朝鲜和台湾暂时只运用美军的海空力量。

电传打字会议结束后，布莱德雷已经十分疲惫了，他感觉身体很不适，医生劝他最好卧床休息。但在总统的要求下，他不可能放下所用事务来安心休息，布莱德雷两次前往白宫，就总统当天要发表的公开声明提出意见，并出席了总统向国会领导人所作的情况介绍会。漫长的介绍会直到中午才渐入尾声，布莱德雷回到家中后，持续在床上整整躺了两天两夜。布莱德雷生病了，然而，尽管他卧病在床，但他始终保持着与办公室的电话联系，他的心里面还在为很多事情感到焦虑。

不久，艾森豪威尔前往沃尔特·里德医院作定期身体检查。途经五角大楼时，艾森豪威尔特意安排同柯林斯、海斯利普、李奇微和格伦瑟等陆军高级将领进行会谈。艾森豪威尔很重视布莱德雷对这一问题的看法，他亲自口述了一份给布莱德雷的备忘录，艾森豪威尔指出必须对朝鲜问题采取坚定的立场，否则就会出现十几个朝鲜；艾森豪威尔还强调诉诸武力的实质是绝对不允许模棱两可的，必须目标明确，要根据法律，竭尽全力，作好充分准备。必要时，甚至不惜使用原子弹这一极具杀伤力的武器。

艾森豪威尔认为五角大楼的行动不够迅速，有关人士没有看到问题的严重性，当务之急，美国必须立即进行全国动员。艾森豪威尔、马歇尔于一周后同总统共进午餐时，再次重申了对这些问题的看法。艾森豪威尔稍后又会见了约翰逊，对其行动迟缓表示失望。

麦克阿瑟根据华盛顿的命令，特地派约翰·丘奇准将前往韩国执行调查任务。约翰·丘奇向麦克阿瑟报告说，通过对形势的详细分析，需要投入美军以恢复原“三八”分界线。

布莱德雷于六月底返回五角大楼时，他得知参谋长联席会议已经决定向韩国投入有限的美国地面部队，这次地面部队主要作为作战和勤务部队，以保障通信联络畅通，确保守住半岛南端的釜山港及空军基地为主要任务。参谋长联席会议没有在更北面的"战线上"使用地面部队的打算。当天下午在白宫举行的会议上，总统批准了这些决定，这次会议持续了将近一个半小时。接着，参谋长联席会议在五角大楼再次开会，拟订向朝鲜派遣美军的详细计划，并向麦克阿瑟下达了命令。会议还授权麦克阿瑟对朝鲜"三八"线以北的军事目标进行空袭，但"特别注意不要接近满洲和苏联的边境"。

麦克阿瑟冒险驱车北上，亲临韩国进行调查，直抵混乱的前线。他于6月29日深夜向华盛顿发电报说："向朝鲜战区投入美军地面部队是守住目前防线的惟一保证，并能夺回近期失去的地盘。"麦克阿瑟打算立即派去一个团级战斗队，与两个齐装满员的师进行配合，以便尽早发动反攻。

柯林斯作为当时的参谋长联席会议处理朝鲜问题的执行者，不断恶化的朝鲜局势和麦克阿瑟的大胆建议让柯林斯十分关切。经过认真考虑，他根据早些时候的授权和指示，批准将这个团级战斗队部署在釜山以保卫港口。但柯林斯的这一决定引起了麦克阿瑟的不满，可以说与麦克阿瑟的打算恰好相悖，麦克阿瑟认为应该将这个团级战斗队派往前线。他说："时间就是关键，必须毫不含糊，当机立断。"

柯林斯接到电报后，他却无视参谋长联席会议的建议，通过陆军部长佩斯电告总统关于麦克阿瑟的请求。杜鲁门对派两个美军师的请求没有进行明确表态，但是他却同意批准投入一个团一级的战斗队，至于是否会进一步增兵，还要进行研究后再做决定。柯林斯给麦克阿瑟发了一封电报，告诉他关于他的向作战区域派一个团级战斗队的建议已被批准，至于进一步增兵问题，以

后会另行通知。同时，柯林斯还将这一行动部署通知给了范登堡、谢尔曼和布莱德雷。参谋长联席会议的基本看法是，朝鲜的严重局势将会迫使美军断断续续地投入地面部队，这是一种最坏的作战方式。

参谋长联席会议成员同国防部长约翰逊、三军的部长以及国务院的代表在6月30日上午九时在白宫举行战争委员会会议。这次会议，杜鲁门批准了麦克阿瑟向前线派两个师的请求，同时还批准了谢尔曼关于对朝鲜进行海上封锁的建议，但是蒋介石提出的愿意提供三万人部队的要求被拒绝。参谋长联席会议成员回到五角大楼以后，立即向麦克阿瑟传达了这些命令。参谋长联席会议成员在十一时又重新回到白宫参加邀请国会领袖列席的内阁会议。由布莱德雷针对朝鲜局势进行了简单介绍，总统宣布了他的决定。

美军在朝鲜战争中不断增加兵力，麦克阿瑟被任命为联合国军司令和远东美军总司令。然而即使这样，杜鲁门却从未对麦克阿瑟抱有好感并对他信任过。杜鲁门一直认为麦克阿瑟是个爱慕虚荣，夜郎自大，不值得信赖的战区指挥官，而且还是个追求高官厚禄的五星将军。

杜鲁门对国防部长约翰逊也没有什么好感，他觉得约翰逊是一个“病态”的人，早就想解除约翰逊的职务。

朝鲜战争开始后，杜鲁门开始将目光转向马歇尔、艾森豪威尔和布莱德雷等几位他比较信赖的将军身上。马歇尔当时担任美国红十字会主席，他干劲十足，喜欢在弗吉尼亚州麦斯堡过着一种乡绅式的简朴生活。杜鲁门总统在七月初的一天专门为马歇尔和艾森豪威尔举行了午餐，布莱德雷和谢尔曼也应邀出席，当时杜鲁门总统的意图是让马歇尔取代约翰逊出任国防部长，任命艾森豪威尔担任北约部队最高司令，并打算在必要时，由布莱德雷接替麦克阿瑟的职务。这次午餐，可以看作是杜鲁门劝说马歇尔

和艾森豪威尔重返军界的第一步。

参谋长联席会议所担心事情还是发生了，美国不断小部分投入的防卫部队没有达到预期效果，反而遭受了沉重打击，防卫部队被逐步向南赶到釜山的一个环形防御地带。无奈之下，美军派出了第二十四师和第二十五师地面部队进行迎战，然而由于作战仓促，在一次阻击战中，师长被俘，二十四师伤亡近百分之三十，二十五师的黑人军团几乎溃不成军。

麦克阿瑟对这一不利局势深感焦虑，他紧接着又投入了第三个师，即由二战中巴顿的参谋长霍巴特·盖伊指挥的第一骑兵师。为了补充第二十四和第二十五步兵师，麦克阿瑟动用了驻日本第七步兵师的一半实力对二十四师与二十五师进行增援。第二十九步兵团也被从冲绳紧急派往朝鲜。

沃尔顿·沃克在七月中旬被任命为朝鲜的包括韩国军队在内的所有联合国军的战场司令官。沃克下达了“不坚守毋宁死”的命令，并不断地撤换下级指挥员。然而，沃克并没有出色的表现，麦克阿瑟认为沃克并不是处理这种局面的理想指挥官，渐渐地失去了对他的信任。天时不如地利，然而远在东京控制朝鲜战场地面部队的战术行动，令沃克的指挥更加困难。

联合国军很快被向南赶进了釜山防御圈，迫使美国又不得不紧急增派地面部队。美国先后派出了团级战斗队、步兵师、还有陆战旅。很快到了八月份，釜山环形防御阵地上已经部署了大约五万美军和大约四万五千韩国军队。联合国军地面部队的总数接近十万人。

麦克阿瑟整天苦思冥想，终于想出了一个赢得战争的战略——仁川登陆作战计划。他计划在仁川实施两栖登陆，在两栖登陆作战中使用两个步兵师和一个空降团，使空降团空降到实施两栖进攻的部队的纵深地带。这样可以从后方打击朝鲜人民军。麦克阿瑟命令沃克的第八集团军冲杀出釜山防御圈，将朝鲜人置于

巨大的钳形攻势下，从而把他们全部歼灭。为此，他需要新的部队。

但是对于这一计划，麦克阿瑟却不愿向华盛顿当局和参谋长联席会议透露计划的细节。为此，参谋长联席会议派柯林斯和范登堡前往东京会见麦克阿瑟，目的是了解麦克阿瑟有关作战计划的全部内容。布莱德雷了解了麦克阿瑟的作战计划后，他心神不定，他觉得这是一个很大胆但也很冒险的计划。参谋长联席会议也一致认为，这个冒险行动将投入美军的大部分预备队，不失败还可以，一旦失败，不仅在军事上，而且在心理上都是一场全国性乃至国际性的大灾难。

为了最后做出决定，参谋长联席会议又先后派出两个调查团，前往东京和朝鲜，对麦克阿瑟的作战计划做进一步的严密审查。麦克阿瑟计划周密而严谨、论据充足而有说服力、合乎逻辑而条理清晰、信心百倍，调查团的李奇微、艾夫里尔·哈里曼、诺斯塔德都被他说服，并坚决支持这一计划。

参谋长联席会议经过讨论最终达成一致意见，他们赞同在朝鲜西海岸对朝鲜人民军的后方进行两栖攻击的作战构想，然而对登陆地点却产生了不同看法。谢尔曼和柯林斯建议在朝鲜西海岸另选一个风险不大的登陆地点，但麦克阿瑟对仁川计划表现得心坚意决。杜鲁门总统在关键时刻开始表态，他终于认定这是一个大胆的战略设想，并且坚信它能成功。

八月底，麦克阿瑟接到了参谋长联席会议发来的致电，批准实施“两栖”登陆计划。杜鲁门总统决定将陆军第三师、陆战第一师、“密苏里”号战列舰、“莱特”号航母派往远东参战，麦克阿瑟在远东的部队在最短的时间内得到了最好的增援。军队人数增加了一倍还多。为了填补空白，参谋长联席会议建议动员预备役部队，很快就动员了四个国民警卫师，使军队又增加了数十万人。

杜鲁门总统于九月初决定晋升布莱德雷为陆军五星上将。他向国会提交议案，很快得到了参议院和众议院的批准。杜鲁门总统签署了议案后，把签署这项议案的笔赠给了布莱德雷的妻子玛丽作为纪念。马歇尔正式宣誓就任国防部长后的第二天，布莱德雷就在白宫宣誓，接受陆军五星上将的军衔，杜鲁门总统亲自将五星徽章钉在布莱德雷的肩上。这样，布莱德雷成为继马歇尔、阿诺德、麦克阿瑟和艾森豪威尔之后参加过二战的最年轻和最后一名陆军五星上将。

为实施这次作战计划，麦克阿瑟组建了第十军，由他的参谋长阿尔蒙德指挥。仁川两栖登陆作战的代号为“铬铁矿”。九月中旬，麦克阿瑟指挥美军第一陆战师首先发起进攻，仓促拼凑起来的第七师也在三天后登陆，部署在陆战队的南翼。一切进展得很顺利，两支部队快速向纵深推进。

沃克的第八集团军奉命于仁川登陆的第二天向釜山防线外围发起进攻。朝鲜人民军由于没有意识到已陷入不利境地，仍在顽强地抗击着沃克的进攻。沃克的部队终于突破防线，全速向外出击，并迅速向北和向西推进。九月末，美军第一骑兵师和第七师的部队在乌山附近会合。与此同时第一陆战师开始攻击汉城。韩国第一军沿朝鲜东海岸一路无阻，迅速北进。麦克阿瑟的仁川战役成了美军战史上最走运的重大军事行动，布莱德雷将这次行动称作是一个“军事奇迹”。

仁川登陆后十二天，华盛顿才发给麦克阿瑟一份由参谋长联席会议起草，经杜鲁门、马歇尔和艾奇逊批准的明确命令。命令一开头就指出：“你要继续做出努力，一定要分析中共或苏联是否对你实现目标的行动构成了威胁。一旦如此应以急件向参谋长联席会议做出报告。”命令中明确规定了麦克阿瑟的军事目标是——摧毁朝鲜的武装力量。“为实现这一目标，授权你实施军事行动，包括在三八线以北进行两栖、空降或地面作战。但是实施

这些行动要以苏联或中共未派遣大批军队进入、没有宣布打算进入朝鲜，没有发出在朝鲜从军事上击败我军行动的威胁为前提。”

朝鲜人民军在仁川战役中并没有被彻底打垮，他们近万名正规军和十万多人的预备部队经过整训，再次形成了一支令人生畏的有生力量，依然可维持一场旷日持久的战争。对于当下面临的问题，美国军方人士认为应趁敌军立足未稳，实施穷追策略，将敌军歼灭。然而麦克阿瑟也许是被胜利冲昏了头脑，他的虚荣心开始膨胀起来。麦克阿瑟否定了美军的多数高级指挥官和参谋人员派第十军向北快速推进，实施穷追，歼灭立足未稳的朝鲜人民军的提议，反而派该军在东海岸的元山实施第二次两栖登陆，将向北进攻平壤的主要任务放置在了第八集团军的肩上。后来，这项计划被证明是一个最糟糕的作战计划。

第八集团军虽有很强的作战实力和丰富的战斗经验，然而前面被困达几个星期，战士们早已经疲惫不堪，加之又急行军三百二十英里，补给品几乎消耗殆尽，军队的士气由于劳顿越来越低落，整个集团军稀稀拉拉地散布在从釜山到仁川一线。随行的下属军官建议麦克阿瑟重新整编和对军队进行补充给养，然而麦克阿瑟自认为其作战方案是有依据的，他指出将大批补给品从釜山运过来是十分困难的；如果他把第十军调走，那么运往仁川的所有物资都可运抵第八集团军，从而加速对该集团军的补给。

这一次，麦克阿瑟打错了如意算盘，他从胜利中获得的骄傲情绪和过分的自信使他丢掉了一次至关重要的穷追机会，使作战行动在三个星期之内几乎处于停滞不前的状态，同时也给了对手做好长期固守准备的大量时间。他的另一个错误就是派颇具实力的第十集团军去完成一个微不足道的任务，而把主要任务交给了两支准备不充足、疲惫不堪的部队，分散了兵力和指挥权。布莱德雷认为这是麦克阿瑟的虚荣心代替正确思维的结果。

麦克阿瑟下决心要在感恩节前粉碎一切可以进行抵抗的势力，可是，他随后采取的一系列军事行动使华盛顿大失所望。由于第八集团军被撤回日本后迟迟难以行动，“追剿”敌军的行动被迫停了下来。第八集团军在十月下旬才逼近平壤，等到第一八七团实施空降时，大多数朝鲜部队和政府官员都已突出包围，远远地撤回了北方。当时韩国第一军沿朝鲜东海岸向北迅猛推进，比预计的第十军登陆提前了九天。而第十军又由于要清除苏联人的布雷而推迟了六天才登陆。

第一陆战师上岸时，竟然是韩国第一军来欢迎他们。麦克阿瑟设计的第二个作战计划算是彻底破产了。

此前，麦克阿瑟颁布了一项新的作战命令，该命令要求所属部队全速奋力向北推进。参谋长联席会议当日就向麦克阿瑟发了电报，重申在和苏联和中国东北接壤地区不得使用非朝鲜部队的政策，并要求他对颁布这项命令的初衷进行解释。可是麦克阿瑟发回一封令人震惊的复电，称他的命令是出于“军事上的需要”。参谋长联席会议想对他的命令进行修改，但是为时已晚。麦克阿瑟已经指挥第二十四师，第一陆战师，第七师，逐渐向中国东北和苏联边境推进，距离鸭绿江最近的地方只有不到三十公里了。

第二十六章　侵朝败北

在朝鲜人民眼中，麦克阿瑟是狼子野心之徒，因为正是他企图通过“全速、全力向北推进”的剿杀行动，将奋勇抵抗的朝鲜人民军一举歼灭，实现继日本以后在亚洲的又一次战略进攻。麦克阿瑟一生叱咤风云，此时更是狂妄自大、目中无人，他自以为是地认为中国早已经失去了进行干涉的“有利时机”，于是便肆无忌惮地扩大战场，战火一直蔓延到了鸭绿江畔。

寒秋十月，从枪炮下侥幸偷生的大雁早已经飞向温暖和平的远方，只留下漫天飞舞的羽毛向身陷水深火热中的人们宣告着时间的流逝；朝鲜境内战火不断，断壁残垣让人惨不忍睹，残破的房屋孤寂地在冷风中飘摇，像一艘随时倾覆的小船，在战争中苟延残喘……战事突然有了转机，朝鲜军民奔走相告，因为中国出兵支援了！麦克阿瑟将信将疑，认为中国军队大规模入朝作战的消息是朝鲜方面故意使用的伎俩。

正是由于麦克阿瑟这种错误的估计，朝鲜在中国人民志愿军的帮助下取得了多次胜利，先是韩国第六师和第八师在温井附近全面溃败，而后与美国第二十四师并肩前进的韩国第一师也在元山附近遭遇袭击，不到一个星期第八骑兵团也被分割歼灭了。

接二连三的打击让麦克阿瑟几乎站立不稳，这是他从军多年

从没遇到的失误性判断，为了保全力量他不得不命令美韩部队停止总进攻。在麦克阿瑟的授命下，大部分部队都接到沃克的命令在清川江南岸转入防御。

秋天正在与冬天作最后的抗争，十一月的天气已经露出冰雪冷冽的爪牙，龇牙咧嘴地朝司令部中的军官示威。此时司令部的气氛异常严肃，几个指挥官笔直地坐在椅子上，麦克阿瑟背着手在地上踱来踱去，空气似乎要凝滞了，每个人都大气不敢出，生怕自己成为第一个“牺牲品”。

遭到沉重打击的麦克阿瑟此时完全像一头愤怒的狮子，因为他想全歼朝鲜人民军的第三个作战计划即将宣告破产，尽管如此，他还是对战争的前景盲目乐观。看到士气不高的手下，麦克阿瑟开口讲话，试图调动其他人的积极性。

“由于第八集团军及时撤退，因此并没有太大的损失，我们应该感到庆幸。”麦克阿瑟说这句话时实际上已经间接地承认了他在判断上的错误，正是因为他低估了中国投入朝鲜的兵力才落得此下场。

几个部下仍是默不作声，因为麦克阿瑟在回复参谋长联席会议时漫不经心地表示用不着担心中国的干预，其目的不过是为了同韩国军队作战和“从沉船上救出什么东西”。现在这个结果更是让他们觉得惭愧难当，用中国的一句古语来说就是“无颜面对江东父老”。

“都不作声？今天把大家召集到一起是想探讨一下以后的行动。”麦克阿瑟稳住脚步，终于坐了下来。看来这次会议的目的很明显，与其说是对失败的总结，不如说是麦克阿瑟对下一步作战计划的打算和部署。

“要想改变当前的劣势，必须想办法切断中朝之间的交通线，阻止更多的中国军队进入朝鲜。”坐在左排离麦克阿瑟最近的一个参谋首先提出了自己的见解。

“不错，那么应该用什么办法呢?”麦克阿瑟十分赞同这个观点，肯定地点了点头。

“派部队前往鸭绿江，重兵把守住桥梁。”其中一个指挥犹犹豫豫地把心中所想说了出来。

“地面部队已经遭遇重击转入防御，更何况面对中国的支援力量根本没有足够的力量与之抗衡，除非把全部兵力都调过去。”最先发言的参谋立刻反驳了刚才指挥讲的话。

麦克阿瑟认真听完，环视在座的各位军官后，清了一下嗓子说：“为了把所有的中国军队从朝鲜赶走，我们应该发动一场大规模的空袭，不仅要摧毁朝鲜残存的完整的设施、工厂和城市等，还要摧毁鸭绿江上连通中朝的桥梁。依靠空袭解决掉敌方大部分战斗力后再发动地面攻击，争取让联合国军一举推进到鸭绿江结束这场战斗。”

会议结束后，麦克阿瑟就将会议上的谈话内容整理成报告递交给参谋长联席会议。面对麦克阿瑟这个违背既定方针的计划，参谋长联席会议不敢耽搁，立刻上报杜鲁门总统。情况紧急，杜鲁门推开手边的重要事务立刻给麦克阿瑟复电。此时的朝鲜已经接到麦克阿瑟的命令进入备战状态，空军司令乔治·斯特拉特迈耶已经按照命令进行全面部署，打算按照计划用B－29轰炸机轰炸鸭绿江上的新义州——安东大桥。

在麦克阿瑟接到的这封来自华盛顿的电报中，杜鲁门决定取消这次空袭，因为这次行动意味着战火烧向中国，并有可能成为远东全面开战的导火索，是极不明智的行动。为此，杜鲁门还责问麦克阿瑟采取这一危险步骤的原因，并命令除非有重大威胁，否则这个计划坚决不能实施。

子弹在膛岂有不发的道理，大发雷霆的麦克阿瑟当晚就发回一份充满抗议的电报：“通过鸭绿江桥梁运进朝鲜的是大量的部队和源源不断的物资……如果不想面临被全歼的危险，我们惟一

能够制止敌人增援活动的办法就是摧毁这些桥梁……”

麦克阿瑟这封充满威胁性的电报在第一时间就递到了参谋长联席会议，一接到电报，参谋长联席会议便紧急在作战室举行特别会议。朝鲜战争期间，美国举行了无数次大大小小的会议，这次会议可以堪称是朝鲜战争中举行的最重要的会议之一，然而也正是由于这次会议，美国犯下了空前未有的重大错误。出席这次会议的都是重量级人物，其中有国防部长、三军参谋长，另外还有众多国务院的人员。

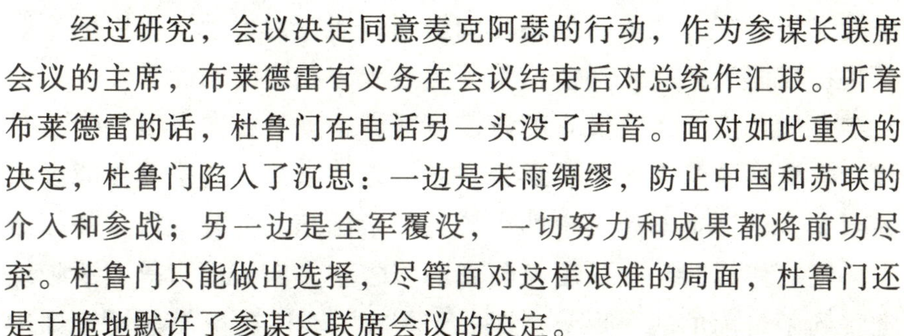

经过研究，会议决定同意麦克阿瑟的行动，作为参谋长联席会议的主席，布莱德雷有义务在会议结束后对总统作汇报。听着布莱德雷的话，杜鲁门在电话另一头没了声音。面对如此重大的决定，杜鲁门陷入了沉思：一边是未雨绸缪，防止中国和苏联的介入和参战；另一边是全军覆没，一切努力和成果都将前功尽弃。杜鲁门只能做出选择，尽管面对这样艰难的局面，杜鲁门还是干脆地默许了参谋长联席会议的决定。

以杜鲁门为首的华盛顿方面再一次做出让步，尽管这个决定可能会扩大战争，但是仍然授权参谋长联席会议给麦克阿瑟回复了电报。布莱德雷按照杜鲁门的指示在电报中批准了麦克阿瑟即将实行的对边境地区的轰炸计划，并规划了麦克阿瑟可以实施轰炸的区域，限制了麦克阿瑟的作战空间。除了鸭绿江上的水坝和发电站，麦克阿瑟可以轰炸新义州，也可以轰炸鸭绿江与朝鲜相邻的一侧及边境地区。

尽管命令与自己的初衷之间有相当大的差距，但是麦克阿瑟毕竟得到了华盛顿方面的批准，这当然要比落下公然抗上的罪名要好得多。这次麦克阿瑟依然发挥雷厉风行的作风，第二天远东空军就在斯特拉特迈耶的带领下实施全面空袭，不仅对新义州和鸭绿江大桥展开了疯狂的轰炸，就连朝鲜西北部的大片地区也未能幸免。在狂轰滥炸下，许多城市被夷为平地，地上到处都是深深浅浅的弹坑，已经看不到城市原本的轮廓，本来因为季节变化完全褪去绿色的大地更是变得满目疮痍，凄凉之境让人目不忍视，真的可以用哀鸿遍野、民不聊生来形容。

愿望虽然达成了，然而结果却没有达到预期的效果——事实证明麦克阿瑟期望的空袭效果大打折扣。造成这种局势的原因并不在美韩部队，而是因为中国人民志愿军变换了策略。为了最大限度地减少麦克阿瑟方面空袭带来的损失，中国人民志愿军进入了深山密林，使敌机失去了空袭目标；虽然鸭绿江的桥梁被敌机摧毁了将近三分之一，但是在朝鲜当地居民的帮助下，中国军队很快在江面上架起了浮桥，重新建立起中朝之间的纽带。

可能是由于事情没有朝着麦克阿瑟预期的方向发展。十一月初，麦克阿瑟又多次向参谋长联席会议请求放宽对空军作战区域的限制，准许空军越过中朝边界轰炸中国东北部分地区，并拟定了详细的作战行动。从麦克阿瑟的报告中，布莱德雷等人清晰地觉察到了目前的战争形势："联合国军"不仅在正面战场遭到中国人民志愿军的节节抗击，地面进攻一度陷入进退两难的境地；同时，"联合国军"也遭到了其他方面的反击，由于人民军在背后积极开展的游击活动，"联合国军"被有计划地引诱深入。

面对背腹受敌的整体局面，布莱德雷以参谋长联席会议主席的身份召开了一次秘密会议，最后竟然全体通过麦克阿瑟的请求。当布莱德雷将这一决定上报杜鲁门后，却遭到了英国等其他众多国家的强烈反对。虽然华盛顿方面对"联合国军"进犯中国领空和机场以此扼杀中国空军的企图了然于心，然而还是不得不否决了这一决定。

战争还在继续，各种会议也持续不断。十一月下旬，国防部长、三军部长、三军参谋长和国务院的人员在五角大楼又举行了一次重要的研究会，这次会议主要是针对朝鲜的形势而进行的。这次会议具有极其重要的作用，以至于出席会议的人员中还有杜

鲁门派来的代表。或许华盛顿方面的主要意图是要制止麦克阿瑟计划发动的地面攻势，那么会议最终的结果必定会让怀有这个目的的人们失望透顶——麦克阿瑟获得一致支持，可以按照原计划继续行动。

原本心情紧绷的麦克阿瑟接到继续行动的命令后神情大悦，命令手下爱将沃克和阿尔蒙德迅速做好进攻准备，以备随时出击。11 月 24 日，地面部队接到了麦克阿瑟的命令，立即发起了猛烈的攻势。同时，回到东京的麦克阿瑟也扔出了一颗“炮弹”，他在一份充满火药味的公报中宣布“联合国军”为了夺取这场战争的胜利已经向鸭绿江发动了总攻击，在规模宏大的压缩性包围战下，胜利指日可待。另外，他还对记者宣布了经过他错误估计的中国军队人数，并大肆吹嘘这一攻势将结束战争。今天看来，当时的麦克阿瑟颇有些大放厥词的意味。

“联合国军”快速而自信，不断地向北推进着，但是这次战役却不像他们想像的那样轻松，事实上是进行得相当激烈。尽管当时中国人民志愿军进入朝鲜时非常仓促，战略物资不到位，严寒和饥饿严重威胁着军人的生命，但是由于志愿军总部能够根据战场的情况及时改变作战计划，指挥灵活多变，再加上全体官兵的英勇抗战，“联合国军”地面部队的快速推进被阻止了，而且多次面临被分割歼灭的危机。

消息一传到司令部，一向狂妄自大的麦克阿瑟从未如此沮丧过，他甚至将沃克和艾尔蒙特从前线召回东京，一切研究应对策略，这可是前所未有的事情。总攻击开始后的第三天，布莱德雷就收到了麦克阿瑟发到参谋长联席会议的电报。电报中，这位以常胜将军自居的人竟然一反以往独断专行的常态，请求布莱德雷准许他们由进攻转入防御的战略部署，等待战局稳定后再作打算。这可让布莱德雷吃惊不小，不难想象麦克阿瑟经受了如何的打击。

显而易见，不可一世的麦克阿瑟早已“含羞”掩盖了以前的嚣张气焰，对中国军队的态度也来了一百八十度大转弯，从原来的轻视变为畏惧。看到悲观的麦克阿瑟提供的有关于战场上节节败退的各种资料，布莱德雷认为这次不能等闲视之，必须严肃地提出解决方案。

为了处理这次危机，国务院和国防部联合起来，在参谋长联席会议作战室举行了联席会议。会上，为了保存麦克阿瑟部队的实力，所有人一致同意麦克阿瑟将部队撤至成兴、仁川和釜山这三个滩头据点。根据麦克阿瑟提出的全面后撤计划，会议结束后，布莱德雷回顾会议内容，随后起草了一份简短的电报。就是带着这份电报，布莱德雷见到了杜鲁门，大概此时的杜鲁门已经被麦克阿瑟弄得晕头转向了，仔细地看过整篇电报后，杜鲁门什么也没说，甚至都没有提笔改过一个字，只是点点头默许了。

冬天真的来了，寒风狠狠地抽打着士兵们单薄的身子，毫不留情地刮割着他们已经伤痕累累的身体，精疲力竭的官兵都已无心恋战。十二月初，受马歇尔前往东京与麦克阿瑟磋商的柯林斯，亲自飞到朝鲜察看战争的局势，沉默半晌的柯林斯终于提出了一个能够解决当时军事问题的办法：东海岸的第十军迅速全力向兴南方向撤退，争取尽快在釜山登陆；仁川的第八集团军逐步后撤，与在釜山登陆的第十军会合。顺利汇合后，再考虑将第十军并入第八集团军的打算。

一切部署完毕后，柯林斯在四天后就坐上了返回华盛顿的飞机。听到柯林斯汇报的结论，参谋长联席会议的布莱德雷等人二话不说就同意了柯林斯的意见，立刻把批准这一行动的命令用电报发给麦克阿瑟，并非常强烈地要求他尽快执行，不能以任何理由推脱或者拖延。

圣诞节越来越近了，渴望回家的心情充斥在阵营的每一个角落，每个官兵眼中流露出来的都是对家人的思念和对战争的厌

倦，然而许许多多的人却永远留在了这异国他乡，从此与家人阴阳相隔，第八集团军的司令沃克中将的生命也随着风悄悄地飞过。遗憾的是，沃克中将并不是战死于战场，而是丧命于车祸。12 月 23 日上午，一辆朝鲜人驾驶的卡车撞翻了沃克中将乘坐的汽车，沃克中将当场丧命。

听到沃克的死讯后，麦克阿瑟立即电告华盛顿方面，要求马修·李奇微能够接任沃克的职务。杜鲁门批准后，李奇微马上从柯林斯那里接到了任命。在没有圣诞树和月亮的圣诞节午夜，陆军副参谋长李奇微中将带着新的任命抵达了东京。第二天，见过麦克阿瑟的李奇微就踌躇满志地登上了前往朝鲜前线的飞机，成为第八集团军的新任司令。

为了固守住现有的阵地，也是为了准备继续北犯，戴维森准将接到李奇微的命令，在釜山地区构筑一条“戴维森防线”。李奇微决心在这样尽量靠北的地方实施防御是有他的目的的，他千方百计地企图寻找一切可以利用的机会发动攻势，以此达到一举扭转战局的效果。

无数官兵在前线出生入死，身在华盛顿的决策者同样处于水深火热之中，他们不仅对在朝美军的命运感到忧心忡忡，同时也对朝鲜战争的前途和日本的安全感到担心。“联合国军”在朝鲜战场上的一次次溃败，布莱德雷认为根本原因在于决策者太拘泥于传统的做法造成的，正是给予战区指挥官最大指挥权的这种传统作法，造成了今天这种无法挽回的局面。

综合 11 月和 12 月这两个月的整体情况来看，由于中国人民志愿军英勇顽强，再加上“联合国军”已经完全丧失了信心和斗志，“联合国军”似乎很快就要失败了。这是美军历史上最耻辱的一页，也是布莱德雷职业军人生涯中最严峻的时刻。为了保留保卫日本的力量，第八集团军绝对不能在朝鲜被歼灭，即使朝鲜保不住，也要及时将部队撤出朝鲜——这就是华盛顿方面秉承的“日本第一、朝鲜第二”的原则。

一个大雪纷飞的晚上，整个世界都安静了，天地间只有雪花簌簌落地的声音，没有战争的夜晚是这么美好。烧的黑焦的树枝轻轻裹上了一层白纱，在盈盈月光下反射出幽幽的白光；地上密布的弹坑也铺上了一张洁白的地毯，让人不忍走上去踩踏；暖烘烘的军营中，官兵拥成一团，开心地谈天说地，把战争抛在了身后。凄凉不见了，疮痍被掩埋了，剩下的只有美好。然而，有一个丝毫没有领略到安详气氛的人，他就是麦克阿瑟，此时的他非常暴躁，手中一张电报被捏得皱巴巴的。

原来这是一张来自布莱德雷的电报，电报是参谋长联席会议拟定的。华盛顿的决策者们不仅会减少或者中断对朝鲜战场兵员的输送，而且还要求麦克阿瑟提前拟定一个可以使第八集团军井然有序安全撤离朝鲜的完美计划。这个命令对于希望继续战斗的麦克阿瑟来说无疑是一个晴天霹雳，他立刻致电布莱德雷，声明他反对撤出朝鲜。然而还没有等到华盛顿方面的答复，新的战争又开始了。

幸而李奇微在指挥才能上比起已故的沃克中将要略胜一筹，再加上麦克阿瑟出于对李奇微的信任而授予的充分自主指挥权，李奇微成了寒冬里的“一袭暖风”，温暖了心寒如冰的华盛顿众多决策者的心。

在李奇微的正确指挥下，第八集团军的士气明显好转，在吸取了以往教训后，先后发动了“狼狗行动”、“霹雳行动”、“霹雳围剿”、“屠夫行动”和“撕裂者行动”几次大规模的战役，“联合国军”很快扭转了劣势，重新占领了仁川、汉城等地，又将战线推到了三八线附近。

转眼冬去春又来，万物复苏，大地苏醒了，重新穿上了崭新的绿衣衫；河流苏醒了，重新注满了新鲜流淌的血液；山川苏醒了，重新响起了欢快的鸟鸣声……到处都是新的生命，到处都是

春的气息，就连战争也有了新的局面。从三月中旬开始，“联合国军”和中国人民志愿军又出现了以三八线为界的南北对峙局面。

这点成绩在渴望扩大战争的麦克阿瑟看来当然仍然是九牛一毛,，因为他的目标是取得全胜。已经惹得华盛顿方面不高兴的麦克阿瑟，此时依旧不知道收敛，竟然在3月24日不顾杜鲁门的多次私下警告，擅自发表声明，公开叫嚷应该把“联合国军”的军事行动扩大，不再将战争局限于朝鲜，而是应该对中国沿海地区和内陆基地也展开攻势。当时的麦克阿瑟肯定没有想到，这成了他司令官生涯中的最后一次声明，显然这不是麦克阿瑟想要的结果。

麦克阿瑟企图扩大侵朝战争的叫嚣如同一颗无形的炸弹，不仅在华盛顿引起了轩然大波，同时触发了帝国主义内部更大的混乱，成了矛盾进一步激化的催化剂。单从意义上来看，这几乎就已经是一个无可挽回的错误了，更何况麦克阿瑟在声明中的口吻显得他过于目空一切、狂妄自大。但是这些都不是问题的关键所在，更致命的原因还在于它无形中暗示美国有即将改变政策的倾向，在世界各国都产生了极大的影响。

为了缓和内部矛盾，为了改变所处的尴尬和被动局面，杜鲁门认为再也不能容忍麦克阿瑟一次又一次的抗上行为了。这下杜鲁门遇到了头疼的问题，他既要推行他的既定政策，还要想办法推卸朝鲜战争失败的责任，同时还要想办法适应竞选总统的需要，这一切都要求他必须解除麦克阿瑟的职务；但是，从另一方面看，麦克阿瑟并不是身份平平的军事将领，在很多美国人的心中麦克阿瑟已经成为美国的象征，要将深得民心的胜将换掉，必然充满了危险性。由此可见，杜鲁门陷入了进退两难的境地。

也许是上帝早已安排好的，注定了麦克阿瑟要被罢免，马丁议员做出了一个火上浇油的举动——在麦克阿瑟不知情的情况

下，马丁在一个辩论会上公开了麦克阿瑟写给他的一封信。不用想也知道，麦克阿瑟在信中肯定有大量字眼提到了扩大战争以及获得全胜之类的意图。正是由于这封信，杜鲁门总统终于忍无可忍，在接下来的几天时间里，多次召集马歇尔、艾奇逊、哈里曼和布莱德雷到白宫讨论麦克阿瑟的问题。经过几天的酝酿，最后在布莱德雷主持的参谋长联席会议上，全体一致通过了解除麦克阿瑟职务的提议。

在杜鲁门的指示下，布莱德雷直接向麦克阿瑟发出了解职令，撤消了麦克阿瑟的一切职务，并且让李奇微中将接过了指挥权。转眼之间，麦克阿瑟变成了一介平民，驻日盟军最高统帅的身份没有了，“联合国军”总司令的身份没有了，远东美军总司令的身份没有了，远东美国陆军总司令的身份也没有了……

黑色的日子终于还是来了，杜鲁门于4月11日凌晨举行了一次特别记者招待会，正式宣布了这个决定。解职令还没到达东京，无线电已经把杜鲁门的声音传到了世界的各个角落。收听到白宫记者招待会实况转播的副官愁容满面地带着这个令人震惊的消息到了大使馆的餐厅门口，因为此时的麦克阿瑟正偕夫人一起，陪同华盛顿州的参议员沃伦·马格纳森等人共进午餐。

想必是因为副官不忍心亲眼看到麦克阿瑟的反应，他先将这个消息告诉了麦克阿瑟的夫人，然后转达给麦克阿瑟。当从自己的妻子口中听到这个消息时，麦克阿瑟脸上顿时失去了任何表情，就像石雕一样硬邦邦地竖在餐桌前，呆若木鸡。仿佛过了一个世纪那么久，麦克阿瑟才摇摇晃晃地站起来，面无表情地用其他人勉强能听到的低音对妻子说：“琼，我们终于要回家了。”

麦克阿瑟丝毫没有表现出无怨天尤人或愤慨不平的表情或语气，就这样返回了华盛顿。从听到消息的那一刻到现在麦克阿瑟站在华盛顿的机场上，时间也不过仅仅过去了八天而已。布莱德雷和马歇尔等人看着缓缓走下飞机的麦克阿瑟，像一万两千名华

盛顿市民一样，情不自禁地鼓起了掌，热烈地欢迎这位归来的五星上将。

朝鲜战争并没有因为任何人的离去而停止，甚至还愈演愈烈。直到1953年7月27日，历时三年之久的朝鲜战争终于随着朝鲜停战协定的签订而落下了帷幕，这对布莱德雷来说不能不说是一个好消息，在他担任参谋长联席会议主席的最后几天里，他看着朝鲜战争结束了，美国除了人财俱失，似乎没有其他收获。

炎热的夏天即使放慢了脚步，也阻挡不住秋意的泛滥，正是在这个八月，参谋长联席会议主席布莱德雷的第二届任期届满。八月的第五天，阳光还是灿烂依旧，只是少了毒辣，多了柔和。在这个美好的日子，担任美国总统还不到一年的艾森豪威尔在白宫，为布莱德雷颁发了他人生中的第四枚勋章——铜十字英勇勋章。

大约一周后，还沉浸在喜悦中的布莱德雷应邀出席由副总统理查德·尼克主持的会议，即国家安全委员会的第一百五十九次会议。让布莱德雷老泪纵横的是，会上全体成员一致赞扬布莱德雷的丰功伟绩，对一个年过半百的人来说，这无疑是对一个人最高的赞誉。当布莱德雷眼含热泪离开会场时，大家还自发地起立，为布莱德雷送行，一起一坐间，也透露出人们对布莱德雷由衷的敬意。

同一天晚上，在陆军部长罗伯特·史蒂文斯的提议下，众人还在麦克奈尔堡特意为布莱德雷和柯林斯举行了一次退休阅兵式和花园聚会，布莱德雷再一次感动地热泪盈眶。幸运似乎总是接踵而至，布莱德雷收到了一封来自丹佛的值得珍视的信件，这封信是艾森豪威尔总统写的。信中，总统表达了他对布莱德雷的感激之情，因为布莱德雷戎马一生，为美国殚精竭虑，贡献出自己的才智和精力。

年过花甲的布莱德雷终于可以退休休息了，从1911年步入

西点军校开始，布莱德雷度过了整整四十二年的军营生活。在这几十年的春秋岁月中，布莱德雷有功也有过：曾经在欧洲战场上，正是布莱德雷率领着百万雄军，击败了猖獗一时的德国法西斯，为全世界迎来了和平和自由，建立了如此的伟业丰功；从升任陆军参谋长直到1953年退休，布莱德雷的人生陷入了低谷，因为他积极参与秘密策划侵朝战争，成了一个不折不扣的罪人，一个屠杀朝鲜人民和侵犯中朝利益的战争罪人。虽然中国有句古话叫作“人非圣贤，孰能无过”，然而，朝鲜战争仍然成了洁白纸张上一个硕大的污点，也是布莱德雷光辉一生中难以清洗的污点。

第二十七章　安享晚年

虽然布莱德雷任满了两届参谋长联席会议主席后就退休了，但是当时美国法律有一条规定说，无论是战争时期还是和平年代，五星上将也不必退役，因此“现役”军人名册不能剔除布莱德雷的名字。有名字，就证明可以领取薪金。退役的五星上将待遇非常高，不仅有办公用房、旅行、配备军事助手等方面的津贴，而且还有高额的退休金。有相关记载显示，布莱德雷在七十年代中期前的退休金每年大约可以达到两万美元，随着年岁的增长，退休金也不断增加，后来甚至超过三万美元。

退休在家的布莱德雷并没有效仿别人“两耳不闻天下事”，仍然非常积极地参加一些官方组织的活动，有时候有人慕名邀请他作为总统或国防部的代表出席有关节日，布莱德雷就会爽快地应承下来。在布莱德雷家人的眼中，布莱德雷的晚年生活过得也是有声有色，有时候甚至忙得东奔西跑，上午还在退伍军人节、阵亡将士纪念日或者独立纪念日发表昂扬激动的演讲，下午又出现在诺曼底举行的登陆欧洲纪念日活动上。布莱德雷的夫人还打趣他，说如果军方设立一个高级政治活动家的职位，布莱德雷肯定能够胜任。

按理说，一个退休的人应该在颐养天年，可布莱德雷却闲不

住，每天都忙得像个陀螺一样转不停，除了花费精力应付各种活动外，布莱德雷还决定“尝尝新鲜”——步入工商界。还别说，布莱德雷几天努力下来真的在布洛瓦钟表公司谋得研究与发展实践室主任这样一个职位。家人看劝阻不了，只好听之任之，布莱德雷也把一腔热血倾洒在这个工作上。德高望重的布莱德雷在钟表公司一呆就是好几年。

退休有好也有坏，原来的几十年，布莱德雷和妻子一直随部队任命四处奔走，有点四海为家的意思。现在布莱德雷退休了，就得有个固定的居所了，可是应该把家安在哪呢？布莱德雷和玛丽夫妇二人犯了难，各抒己见争执不下，一个想安居在佛罗里达，另一个又想去南加州，最后两人终于达成一致，在南加州贝弗利山的南洛地路租了一幢房子。

幸福的日子还没开始，灾难却先一步到来了。人生最大的不幸莫过于白发人送黑发人，布莱德雷夫妇却不得不接受死神的“邀请函”——他们年仅二十八岁的女婿比尤克马在飞行事故中遇难身亡。这对布莱德雷家中的任何一个人来说都是万分悲痛的消息，尤其是女儿伊丽莎白。

由于放心不下女儿和四个外孙，布莱德雷和妻子决定在贝弗利山的布莱沃德重新买一幢较大的房子，然后将女儿一家接了过来。一个大家庭就这样组建起来，除了布莱德雷夫妇、女儿和四个外孙们，一起生活的还有斯特瓦德等两位勤务兵，这两人从1948年起就跟随布莱德雷，一直对布莱德雷不离不弃，无论布莱德雷去哪里、做什么，他们总是一左一右如影随形。九个人每天热热闹闹的生活着，连春天也羡红了双眼。

在洛杉矶，布莱德雷的生活充实丰富、多姿多彩。不仅井井有条地处理布洛瓦公司的大小事务，还经常与朋友们打高尔夫球、钓鱼及狩猎等。除了这些爱好，布莱德雷还非常喜欢赛马，他认为每一场比赛都是另一个战场，不管有没有得胜的机会，最

重要的一定不能放弃努力。

时光如梭，三年多的时间转眼逝去，1957 年春天悄无声息地来临,仿佛一夜之间，山青了，水绿了，花儿也展开了娇媚的容颜,伊丽莎白也开始了新的生活——一个名叫本杰明·多塞的律师向她求婚。为了离女儿和外孙能够近一些，在伊丽莎白带着孩子搬到华盛顿不久，莱德雷夫妇也从洛杉矶搬到了华盛顿，并把家安在华盛顿西北部的斯普林峡谷。这里一年四季都风景如画：春天,烟雨蒙蒙，叶尖上挂着晶莹的雨露，愈发显得青翠欲滴；夏天，清风阵阵，悠悠曲径掩藏在绿荫下，犹如羞涩的少女；秋天，薄雾绵绵，山峦树木时隐时现，宛如罩着洁白面纱的神秘女子；冬天，白雪皑皑，树枝上被洁白的雪花包裹着，折射着温暖的阳光……

接下来的几年里，布莱德雷的生活就和家人幸福安稳地生活，虽然此时接替布洛瓦公司董事长一职的布莱德雷工作越来越忙，当时这并不妨碍布莱德雷参加一系列的“退休者”的社会活动。布莱德雷带着妻子，与一群老人到处游山玩水，过着神仙般的生活。俗话说得好，“人老心不老”，这群老人活动内容也丰富多样，不仅经常到迈阿密去过冬天、赛马，而且还到全国各地旅行、发表演讲，日子过得不亦乐乎。直到布莱德雷受过伤的膝盖旧伤复发，才慢慢中止了他最喜爱的高尔夫球、狩猎等运动。

岁月催人老，1965 年秋天，凄冷的秋风扫得大地一片萧索，玛丽的身体也越来越差，不仅饱受溃疡病的折磨，而且后背经常酸疼。不服老的玛丽硬挺着，任凭布莱德雷怎么劝说也不愿意住进医院，只是在家遵照医嘱按时服药。两个月后，已经七十三岁的玛丽终于抵挡不住病魔的侵袭，住进沃尔特·里德医院接受治疗，然而四天后玛丽便死于病毒性白血病。

相濡以沫的人走了,布莱德雷的心一下子空了,女儿发现七

十二岁的布莱德雷将军似乎一夜之间就垮了，被岁月用刻刀镌刻得刚毅的脸庞也挂满了忧郁和悲伤。布莱德雷拒绝搬去与女儿同住的邀请，独自守着斯普林峡谷的大房子，只是因为这里拥有他和妻子最美的回忆。

身为女儿，作为朋友，他们都为布莱德雷感到忧心忡忡，每天都前去与这位五星上将聊聊天。人生犹如一幕幕戏剧，上一幕还是让人鼻涕横流的悲剧，下一幕则成了令人欢欣的喜剧——天公作美，布莱德雷晚年又迸发出激情的火花，一洗往日的孤单和苦闷，崭新生活从此开始了。正是因为结识了动人的好莱坞女剧作家基蒂，布莱德雷的生活才发生了这样翻天覆地的变化。

基蒂的生活经历比起布莱德雷则要复杂得多，当时四十三岁的基蒂已经两度离婚。出生在纽约的基蒂从小就向往好莱坞，她在堪萨斯州的一所大学攻读完写作课程后，便选择在好莱坞当作家。事实上，早在二战时期，基蒂与布莱德雷就已经相识了。当时正是四十年代末，身为美国《星条旗》杂志的专栏作家，基蒂在日本的冲绳岛当记者，曾经专门采访过路过冲绳岛的布莱德雷。

十年后，基蒂重新回到了起点好莱坞，开始创作剧本，创作之余还在洛杉矶的几所大学里上课。由于基蒂具有多年的记者采访经验，而且多次发表剧作，因此获得了采写布莱德雷将军生活轶事的专访权。曾经有过一面之缘的两个人因为这件事开始熟悉起来，为了录音采访，两个人多次安排时间在纽约的阿斯脱饭店碰面。

为了忘却失去玛丽的痛楚，布莱德雷更加忘我的工作，并因为布洛瓦公司的事务回到了南加州。基蒂接到消息后喜上眉梢，生怕别人抢得这次机会，在整个夏天里都与布莱德雷寸步不离进行了进一步的采访。大概是日久生情，在这接触过程中基蒂和布莱德雷双双坠入爱河。玛丽去世已经将近一年了，女儿不忍心看

到父亲独居，也不愿意看着年迈的父亲在华盛顿和洛杉矶之间频繁奔波，于是想办法让基蒂和父亲早日圆夫妻梦。

这一年的秋天姗姗来迟，太阳依旧高悬，只是没了夏天的燥热。天很蓝，云很淡，到处都洋溢着水果的清香。在这个果实累累的季节，布莱德雷和基蒂也结出爱情之果，1966 年 9 月 12 日下午，他们在德马赛车场举行了一场盛大的结婚典礼。在一声声祝福中，布莱德雷和基蒂深情凝望着彼此。为了答谢各位朋友，布莱德雷夫妇还在晚上举办了一个结婚招待会，一直到第二天早晨才起身返回华盛顿。

布莱德雷的生活因为基蒂的到来而变得焕然一新，重新充满了活力。在基蒂的安排下，布莱德雷在斯普林峡谷的住宅被重新装修了一遍，另外还做了其他的改动，几乎都是为了布莱德雷，足看出基蒂的细心和对丈夫的深情。为了方便布莱德雷能够经常锻炼膝部受伤的腿，基蒂特意修建了一个日光浴室。这个日光浴室很有特点，周围全是玻璃封闭的，里面有温水游泳池。因为布莱德雷爱好收集的奖章和装饰物，这些小东西不仅将晚礼服的口袋塞得满满当当，而且还填满了好几个旧鞋盒，为此，机灵的基蒂专门布置了布莱德雷博物馆。这所博物馆是基蒂联系了一所在宾夕法尼亚州的陆军军事学院后完成的，里面陈列着这位五星上将的制服、奖章，还有他所收集的装饰物及各种各样的纪念品。

婚后的布莱德雷很幸福，经常陪同基蒂到世界各地去采访。在 1967 年夏天，布莱德雷听从基蒂的建议，两人一起奔赴越南战场进行采访，前来收集素材的主要目的是为了《观察》杂志关于战场态势的报道。布莱德雷夫妻二人在越南前线奔波了整整两个星期，虽然累得筋疲力尽，但是也收获了很多。离开越南时，有多年战斗经验的布莱德雷得出结论，认为这是“在正确的地点、正确的时间与正确的敌人进行的一场战争”。基蒂将布莱德雷这一结论联名发表在《观察》杂志上，引起了很大的

反响。

二人世界总是美好的，每天的生活也新鲜多变，1968 年，布莱德雷和基蒂拍卖了斯普林峡谷的房子。新的住宅位于贝弗利山的一座小山顶上，而且是专门为他们设计的。从此，布莱德雷和基蒂的生活更加美满，每天都充满了生机与快乐。

有的婚姻是建立在名利的基础上，有的婚姻是巩固在权势的基石上，而布莱德雷的这场婚姻却是单纯的爱情结晶。与基蒂的结合，不仅为布莱德雷带来了美妙的生活，同时也为布莱德雷迎来了名和利。与布莱德雷的婚姻不仅没让好莱坞淡忘基蒂，反而因为五星上将的声誉受到了更多的关注，甚至跻身好莱坞电影圈的许多明星都非常乐意与这对夫妇建立“邦交”，甚至因为身边有这样一位了不起的英雄而骄傲。

另外，由于基蒂具有强烈的经济意识，布莱德雷也因此得到了巨大的财富。原来，昔日曾经在二战时作为马歇尔助手的弗兰克·麦卡锡，今天摇身一变成了好莱坞的制片人，为了摄制影片《巴顿将军》，麦卡锡特地前来征求布莱德雷的建议。基蒂精明的脑袋又开始运转，不仅说服麦卡锡租用布莱德雷的二战备忘录《一个士兵的故事》作为背景材料，最后她和布莱德雷还摇身变成了《巴顿将军》的高级顾问。

一部电影要想受欢迎，不仅要有知名导演和知名演员，也要有一个能够打动人心的故事，而这两个条件《巴顿将军》都具备了。果然，由大明星乔治·斯科特主演的《巴顿将军》上映后，获得空前成功，基蒂和布莱德雷也因此得到了一笔数额客观的资金，因为当时签订的合同中有这样一条规定：影片《巴顿将军》制成发行后所得的赢利，基蒂和布莱德雷可以参与分成。

面对巨款，相信许多贪慕虚荣的人都会露出“庐山真面目”，然而基蒂却丝毫没有因为钱财丧失理智，她运用自己的大脑将这些收入进行妥善的投资，接连谈成了几笔成功的生意，两

个人也算得上财大气粗了。面对这些财产，布莱德雷反而轻松不起来，他并不想让他的子孙后代因为他、因为这些财产，失去拼搏进取的精神。最后布莱德雷和基蒂商量后立下遗嘱，他们死后这些财产将全部用于以布莱德雷命名的基金会、博物馆和在西点军校设立的图书馆，为了鼓励年轻人，布莱德雷夫妇还设立了数学和军事历史两个学科的布莱德雷奖学金。

中国有句话叫“岁月催人老”，转眼间到了1973年，这时的布莱德雷已经进入耄耋之年了。酷夏当头的七月，八十岁的布莱德雷辞去了布洛瓦公司董事长的职务，彻底将自己从工作中解脱出来，过上了颐养天年的美好生活。每天的生活都让布莱德雷过得不亦乐乎，钓鱼、养花、打高尔夫，有时候也陪基蒂出席各种酒会、到世界各地旅游，总之，日子逍遥自在，仿佛神仙一般。

病魔总是在人不设提防的时候赶来凑热闹，8月中旬的一天，睡梦中的布莱德雷突然因为剧烈的胸疼抽搐起来，惊醒的基蒂看着脸色苍白、大汗淋漓的丈夫，赶紧跑到电话旁打急救电话。经过医生的全力抢救，布莱德雷平安度过了这一劫，不仅生命保住了，而且也没有留下后遗症。这有很大一部分要归功于基蒂，正是因为基蒂在等待救护车的同时，对丈夫进行紧急抢救，布莱德雷心脏衰竭的程度得以延缓。

基蒂就如同布莱德雷的守护神，两年后再次挽救了布莱德雷的生命。1975年1月，已经八十二岁的布莱德雷由于腿脚不便，在下飞机时不慎摔了一跤，幸好没有骨折，只是在头上划破了一个口子。问题正是出在头上，由于头部受到了碰撞，布莱德雷患上了脑血栓，他又一次与死神进行正面交锋。站在死亡边缘的布莱德雷本人也绝望了，不接受任何人的帮助。幸亏有了基蒂，她伏在布莱德雷耳边轻声而坚决地“命令”丈夫绝不能输给死神。大概服从命令是军人的天职，这位五星上将“被迫”从绝望中

走了出来。虽然抢救后布莱德雷瘫痪了，虽然以后离不开轮椅了，但是布莱德雷又一次与死神擦肩而过。

失去了行动自由，布莱德雷再也不能随心所欲的干自己想干的事情、去想去的地方，必须依靠别人的帮助，这样的生活还有什么意义呢？基蒂这样想着，担心布莱德雷会因久坐和生活单调而轻生，于是想方设法调剂布莱德雷的生活，把自己的主要精力用来陪伴和照顾布莱德雷。风和日丽时，基蒂陪布莱德雷外出旅游；烈日炎炎时，基蒂邀请布莱德雷的朋友们到家中聚餐；另外，基蒂还让布莱德雷每天都坚持做理疗。就这样，在基蒂的帮助下，布莱德雷的生活变得逐渐充实快活起来。

在妻子的精心呵护和鼓励下，布莱德雷又重新拾起了已经中断了一段时间的自传。正是在这安逸而宁静的晚年生活里，布莱德雷给后人留下了《一个士兵的故事》和《一个将军的一生》这两部著作。冬去春来，夏去秋至，四年的时间在无声无息间溜走了，转眼已经是 1979 年的夏末，布莱德雷口述的自传《一位将军的一生》也终于进入收尾阶段。

在医生进行了全面的身体检查后，布莱德雷被允许外出旅行，布莱德雷在轮椅上到世界各地旅游观光。1981 年 4 月 8 日，布莱德雷在妻子和看护的陪同下一起到纽约旅行，布莱德雷在他的有生之年最后一次接受了由社会科学院颁发的一枚金质奖章。就在接受奖章仪式结束后不到十分钟的时间，布莱德雷突然脑血栓发作，这颗将星还没有体味到死亡的痛苦，就燃尽了自己旅程的最后的一丝光芒，安详地闭上了双眼。

原来，生与死只有一秒之差，死亡竟在眨眼间来临，基蒂和周围数百人眼睁睁地看着这位五星上将与世长辞，却丝毫没有挽留的机会。六天后，在基蒂的陪护下，布莱德雷的遗体由美国“空军一号”专机运到了首都华盛顿。在通往阿灵顿无名英雄墓地的道路两旁，无数群众自发地为这位五星上将送行，许多人都泣不成声。

随着一捧捧泥土的落下，布莱德雷静静地沉睡，一颗星轻轻划过天际，带着微笑陨落了……

附录一：布莱德雷生平大事年表

1893 年 2 月 12 日　奥马尔·纳尔逊·布莱德雷生于美国密苏里州伦道夫县克拉克村的农夫家里。

1899 年　入小学读书。

1905 年　举家迁入希比镇。

1908 年　父亲病逝。随母亲迁往莫伯利镇。进入莫伯利高中读书并结识玛丽·伊丽莎白。

1910 年 5 月　高中毕业，成绩优异，数学成绩尤佳。玛丽擅长语言，成绩比布莱德雷更好。

1910 年 6 月　开始打工生活，计划在 1911 年秋考密苏里大学。

1911 年 7 月　参加西点军校入学考试。

1911 年 7 月 27 日　收到西点军校录取通知。

1911 年 8 月 1 日　到西点军校报到，成为军人。

1915 年 6 月　从西点军校毕业。与玛丽订婚。

1915 年 9 月 12 日　分到第十四步兵团服役，驻洛基山脉的乔治·赖特堡。任少尉。

1916 年 5 月　第十四步兵团奉命开往墨西哥。布莱德雷与玛丽推迟婚期。

1916 年 9 月　随第十四步兵团移防亚利桑那州的尤马。

1916 年 12 月　与玛丽结婚。晋升为中尉。

1917 年 5 月　随第十四步兵团调防华盛顿州的温哥华兵营，任该团军需连长。

1918 年 1 月　随第十四步兵团调往蒙大拿州守卫铜矿，并任第六连连长。

1918 年 8 月　晋升为临时少校。

1918 年 12 月　移防伊利诺斯州的格兰特兵营。

1919 年 8 月　申请到南达科他州立学院任教获准。

1920 年 9 月　调任西点军校数学系教官。

1923 年 12 月　女儿伊丽莎白在西点军校降生。

1924 年　升任西点军校数学系副教授。

1924 年秋　进入本宁堡步兵学校深造。

1925 年 5 月　从本宁堡步兵学校结业。

1925 年 8 月　到夏威夷第二十七步兵团任第一营营长。

1928 年 9 月　进入利文沃思堡指挥与参谋学校深造。

1929 年 9 月　调往本宁堡步兵学校战术系任教官。

1930 年 9 月　任本宁堡步兵学校兵器系主任，深得马歇尔助理校长赏识。

1933 年秋　进入国防大学深造。

1934 ~ 1938 年　调入西点军校任战术系教官。

1936 年 7 月　晋升为中校。

1938 ~ 1939 年　进入陆军参谋部人事部工作。

1939 年 7 月 1 日　调任陆军参谋长马歇尔的助理秘书。

1941 年 2 月　调任本宁堡步兵学校校长兼驻地指挥官。从中校晋升为临时准将。

1942 年 2 月　调任第八十二师师长，晋升为少将（临时）。驻路易斯安那州的克莱博恩兵营。

1942 年 6 月　调任第二十八师师长，驻路易斯安那州的利文斯顿。

1943 年 2 月　派往非洲担任艾森豪威尔的“耳目”。

1943 年 3 月　任第二军副军长。

1943 年 4 月　任第二军军长，率部参加突尼斯战役。第二军在突尼斯战役中战功卓著，布莱德雷开始扬名美国。

1943 年 7 ~ 8 月　率第二军加入巴顿的第七集团军在西西里岛作战。

1943 年 9 月　马歇尔派布莱德雷筹备第一集团军的班子并在英国任第一集团军司令、第一集团军群司令。参与制定“霸王”行动计划。

1944 年 6 月　率第一集团军参加诺曼底登陆战役。

1944 年 7 月　制定“眼镜蛇计划”，发动圣洛战役。

1944 年 8 月 1 日　任第十二集团军群司令，下辖第一集团军、第三集团军。

1944 年 8 月 25 日　巴黎解放。

1944 年 9 月 16 日　从临时三星中将晋升为少将（永久性军衔）。

1944 年 8 ~ 11 月　提出“两路进攻”战略，与蒙哥马利等英国将领发生严重分歧。盟军高级将领之间的斗争日趋激烈。欧洲战局进入相持阶段。

1944 年 12 月　德军在阿登地区发动反扑，盟军受挫。布莱德雷提出围歼德军于莱茵河以西的战略。

1945 年 1 ~ 2 月　实施“快速”进攻计划，反攻受挫。

1945 年 3 月　实施“伐木者”计划，美军推进到莱茵河。

1945 年 3 月 12 日　晋升为四星上将（临时军衔）。

1945 年 3 月 21 日　提出“航行”计划并获批准。

1945 年 3 月 23 日　第十二集团军群下属第三集团军在巴顿指挥下首先渡过莱茵河。

1945 年 3 月　提出“布莱德雷计划”，准备发动打败德军的战役。

1945 年 4 月　美军挺进易北河。

1945 年 4 月 26 日　美、苏军在易北河会师。

1945 年 5 月 7 日　德国军队投降，欧洲战争结束。

1945 年 6 月 7 日　杜鲁门总统宣布任命布莱德雷为退伍军人管理局局长。

1947 年 4 月 17 日　晋升为正式四星上将。

1948 年 2 月 7 日　接替艾森豪威尔任陆军参谋长。

1949 年 8 月 12 日　任参谋长联席会议主席。不久任北大西洋公约组织军事委员会主席。

1950 年 6 月　参与制定侵朝战略。

1950 年 9 月 22 日　晋升为陆军五星上将。

1952 年 4 月　同意解除麦克阿瑟的职务。

1953 年 1 月　艾森豪威尔任总统。

1953 年 7 月 27 日　朝鲜停战协定签订。

1953 年 8 月 13 日　布莱德雷退休。

1958 年　出任布洛瓦钟表公司董事长。

1965 年 12 月 1 日　妻子玛丽病逝。

1966 年 9 月 12 日　与女作家基蒂结婚。

1981 年 4 月 8 日　病逝于纽约，享年 88 岁。

附录二：第二次世界大战中的任职

1942 年 2 月　调任第八十二师师长

1942 年 6 月　调任第二十八师（由国民警卫队紧急改编）师长

1943 年 3 月　任第二军副军长

1943 年 4 月 16 日　任第二军军长

1943 年 9 月　任第一集团军司令、第一集团军群司令

1944 年 8 月 1 日　任第十二集团军群司令

晋　升：

1915 年　在西点军校学习时先后被授予中士和少尉军衔（1915 年 6 月 12 日）。

1916 年 12 月　晋升中尉军衔（也有资料上标注为 10 月 13 日）

1918 年 8 月　晋升临时少校军衔

1936 年 7 月　晋升中校军衔

1941 年 2 月　从中校军衔越级晋升为临时准将

1942 年 2 月　晋升临时少将军衔

1943 年 6 月 2 日　晋升临时三星中将军衔

1944 年 9 月 16 日　从临时三星中将晋升为少将（永久性军衔）

1945 年 3 月 12 日　晋升为临时四星上将

1945 年 4 月 17 日　晋升正式的美国陆军四星上将

1950 年 9 月 22 日　晋升为陆军五星上将。

主要获得勋章：

陆军优异服役勋章（配有三个橡树叶）

海军优异服役勋章

银星勋章

功勋勋章

铜星勋章

美墨边境战役勋章

一战胜利勋章

美国防卫战役勋章

欧洲——非洲——中东战役勋章

二战胜利勋章

占领军勋章

国防勋章

美国的军衔制：

“五星上将”是美国特有的军衔。美军的五星上将军衔正式设立于1944年12月，由美国国会批准，美国国会规定，美军的五星上将军衔只在战时授予。五星上将是美国军队的最高军衔，肩章上镶有五颗星徽，相当于西方其他国家的元帅军衔。美国第一次授予五星上将军衔是在1919年，最后一次是1950年。自1981年最后一名五星上将去世以后，美军将官中至今无五星上将。